일러스트레이터 & 포토샵 디자인 아이디어 실전 테크닉 92

현역 프로 디자이너가 알려주는

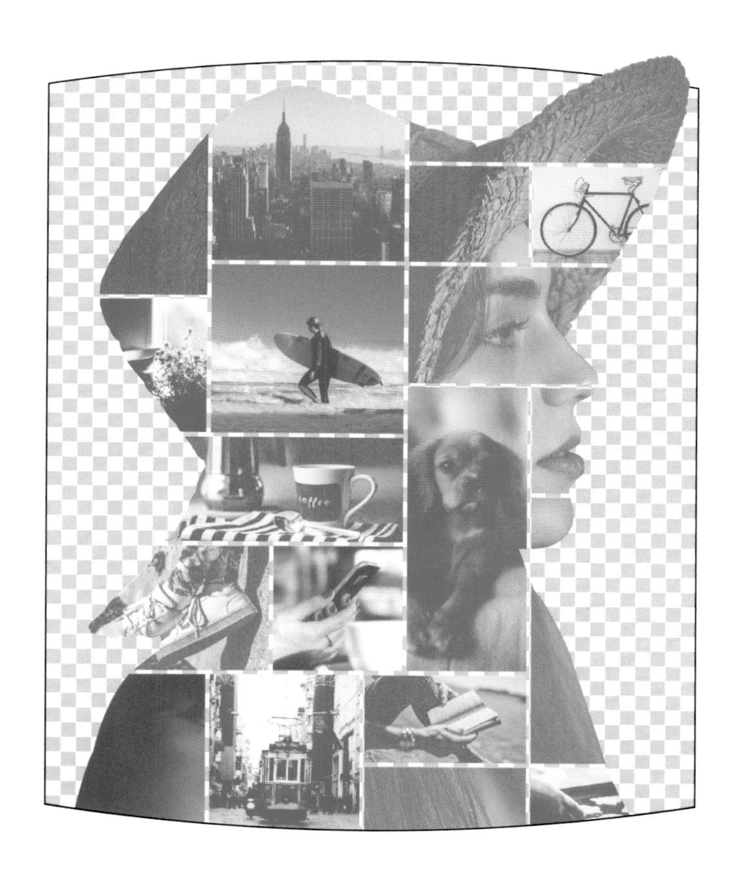

조우시 니시구치, 나가이 야스유키, 쿠스다 사토시, 모리 카즈키 지음
고영자, 최수영 옮김

시작하면서

092
DESIGN RECIPES

이 책은 손으로 직접 디자인하는 방법을 배울 수 있는 아이디어 도감입니다. 디자인은 견본을 보는 것만으로는 배울 수 없습니다. 손으로 직접 형태를 만들어 봐야 많은 것을 배울 수 있습니다. 하지만 막상 디자인을 하다 보면 잘 안되는 경우가 많습니다. 예를 들면 다음과 같이 다양한 문제가 발생합니다.

- 디자인할 소재가 없다
- 디자인하는 작업 절차를 모른다
- 소프트웨어 사용법을 모른다
- 디자인을 생각하는 방법을 모르겠다

그래서 이 책에서는 디자인할 때 도움 되는 92개의 아이디어 레시피를 준비했습니다. 예제로 활용할 파일도 모두 준비돼 있어서 바로 따라 할 수 있습니다. 또 만드는 순서뿐 아니라 디자이너가 어떤 생각으로 만드는지 알 수 있게 설명했습니다. 그리고 모든 예제의 원본 데이터가 준비돼 있어서 완성 파일을 쉽게 만들 수 있습니다. 모든 것이 들어있는 디자인 학습서입니다.
마지막으로 이 책으로 공부하면서 만든 작품은 SNS 등에서 공유할 수 있습니다. 다른 사람에게 보여주는 것을 의식해서 만들면 작업의 완성도도 좋아지므로 성장할 수 있습니다. 이 책을 즐기면서 활용하기를 바랍니다.

Introduction

CONTENTS

이 책은 크게 디자인의 개요를 배울 수 있는 Chapter01, 만들면서 배울 수 있는 Chapter02 ~ 06, 실무의 흐름을 알 수 있는 Chapter07로 구성돼 있습니다.
만들면서 배울 수 있는 Chapter02 ~ 06은 어떤 Chapter · Recipe를 먼저 공부해도 상관없지만, 후반부로 갈수록 앞에서 소개한 내용을 바탕으로 설명을 진행하고 있습니다. 일러스트레이터, 포토샵을 처음 배우거나 디자인에 갓 입문한 분들은 Chapter02 처음부터 공부하는 것이 좋습니다.

Chapter02
레이아웃

CLASSIC
TOY Collection
P.124

P.126

P.128

P.130

G
P.133

PS
CLASSIC
P.136

P.140

P.144

ENTRANCE
WELCOME
P.150

UNKNOWN PLANET
P.156

P.162

Chapter04
배색

P.222

P.226

Chapter05
타이포그래피

Rhythm
P.232

tomato
restaurant
P.235

B E A
U T I
F U L
P.238

EXTRA
Happy Valentine
CHOCOLATE
P.242

나는고양이다。
7.1 on sale!
P.244

P.246

ART WORKS
EXHIBITION
AZ ART MUSEUM
P.249

EXTRA
Perfume
debut!
PEACH
BASIL
WOODY
P.252

GOLDEN
RETRIEVER
SCHNAUZER
SIBERIAN
COLLIE
P.258

P.262

P.265

Chapter06
로고, 일러스트

Chapter07
디자인의 실전

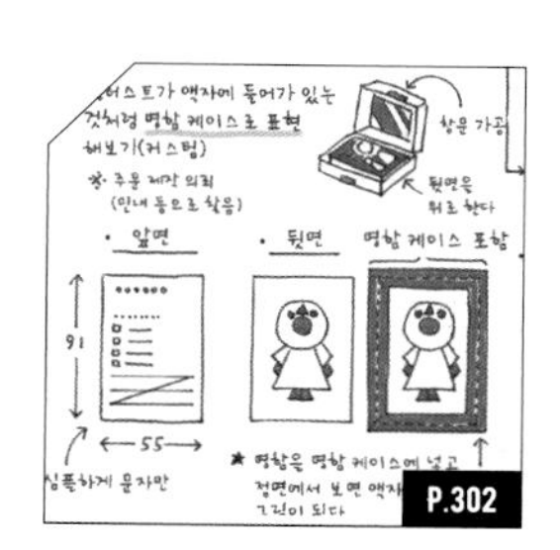

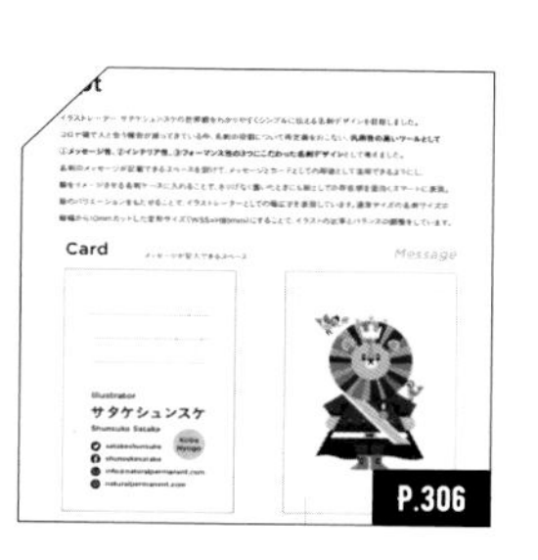

DOWNLOAD SAMPLE DATA

예제 파일 사용법

이 책에는 학습을 돕는 예제 파일이 있습니다.
아래의 도서 페이지에 접속한 다음 [예제 코드] 탭에서 예제 파일을 내려받아 주세요.
또한 예제 파일을 내려받는 데 필요한 패스워드는 이 책의 P.295 하단, [Password]에 기재돼 있습니다.

URL **https://wikibook.co.kr/designideas92/**
※ 예제 파일을 이용하려면 사용하는 컴퓨터에 대응하는 버전의 일러스트레이터, 포토샵 등의 애플리케이션이 설치돼 있어야합니다.

● SNS 공유에 대해

남에게 보여주기 위해 작품을 만들면 학습효과가 올라갑니다. 이 책으로 작업한 예제나 이 책에서 배운 것을 사용하여 만든 작품은 꼭 페이스북, 인스타그램, 트위터 등의 SNS로 공유합시다. 스크린샷 이미지를 첨부하는 것만으로도 괜찮습니다. 그 때는 꼭 「디자인아이디어실전테크닉92」의 해시 태그를 달아 게시해 주세요. 여러분의 작품을 볼 수 있기를 기대하겠습니다.

● 샘플 파일의 저작권에 대하여

내려받은 예제 파일은 이 책의 학습 용도로만 이용하실 수 있습니다. 내려받은 모든 데이터는 저작물이므로 그래픽, 이미지의 일부 또는 모두를 공개하거나 수정하여 사용할 수 없습니다.
다만, 위에서도 설명했듯이 이 책에 관해 자신이 학습 용도로 사용한 것을 소개할 목적으로, 샘플 파일을 포함한 내용을 SNS(수십 분을 넘는 긴 동영상이나 연재는 제외합니다) 등에 투고하는 것은 문제가 없습니다.
또한 내려받은 데이터의 사용으로 발생한 어떠한 손해에 대해서도 저자 및 출판사는 책임을 지지 않으므로 양해 바랍니다.

● 디자인에 사용하는 폰트에 대해

이 책의 예제는 독자가 디자인을 재현할 수 있도록 Adobe Creative Cloud와의 계약을 맺고 있으면 추가요금 없이 사용할 수 있는 Adobe Fonts의 폰트와 무료 폰트를 중심으로 사용합니다. Adobe Fonts에 대해서는 P.33의 Column에서 자세하게 설명했습니다.

이 책에 관한 문의

서적을 구입해 주셔서 대단히 감사합니다. 저희 회사에서는 이 책의 내용에 관한 질문을 받고 있습니다.
이 책으로 공부하면서 불명확한 부분이 있으면 문의해 주세요. 문의에 관해서는 아래와 같은 가이드라인이 있습니다. 죄송하지만, 질문을 할 때에는 먼저 아래의 가이드라인을 확인해 주십시오.

질문하시기 전에

당사 웹 사이트에서 정오표를 확인하시기 바랍니다. 최신 정오정보를 지원페이지에 게재하였습니다.

이 책의 지원페이지

 https://wikibook.co.kr/designideas92/

위 페이지의 정오표 메뉴를 클릭하세요.

질문 할 때의 주의사항

- 질문은 메일로 부탁드립니다. 전화는 받지 않습니다.
- 질문은 이 책의 기술에 관한 것만 받습니다. ○○페이지의 ○○항목과 같이 기술 부분을 명확하게 기입해 주세요. 기술한 부분이 명기되어 있지 않은 경우, 질문을 받지 않을 수 있습니다.
- 당사 출판물의 저작권은 저자에게 귀속됩니다. 질문에 관한 회답도 기본적으로 저자에게 확인 후 회답하고 있습니다. 이에 따라 답신은 수일 내지 그 이상 소요될 수 있습니다. 미리 양해 부탁드립니다.

웹페이지

https://wikibook.co.kr/designideas92/

이메일

wikibook@wikibook.co.kr

- 이 책은 Illustrator CC 및 Photoshop CC에 대응하고 있습니다. 단, 본문 내용에는 애플리케이션의 전 버전에는 대응하지 않는 것도 있습니다.
- 이 책에서는 주로 Illustrator CC 및 Photoshop CC(2021)의 윈도우 버전의 패널 이미지나 메뉴 이미지를 사용하고 있습니다. 이러한 항목이나 위치 등은 애플리케이션의 버전마다 약간 다를 수도 있습니다.
- 이 책에 기재된 회사명, 상품명, 제품명 등은 일반적으로 각 회사의 등록상표 또는 상표입니다. 이 책 중에서는 ®, ™마크는 명기되어 있지 않습니다.
- 이 책의 출판에 있어서 정확히 기술하려고 노력했지만 이 책의 내용에 근거하는 작업결과에 대해 저자 및 SB 크리에이티브 주식회사는 모두의 책임을 지기 어렵기 때문에 양해 바랍니다.
- 이 책에서는 Apache License 2.0에 근거하는 저작물을 사용하고 있습니다.

Chapter 01

디자인의 기본

흔히 이야기하는 '디자인'이나 '센스'란 무엇일까요?
1장에서는 프로 디자이너가 되고 싶다면 알아둬야 할 기본적인 내용을 정리했습니다. 실전에서 디자인을 하기 전에 가볍게 배워보세요!

Design Basics

Recipe

001

디자인이 갖는 힘

디자인은 우리 생활에 밀접해 있으며, 계속해서 필요한 요소입니다.
'디자인이 가진 힘'은 무엇일까요?

Design methods

01 디자인이란 무엇일까?

일상생활에서 항상 디자인을 접하고 있습니다. 디자인은 패션, 포스터, 웹, 패키지, 상품(프로덕트), UI, DM, 사인 등 우리 일상의 어디서나 사용되고 있습니다.
직업이 디자이너라면 '디자인이란 무엇인가'라는 질문을 던지는 일도 자주 있습니다.
이 답은 무수하지만, 항상 변하지 않는 나의 답은 하나입니다. 바로 **사람의 행동에 계기를 만드는 것**입니다.
예를 들어, 오른쪽 그림처럼 멋진 카페를 소개하는 광고를 본다면 잠깐 들러보고 싶거나 실제로 찾아갈 수도 있습니다. 또 매장에서 오른쪽 아래와 같은 상품 포스터가 눈에 들어와서 그 상품을 찾아 손에 쥐는 경우도 있을 것입니다.
이러한 행동은 디자인으로 인해 디자이너나 클라이언트의 의도가 상대에게 제대로 전해진 결과입니다. 디자인은 목적이 있습니다. 뛰어난 디자인은 목적에 맞게 제대로 기능하여 디자인을 접한 사람의 행동에 계기를 만듭니다. 디자인은 **사람을 움직이는 힘을 지니고** 있습니다.

일상에서 볼 수 있는 다양한 디자인. 모든 디자인은 사람의 행동에 계기를 만들기 위한 것이라고 생각합니다.

신상품 포스터 디자인. 향수의 효능과 향기를 문자와 색으로 표현하고 있다.

Recipe

002 센스란 무엇인가?

센스는 디자인의 질을 크게 좌우하는 요소 중 하나입니다.
그렇다면 디자인 센스란 무엇일까요?

Design methods

01 센스는 타고난 것일까?

센스는 타고나는 것이라고 생각하지 않으십니까?
저 역시 디자이너로 처음 취업했을 때는 제 감각을 믿고 항상 세상 어디에도 없는 것을 만들어 보려고 애를 쓰곤 했습니다. 하지만 아무리 아이디어를 내도, 디자인을 만들어도, 디렉터나 클라이언트의 OK 대답이 나오지 않았습니다...
그 무렵의 나를 되돌아보면 머릿속의 서랍을 닥치는 대로 열어젖히고 있었습니다. 그때 머릿속에는 아이디어가 가장 좋은 것이라고 믿어 의심치 않았습니다. 그리고 디자인 인풋(Input)[1]의 중요성을 경시했던 것입니다.
세상 어디에도 없는 것을 만든다는 것은 세상에 있는 모든 것을 알아야지만 이뤄질 수 있습니다. 나중에 디자이너로서 경험을 쌓고, 그 광대함을 눈으로 직접 보고 나서야 모든 것을 아는 것은 불가능에 가깝다는 것을 깨달았습니다.
저는 그제야 세상 어디에도 없는 것을 만드는 것이 센스가 아니라는 것을 깨달았습니다.

02 센스란 무엇일까?

그렇다면 디자인 센스란 도대체 무엇일까요?
디자인을 만들 때 아무 생각 없이 손을 움직이지는 않습니다. 예를 들면 발랄한 느낌을 주고 싶다, 귀여움을 표현하고 싶다, 고급스러운 느낌을 주고 싶다 등 반드시 목표로 하는 목적이 있습니다. 그리고 디자인의 목적이 명확해지면 여성용으로 하고 싶다, 20대용으로 하고 싶다와 같은 타깃이 생겨납니다. 이 타깃을 대상으로 디자인을 만들고, 타깃이 요구하는 '~다움'을 표현하는 것이 센스라고 할 수 있습니다.
이 '~다움'의 적절한 표현이 좋은 센스로 연결되는 것입니다.
디자이너는 무엇이 '~다움'과 연결되어 있는지 관찰해야 합니다. '~다움'을 판별하는 데 필요한 것이 지금까지의 경험에서 나오는 지식입니다.

이것은 세상 어디에도 없는 것을 만들기 위한 지식이 아니라 **표현이 적합한지를 파악하기 위한 지식**입니다.
지식을 늘리고 항상 업데이트하면 디자인의 정확도가 높아집니다. 목적에 맞는 지식을 늘림으로써 센스 있는 디자인을 만들 수 있습니다.

03 센스를 연마하려면?

센스를 연마하려면 어떻게 해야 할까요? 무작정 지식을 도입하는 것만으로는 되지 않습니다. 인풋(Input)과 더불어 아웃풋(Output)을 하는 것. 즉 디자인을 실천으로 옮기는 것이 필요합니다.
쌓아 올린 지식과 함께 실천하며, 실제로 디자인을 만들고, 만든 디자인을 남에게 보여 주며 의견을 듣고, 자신이 몸소 관찰하며 부족한 점을 깨닫으면서 계속 지식을 늘려나가는 순환을 반복하다 보면 자연스레 센스가 쌓이게 됩니다.

1 (엮은이) 디자인과 관련된 정보를 받아들이는 것을 말하며, 이 책의 7장에서 자세히 설명합니다.

Recipe

003 디자인에 필요한 요소란

디자인을 구성하는 요소는 실제로 다양합니다. 디자인에 있어서 중요한 요소는 무엇일까요?

Design methods

01 요소를 크게 분류하여 각각의 역할을 고려하기

이 책에서 제작해 나가는 디자인은 그래픽 디자인이나 웹 디자인과 같은 평면 디자인이 주를 이룹니다. 매체로 말하면 포스터, 광고 전단, 광고, 로고, 커버 아트, 웹 디자인 등 정말 다양합니다.

이러한 평면 디자인에는 여러 가지 요소가 들어가 있지만 크게 레이아웃, 사진, 일러스트, 배색, 타이포그래피로 나눌 수 있습니다.

각 요소는 디자인을 만들어내는 도구이며, 목적에 맞게 효과적으로 조합하여 사용하면 원하는 디자인을 완성할 수 있습니다.

이 책에서는 이러한 디자인 요소의 단면이 되는 주제들을 각각 하나의 장(Chapter)으로 엮었으며, 각 주제의 특징을 설명을 할 수 있는 예제를 준비해 만들면서 배울 수 있게 구성했습니다.

레이아웃, 사진, 일러스트, 배색, 타이포그래피 중 어떤 장에서 시작해도 상관없으며, 각 장의 초반에는 비교적 만들기 쉬운 예제를 준비했습니다.

일러스트레이터(Illustrator), 포토샵(Photoshop)의 조작을 갓 익힌 분이나 디자인을 이제 막 배우기 시작한 분들은 각 장의 첫 번째 레시피부터 만들어보는 것이 좋습니다. 첫 번째 레시피는 설명을 더 자세히 한 예제들로 구성했기 때문에 초급자도 쉽게 배울 수 있습니다.

레이아웃 (Chapter 02)

레이아웃은 디자인의 골격이라고 할 수 있습니다. 디자인의 목적에 맞게 전체적인 구성, 밸런스를 고려합니다. 모든 디자인은 레이아웃 없이는 완성되지 않습니다.

레이아웃은 싣고 싶은 정보의 우열을 명확히 합니다. 이것은 목적에 따른 디자인을 제작하는 것으로 이어집니다. 레이아웃 기술이 향상되면 잡지나 포스터, 웹 디자인 등 폭넓게 응용할 수 있습니다.

사진 (Chapter 03)

사진은 디자인의 질을 좌우합니다. 사진의 품질에 따라 디자인을 더욱 매력적으로 완성할 수 있습니다. 또 사진을 리터치하여 더욱 디자인 목적에 맞는 사진으로 가공할 수도 있습니다.
이 책에서는 주로 사진 오려내기, 가공, 보정 방법과 같이 디자이너라면 알아두어야 할 기본적인 리터치 방법부터, 사진을 보여주는 방법, 활용 방법, 합성, 콜라주와 같은 비교적 간단한 응용 사례들을 다루고 있습니다.
사진을 다루는 방법을 알아두면 디자인의 폭이 넓어져 더욱 자유로운 디자인을 할 수 있게 됩니다. 디자이너도 사진 다루는 방법을 기억해 두면 좋습니다.

배색 (Chapter 04)

배색은 디자인의 인상을 좌우합니다. 디자인의 세계관이나 분위기를 만들려면 배색을 조정해 나가는 것이 지극히 효과적입니다. 예를 들어 같은 레이아웃 구성이라도 배색을 변경하면 분위기가 바뀌고, 더 효과적인 디자인을 만들 수도 있습니다. 디자이너라면 바로 활용할 수 있는 색의 조합 및 색을 취급하는 방법을 알아두면 좋습니다.

타이포그래피 (Chapter 05)

타이포그래피는 정보 전달의 핵심입니다. 타이포그래피를 배움으로써 상대에게 전하고 싶은 정보를 문자로 정리해 이해를 높일 수 있습니다.
같은 말이나 문자라도 타이포그래피를 공부하면 더욱 정보 전달이 쉬운 디자인이 됩니다.

로고, 일러스트 (Chapter 06)

로고, 일러스트는 디자인의 기점이 됩니다. 디자인의 목적에 맞게 적절한 사용법을 공부하면 디자인에 깊이를 주어 더 매력적인 이미지를 만들 수 있습니다.

Recipe

004 히어링으로 고객을 알기

실무에서 디자인하는 경우 클라이언트의 이야기를 듣는 것이 전부라고 말해도 과언이 아닙니다. 히어링의 중요성을 한번 생각해 봅시다.

Design methods

01 클라이언트와 소통하며 제작물과 목적 파악하기

디자인을 만들 때는 반드시 클라이언트의 의뢰가 있습니다. 의뢰받는 디자인은 크게 다음 2가지로 구분할 수 있습니다.

① 포스터나 리플렛, 책자, 웹 디자인 등 제작물이 뚜렷한 의뢰

② 매출 및 인지도 향상 등의 고민을 안고 있으나, 제작물이 미정인 의뢰

①과 같이 제작물이 정해져 있는 경우도 ②와 같이 형태를 알 수 없는 경우도 먼저 디자인의 목적을 들어봐야 합니다. 제작물이 그 목적에 올바른지 판별하는 것 또한 디자이너가 해야 할 중요한 일입니다.
경우에 따라서는 클라이언트가 좋고 나쁨을 이해하지 않고 제작물을 지정할 때도 있습니다. 만약 고객이 원하는 대로 멋진 디자인을 만들어 내더라도 그 목적에 맞추지 않으면 디자인의 의미가 없습니다.
목적에 맞지 않는 디자인을 만드는 것은 서로의 신용을 잃는 일이 될 수 있습니다. 클라이언트의 이야기를 잘 듣고 경우에 따라서는 새로운 제작물을 제안하는 것도 필요합니다. 실제로 디자인을 만들기 전에 제대로 된 회의를 하는 것이 중요합니다.

02 히어링 리스트를 준비해 두기

우선 히어링을 통해 묻고 싶은 것을 조목조목 적어 목록으로 만들어 둡시다.

- **디자인의 목적**
- **매체 · 제작물 (사이즈)**
- **납기일**
- **예산**
- **타깃**

위에 정리한 목록은 최소한으로 들어둬야 할 내용입니다. 제작물의 내용은 잘 파악해야 합니다. 디자인은 크기에 따라 실리는 정보량에도 차이가 납니다. 목적에 맞는 크기를 정합시다.
또한, 납기와 예산은 디자인 작업에 큰 영향을 미칩니다. 납기일까지의 시간, 예산, 상황에 따라 할 수 있는 일도 다릅니다. 클라이언트의 목적, 요청에 대해서 납기일 및 예산이 맞지 않으면 서로 납득할 수 있는 제작물을 결정해야 합니다.
그래서 히어링 리스트는 경험이나 자신이 다루는 디자인의 내용과 함께 수시로 갱신해 나가면 좋습니다. 이 책에서는 P.301에서 상사인 니시구치씨가 만든 히어링 리스트를 소개합니다. 다양한 매체에서 사용할 수 있는 목록이니 꼭 봐주세요.

03 고객의 가치관 알기

히어링 리스트에서 얻은 기본적인 정보와 더불어 클라이언트의 가치관을 회의에서 공유하는 것도 중요합니다.
예를 들어 귀여운 디자인을 만들어 달라고 의뢰했을 때, 고객이 생각하는 귀여운 디자인의 기준을 공유해야 합니다. 사람이 생각하는 귀엽다는 느낌은 다양해서 하나로 묶을 수 없기 때문입니다.
만약 말로 공유가 어려우면 자료를 만들고 상대방이 생각하는 귀엽다는 느낌을 알아봅니다. 예를 들면 내가 귀엽다고 생각하는 디자인의 자료를 보여 주고 이것이 맞는지, 틀린지, 전혀 다른 것인지 공감할 수 있는 포인트를 찾아줌으로써 확인할 수 있습니다.

클라이언트가 귀엽다고 느끼는 디자인이 무엇인지 자료를 통해 확인해보는 것도 좋습니다.

Column

협의 전에 확인하자

협의를 하기 전에 시간의 여유가 있으면 메일 등으로 묻고 싶은 것을 알려 두는 것을 추천합니다.
또한 목적 및 요구가 많을 때는 그중에서 우선순위를 정해 달라고 합니다. 한 가지 디자인에 여러 가지 목적을 넣어 디자인이 애매해지는 경우가 많기 때문입니다.
사전에 질문 내용을 알림으로써, 클라이언트 자신이 아직 눈치채지 못한 목적이나 고민 등을 명확하게 하여 정리할 수 있습니다. 서로 생각을 정리함으로써 바로 회의할 때보다 자세한 협의를 할 수 있습니다.
히어링의 경험을 쌓으면 자신이 신경 쓰이는 점이나 클라이언트가 안고 있는 문제를 간파하기 쉬워집니다. 자신의 디자인에 대한 의식도 변해갑니다.

Recipe

005 목표를 정하는 타깃팅

디자인을 보는 사람을 의식하여 사용자가 공감하는 디자인을 만들 수 있습니다.

Design methods

01 누구를 위한 디자인인가?

디자인에는 디자인을 보여주고 싶은 상대인 타깃이 반드시 존재합니다.
디자인할 때 항상 타깃을 의식하는 것은 매우 중요합니다. 아무리 디자이너가 좋은 디자인이라고 생각하고 만들어도 타깃에게 전달되지 않으면 디자인으로서 의미가 없기 때문입니다.
타깃에 맞는 디자인을 만들면 상대방에게 더 와 닿는 디자인이 될 수 있습니다.

02 디자인을 보여주고 싶은 사용자는 누구인가① / 타깃의 성별

디자인을 만들 때 가장 중요한 것이 바로 타깃이 누구인지 아는 것입니다.
남성인지 여성인지 아니면 남녀 둘 다 인지, 나이는 몇 살인지, 소수인지, 다수인지. 타깃에 대한 정보에 따라 디자인의 내용이 크게 달라집니다. 특히 성별은 디자인의 방향성을 좌우합니다.
예를 들어, 남성이라면 딱 떨어지는 인상으로 깔끔한 디자인을 선호하는 경향이 있습니다. 반면 여성은 지나치게 깔끔한 디자인은 좋지 않은 경우도 많이 있습니다. 딱딱하고 인상적인 느낌보다 화면 전체를 사용하여 움직임이 있는 즐겁고 부드러운 느낌의 디자인을 선호합니다. 이처럼 성별은 디자인에 있어서 중요한 요소입니다. 디자이너는 남녀의 차이를 인식함으로써 보다 사용자 친화적인 디자인을 할 수 있습니다.

03 디자인을 보여주고 싶은 사용자는 누구인가② / 타깃의 연령

타깃의 나이는 디자인의 체재와 많은 관련이 있습니다.
예를 들어, 유년기 어린이는 원색에 가까운 색을 사용한 생동감 넘치는 디자인을 선호합니다. 하지만 중장년이라면 중후함이 느껴지는 차분한 색이 좋습니다.
또, 젊은 층에서는 문제가 없었던 텍스트의 크기가 시니어층에는 너무 작아서 잘 보이지 않는 등의 문제도 발생할 수 있습니다.
디자인이 아무리 멋지더라도 읽지 못하고, 사용하지 못하면 문제를 해결할 수 없습니다. 디자인은 문제 해결을 위한 도구이기도 합니다. 사용자와 마주하기 위해서 타깃의 연령은 매우 중요한 요소입니다. 각 연령대에 맞거나, 맞지 않는 디자인이 있습니다.
텍스트의 크기처럼 연령에 따라 크게 달라지는 디자인의 요소로는 '색상'이나 '텍스트 크기' 등을 들 수 있습니다.

04 디자인을 보여주고 싶은 사용자는 누구인가③ / 타깃의 수

타깃의 수는 메시지의 내용을 좌우합니다.
타깃의 수가 많을수록 더 많은 사람이 쉽게 이해할 수 있는 메시지를 만들어야 합니다. 디자인도 누구나 받아들일 수 있는 내용으로 만들어야 합니다.
반대로 타깃의 수가 적어지면 좀 더 초점을 맞춘 메시지와 디자인을 만들어야 합니다.
이렇게 타깃의 수를 아는 것은 메시지의 내용을 정하는 데 있어서 매우 중요합니다.

05 사용자가 디자인을 접할 수 있는 장소나 타이밍

타깃이 디자인을 접할 수 있는 장소나 타이밍도 중요합니다. 장소나 타이밍을 생각하는 것은 디자인의 내용과 크게 관련이 있습니다.
예를 들어, 거리에서 볼 수 있는 포스터를 생각해 봅시다. 사람들은 거리를 걸으면서 이 포스터를 보게 됩니다. 보는 사람에게 있어 눈에 들어오는 시간은 눈 깜짝할 정도로 짧은 순간입니다. 즉, 디자이너가 만드는 디자인은 최소한의 정보를 사용하고, 기억에 남을 수 있도록 임팩트 있게 만들어야 합니다. 이렇게 메커니즘을 만듦으로써 임팩트에 이끌려 관심을 가진 사람은 포스터 앞으로 다가오고, 작게 배치된 상세 정보를 읽을 것입니다.

그럼 집에서 즐기는 매체인 책이나 신문, 잡지, 웹사이트 등에서 접할 수 있는 광고의 디자인은 어떨까요?
이러한 광고 디자인의 위치는 사람의 시선과 가까워 차분히 읽을 가능성이 큽니다. 이런 경우에는 글의 양을 늘려서 좀 더 자세히 정보를 넣는 것도 가능합니다. 동시에 정보를 정리해서 읽는 사람이 받아들이기 쉬운 디자인으로 만들어야 합니다.
이처럼 타깃이 디자인을 접하는 장소나 시간에 따라 디자인이 달라집니다.

06 사용자가 디자인을 어떻게 접할지 타깃의 행동 생각하기

디자인을 접하게 될 타깃의 행동을 예측하여 제작할 매체를 결정할 수 있습니다.
예를 들어, 항상 새로운 정보를 요구하는 타깃이라면 SNS를 이용하여 배포합니다.
타깃의 연령대를 알 수 있다면 그 연령대가 모이는 장소, 지역에서 광고 전단과 DM을 배부합니다. 타깃이 직장인이라면 출퇴근 시 역 주변에서의 전단 배포를 생각할 수 있습니다.

디자인은 단순히 만드는 것으로 끝나지 않습니다. 보내고 싶은 상대에게 제대로 전달할 방법 또한 항상 고민해야 합니다. 사용자와 디자인을 일치시키기 위한 메커니즘을 생각하는 것도 디자이너의 역할입니다.

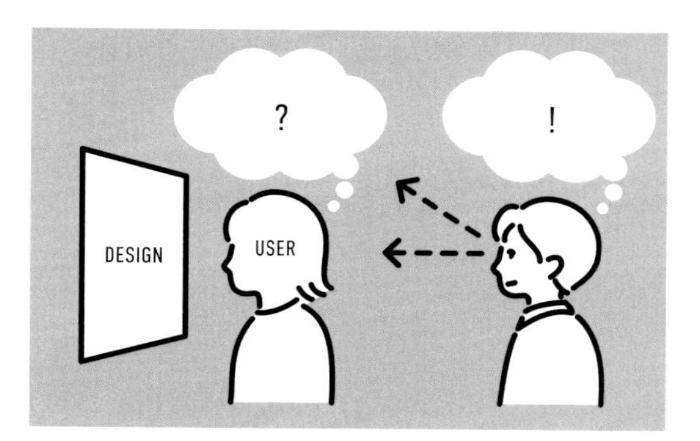

Column

완성된 디자인을 생각하면서 소재 모으기

실전에서 초보 디자이너가 하기 쉬운 것은 소재를 마구 모으는 것입니다.
'이건 사용할 수 있을지도', '이런 것도 괜찮을 것 같은데', '이것도 나쁘지 않구나'라고 생각하면서 모은 소재는 순식간에 폴더를 채워버리고 맙니다.
때에 따라서는 막연하게 모은 소재로도 보기 좋은 비주얼이 만들어질 수도 있겠지만, 여기에 큰 함정이 있습니다. 보기 좋은 비주얼이 디자인의 완성이라고 착각하는 것입니다.
보기 좋은 것이 좋은 디자인은 아닙니다. 보기 좋은 것은 중요하지만, 본래의 제작 의도, 목적에 맞지 않으면 디자인으로 기능하지 않습니다.

디자인에 있어서 최종 이미지를 확실하게 인식하는 것이 가장 중요한 것 중 하나입니다. 소재를 모으기 전에 목적을 잘 파악하고 완성 이미지를 확실하게 인식합니다.
이 이미지가 강하면 강할수록 찾는 소재가 명확해지고, 소재 선정에도 망설이지 않게 됩니다.
완성 이미지를 확실하게 인식했을 때 찾는 소재의 질은 더 높아지고, 때에 따라서는 하나가 될 수도 있습니다. 이는 바로 완성 이미지가 뚜렷하다는 증거입니다. 완성된 디자인도 망설임 없이 디자인에 대한 자신감이 가득할 것입니다. 디자인의 완성에 대한 확실한 이미지가 있으면 소재는 양보다 질이 좋습니다.

Recipe

006 콘셉트는 디자인의 길잡이

디자인을 만드는 측의 시점뿐만 아니라, 디자인을 보는 측의 시점도 함께 생각하여 디자인 콘셉트를 설계합시다.

Design methods

01 디자인 콘셉트의 역할

디자인 콘셉트란 만드는 디자인의 목적, 누구에게 무엇을 어떻게 전할 것인가와 같은 디자인의 토대를 말합니다.
일반적으로는 디자인과 연관 있는 **키워드**를 모으거나 지침이 되는 **비주얼**을 설정하며 콘셉트를 결정해 갑니다. 콘셉트에 따라 디자인의 방향성과 최종 목표도 결정됩니다.

02 콘셉트 만드는 법① 상품을 이용해 사용자의 이익 탐색하기

디자인 콘셉트를 만들기 위해서는 우선, 클라이언트나 상품의 구매자인 **사용자의 이익(베니핏)**을 찾아봅니다.
상품의 이점을 살펴보면 클라이언트나 상품의 본질에 다가갈 수 있습니다. 또한 디자인을 만들 때 각 요소의 우선순위도 알 수 있습니다.
무엇을 판매하며, 무엇을 어필하면 사용자가 정말로 기뻐할 수 있는지, 이것들을 살핌으로써 보다 좋은 콘셉트가 태어납니다. 히어링을 실시하여 얻은 인상뿐만 아니라 객관적으로 관찰하고 얻은 시점도 아울러 찾아가는 것이 중요합니다.

03 콘셉트 만드는 법② 사용자의 본심 살피기

다음으로 사용자가 무엇을 생각하고 클라이언트나 상품에 흥미를 느끼는지, 그 원천이 되는 **사용자의 본심(인사이트)**을 찾아봅시다.
사용자의 평소 행동을 관찰하고 탐색하지 않으면 판매자는 좀처럼 사용자의 본심을 알 수 없습니다. 사용자가 무엇을 원하고, 무엇을 얻었는지, 평소에 무슨 생각을 하고 행동하는지 디자이너에게는 관찰력과 상상력이 요구됩니다.

04 콘셉트 작성법③ 콘셉트 키워드 만들기

사용자의 이익을 잘 헤아려 사용자의 본심에 응하는 것을 생각해나갑시다. 이를 통해 콘셉트의 키워드가 탄생합니다. 키워드를 결정하면 콘셉트의 이미지가 좀 더 명확해집니다.
또, 콘셉트의 키워드는 관계자로부터의 피드백으로 방향성이 흔들리기 시작하거나 이야기가 정리되지 않을 때 한번 되돌아보는 프로젝트의 골자가 됩니다.
클라이언트나 상품의 문제를 해결하는 디자인을 만들기 위해서는 디자이너의 사용자에 대한 이해도가 열쇠가 됩니다. 제대로 이해했다면 콘셉트 키워드도 자연스럽게 정해지고, 클라이언트도 납득할 것입니다.

콘셉트는 클라이언트와 함께 만들고 공유하는 것입니다. 콘셉트를 클라이언트와 공유함으로써 함께 디자인을 설계하고, 되돌아보고, 재검토할 수 있습니다. 콘셉트는 디자인의 길잡이입니다.

Recipe

007

경쟁을 마주하는 방법

어떤 장르, 어떤 카테고리에서도 경쟁자가 존재합니다. 경쟁자가 있어도 잘 관찰하면 더 나은 디자인을 만들 수 있습니다.

Design methods

01 경쟁 파악하기

디자인을 하는 데 있어서 경쟁 상품, 라이벌의 존재는 무시할 수 없습니다. 전혀 지식이 없고 아무것도 조사하지 않은 채로 디자인 제작을 시작하는 것은 매우 위험합니다.
아무런 조사를 하지 않은 상태에서 만들기 시작한 디자인은 의도치 않게 경쟁하는 디자인과 비슷할 수 있습니다. 또 목표로 하는 장르나 카테고리에서 너무 동떨어진 디자인을 만들어 사용자로부터 인식되지 않고 기능하지 않는 경우도 있을 수 있습니다.
우선은 앞의 레시피에서 언급한 히어링, 타깃팅을 확실히 실시하고, 제작하는 디자인이나 클라이언트, 상품에 대해 파악합니다. 또한 경쟁하는 타사나 그 상품에 대해서도 자세하게 조사합니다.

02 차별화 포인트 선택하기

경합을 관찰하고 분석할 수 있으면 차별화 포인트가 보입니다. 우선은 차별화할 수 있다고 느낌을 받은 포인트부터 디자인하는 상품의 강점이 되는 특색, 장점을 찾아보기 바랍니다. 그것이 디자인하는 데 중요한 단서가 됩니다.
만약 이미지가 떠오르지 않으면 구성이나 색상, 모양, 크기 등 눈에 보이는 부분에서 차별화를 의식하면 자연스럽게 독창성 있는 디자인에 도달할 수 있습니다.
또한, 눈에 보이는 것만 차별화 포인트가 되는 건 아닙니다. 예를 들어 전단이라면 배포 방법, 포스터라면 붙이는 장소, SNS라면 배포 시간 등도 차별화 요소가 될 수 있습니다. 고객사와도 상담하고 제작한 디자인이 가장 효과적으로 기능할 방법을 생각해 보기 바랍니다. 그런 모든 것을 염두에 둔다면 차별화할 수 있습니다.

03 관찰력을 몸에 익히기

앞서 01, 02에서 얻은 정보를 바탕으로 관찰 · 분석해 나갑니다. 제작할 디자인이 지향하는 장르는 무엇인지, 카테고리가 현재 어디에 위치하는지, 어떤 경합이 존재하는지 등을 파악합니다.
그런데 갑자기 모든 것을 파악하기는 어렵습니다. 중요한 것은 디자인을 하고 있을 때든, 디자인을 하지 않을 때이든 평소에 사회나 환경에 대해 흥미를 느끼고, 동향을 살피는 습관을 길러 두는 것입니다. 우선은 자신이 관심이 있는 것부터 의식해 보도록 합시다.
사회는 연결돼 있어서 한 가지 포인트에서 의식을 하면 머지않아 주변의 일까지 파악할 수 있게 됩니다. 습관이 몸에 배면 새로운 것은 물론 지금까지 낯익은 것도 다른 각도에서 볼 수 있습니다.

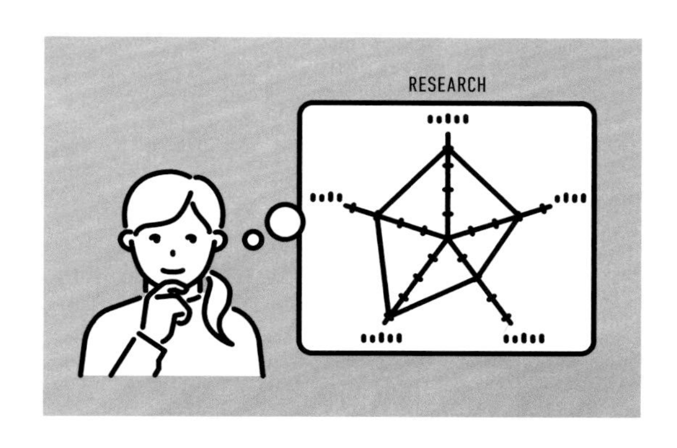

Recipe

008 스케줄을 관리하고 연락 방법 정하기

디자인을 의뢰받았을 때 자신의 스케줄대로만 작업을 진행할 수는 없습니다.

Design methods

01 상대와 자신의 상황 파악하기

우선 제작하는 디자인의 양과 제작 기간에 대해 클라이언트나 자신의 스케줄(팀의 경우는 팀의 스케줄)을 제대로 파악합니다. 디자인의 양과 제작 시간을 대조하여 제작에 관련된 전원이 납득할 수 있는 스케줄을 짜지 못하면 문제의 원인이 될 수 있습니다.

또한, 품질을 그 스케줄로 확보할 수 있는지, 제대로 문의하도록 합니다. 완성은 했지만, 납득할 수 없다거나, 디자인이 목적에 따라 기능하지 않는다면 의미가 없습니다. 일정 관리는 품질 관리이기도 합니다.

02 일의 분량과 기간 파악하기

작업 분량과 기간에 맞는 스케줄을 세웁니다. 클라이언트나 팀과 납품할 때까지 몇 번 협의를 할 수 있는지 결정함으로써 진행 방법이나 회의별 작업 분량을 컨트롤할 수 있습니다.

장기적인 프로젝트라면 매주 협의하고, 협의할 요일과 시간을 정해두면 진척 상황을 보고하고 공유할 수 있어 진행이 원활합니다. 회의 간격이 너무 벌어지면 클라이언트와 팀 간의 긴장감을 잃거나 중간 보고를 게을리하여 완성하고 나서 큰 수정사항이 발생하는 등 문제의 원인이 됩니다.

양측이 기분 좋게 진행하기 위해 규칙을 마련합시다.

03 연락 방법 정하기

요즘은 직접 얼굴을 맞대고 하는 대면 회의뿐만 아니라 인터넷을 통해서 하는 줌(ZOOM)이나 MS 팀즈(MS Teams) 등의 화상 회의도 보편화됐습니다.

메일이나 슬랙(Slack), 카카오톡 등의 메시지 툴도 발달했고, 커뮤니케이션 방법도 다양해지고 있습니다.

기본적으로 제작자 쪽에서 클라이언트에 맞춰서 툴을 선택할 기회가 많습니다. 사전에 무슨 도구를 사용하고 있는지 문의해 두면 원활하게 진행할 수 있을 것입니다. 디자이너는 다양한 고객사에 맞춰 대응할 수 있도록 노력해야 합니다.

04 납품 방법 정하기

클라이언트에게 디자인을 제안할 때는 인쇄물이 아닌 pdf 데이터나 jpeg/png 이미지 데이터 형식으로 확인하는 경우가 있습니다.

또 ai 파일이나 psd 파일 등의 디자이너가 만드는 완성된 데이터를 전달하는 데 필요한 파일 공유 툴을 미리 정해 두면 진행이 원활할 것입니다.

구글 드라이브나 드롭박스(Dropbox) 등의 클라우드 스토리지, 웹하드[2] 등의 파일 전송 서비스, 또 클라이언트 측에서 파일 스토리지 서버를 준비하고 있는 경우도 있습니다. 이 또한 미리 확인해 두면 진행이 매우 원활할 것입니다.

2 웹하드(https://only.webhard.co.kr/)

Chapter 02

레이아웃

'레이아웃'이란 목적에 따라 디자인을 배치하는 것을 말합니다. 레이아웃은 디자인의 토대가 됩니다.
이 장에서는 센터 맞춤이나 여백과 같은 기본적인 내용부터 황금비나 그리드와 같은 원칙, 기본 형태까지 예제와 함께 다양한 레이아웃을 배울 수 있습니다.

Layout

MARRIAGE RINGS

We meet, go out, have lunch, eat trendy pancakes, shop, watch movies, go to an amusement park, go to a hot spring, watch a planetarium, go to an aquarium I went to the beach, watched the fireworks, had a Halloween party, went skiing, had a cherry blossom viewing, went to Hatsumode, got on the Ferris wheel, went to the museum, drove, played games, cook, we make sweets, we quarrel, we laugh, and we get married.

PRECIOUS STONE

2021

Recipe

009 중앙 정렬을 사용한 안정감 있는 레이아웃

중앙 정렬을 사용한 안정감 있는 레이아웃을 만듭니다. 이미지의 중앙에 배치된 반지가 주역이 되는 과정을 알아봅니다.

Design methods

01 새로운 파일 만들기

이 예제에서는 주얼리 숍의 약혼반지에 대한 광고를 디자인합니다.

일러스트레이터(Illustrator)를 열고, [File]→[New]를 선택합니다. 단위를 [Millimeters]로 설정하고 [Width:182mm], [Height:232mm]로 설정한 후 [Create]를 선택합니다 01.

[Layers] 패널에서 [Create New Layer]를 클릭해 레이어를 추가합니다 02. 위에서부터 레이어 이름을 [레이아웃], [사진][1]으로 지정합니다 03.

Point

[Layers] 패널이 표시돼 있지 않은 경우에는 [Window]→[Layers]를 선택해 [Layers] 패널을 표시합니다.

02 사진 배치하기

[사진] 레이어를 선택합니다.

[File]→[Place]를 선택하고 04, [센터.psd] 파일을 선택합니다. 드래그하여 반지의 위치를 확인하면서 아트보드※의 중앙 부근에 배치합니다 05.

계속해서 [Tool] 패널에서 [Rectangle Tool]을 선택하고 06, 아트보드 임의의 장소를 클릭해 수치 입력 창을 나타냅니다.

[Width:182mm] [Height:232mm]로 설정해 직사각형을 만들고 아트보드에 맞춰 배치합니다 07 08.

[Tool] 패널에서 [Selection Tool]을 선택한 후 배치한 [직사각형]과 [센터] 이미지를 선택하고 09, [Object]→[Clipping Mask]→[Make]를 선택해 마스크를 만듭니다 10. 아트보드의 크기에 맞춰 트리밍[2] 한 사진의 배치가 완성됐습니다 11.

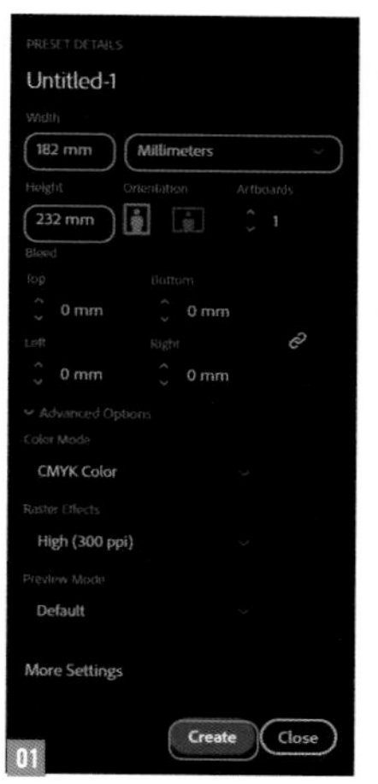

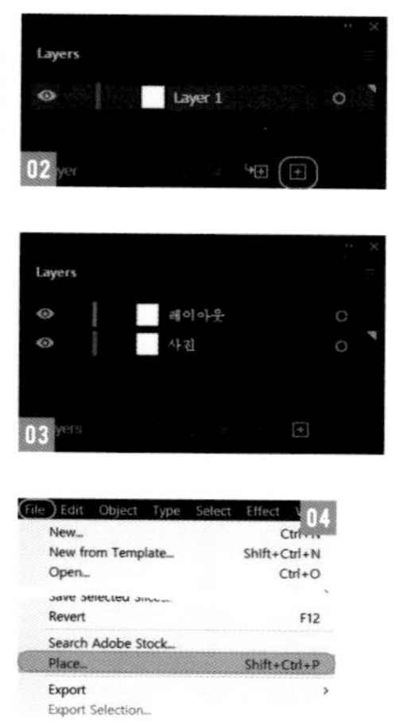

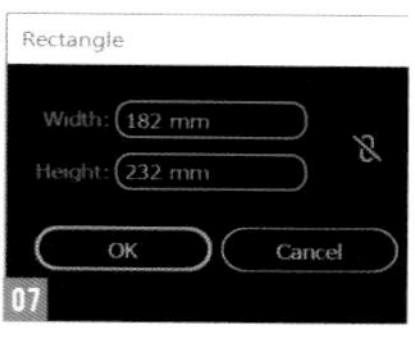

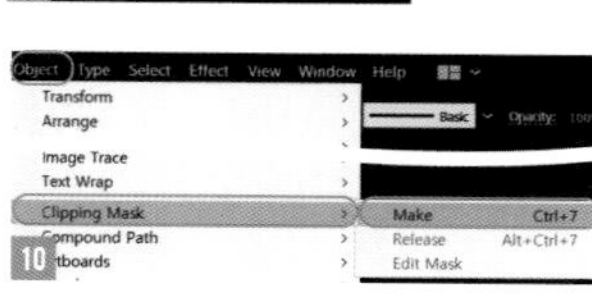

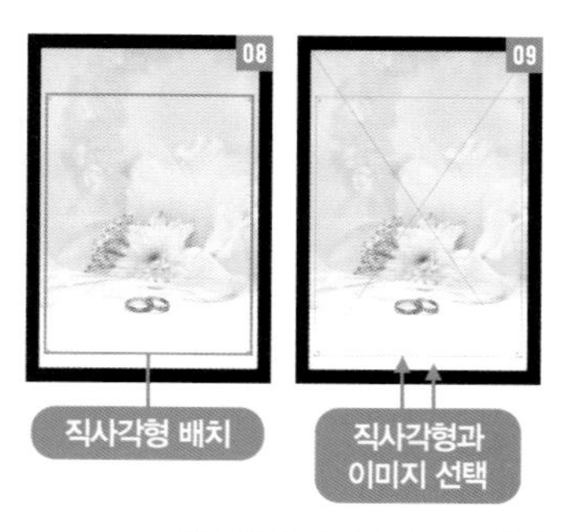

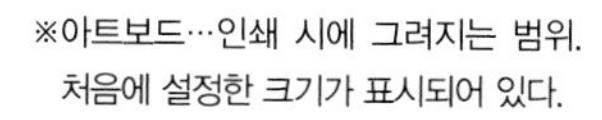

※아트보드…인쇄 시에 그려지는 범위.
처음에 설정한 크기가 표시되어 있다.

1 (옮긴이) 레이어의 이름이 적힌 부분을 더블 클릭하면 이름을 변경할 수 있습니다.

2 (옮긴이) 트리밍(Trimming)은 이미지의 여백을 없애거나 이미지에서 원하는 부분만 오려내는 것을 말합니다.

03 중앙 정렬의 기준 만들기

이번에는 사진 중앙 아래에 있는 반지가 주역이 되도록 레이아웃을 설정합니다 12. 작업할 요소는 제목, 본문, 숍 이름입니다. 여기에서는 '반지의 위아래 공간을 살린 센터 레이아웃'을 보여줄 수 있도록 디자인합니다 13.

[레이아웃] 레이어를 선택하고, [Tool] 패널에서 [Type Tool]을 선택합니다 14. [텍스트.txt] 파일을 열고, 'MARIAGE RINGS' 텍스트를 복사 & 붙여넣기로 가져옵니다. 문자는 [Font:Baskerville URW] [Style:Regular] [Size:37pt] [Leading:40pt] [Kerning:Optical] [Tracking:0] [Paragraph:Align Left]로 설정하고, 색상은 [C:80 Y:30]으로 설정합니다 15 16 17[3]. 주얼리에 맞게 품격 있는 서체와 반지의 금을 돋보이게 하는 차분한 청록색을 사용했습니다.
'MARRAGE' 다음에서 줄 바꿈을 하여 아트보드 중앙 상단에 배치합니다 18.
디자인에서 제목을 부각시키기 위해 'MARIAGE' 문자의 양 끝을 기준으로 다른 요소들을 레이아웃합니다 19.

12

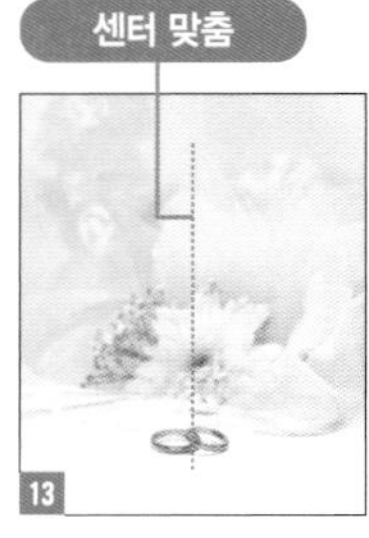

13

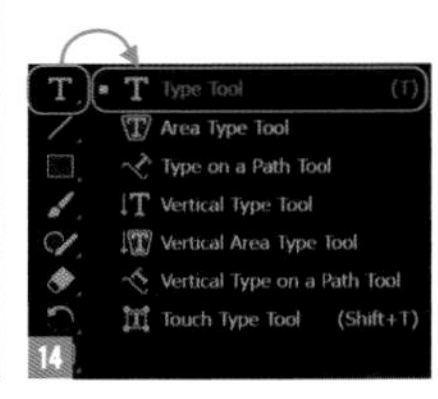

14

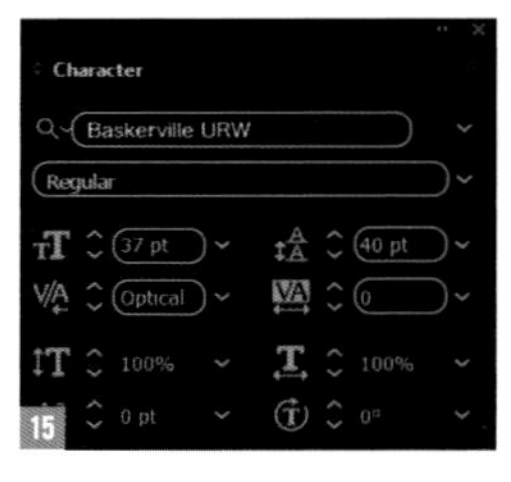

15

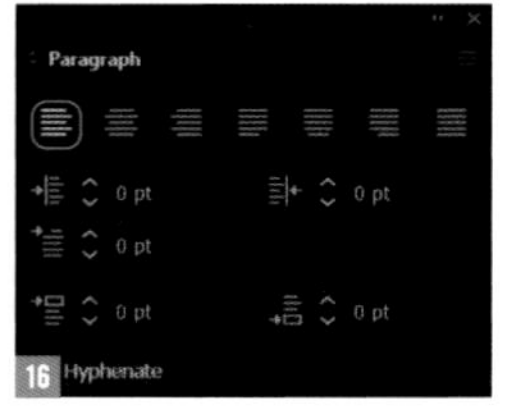

16

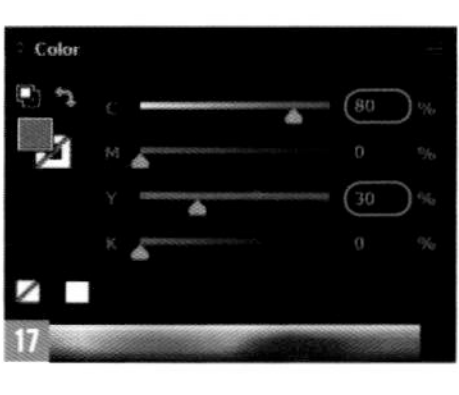

17

18

19

Point

센터 맞춤의 레이아웃은 기준 없이 레이아웃 할 수도 있지만, 20과 같이 문자 레이아웃에서 좌우로 굴곡이 있거나 하면 시선의 방해가 되어 정돈이 안 된 레이아웃이 될 수 있습니다.

20

04 본문과 숍 이름 배치하기

[레이아웃] 레이어를 선택합니다.
본문을 넣을 영역을 만듭니다. [Tool] 패널에서 [Rectangle Tool]을 선택합니다. [Width:72mm] [Height:86mm]로 설정해 직사각형을 만들고 중앙 타이틀 아래에 배치합니다 21 22.
직사각형의 너비는 'MARRAGE' 타이틀의 너비에 맞췄습니다.
[Tool] 패널에서 [Type Tool]을 길게 눌러 [Area Type Tool]을 선택합니다 23[4].

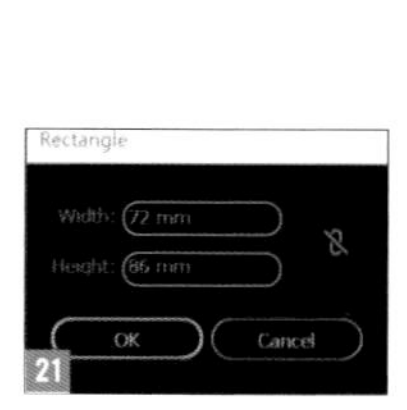

21

22

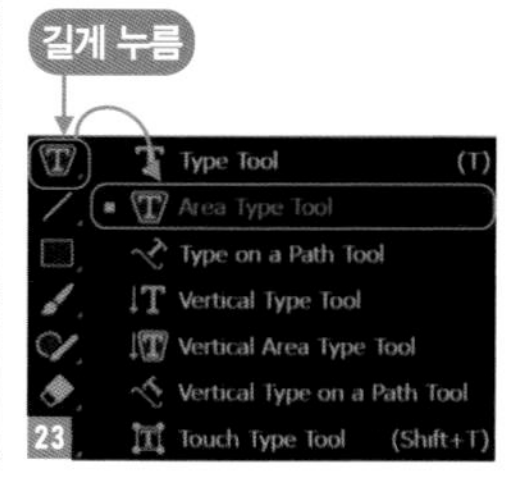

23

3 [Color] 패널이 표시돼 있지 않은 경우에는 [Window]→[Color]를 선택해 [Color] 패널을 표시합니다.
4 [Type Tool]을 길게 눌렀을 때 [Area Type Tool]이 보이지 않는다면 [Window]→[Toolbars]→[Advanced]를 선택합니다.

방금 배치한 직사각형을 클릭합니다. 그러면 직사각형 안에 문자를 입력할 수 있게 됩니다. [텍스트.txt] 파일에서 본문의 문장을 복사 & 붙여넣기 해 불러옵니다24.

문자는 [Font:Baskerville URW] [Style:Regular] [Size:13pt] [Leading:21pt] [Kerning: Optical] [Tracking:−8], [Paragraph:Justify with last line aligned left]로 설정하고, 색상은 [K:100]으로 지정합니다25 26 27. 소재가 주얼리이므로 고급스럽고 여유로운 느낌이 들 수 있도록 문자 크기와 줄 간격을 설정했습니다.

마찬가지로 숍 이름을 만듭니다.

[Tool] 패널에서 [Type Tool]을 선택하고 [텍스트.txt] 파일에서 'PRECIOUS STONE 2021'을 복사 & 붙여넣기 해 불러옵니다. 'STONE' 다음에서 줄 바꿈을 하여 반지 아래에 배치합니다28.

문자는 [Font:Baskerville URW] [Style:Regular] [Size:13pt] [Leading:24pt] [Kerning:Optical] [Tracking:200] [Paragraph:Align center]로 설정하고, 색상은 [C:80 Y:30]으로 지정합니다 29 30 31.

숍 이름의 문자는 타이틀에 방해가 되지 않는 크기를 선택해 자간을 넓게 했습니다32. 디자인이 완성됐습니다.

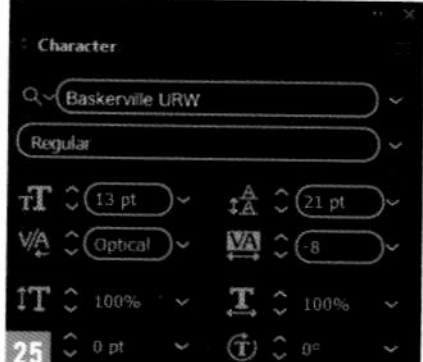

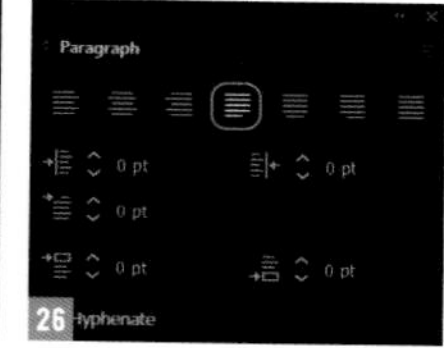

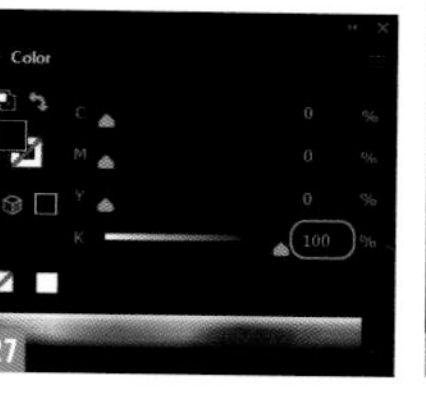

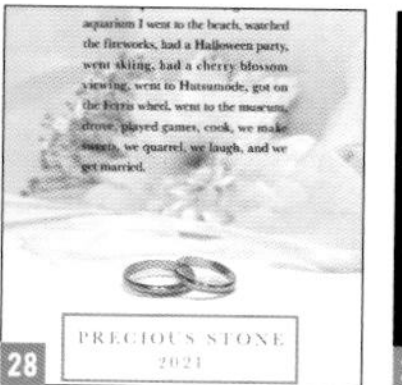

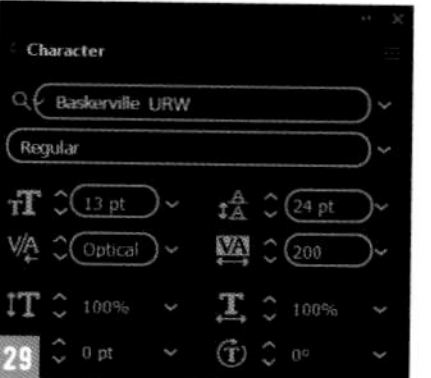

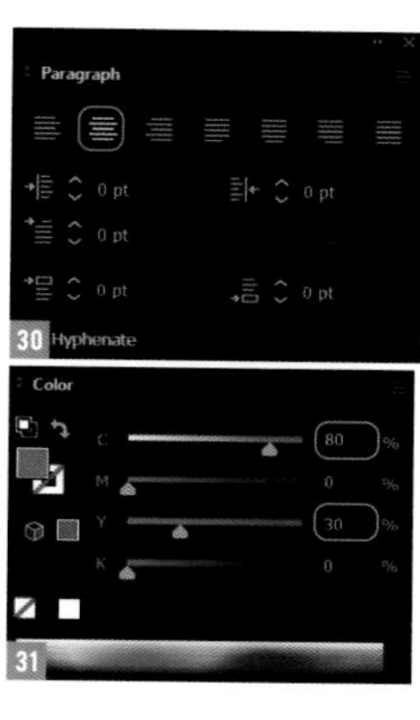

Point

제목, 본문, 숍 이름의 폰트 크기는 눈에 띄게 하고 싶은 순위를 정해 차이를 두면 전체적으로 강약이 생겨 정리하기 쉬워집니다33. 강약의 차이가 없으면 어디서부터 봐야 할지 몰라 산만한 느낌이 듭니다34. 또한 본문 한 줄의 문자 수가 너무 많거나 너무 짧으면 읽기가 어려워집니다35 36.

GRAND OPEN

2021
6/3 thu
10:00-19:00

영국에서
큰 인기를 얻고 있는
그 'PJ Cup Cake'가
한국에 첫 상륙
오스트레일리아산
생크림을 듬뿍
사용한 컵케익은
반죽이
폭신폭신해서
촉촉해요.

Blueberry
블루베리-

ALL
500 won

Recipe

010 공간을 살려 깔끔하게 보여주기

여백을 살린 심플한 디자인으로, 깔끔한 느낌을 줄 수 있습니다.

Design methods

샘플

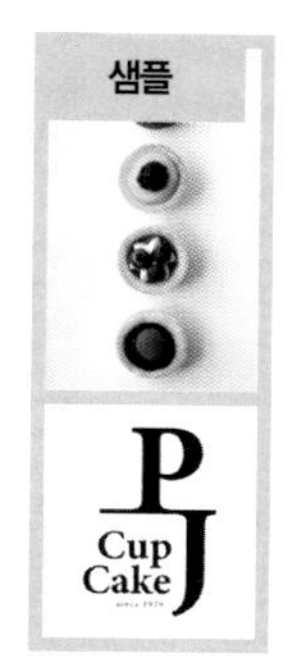

01 새로운 파일 만들기

일러스트레이터를 열고, [File]→[New]를 선택해 새로운 파일을 만듭니다.
이 예제에서는 A4 크기의 포스터를 디자인하므로 [Print] 탭을 선택해 [A4] 항목을 선택합니다. [Top, Bottom, Left, Right:0]으로 설정합니다 01.

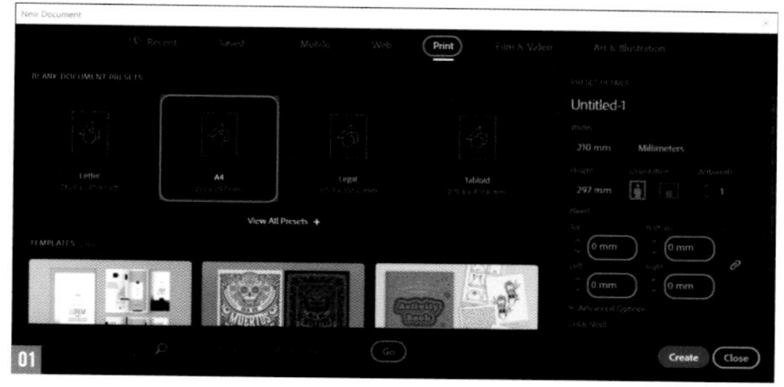

02 이미지를 트리밍하여 중앙에 배치하기

[File]→[Place]를 선택하고, 'cakes.psd' 파일을 선택해 아트보드의 중앙에 배치합니다 02.
[Tool] 패널에서 [Rectangle Tool]을 선택하고 03, 아트보드에 맞게 세로로 긴 직사각형을 만듭니다. 높이는 A4의 높이와 같은 길이(297mm)로 합니다 04. 세로로 긴 직사각형과 컵케이크 이미지가 좌우 대칭이 되도록 맞추고 이미지와 사각형을 선택한 후 [Object]→[Clipping Mask]→[Make]를 선택하여 트리밍 합니다 05 06 07.

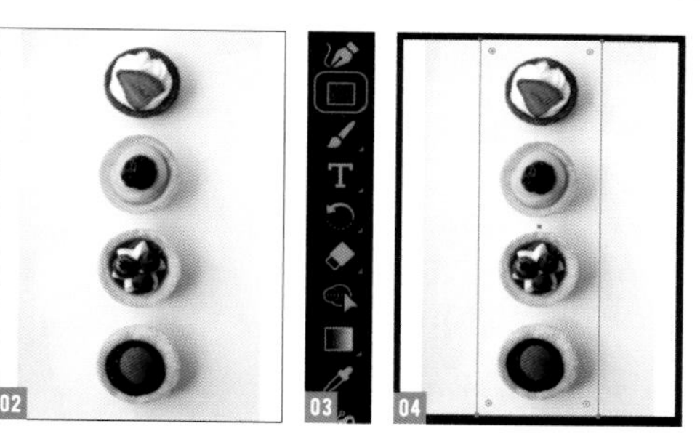

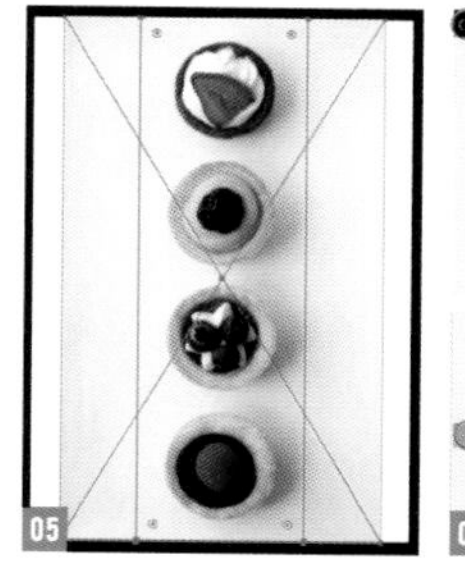

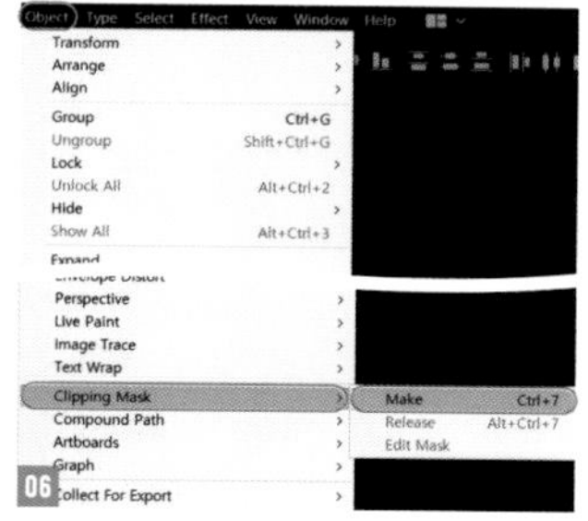

03 로고 분위기에 맞게 서체를 선택해 지면 구성하기

점포명이기도 한 'PJ Cup Cake'의 로고는 지정된 기존 로고를 사용합니다. [로고.ai] 파일을 열고 로고를 복사 & 붙여넣기 해 작업화면의 오른쪽에 배치합니다 08.
기존의 로고 09를 확인하고 이미지에 맞는 서체를 생각해 봅니다. 로고의 폰트가 가로에 비해 세로가 굵은 명조체※로 만들어져 있으므로 이미지에 사용하는 서체도 명조체의 'Times', 'A1명조'로 결정했습니다.

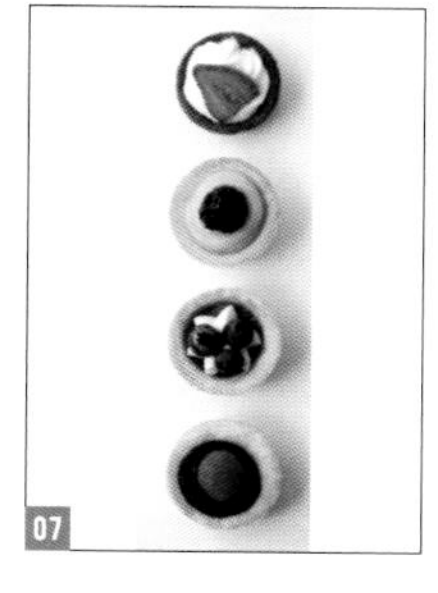

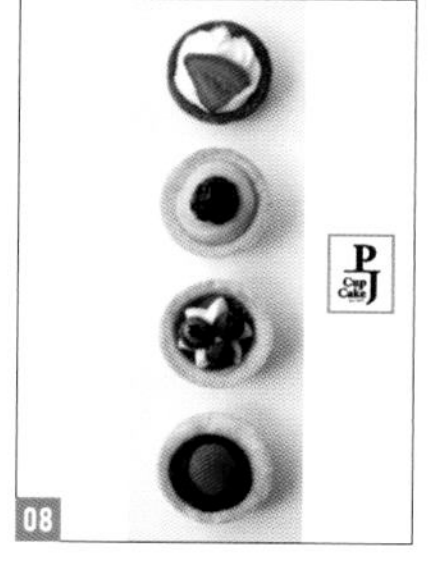

※ 명조체…글씨의 가장자리에 작은 장식이 있다.

04 공간을 대담하게 사용해 세련된 이미지로 만들기

[텍스트.txt] 파일를 열고 텍스트를 복사 & 붙여넣기 해 가져옵니다. 여기서는 제목인 'GRAND OPEN'과 '날짜와 설명', '가격', '로고' 4개의 정보를 생각하여 레이아웃합니다 10. 레이아웃할 때 신경 쓴 부분은 아래와 같습니다(오렌지색 바탕, 분홍색 바탕 참조).

왼쪽 부분 여백 : 각각의 문자 정보를 하나의 그룹으로 파악하고 위, 아래 여백을 균일하게 하여 균형을 잡습니다 11.

오른쪽 부분 여백 : 상하좌우 공간을 균일하게 하여 균형을 잡습니다. 단, 로고가 주는 인상이 강하기 때문에 URL을 포함하지 않고 상하 공간의 밸런스를 조정했습니다. 사이트 URL은 첨가 이미지로 작게 배치합니다 12. 4가지 정보마다 레이아웃이 생겼습니다 13.

※ 본 절에서는 자세히 설명을 덧붙이지 않았지만, 실제 디자인에서는 문자의 크기나 두께에 강약을 붙여 한글 본문 안의 문구를 정돈하고, 세세하게 조정해 만들었습니다. 상세 디자인은 샘플 데이터를 참고하기 바랍니다.

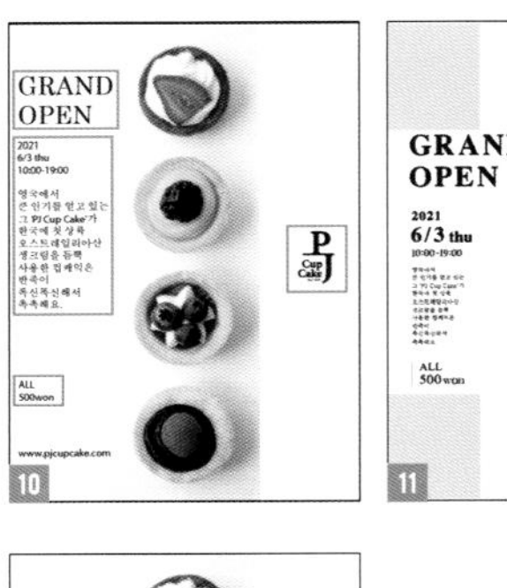

www.pjcupcake.com

URL은 작게

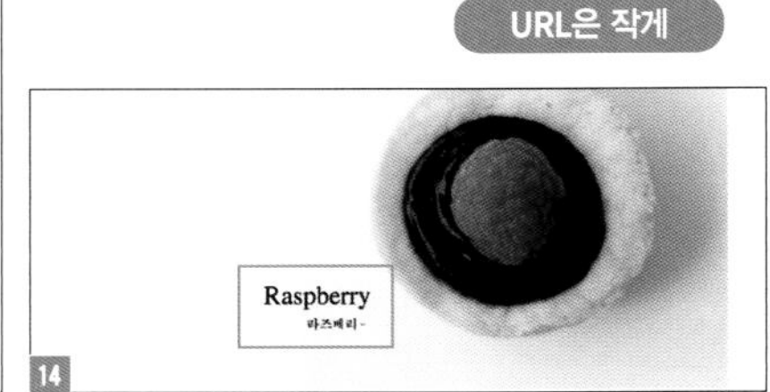

05 공간에 방해가 되지 않는 곳에 상품명 배치하기

각 컵케이크 옆에 영어와 한국어 상품명을 기재합니다. 강약을 주기 위해 영문자를 약간 크게 강조했습니다 14.

공간에 방해가 되지 않도록 위에 있는 2개의 컵케이크는 상품명을 왼쪽 정렬하여 오른쪽에 배치합니다 15. 아래에 있는 2개의 컵케이크는 상품명을 오른쪽 정렬하여 왼쪽에 배치합니다 16. 전체적인 균형을 보고 완성합니다 17.

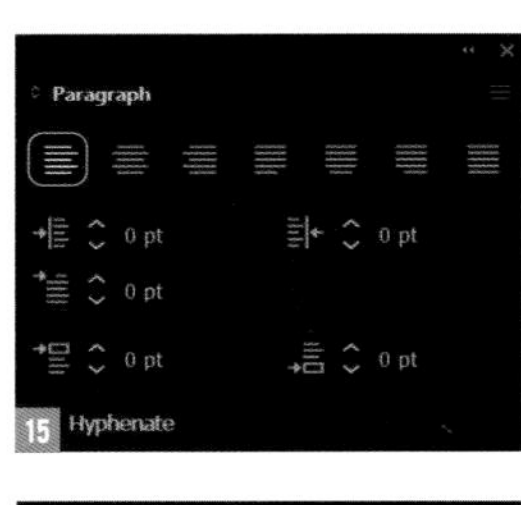

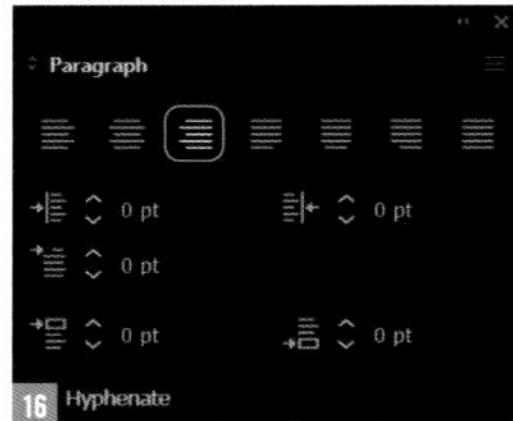

Point

폰트 패밀리란?

Times Regular와 Times Bold와 같이 바탕이 되는 폰트 디자인은 같아도 선폭, 자폭, 각도가 다른 폰트의 집합으로 구성된 폰트를 폰트 패밀리라고 합니다.

폰트 패밀리를 구분해 이미지를 구성하면 통일감 있고 폭넓은 디자인을 표현할 수 있습니다.

또한, 이미지 안에서 사용하는 폰트를 3개 이내로 줄이면 정돈된 디자인이 됩니다.

Column

Adobe Fonts란?

Adobe Fonts란 Adobe사에서 제공하는 폰트 라이브러리입니다. 이 책에서도 사용하는 일러스트레이터나 포토샵을 사용할 때 필요한 Adobe Creative Cloud 서비스에 가입하면 Adobe Fonts에 등록된 모든 폰트를 사용할 수 있습니다. Adobe 오리지널이나 모리사와, 폰트 워크스, 자유 공방 등 수많은 폰트 제작사의 폰트가 포함돼 있어 매우 유익하므로 꼭 사용해 봅시다. 이 책에서도 독자가 디자인을 재현하기 쉽도록 많은 예제에서 Adobe Fonts의 폰트를 사용하고 있습니다.

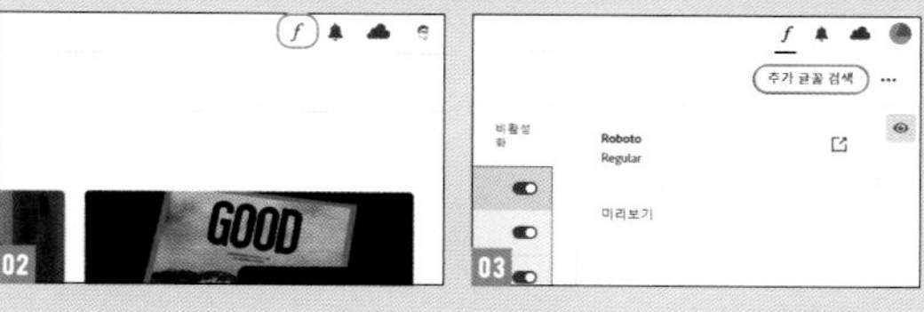

Adobe Fonts 사용 방법

01 작업 표시 줄의 메뉴 바에서 [Creative Cloud Desktop App] 아이콘을 선택합니다 (왼쪽: macOS, 오른쪽: Windows).

02 [Desktop App]이 열리면오른쪽 위의 [f] 아이콘을 선택합니다.

03 [활성 글꼴] 화면이 표시되면 오른쪽 위의 [추가 글꼴 검색]을 선택합니다.

04 PC의 기본 브라우저가 시작되고, [My Adobe Fonts]에서 사용할 수 있는 폰트의 [폰트 목록]이 표시됩니다. 사용하고 싶은 폰트를 찾아 폰트 패널의 오른쪽 아래에 있는 [패밀리 보기]를 선택합니다.

05 폰트의 상세 페이지가 표시되면 오른쪽 상단의 [글꼴 활성화] 토글 버튼을 선택해 활성화합니다.

06 다시 [Creative Cloud Desktop App]을 열고 방금 선택한 폰트가 [활성 글꼴]에 표시될 때까지 기다립니다. 폰트가 활성화되면 각 응용 프로그램의 폰트 메뉴에 추가되어 사용할 수 있습니다. 이 폰트는 대부분 프로그램에서 바로 사용할 수 있습니다.※1 ※2

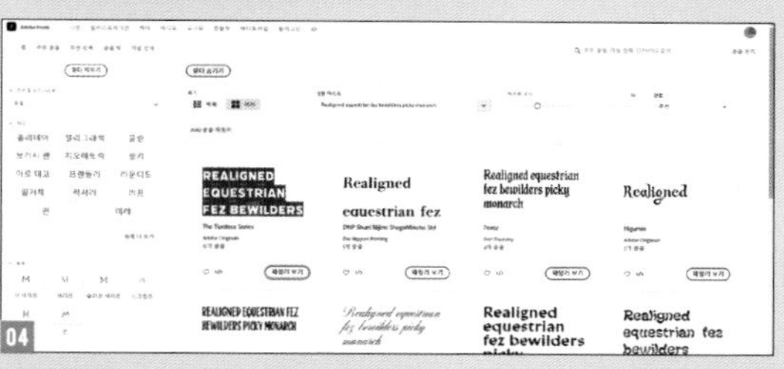

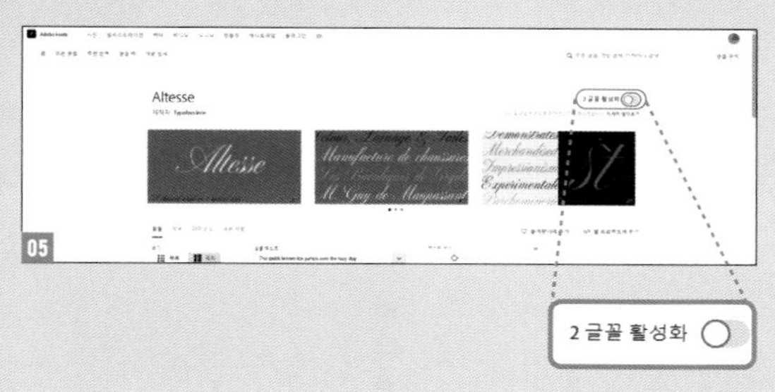

활성 글꼴은 Creative Cloud Desktop에 표시될 뿐만 아니라, 웹 사이트의 [My Adobe Fonts]에 있는 [활성 글꼴] 탭에도 표시됩니다.

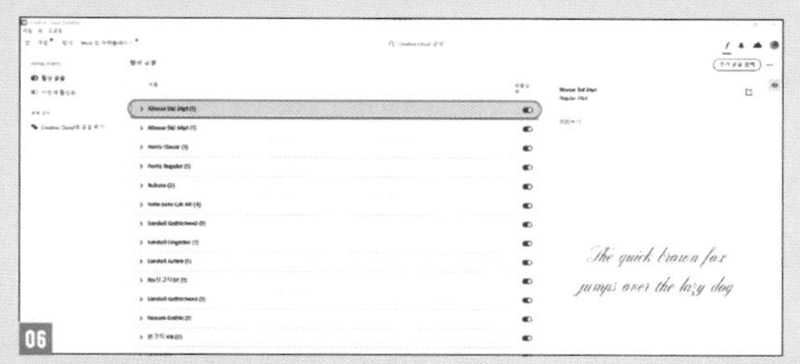

Adobe Fonts 주의점

※1. 웹 브라우저에서 폰트를 활성화하더라도 PC 상에서는 Creative Cloud Desktop App을 통해 활성화되므로 Desktop App을 실행하지 않으면 PC와 동기화되지 않아 폰트를 사용할 수 없습니다. 또한 일부 프로그램은 메뉴에 새로운 폰트를 추가하려면 프로그램을 다시 시작해야 합니다.

※2. 폰트는 개수의 제한 없이 얼마든지활성화할 수 있지만, 성능을 최적화하기 위해 필요한 폰트만 최소한으로 활성화하기를 추천합니다.

여름 독서 페어 7.1 – 8.31

▼여름철 추천▲

★눈의 여왕★한스 크리스찬 안데르센
★인간 실격★다자이 오사무 ★두번째
산★데이비드 브룩스 ★룬샷★사피 바칼
★타인의 해석★말콤글래웰 ★가치의
모든 것★마리아나 마추카토
★자본주의의 미래★폴콜리어
★스틸니스★라이언 홀리데이홀리데이

Recipe

011

시선의 움직임을 생각하기

여백을 만들어 긴장감 있는 레이아웃을 만듭니다. 서점에서 꾸밀 포스터를 가정해 제작합니다.

Design methods

01 새로운 파일 만들기

일러스트레이터를 연 다음 아트보드를 설정하고, 레이어를 만듭니다.

[File]→[New]를 선택하고 단위는 [Millimeters], [Width:182mm] [Height:232mm]로 설정한 다음 [Create] 버튼을 클릭합니다 01.

[Layers] 패널에서 [Create New Layer]를 클릭해 레이어를 추가합니다 02. 위에서부터 레이어 이름을 [레이아웃], [사진]으로 지정합니다 03.

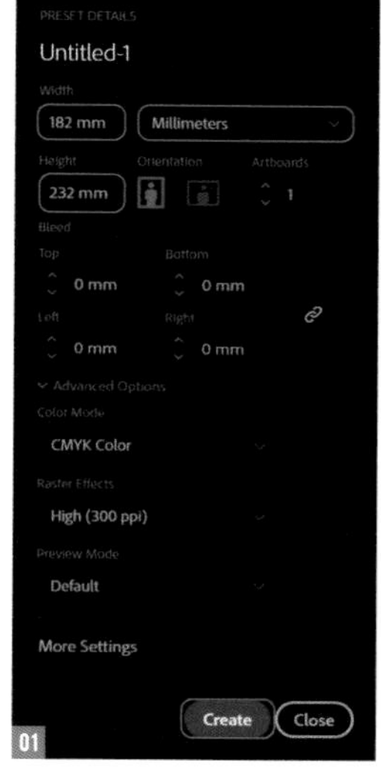

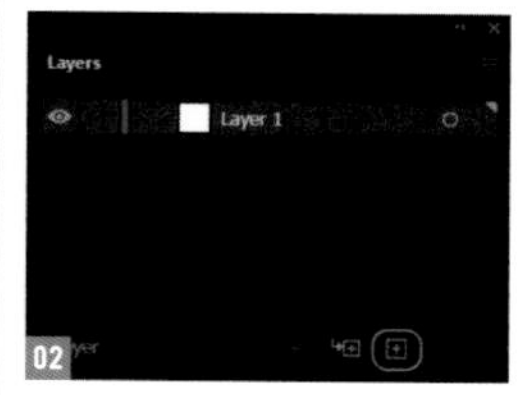

02 레이아웃의 구성 정하기

이 예제에서는 서점에서 사용할 포스터를 디자인하는 것으로, 가능한 한 깔끔한 정보를 전달하는 것을 염두에 두고 만듭니다. 구성을 생각하지 않고 레이아웃을 잡으면 내용이 정리되지 않기 쉽습니다. 그래서 사진이나 문자를 레이아웃 하기 전에 대략적인 구성을 생각합니다.

오른쪽 그림은 알아보기 쉽도록 완성형 디자인에 시선의 흐름을 따라 화살표를 덧붙였습니다. 왼쪽 상단의 빨간색 동그라미 표시를 시작점으로 시선의 움직임을 생각해 Z 형태로 사진이나 문자를 배치하는 구성으로 결정하고 만들었습니다 04.

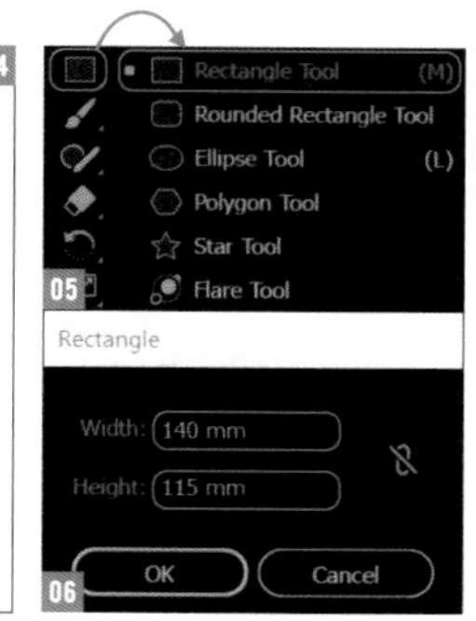

03 시작점이 되는 사진의 위치 정하기

먼저 시선의 시작점이 되는 '첫 번째 눈길을 끄는 이미지'의 배치를 결정합니다.

[사진] 레이어를 선택합니다. [Tool] 패널에서 [Rectangle Tool]을 선택합니다 05.

아트보드에서 원하는 위치를 클릭하면 수치 입력 창이 열립니다. [Width:140mm] [Height:115mm]로 설정해 직사각형을 만들고 06, 아트보드 왼쪽 위, 상단에 28mm를 남겨두고 배치합니다 07. 색상은 [K:100]으로 설정합니다 08.

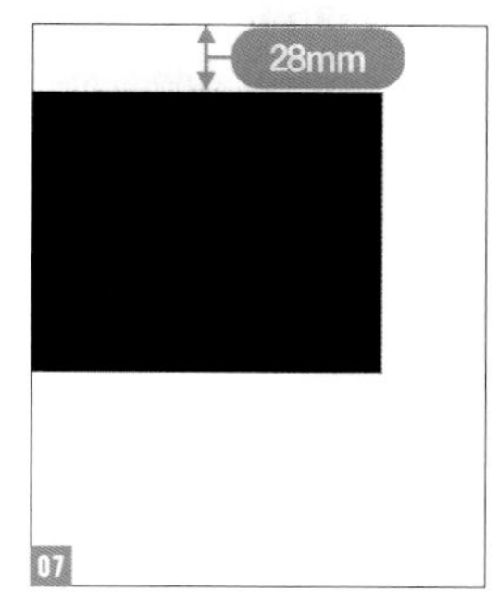

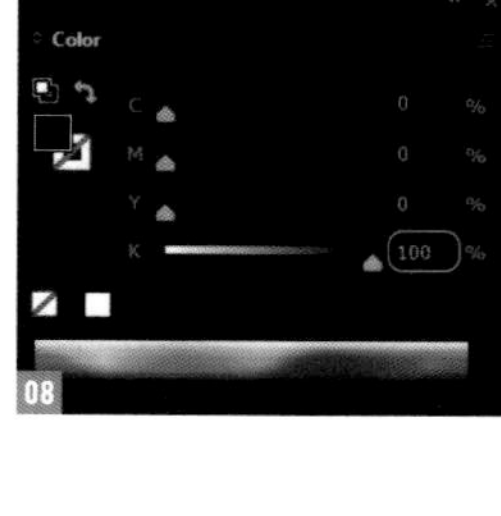

Point

직사각형을 배치할 때, 시선을 움직이기 쉬운 레이아웃이 되도록 직사각형의 위쪽, 오른쪽, 아래쪽 여백 크기를 각각 다르게 설정합니다 09.
여백의 크기가 같거나 비슷하면 안정되어 시선을 움직이기 어려워집니다 10.

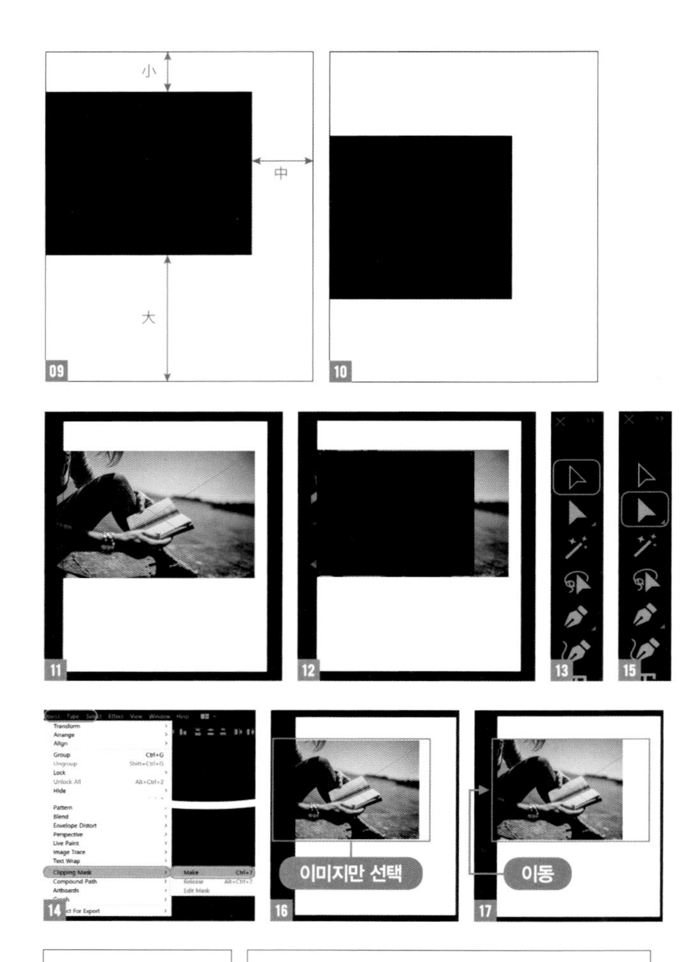

04 사진을 배치하고 마스크 생성하기

[File]→[Place]를 선택해 [여백.psd]를 불러옵니다. 앞서 만든 직사각형에 겹치게 배치합니다 11.
[Object]→[Arrange]→[Send to Back]을 선택해 방금 만든 검은색 직사각형이 사진 위쪽에 오게 설정합니다 12.
[Tool] 패널에서 [Selection Tool]을 선택하고 13, 조금 전에 배치한 [직사각형]과 사진 2개를 선택합니다. [Object]→[Clipping Mask]→[Make]를 선택합니다 14. 검은색 직사각형 모양으로 마스크가 만들어집니다. 다시 [Tool] 패널에서 [Direct Selection Tool]을 선택합니다 15.
직사각형 안의 이미지를 클릭하면 이미지만 선택할 수 있으므로 16 가장 좋은 트리밍 장소를 찾습니다. 여기서는 17과 같이 조금 더 사람의 몸이 보이도록 오른쪽으로 이동해 배치했습니다.

05 타이틀 로고 배치하기

[Layers] 패널에서 [레이아웃] 레이어를 선택합니다.
[타이틀.ai] 파일을 불러온 후 [Tool] 패널에서 [Selection Tool]을 선택하고 제목을 선택합니다 18.
[Edit]→[Copy]를 선택하고 19, 원래의 작업 파일로 돌아와 [Edit]→[Paste]를 선택합니다 20.
21과 같이 오른쪽 위에 배치합니다.

06 시선의 움직임을 의식하며 문자 정보의 레이아웃 구성하기

[텍스트.txt] 파일을 불러옵니다. 이 안의 텍스트 정보를 수시로 복사 & 붙여넣기 해 레이아웃을 구성합니다. 문자 색상은 모두 [K:100]으로 합니다.

[Tool] 패널에서 [Vertical Type Tool]을 선택하고 '여름 독서 페어' 텍스트를 복사 & 붙여넣기 합니다 22 23. [Font:궁서] [Size:22pt] [Kerning:Optical] [Tracking:120]으로 설정합니다 24.

계속해서 날짜 정보를 입력합니다. [Tool] 패널에서 [Type Tool]을 선택하고 25, '7.1', '8.31' 텍스트를 복사 & 붙여넣기 합니다. [Font:바탕] [Kerning:Optical] [Horizontal Scale:120]으로 설정하고, '7.1'은 [Font size:22pt], '8.31'은 [Font size:30pt]로 설정합니다 26 27 28.

시선의 움직임은 앞에서 설명한 Z 형태를 의식하며 배치합니다 29.

'여름 독서 페어'가 조금 더 눈에 띄도록 설정해 보겠습니다. [Rectangle Tool]을 선택하고 [Color:White]로 설정한 다음 문자의 주위에 윤곽을 추가해 악센트를 만듭니다 30. 또한 날짜의 위치가 연결되도록 [Tool] 패널에서 [Line Segment Tool]을 선택하고 31, [Weight:0.5pt]로 지정한 다음 '7.1'에서 '8.31'로 시선이 움직이도록 라인을 그립니다 32[5].

이때, 라인의 움직임과 연동되도록 '7.1'을 90° 회전하여 조정합니다 33.

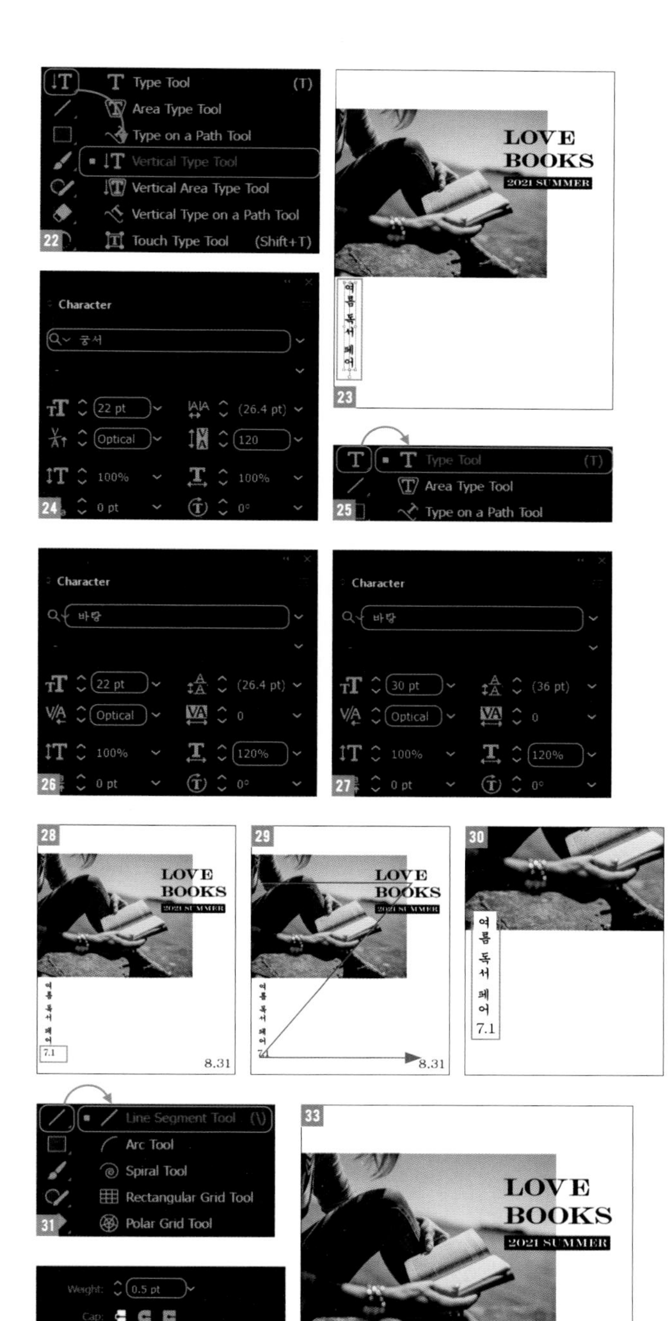

Point

여백을 넓게 사용할 뿐만 아니라, 시선을 유도할 때는 이미지의 크기와 정보의 우열을 가리는 문자의 크기에 주의하여 레이아웃 해 봅시다.

5 Line의 Weight를 설정하기 위한 [Stroke] 패널이 표시돼 있지 않은 경우에는 [Window]→[Stroke]를 선택해 [Stroke] 패널을 표시합니다.

07 작은 본문 배치하기

마지막으로 세세한 정보를 시선의 움직임에 방해가 되지 않도록 주의하여 레이아웃합니다.
[Tool] 패널에서 [Vertical Type Tool]을 선택하고 '여름철 추천' 텍스트를 복사 & 붙여넣기 합니다 34.
[Font:궁서] [Size:10pt] [Kerning:Optical] [Tracking:40]으로 설정합니다 35.
계속해서 [Tool] 패널에서 [Rectangle Tool]을 선택하고 [Width:31mm] [Height:40mm]로 설정해 정보를 넣을 직사각형 영역을 만듭니다 36 37.
[Vertical Area Type Tool]을 선택하고 38, 직사각형 끝의 패스를 클릭해 정보 텍스트인 '*눈의 여왕*한스 크리스찬~'을 복사 & 붙여넣기 합니다. 글꼴의 설정은 39를 참조합니다.
[Window]→[Type]→[Paragraph]를 선택해 [Paragraph] 패널을 표시하고 [Paragraph: Justify all lines]로 설정해 문자 조합을 조정합니다 40 41.
레이아웃이 완성됐습니다.

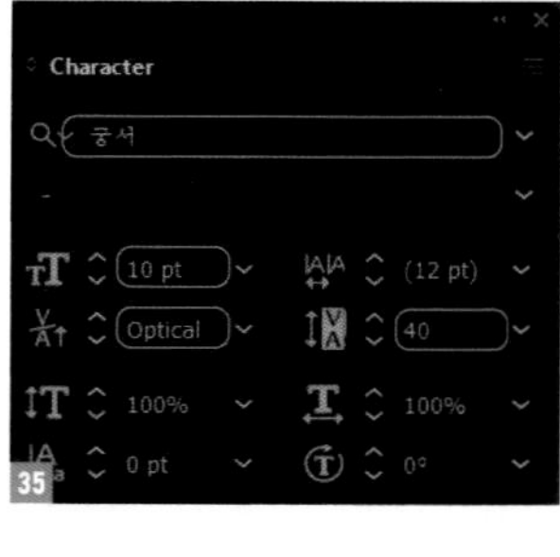
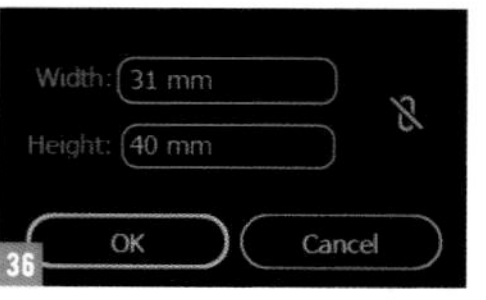

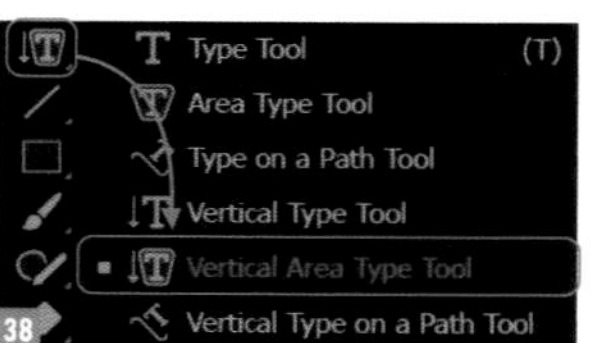

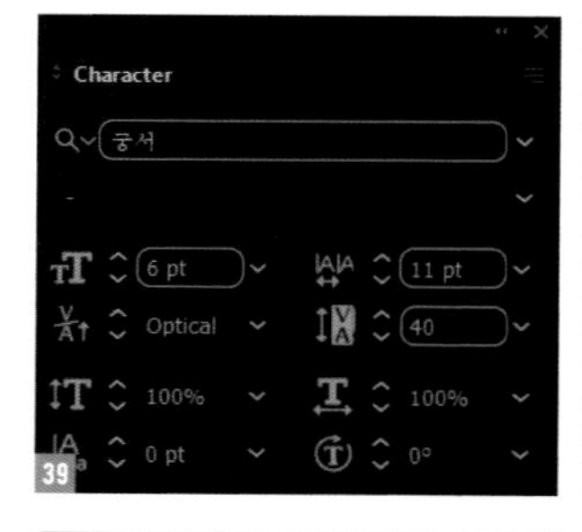
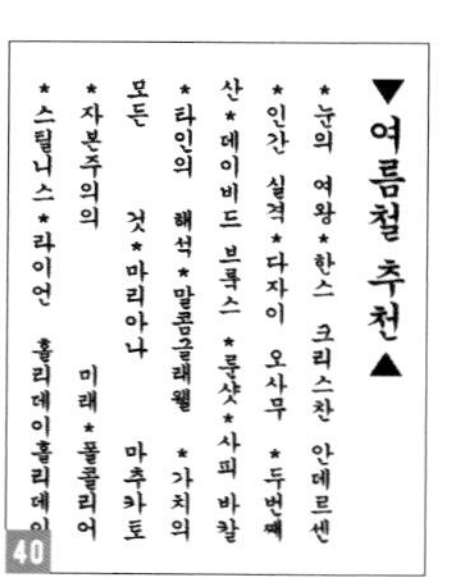
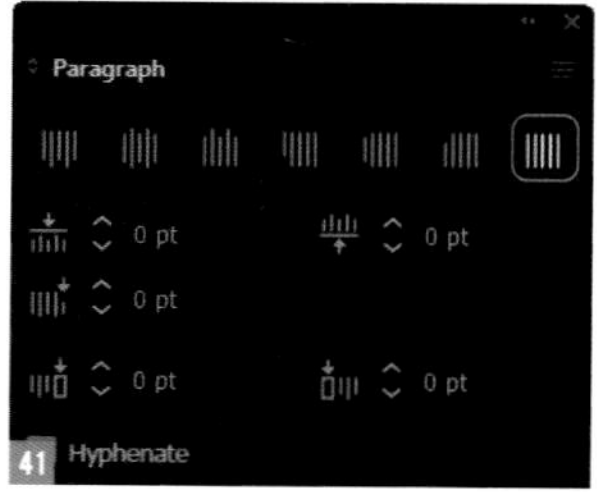

Point

[Vertical Area Type Tool]을 찾을 수 없을 때는 [Window]→[Toolbars]→[Advanced]를 선택합니다. 또는, [Tool] 패널 아래에 있는 점 세 개의 아이콘 [Edit Toolbar]을 선택한 다음 [Type] 항목에서 해당하는 도구 아이콘을 찾아 [Tool] 패널로 드래그하면 사용할 수 있습니다. [Vertical Area Type Tool]뿐만 아니라 [Tool] 패널에 원하는 아이콘이 없을 때도 이 방법으로 확인하면 좋습니다.

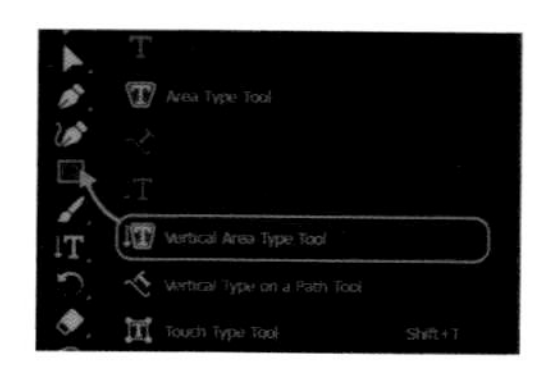

The Life Magazine

Life Style magazine

Comfortable life

ISSUE 01 - AUG 2021

GOOD ITEM

8

지금 갖고 싶다·

생활을 물들이는 선망의 아이템

2021 August | Table Goods Best Selection

NAMEKISHA MOOK

Recipe

012

일러스트를 메인으로 하여 디자인하기

일러스트나 사진 등 '그림 1장의 장점'을 최대한으로 끄집어낸 레이아웃을 만들어 봅니다.

Design methods

01 새로운 파일 만들기

일러스트레이터를 열고, [File]→[New]를 선택해 새로운 파일을 만듭니다.
이 예제에서는 A4 크기의 잡지 표지를 디자인하므로 [Print] 탭을 선택한 다음 [A4] 항목을 선택합니다. [Top, Bottom, Left, Right:0]으로 설정합니다01. [Layers] 패널에서 [Create New Layer]를 2번 선택해 2개의 레이어를 추가합니다. 레이어 이름을 위에서부터 [text], [photo], [back]으로 지정합니다02.

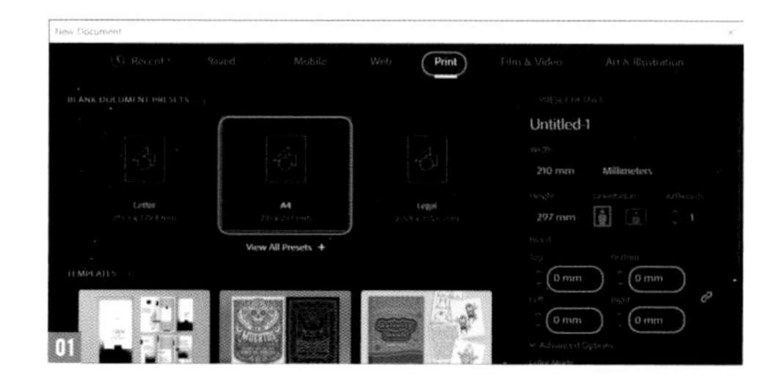

02 배경을 만들고 일러스트를 크게 배치하기

소재 일러스트를 확인해보면 배경에 노란색이 여기저기 있는 것을 알 수 있습니다. 그래서 이 디자인에도 배경에 노란색을 배치해 통일감이 느껴지게 합니다.
[back] 레이어를 선택하고 [Tool] 패널에서 [Rectangle Tool]을 선택합니다03.
작업화면에서 임의의 장소를 클릭하고 [Width:210mm] [Height:297mm]로 설정해 직사각형을 만듭니다. 직사각형의 색상은 일러스트의 노란색보다 조금 진하게 하여 [M:20 Y:90]으로 설정합니다04. 작업화면에 맞춰 전면에 배치합니다05. [photo] 레이어를 선택하고, [File]→[Place]를 선택한 다음 [일러스트.psd] 파일을 불러와 배치합니다. 바운딩 박스의 핸들로 크기를 조정하면서 일러스트 전체를 오른쪽에 맞춥니다06.

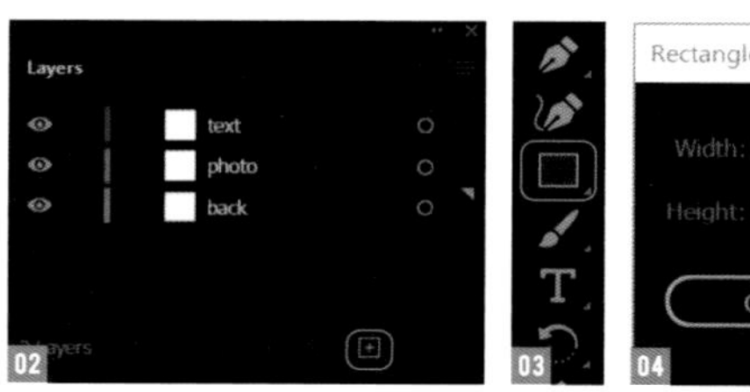

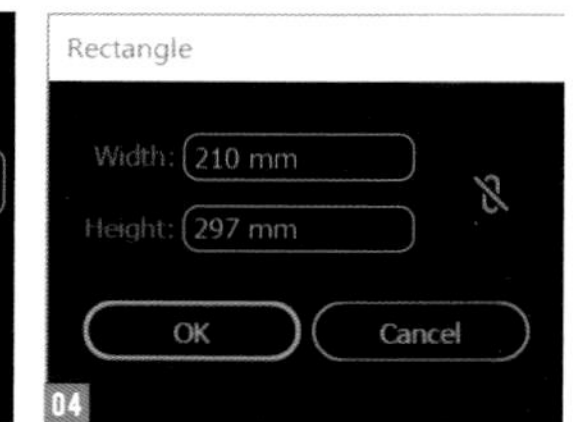

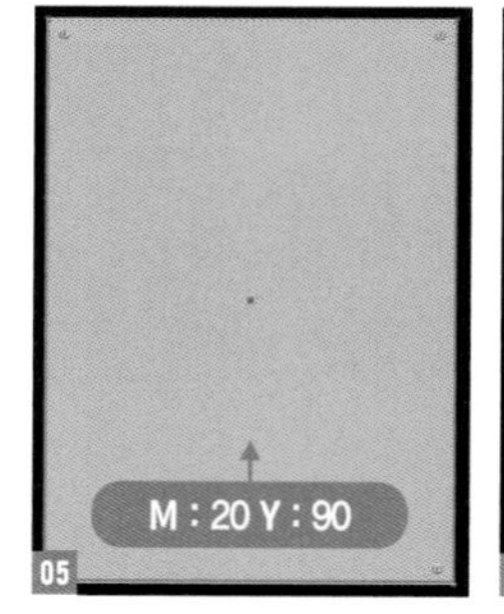

Point

바운딩 박스를 드래그하여 확대 · 축소할 때 shift 키를 누르면서 드래그하면 가로, 세로 비율을 유지한 채로 확대 · 축소할 수 있습니다.

03 잡지 제목과 출판사명 넣기

[텍스트.txt] 파일에서 텍스트를 복사 & 붙여넣기 해 불러옵니다.
잡지 제목인 'The Life Magazine'을 만듭니다. 'Life' 글자 뒤에서 줄 바꿈을 하고, 일러스트에 있는 푸른 조명을 덮지 않도록 왼쪽 위에 배치합니다. 문자의 크기와 행간은 여백이나 레이아웃에 맞게 각 문자를 조정합니다. 'The Life'의 문자 설정은 07과 같이 합니다.

출판사명인 'NAMEKISHA MOOK'은 제목에 비해 그다지 눈에 띄지 않아도 되는 정보입니다. 아래쪽에 눈에 띄지 않게 배치합니다08. 이처럼 정보에 강약을 주어 레이아웃하는 것이 중요합니다.

04 부제 넣기

모든 문자를 가로로 쓰면 단조로워 보이므로 '2021 August Table Goods Best Selection' 문자는 세로로 하여 이미지에 리듬을 만듭니다 09.
'2021 August' 문자를 조금 작게 하고 'Table Goods Best Selection' 문자를 약간 크게 하여 강약을 주었습니다.

05 캐치 카피를 넣어 완성

캐치 카피인 '지금 갖고 싶다. 생활을 물들이는 선망의 아이템'을 세로쓰기로 넣습니다. 폰트는 [궁서]를 선택합니다10.
8월을 나타내는 '8' 마크를 일러스트를 가리지 않는 위치에 넣어 완성합니다11.

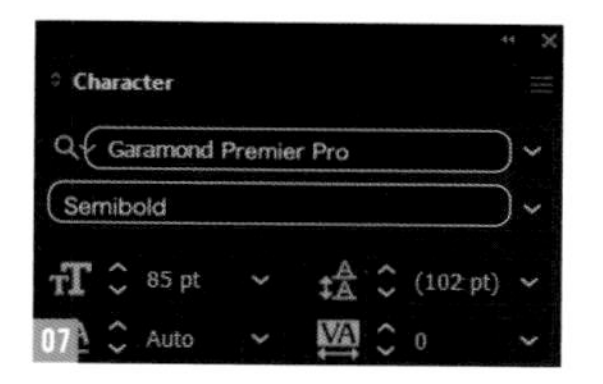

07

08

09

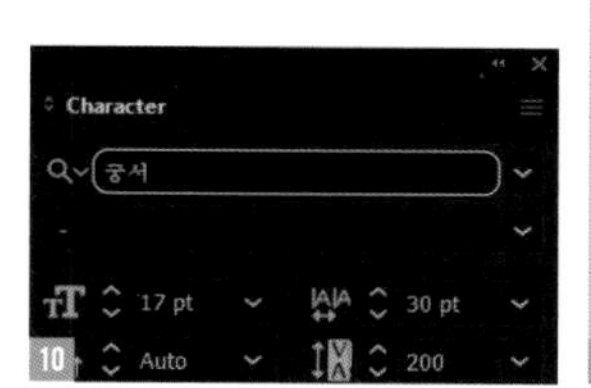

10

11

Point

제목 폰트는 Garamond Premier Pro Semibold, 부제목 폰트는 Garamond Premier Pro Regular입니다.
이처럼 서체의 굵기를 풍부하게 갖춘 패밀리 폰트를 사용하면 이미지를 통일된 골격으로 컨트롤할 수 있습니다. 효과적인 방법이니 꼭 기억하기 바랍니다.

Point

일러스트와 사진을 중심으로 한 디자인을 만드는 경우, 일러스트와 사진에서 사용한 색을 사용하는 것이 효과적입니다.
또 색의 인상을 주지 않는 무채색을 사용하면 일러스트에 시선이 가기 쉬워집니다.

Sponge cake
조각케이크
Smoothie
스무디

2022 Spring
Strawberry
Collection
2022.4.1 fri ▷ 4.30 sat

딸기시즌한정。

Millefeuille
밀푀유

SWEETS
COLME
SINCE 2005
www.sweets-colme.com

Recipe

013 여러 개의 일러스트를 사용한 구성

여러 개의 일러스트를 활용해 레이아웃하는 방법을 소개합니다.

Design methods

01 딸기 분위기에 맞춘 배경 만들기

하얀색 액자와 같은 이미지로 직사각형을 만듭니다.

일러스트레이터를 열고, [File]→[New]를 선택합니다. 단위를 [Millimeters]로 지정한 다음 [Width:210mm] [Height:297mm]로 설정하고 [Create]를 선택합니다 01.

작업화면 네 모서리에 여백이 있는 직사각형을 만듭니다. [Tool] 패널에서 [Rectangle Tool]을 선택하고 작업화면 상하좌우보다 10mm씩 작게 [Width:190mm] [Height:277mm]의 직사각형을 만들어 중앙에 배치합니다. 색상은 [M:70% Y:10%]로 적용합니다 02 03.

ctrl + C 키, ctrl + F 키[6]를 눌러 직사각형을 전면에 복사 & 붙여넣기 합니다. [Tool] 패널에서 [Direct Selection Tool]을 선택해 네 귀퉁이의 핸들 모양을 변경하면서 04와 같이 왼쪽 위, 오른쪽 아래에 사다리꼴 형태를 만듭니다. 색상은 [M:90% Y:30%]로 적용합니다.

다시 그 위에 가로로 긴 직사각형을 [Width:210mm] [Height:85mm]로 설정해 만들고, 중심에 배치합니다. 색상을 배경과 같은 [M:90% Y:30%]로 적용합니다. [Window]→[Transparency]를 선택해 [Transparency] 패널을 표시하고, [Opacity:70%]로 설정해 가로로 긴 직사각형을 투과시킵니다 05. 배경의 바탕이 만들어졌습니다 06.

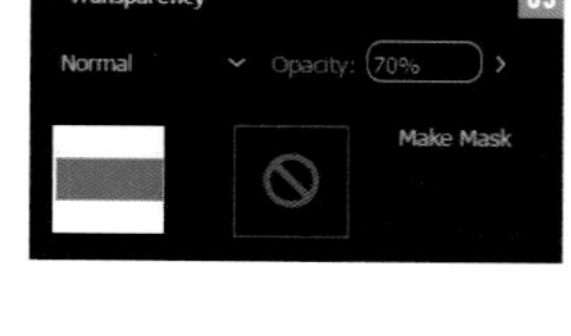

6 macOS에서는 ctrl 키 대신 ⌘ command 키를 이용합니다.

02 타이틀 로고 디자인하기

굉장히 발랄하고 기억하기 쉬운 폰트인 [Coquette]의 [Bold]를 사용해 타이틀을 만듭니다 07.

[텍스트.txt] 파일에서 'Strawberry'와 'Collection'을 복사 & 붙여넣기 해 불러옵니다. 두 번째 줄인 'Collection'의 앞쪽에 여백을 주고 문자를 위아래 좌우로 약간 어긋나게 합니다. 그리고 'Straw~' 위에 약간의 공간이 있으므로 이 부분에 '2022 Spring'이라고 넣습니다. 이 폰트는 [Coquette]의 [Regular]를 선택해 선 두께를 가늘게 합니다 08. 09와 같이 로고가 정리됐습니다.

[Window]→[Stroke]를 선택해 [Stroke] 패널을 표시하고 [Weight:1.5mm]로 설정합니다 10 [7]. 색상을 흰색으로 지정하고 [Pen Tool]을 선택한 다음 선을 그려 로고에 악센트를 줍니다. 단지, 선을 그릴 뿐만 아니라 폰트의 인상에 맞춰 [Effect]→[Stylize]→[Round Corners]를 선택하고 [Radius:5mm]로 설정해 11 12, 모서리를 둥글게 합니다. 선이 그려졌습니다 13.

오른쪽 아래의 기간은 정보를 올바르게 전하기 위해 폰트를 [돋움]으로 설정해 명확히 보이도록 입력합니다 14 15.

07

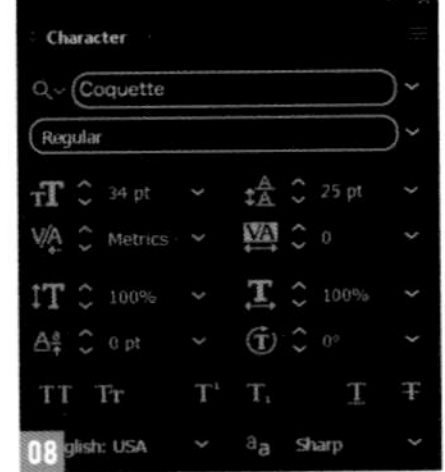
08

09

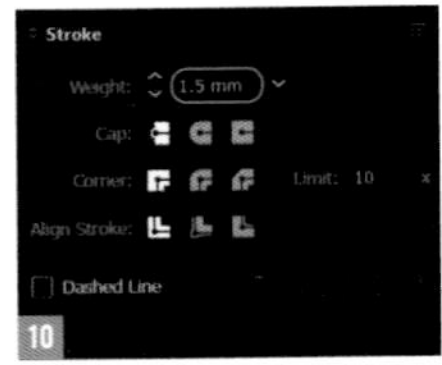
10

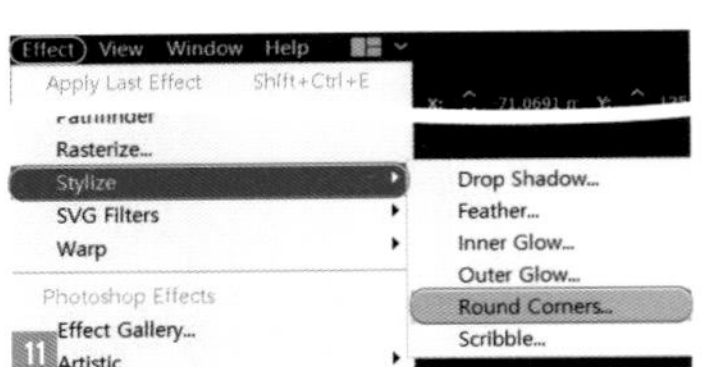
11

12

13

14

03 모티브가 되는 일러스트를 레이아웃하기

[File]→[Place]를 선택해 [조각케이크.psd], [밀푀유.psd], [스무디.psd] 파일을 불러와 3개의 이미지를 배치합니다 16 17.

위에는 두 개, 아래에는 하나의 일러스트를 각각 배치합니다. 이때 일러스트를 핑크색 프레임에서 벗어나게 배치해 외부를 인식시키고, 영역의 크기를 알 수 있도록 합니다. 악센트를 만들면 상품의 광고를 더 풍부하게 표현할 수 있습니다.

15

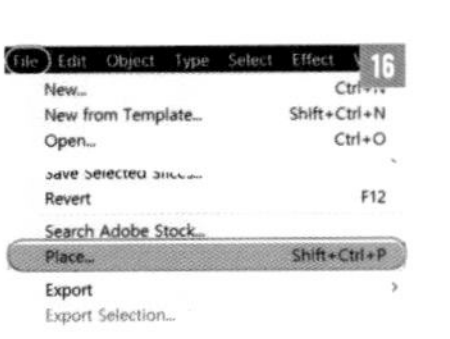
16

17

7 Stroke의 단위가 pt로 설정돼 있어서 mm로 변경하고 싶다면 [Edit]→[Preferences]→[Units]를 선택한 다음 [Stroke] 오른쪽의 단위를 [Millimeters]로 변경합니다.

04 빈 공간에 문자 넣기

각 상품에 상품명을 영어와 한글로 넣습니다. 여기에서는 영어를 크게, 한글은 작게 표시해 보기 쉽게 합니다. 영어 부분은 폰트를 제목과 같은 [Coquette]를 사용하고 [Regular]로 설정합니다18.

한글 부분의 폰트는 [돋움]을 사용합니다19.

영어와 한글의 사이에 [Weight:0.3mm]의 흰색 선을 넣습니다20.

[로고.ai] 파일을 불러와 왼쪽 아래에 배치합니다. [텍스트.txt] 파일에서 '딸기 시즌 한정' 텍스트를 복사 & 붙여넣기 해 로고 위에 배치하고, 흰색 사각형을 만들어 캐치 카피를 넣습니다. 오른쪽 아래에 URL을 배치해 밸런스를 잡아줍니다21.

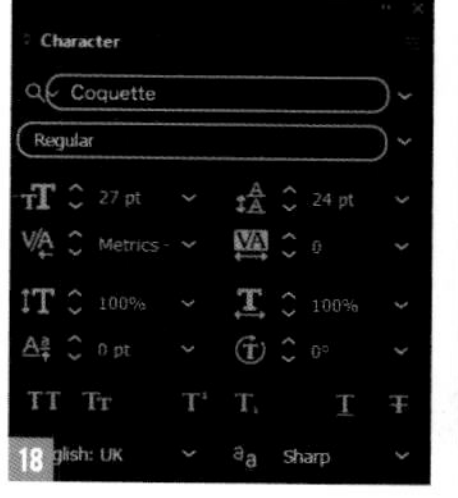

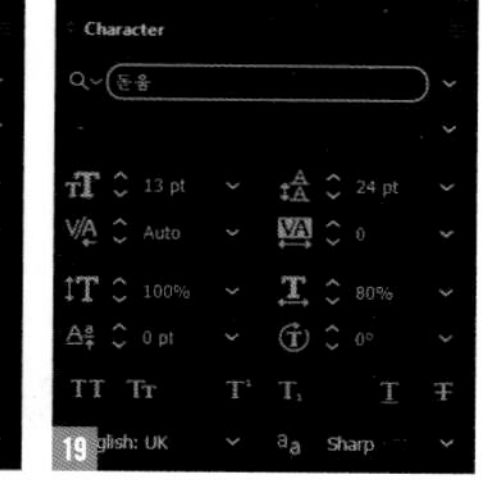

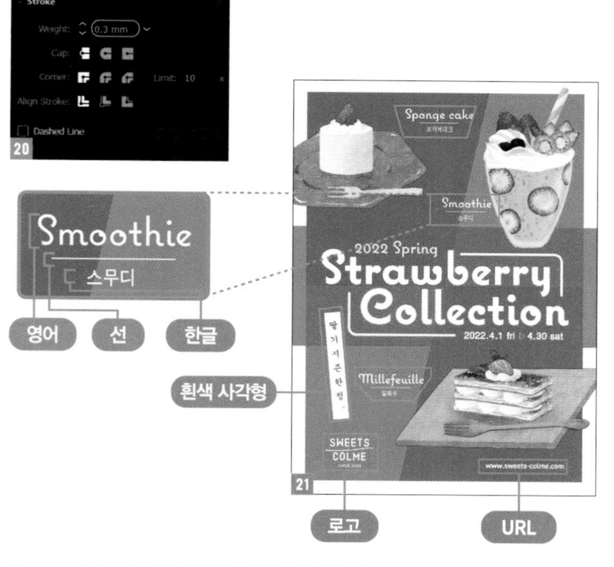

05 오각형 텍스처를 넣어 완성하기

딸기의 형태를 변형해 각이 둥근 흰색의 오각형을 만듭니다.

[Window]→[Transparency]를 선택해 [Opacity:20%]로 설정하고22, 문자에 방해가 되지 않게 배치하면 완성입니다23.

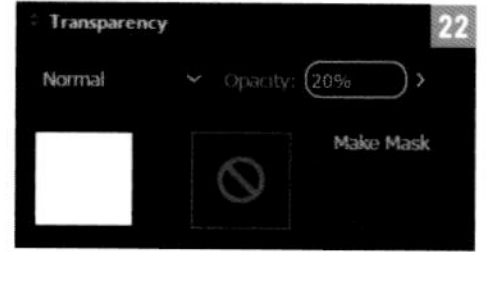

Point

일러스트를 메인으로 할 경우 메인이 되는 색상을 하나 정하여 디자인을 전개시키면 일러스트가 돋보이게 됩니다.

Recipe

014

재킷 디자인 만들기

음악 앨범에서 볼 수 있는 정사각형 재킷 디자인을 만들어 봅니다.

Design methods

01 인물을 정육각형으로 트리밍하기

일러스트레이터를 열고, [레이아웃.ai] 파일을 불러옵니다. 미리 중앙에 배경 그러데이션과 인물 이미지를 겹쳐서 배치했습니다01.

[Tool] 패널에서 [Polygon Tool]을 선택하고02, 사진의 중심에서 shift 키를 누르면서(shift 키를 누르면 정육각형이 됩니다) 드래그하여 정육각형을 만듭니다03. 인물을 정육각형으로 트리밍하기 위한 것으로 모델 전원이 모두 들어가도록 만드는 것이 좋습니다.

정육각형과 인물 사진을 선택하고 [Object]→[Clipping Mask]→[Make]를 선택해04 마스크를 만들어 인물 사진을 정육각형으로 트리밍합니다05.

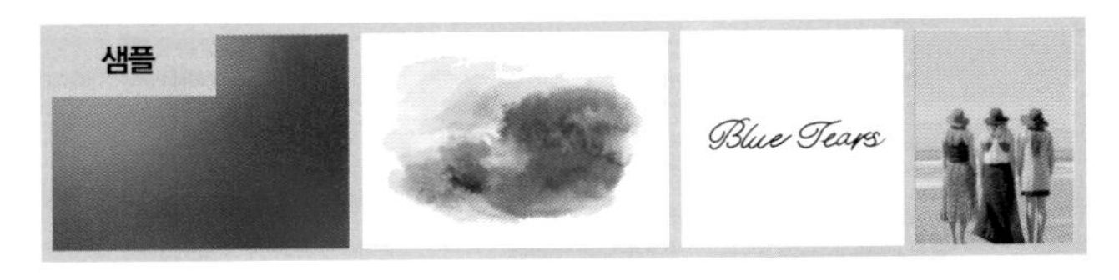

01

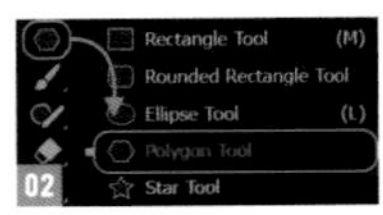

02

03

04

05

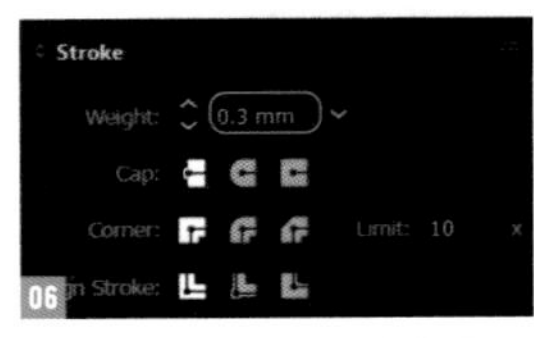

06

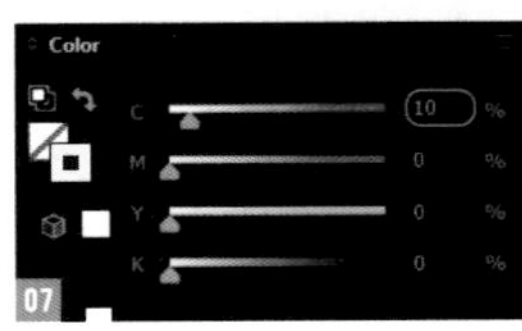

07

08

Point

만약 [Polygon Tool]로 육각형을 만들 수 없을 때는 작업화면을 마우스로 클릭하고, 다각형 대화 창에서 [Sides:6]으로 설정해 육각형을 만들어 봅니다. 설정이 바뀐 이후에는 육각형을 만들 수 있습니다.

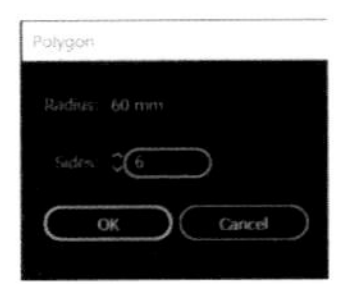

02 변을 따라 라인 긋기

[Tool] 패널에서 [Pen Tool]을 선택합니다. [Window]→[Stroke]를 선택하고 [Weight:0.3mm]로 설정합니다 06. 정육각형의 각 변을 따라 0.3mm의 괘선을 만듭니다.
괘선의 색을 [C:10%]로 설정합니다 07. 선을 그려 카메라의 셔터로 보이는 형태를 완성했습니다 08.

03 손 글씨체의 타이틀 넣기

[로고.ai] 파일을 열고, 로고를 복사 & 붙여넣기 해 가져옵니다. 로고는 흰색으로 설정하여 위쪽에 배치합니다. [Tool] 패널에서 [Rotate Tool]을 더블클릭하고 09, [Angle:10°]로 설정해 회전시킵니다 10 11.

04 텍스처를 넣어 문자를 보기 쉽게 하기

로고나 이후에 작성할 아티스트 이름의 문자가 잘 보이도록 작업화면의 위아래에 텍스처를 배치합니다. [File]→[Place]를 선택하고 12, [텍스처.psd] 파일을 불러와 배치합니다. 그리고 alt [8] + 드래그해 텍스처를 복사합니다. 텍스처는 [Object]→[Arrange]→[Send Backward]를 선택하고 13, 각각 회전을 조정하면서 위아래 적절한 위치로 이동합니다. 여기에서는 14와 같이 배치했습니다.
2개의 텍스처를 선택한 상태에서 [Window]→[Transparency]를 선택하고 [Blending Mode: Multiply]로 설정합니다 15. 텍스처가 투과되어 배경과 어우러지고, 로고 문자도 보이게 됩니다 16.
마지막으로 아티스트 이름인 'THREEBEEZ' 문자를 [Futura Medium] 폰트로 아래쪽 중앙에 배치합니다 17 18. 좌우에도 같은 폰트로 'Blue Tears / THREEBEEZ'라고 작게 넣어 완성합니다 19 20.

Point

선의 색을 흰색이 아닌 [C:10%]로 한 이유는 타이틀을 가장 두드러지게 하기 위해서입니다. 배경 그러데이션에서 사용되는 파란색 계열의 색상을 괘선에 넣어 강한 느낌을 억제할 수 있습니다.

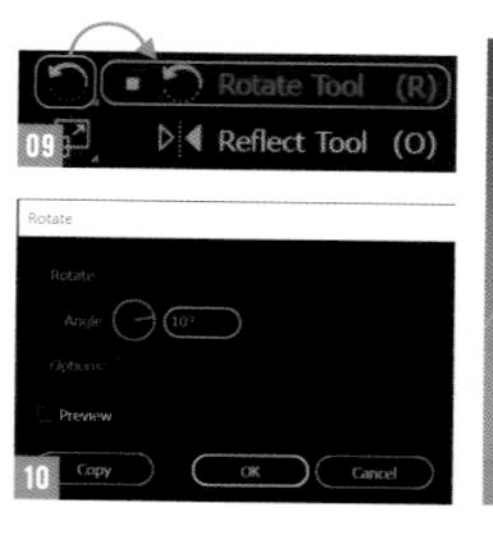

Point

문자로 인식하기 쉬운 각도는 15°까지라고 정해두면 좋습니다. 나중에 각도를 편집하는 경우도 있기 때문에 기억하기 쉬운 숫자로 5°를 기본으로 하여 5°, 10°, 15°로 이미지에 맞는 각도를 찾으면서 작성하는 것이 좋습니다.

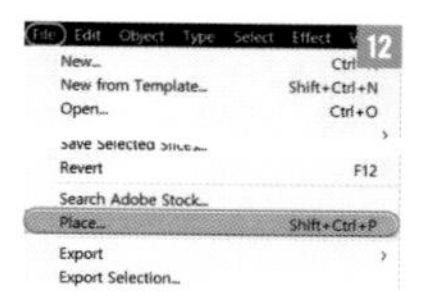

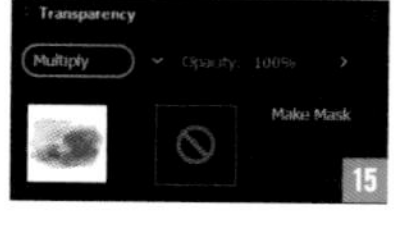

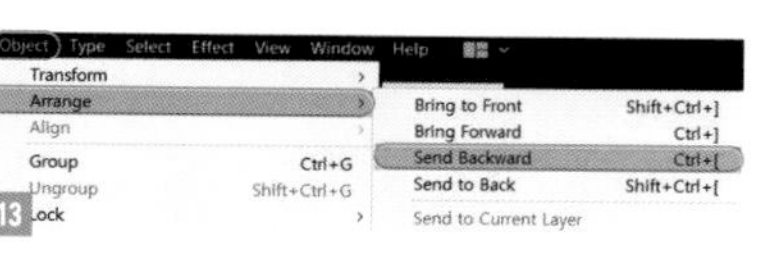

텍스처를 배치

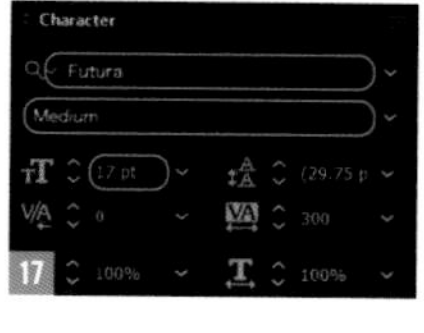

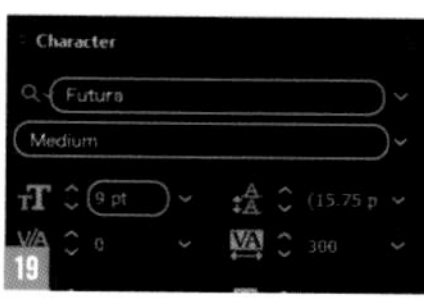

8 macOS에서는 alt 키 대신 option 키를 이용합니다.

Enjoy Your Life
EXQUISITE GOOD TASTE JUST FOR YOU
AMARY
COFFEE
CAFE
TOKYO
CHIBA
NAGOYA
OSAKA
KYOTO
KOBE
FUKUOKA
NAGASAKI
MIYAZAKI

AMARY COFFEE CAFE

Recipe

015 지면에서 벗어나 임팩트를 높이기

화면에서 조금 벗어난 레이아웃을 만들면 사진이나 문자의 강도가 두드러집니다. 힘이 느껴지는 강한 표현을 만들어 봅니다.

Design methods

01 이미지 배치하기

일러스트레이터를 엽니다. 이 Recipe에서는 미리 레이어나 가이드를 설정해놓은 소재에서 만들어봅니다. [레이아웃.ai] 파일을 불러옵니다 01. [photo] 레이어를 선택합니다 02.
[File]→[Place]를 선택한 다음 [인물.psd] 파일을 불러와 배치합니다 03. 이대로라면 이미지가 매우 크기 때문에 [Tool] 패널에서 [Selection Tool]을 선택하고 04, 가이드 선을 확인하면서 사진의 배치를 결정합니다 05.

02 마스크로 사진을 트리밍하기

[Tool] 패널에서 [Rectangle Tool]을 선택합니다 06. 작업화면에서 임의의 장소를 클릭하고 [Width:190mm] [Height:267mm]로 설정해 직사각형을 만듭니다 07.
만들어진 직사각형을 가이드에 맞춰 사진에 마스크를 적용합니다. 여기서는 사진 분위기에 맞게 부드러운 이미지를 표현하고 싶어서 왼쪽과 오른쪽 아래 모서리를 둥글게 만들기로 했습니다.
직사각형을 선택한 상태에서 [Window]→[Transform]을 선택하고 08, [Rectangle Properties]의 [Link Corner Radius Values]를 해제하여 왼쪽 아래와 오른쪽 아래의 모서리 반경을 [15mm]로 설정합니다 09. 이미지와 직사각형을 모두 선택하고 10, [Object]→[Clipping Mask]→[Make]를 선택해 이미지에 마스크를 적용하여 트리밍합니다 11. 이미지 위는 잘려 있습니다. 왼쪽과 오른쪽 아래는 각이 둥근 이미지가 만들어졌습니다 12.

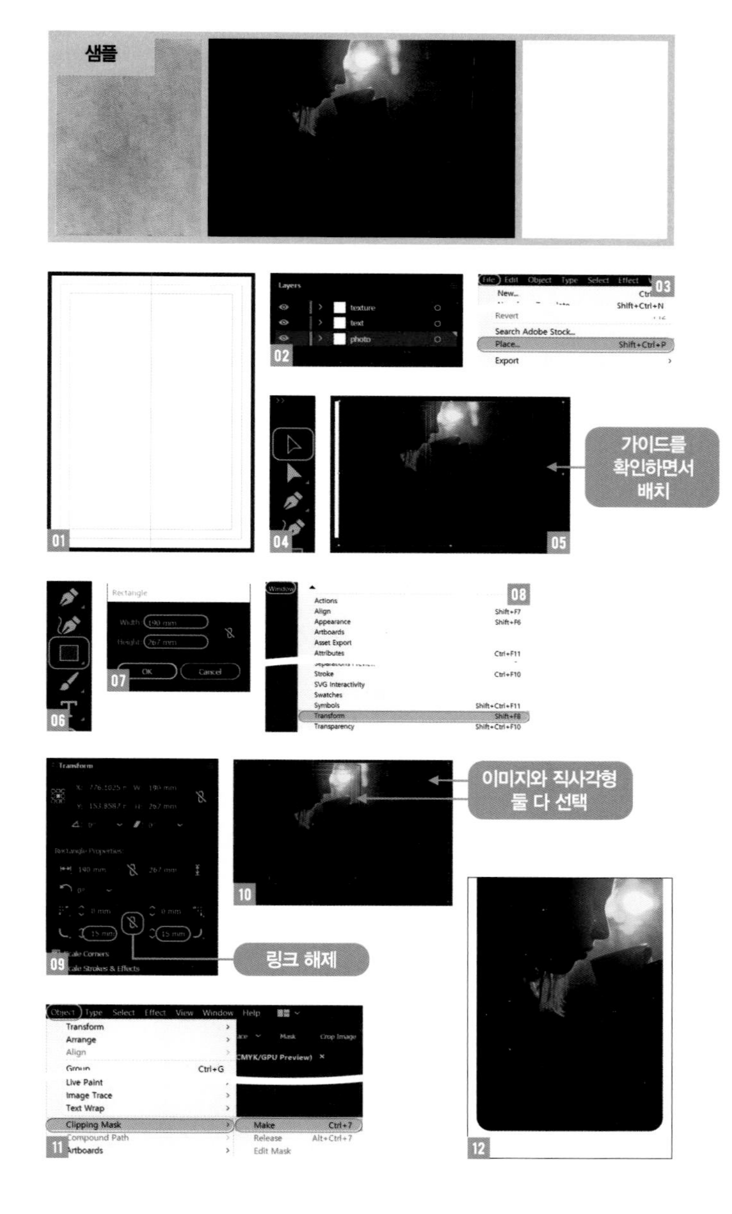

03 캐치 카피를 사진 위에 대담하게 배치하기

문장은 [텍스트.txt] 파일에서 텍스트를 복사 & 붙여넣기 해 불러옵니다.
[text] 레이어를 선택합니다13.
[Tool] 패널에서 [Type Tool]을 선택한 다음 'AMARY COFFEE CAFE'의 캐치 카피를 입력합니다. 여기서는 임팩트 있는 캐치 카피로 하고 싶기 때문에 힘찬 산세리프체의 글꼴인 [Gill Sans Bold]로 지정했습니다14.
폰트 사이즈는 [1행:136pt] [2행:134pt] [3행:137pt]로 설정해 행마다 다르게 하고 행간도 행마다 미세하게 조정했습니다. 또한 문자의 좌우를 이미지에서 조금 나오게 배치해 공백 부분과 연결되게 했습니다.
이러한 일련의 조정으로 캐치 카피에 임팩트가 생기고 인상이 강해집니다15.

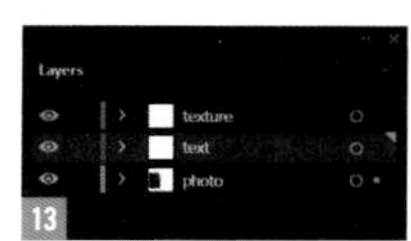

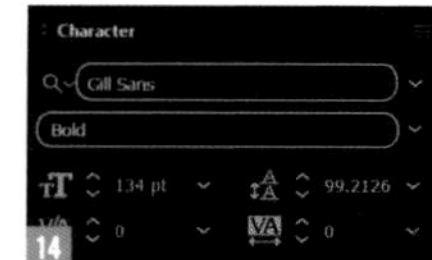

Point

가장 전하고 싶은 문자를 굵은 폰트로 크게 다루면 임팩트가 생겨 눈에 띄기 쉬워집니다. 또, 화면에서 조금 벗어나게 레이아웃을 하면 화면에 확장을 주어 사진이 가지는 세계관을 더욱 넓게 표현할 수 있습니다.

04 서브 카피, 점포명, 로고를 넣어 균형 잡기

[텍스트.txt] 파일에서 'Enjoy Your Life EXQUISITE GOOD TASTE JUST FOR YOU'를 복사 & 붙여넣기 해 불러옵니다. [Tool] 패널에서 [Type Tool]을 길게 눌러 [Vertical Type Tool]을 선택합니다16. 폰트 [Gill Sans Regular]를 사용하여 문자를 세로로 레이아웃 합니다17.
캐치 카피와 같은 폰트 패밀리를 사용하고 굵기에 차이를 주어 디자인을 통일하고 세련되게 합니다. 서브 카피 안에서도 문자에 강약을 주어 배치합니다18.
다시 [텍스트.txt] 파일에서 도시 이름 텍스트를 복사 & 붙여넣기 해 캐치 카피 하단의 빈 공간에 점포가 있는 도시 이름을 넣습니다. 이 부분의 폰트는 [Gill Sans SemiBold]로 설정합니다19. TOKYO, CHIBA, NAGOYA의 단이 만들어지면 alt + shift 키[9]를 누르면서 오른쪽으로 드래그해 평행 이동시키면서 복사하고, 빈칸에 맞춰 3개의 단을 배치합니다20. 다시 [로고.ai] 파일을 열고 로고를 복사 & 붙여넣기 해 레이아웃 하단에 배치합니다21.

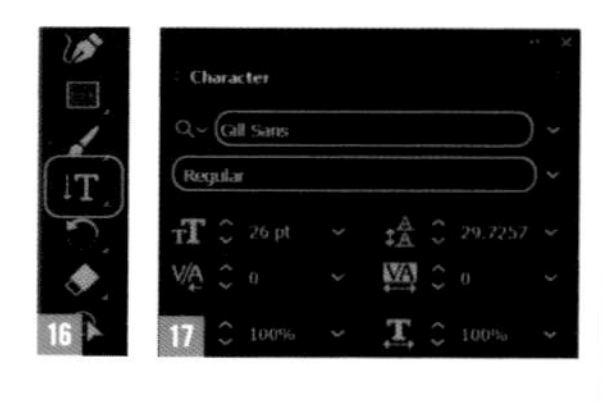

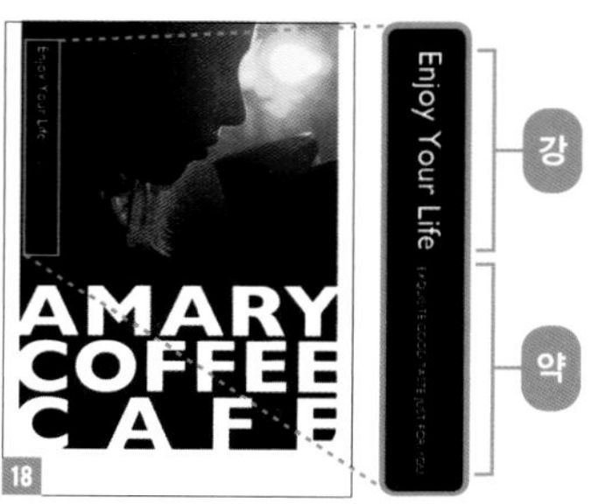

Point

이 사진에서 가장 눈에 띄는 곳은 오른쪽 위의 햇빛이 비치고 있는 부분입니다. 하지만 여기는 공간이 좁아 문장을 넣을 수 없습니다. 사진을 보면 정확히 반대편의 왼쪽 부분이 음영으로 어두워져 있는 것을 알 수 있으므로 이 부분에 서브 카피를 배치합니다. 이와 같은 방식으로 레이아웃을 결정해 나갑니다.

9 macOS에서는 alt 키 대신 option 키를 이용합니다.

05 거친 질감의 분위기로 완성

[texture] 레이어를 선택합니다22.
사진 이미지와 같이 [File]→[Place]를 선택하고, [텍스처.psd] 파일을 불러와 배치합니다. [Tool] 패널에서 [Rectangle Tool]을 선택해 [Width: 210mm] [Height:297mm] (화면 전체 크기)의 직사각형을 만듭니다23.
사진의 배치를 결정했을 때처럼 텍스처의 너비가 테두리 안에 들어가도록 조정합니다. 텍스처와 직사각형을 모두 선택한 상태에서 [Object]→[Clipping Mask]→[Make]를 선택해 트리밍합니다24.
트리밍한 이미지를 전면에 배치해 작업화면에 맞춥니다. [Window]→[Transparency]를 선택합니다. [Blending Mode:Multiply] [Opacity:80%]로 설정합니다25.
Multiply로 적용하면 흰색과 검은색 이외의 부분이 투과되면서 전체적으로 색감을 주어 밝기도 조정됩니다. 텍스처를 사용해 전체적으로 아날로그 질감이 추가된 따뜻한 느낌으로 완성됐습니다26.

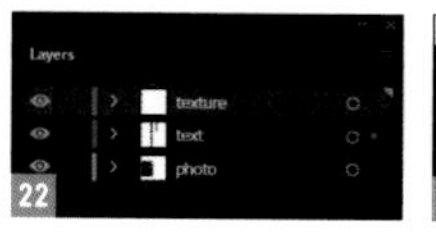

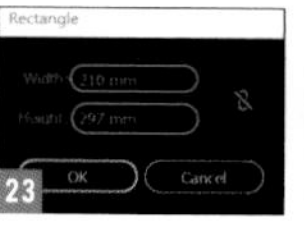

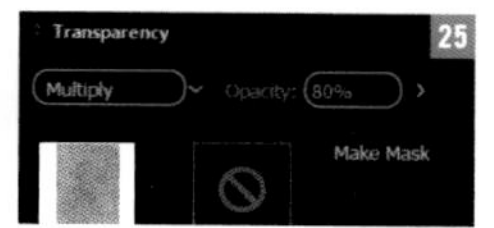

Column

다양한 무료폰트

인터넷에서 쉽게 내려받을 수 있는 다양한 종류의 무료 폰트를 소개합니다.

01 **나눔손글씨펜** (폰트 다운로드▶software.naver.com)
네이버에서 배포하는 나눔 폰트 시리즈 중 하나로 손으로 쓴 듯한 자연스러운 글씨체
나눔손글씨펜

02 **여기어때 잘난체** (폰트 다운로드▶www.goodchoice.kr)
여기어때 컴퍼니에서 배포하는 폰트로 가독성이 좋고 둥글고 큼직한 느낌의 귀여운 폰트
여기어때 잘난체

03 **교보손글씨** (폰트 다운로드▶www.kyobobook.co.kr)
교보문고에서 배포하는 폰트로 아기자기하고 귀여운 손글씨 느낌
교보손글씨

04 **쿠키런 Black** (폰트 다운로드▶www.cookierunfont.com)
모바일 게임 쿠키런 시리즈의 제작사인 데브시스터즈에서 제작해서 무료로 배포하는 폰트
쿠키런

05 **티머니 둥근바람체** (폰트 다운로드▶www.tmoney.co.kr)
교통카드 서비스의 티머니에서 배포하는 깔끔한 느낌의 폰트
티머니 둥근바람체

06 **티웨이하늘체** (폰트 다운로드▶www.twayair.com)
항공사인 티웨이 항공에서 배포하는 무료 폰트
티웨이 하늘체

Red currant & Dark cherry
SWEETS RECIPE
01 TART
Beautiful and delicious!
SWEETS.COM

Recipe

016 위에서 내려다보는 구도의 디자인

디저트 레시피 광고를 디자인합니다. 카페나 레스토랑 등에서 상품을 보여주는 방법으로 자주 사용되는 디자인으로, 내려다보는 구도로 사진을 살리는 기본적인 레이아웃을 만들어 봅니다.

Design methods

01 새로운 파일 만들기

일러스트레이터를 엽니다.
[File]→[New]를 선택한 후 단위를 [Millimeters]로 지정하고 [Width:182mm] [Height:232mm] [Color Mode:CMYK Color] [Raster Effects: High(300ppi)]로 설정한 다음 [Create] 버튼을 클릭합니다 01.
[Layers] 패널에서 [Create New Layer]를 클릭해 레이어를 추가합니다 02.
레이어 이름을 위에서부터 [레이아웃] [사진]으로 지정합니다 03.

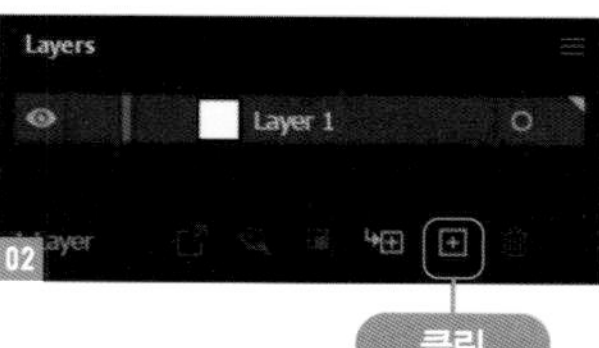

02 사진을 배치해 마스크 만들기

[사진] 레이어를 선택합니다.
[File]→[Place]를 선택한 다음 [부감.psd] 파일을 불러옵니다. 작업화면의 중앙에서 약간 아래로 배치합니다 04.
[Tool] 패널에서 [Rectangle Tool]을 선택합니다 05.
작업화면에서 원하는 위치를 클릭하면 수치 입력창이 열립니다. 작업화면과 같은 크기인 [Width:182mm] [Height:232mm]로 설정해 직사각형을 만들고 작업화면 중앙에 배치합니다 06 07.

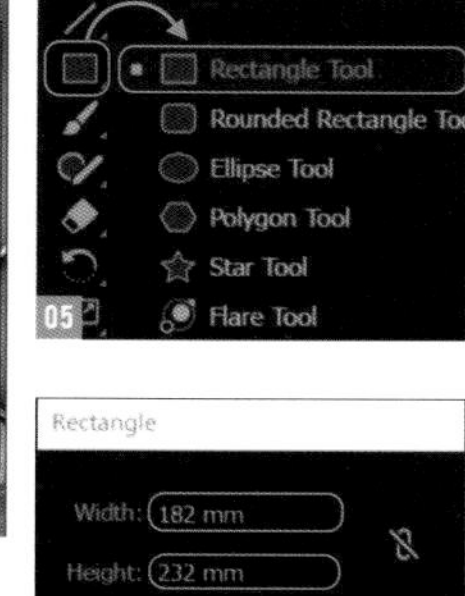

03 마스크 적용하기

[Tool] 패널에서 [Selection Tool]을 선택하고 08. 조금 전에 배치한 [직사각형]과 [부감.psd]를 선택합니다 09.
[Object]→[Clipping Mask]→[Make]를 선택합니다 10. 불필요한 부분을 마스크로 숨겨 사진의 배치가 완성됐습니다 11.

Point

자주 사용하는 클리핑 마스크 만들기의 단축키를 기억해 두면 좋습니다.
Windows: ctrl + 7 키
macOS: command + 7 키

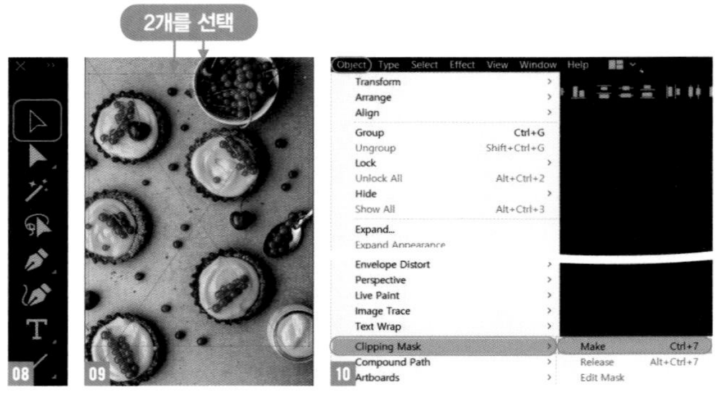

04 로고 타이틀 배치하기

[로고타이틀.ai] 파일을 불러옵니다. [Tool] 패널에서 [Selection Tool]을 선택해 타이틀을 선택합니다 12.
[Edit]→[Copy](단축키: ctrl + C 키)로 복사한 후, 원래의 일러스트레이터 파일로 돌아와 [Edit]→[Paste](단축키: ctrl + V 키)로 붙여 넣습니다. 로고 타이틀을 작업화면 중앙에 배치합니다 13.

05 주소 배치하기

[Tool] 패널에서 [Type Tool]을 선택합니다 14.
작업화면 아래에 'SWEET.COM'이라고 입력하고 [Color:White] [Font:DIN Condensed] [Style:Regular] [Size:15pt] [Kerning:Optical] [Tracking:0] [Paragraph:Align center]로 설정합니다 15 16 17.

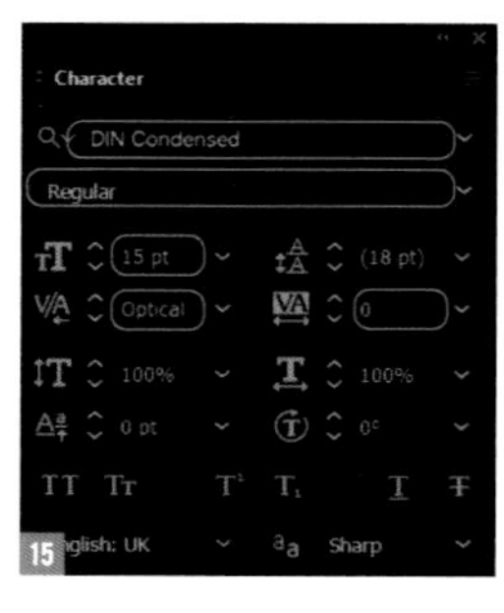

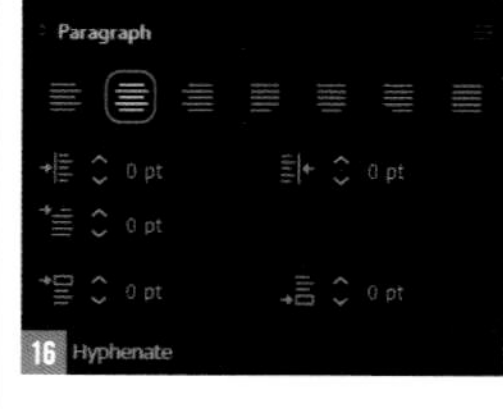

06 부감 사진을 살려 문자 배치하기

타르트 사진의 이미지를 살려 문자를 배치합니다. [Tool] 패널에서 [Ellipse Tool]을 선택합니다 18.

이미지 왼쪽 위의 타르트 형태에 맞춰 한 단계 큰 정원[10]을 만듭니다 19.

[Tool] 패널에서 [Type on a Path Tool]을 선택해 20 만들어진 정원의 맨 위쪽 앵커 포인트를 클릭합니다 21.

[텍스트.txt] 파일에서 'Red currant & Dark cherry' 문자를 복사 & 붙여넣기 합니다.

문자는 [Color:White] [Font:Bistro Script] [Style:Regular] [Size:17pt] [Tracking:0]으로 설정합니다. 단락은 [Paragraph:Align left]로 설정합니다 22 23 24 25.

레이아웃에 움직임을 표현하기 위해 [Object]→[Transform]→[Rotate]를 선택해 [−15˚] 회전합니다 26 27 28.

마찬가지로 이미지 중앙 오른쪽 아래의 타르트에 맞춰 [텍스트.txt] 파일에서 'Beautiful and delicious!' 문자를 복사 & 붙여넣기 해 [-10˚] 회전합니다. 완성입니다 29.

Point

높은 곳에서 내려다보는 부감의 사진은 객관적으로 상품을 보여줄 수 있는 장점이 있지만, 그만큼 식상한 인상이 되기 쉽습니다.
타르트의 도형적인 부분을 레이아웃에 살리면 화면에 리듬감을 줄 수 있습니다.

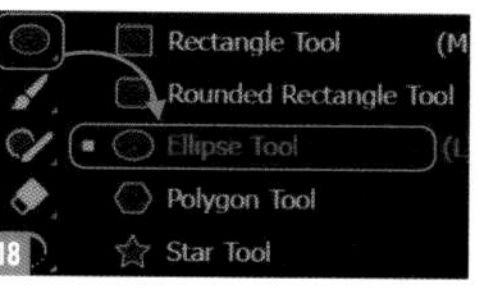

18

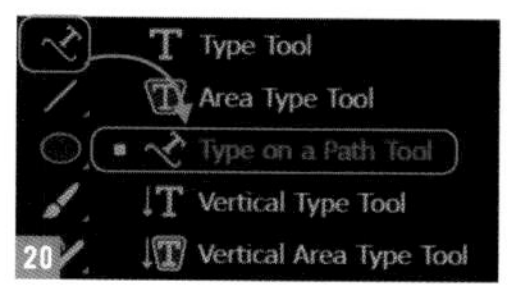

20

19

21

22

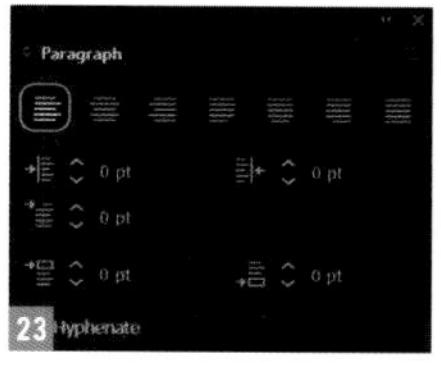

23

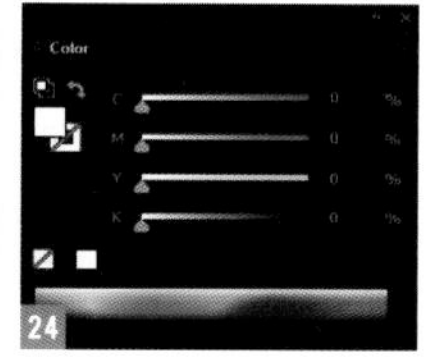

24

25

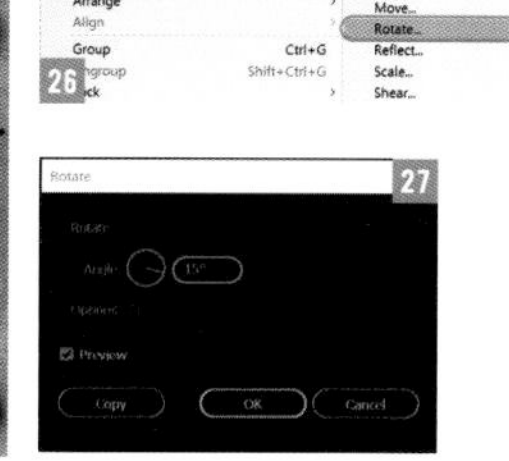

26 27

28

29

10 (엮은이) 완전히 동그란 동그라미

Recipe

017

테두리를 효과적으로 사용하기

테두리를 사용해 사진을 돋보이게 하여 내용에 깊이가 있는 레이아웃을 만듭니다. 플라워 숍의 어버이날 광고 디자인을 만듭니다.

Design methods

01 새로운 파일 만들기

일러스트레이터를 열고, [File]→[New]를 선택한 후 단위를 [Millimeters]로 설정합니다. [Width:232mm] [Height:182mm]로 입력하고 [Create] 버튼을 클릭합니다 01.

[Create New Layer]를 클릭해 레이어를 추가합니다 02. 레이어를 2개 더 추가하고, 위에서부터 레이어 이름을 [테두리], [레이아웃], [사진]으로 지정합니다 03.

02 사진 배치하기

[사진] 레이어를 선택합니다.

[File]→[Place]를 선택한 다음 [테두리.psd] 파일을 불러옵니다. 작업화면 중앙에 배치합니다 04.

[Tool] 패널에서 [Rectangle Tool]을 선택합니다 05.

작업화면 임의의 장소를 클릭하면 수치 입력창이 열립니다. [Width:232mm] [Height:182mm]로 설정해 직사각형을 만듭니다 06. 마우스로 드래그해 작업화면 중앙에 배치합니다 07.

[Tool] 패널에서 [Selection Tool]을 선택하고, 조금 전에 배치한 [직사각형]과 [테두리.psd]를 선택합니다 08 09. 여러 개의 오브젝트를 선택하는 경우에는 마우스로 드래그해 선택하거나, shift 키를 누른 채 하나하나 클릭해 선택하는 것이 좋습니다.

[Object]→[Clipping Mask]→[Make]를 선택합니다 10.

마스크가 적용돼 사진 배치가 완성됩니다 11.

03 테두리 레이아웃하기

테두리나 문자도 무턱대고 만들지 않고 전체적인 밸런스를 보면서 레이아웃을 결정합니다.

[테두리] 레이어를 선택합니다.

[Tool] 패널에서 [Rectangle Tool]을 선택하고 [Width:202mm] [Height:152mm]로 설정해 테두리를 만든 후 작업화면 중앙에 배치합니다 12 13.

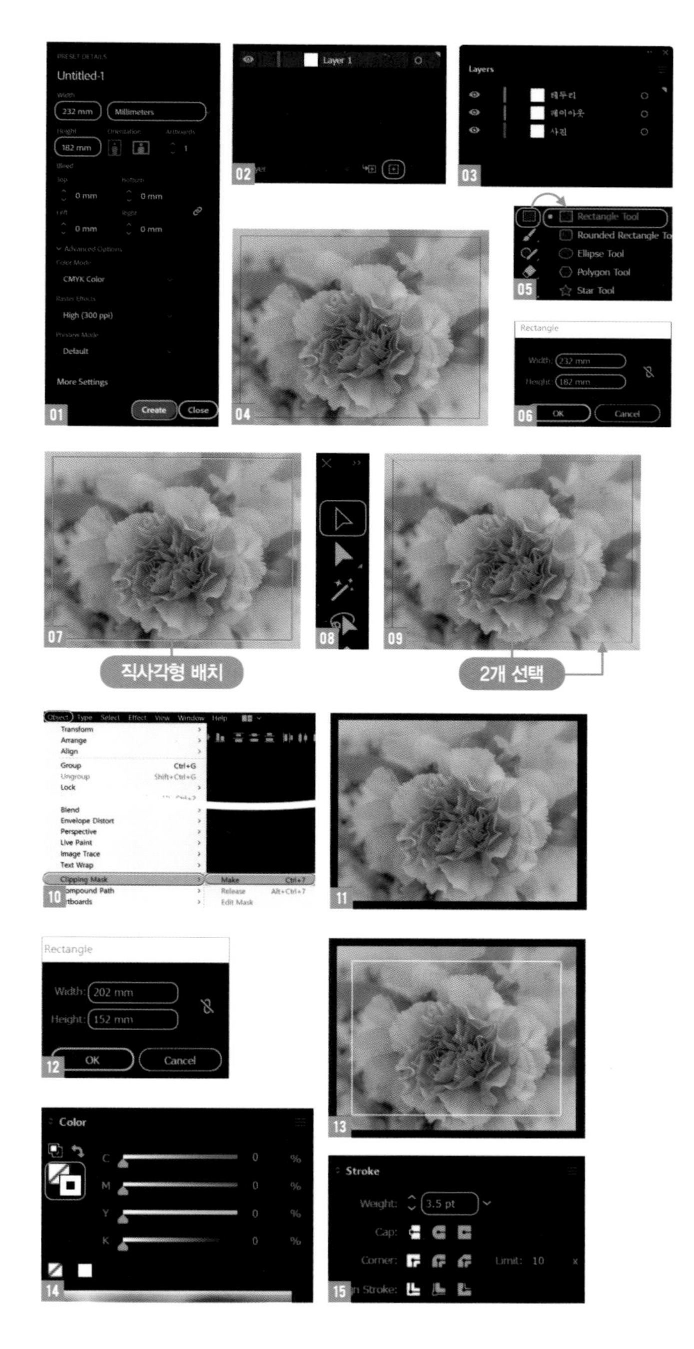

테두리의 색은 [Fill:None] [Stroke:White], [Stroke Weight:3.5pt]로 설정합니다[11]. 배치를 조정해 테두리를 레이아웃했습니다 14 15.

11 Stroke의 단위가 mm로 설정돼 있어서 pt로 변경하고 싶다면 [Edit]→[Preferences]→[Units]를 선택한 다음 [Stroke] 오른쪽의 단위를 [Points]로 변경합니다.

04 타이틀 레이아웃하기

[레이아웃] 레이어를 선택합니다.
[Tool] 패널에서 [Type Tool]을 선택하고 16 [텍스트.txt] 파일에서 'HAPPY MOTHER'S DAY ~'를 복사 & 붙여넣기 합니다. 'HAPPY'와 'MOTHER'S DAY' 부분에서 줄 바꿈을 하고, 테두리 안쪽 위 중앙에 배치합니다 17.
문자 'HAPPY MOTHER'S DAY'의 색상은 흰색으로 하고, [Font:Copperplate] [Style:Bold] [Size:45pt] [Leading:47pt] [Kerning:Optical] [Tracking:0] 18, [Paragraph:Align center]로 설정합니다 19.
'2021.5.9.'의 폰트는 'HAPPY MOTHER'S DAY'와 같고 [Size:24pt]로 설정합니다. 타이틀 배치를 완성했습니다 20.

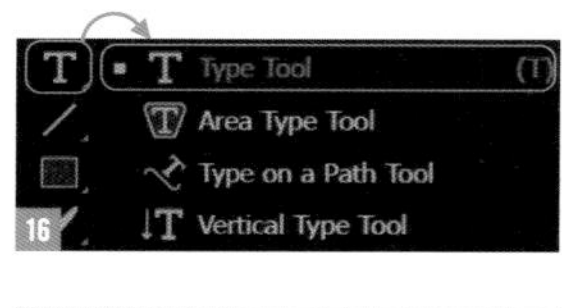

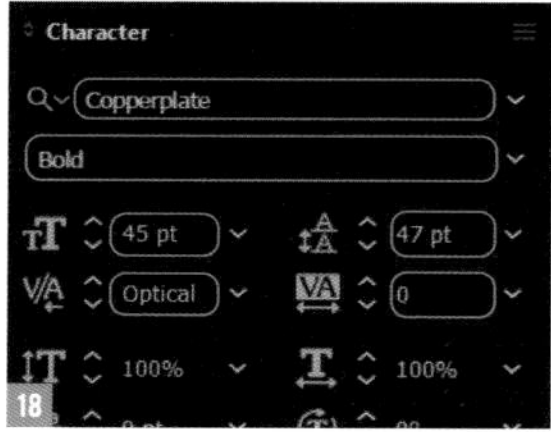

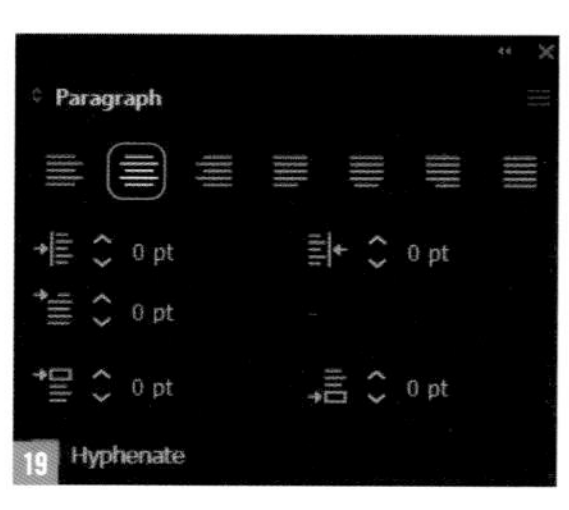

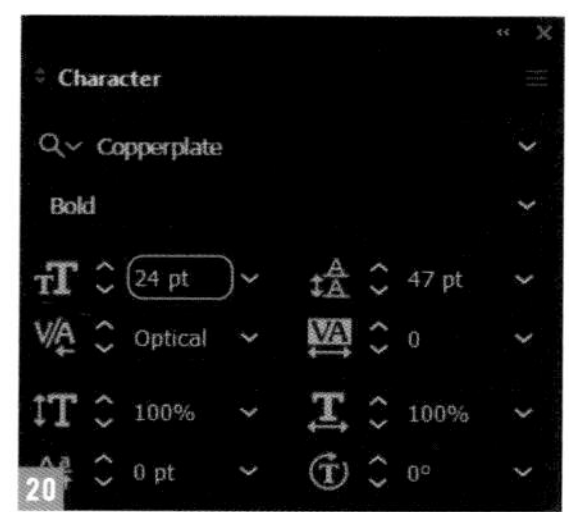

05 로고 레이아웃하기

[로고.ai] 파일을 불러옵니다 21.
[Tool] 패널에서 [Selection Tool]을 선택해 타이틀을 선택하고 22, [Edit]→[Copy]를 선택해 복사합니다 23.
원래 파일로 돌아와 [Edit]→[Paste]를 선택해 흰색 테두리의 중앙 아래에 겹치도록 배치합니다 24 25.

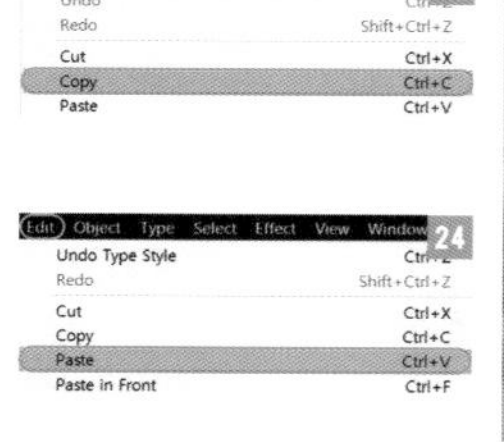

06 로고와 겹치는 테두리 자르기

로고와 겹쳐있는 테두리를 잘라 로고가 보이도록 조정합니다.
[Tool] 패널에서 [Selection Tool]을 선택해 테두리를 선택합니다 26.
[Tool] 패널에서 [Scissors Tool]을 선택하고 27, 로고와 겹치는 테두리의 패스를 선택해 절단합니다 28 29.
[Tool] 패널에서 [Direct Selection Tool]을 선택하고, 불필요한 패스를 선택하여 삭제합니다 30 31.

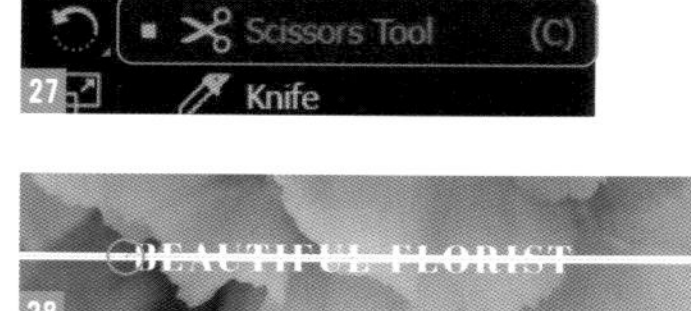

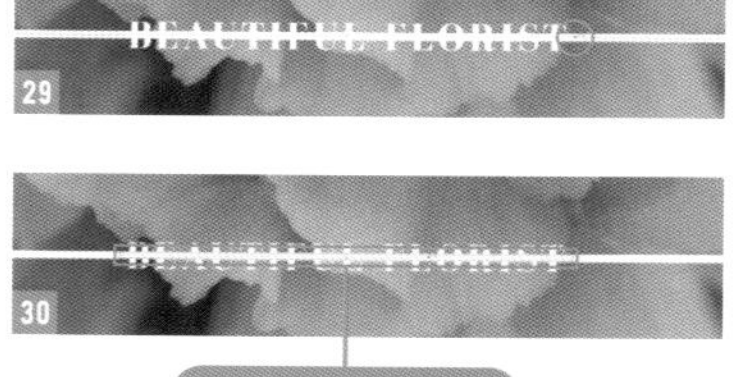

07 왼쪽 모서리에 문자 배치하기

[테두리문자.ai] 파일을 불러옵니다 32.
이전과 마찬가지로 테두리 문자를 복사 & 붙여넣기 해 작업 중인 파일로 가져옵니다. 테두리의 왼쪽 위 모서리에 겹치게 배치합니다 33.
27 ~ 31 과 마찬가지로 문자와 겹친 테두리의 패스를 절단, 삭제합니다 34 35.
여기에서는 디자인을 추가하기 위해 공간을 넓게 비워줍니다. 타이틀과 로고의 레이아웃이 완성됐습니다.

08 테두리에 디자인 추가하기

[Tool] 패널에서 [Pen Tool]을 선택하고 36, [Special Gift]에서 'S'의 시작과 테두리의 라인을 연결하도록 [Weight:3.5pt] [Color:White]로 설정해 라인을 만듭니다 37.
[Tool] 패널에서 [Width Tool]을 선택해 38, 'S' 시작과 테두리의 라인이 매끄럽게 연결되도록 선폭을 조정합니다. 만든 선의 패스에서 드래그하면 선의 폭을 변경할 수 있습니다 39. 선이 매끄럽게 연결됩니다 40.
마찬가지로 'Special Gift'에서 't'의 끝과 테두리의 라인을 연결하도록 [Weight:3.5pt] [Color:White]로 설정해 라인을 만듭니다 41.
[Tool] 패널에서 [Width Tool]을 선택하여 매끄럽게 연결되도록 조정합니다 42. 이미지가 완성됐습니다.

Point

[Tool] 패널에서 [Scissors Tool]이나 [Width Tool]을 찾을 수 없을 때는 [Tool] 패널 제일 아래의 [Edit Toolbar]를 선택해 [All Tools]를 표시합시다. 이 안에 있는 아이콘을 [Tool] 패널로 드래그해 가져올 수 있습니다.

Point

전체의 밸런스를 보고 나서 테두리의 굵기, 크기 등을 다시 검토하도록 합니다.

Recipe

018

전면을 단색으로 처리해 깔끔하게 보여주기

정보량이 많은 이미지에서 전면을 단색으로 깔끔하게 하여 보여주고 싶은 정보를 눈에 띄게 합니다.

01 새로운 파일 만들기

자연 친화적인 캠핑장 광고를 디자인합니다. [File]→[New]를 선택한 후 단위를 [Millimeters]로 지정합니다. [Width:232mm] [Height:182mm]로 설정하고 [Create]를 클릭합니다 01.

[Create New Layer]를 클릭해 레이어를 추가합니다 02. 레이어를 2개 더 추가하고 레이어 이름을 위에서부터 [레이아웃], [앞], [사진]으로 지정합니다 03.

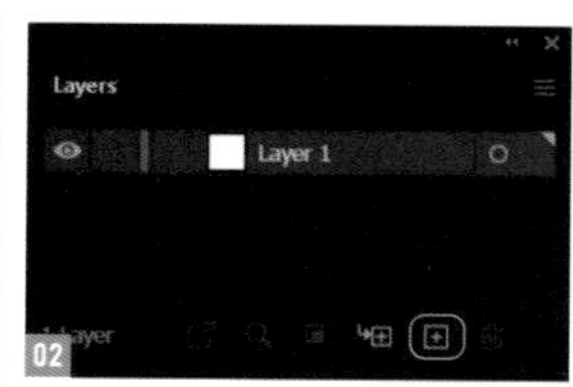

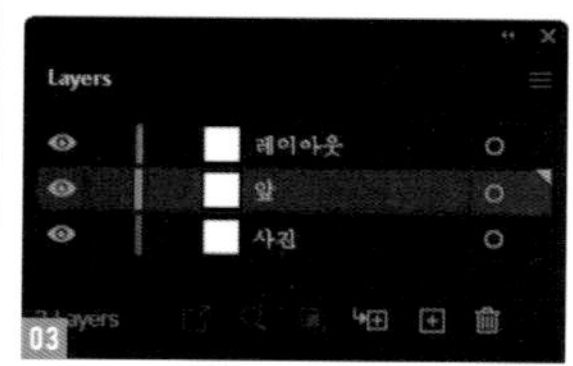

02 사진 배치하기

[사진] 레이어를 선택합니다.
[File]→[Place]를 선택해 [앞.psd]를 불러옵니다. 작업화면 중앙에 배치합니다 04.
[Tool] 패널에서 [Rectangle Tool]을 선택합니다 05.
작업화면에서 원하는 위치를 클릭하면 수치 입력창이 열립니다. [Width:232mm] [Height:182mm]로 설정해 직사각형을 만들고, 작업화면 중앙에 배치합니다 07.
[Tool] 패널에서 [Selection Tool]을 선택해 조금 전에 배치한 [직사각형]과 [앞.psd]를 선택합니다 08 09. [Object]→[Clipping Mask]→[Make]를 선택해 마스크를 적용합니다 10. 트리밍 된 사진이 배치됐습니다 11.

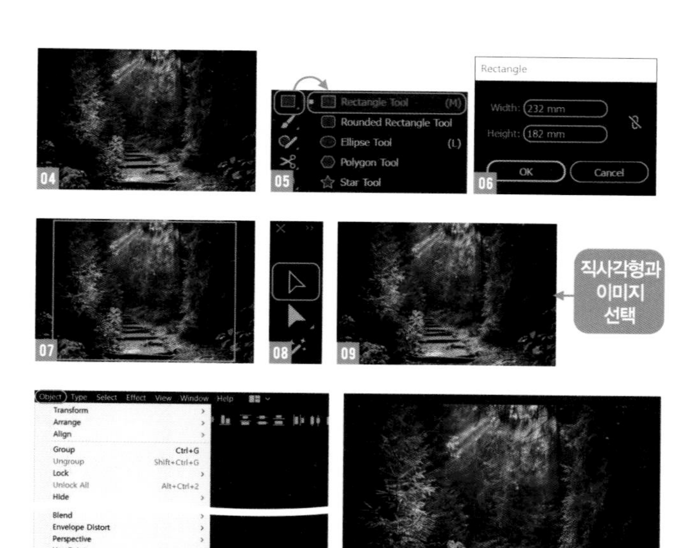

03 앞에 직사각형을 레이아웃하기

[앞] 레이어를 선택합니다.
[Tool] 패널에서 [Rectangle Tool]을 선택하고 [Width:145mm] [Height:135mm]로 설정해 사각형을 만든 다음 작업화면 중앙에 배치합니다 12 13. 사각형 색은 [Fill:White]로 설정합니다. 앞면에 사각형이 레이아웃 되었습니다 14.

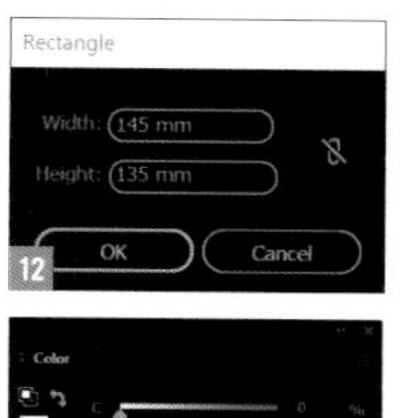

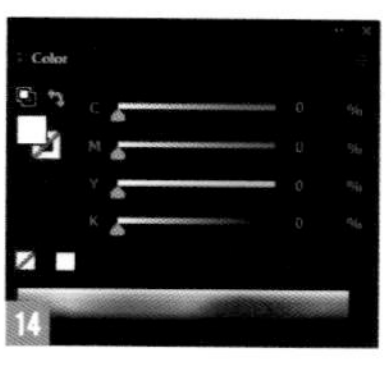

Point

정면을 봤을 때 단조롭게 보이지 않도록 상하와 좌우의 간격을 굳이 맞추지 않았습니다.
또, 앞면 사각형의 크기는 이미지와 밸런스를 고려해 결정합니다. 예를 들면 이미지를 너무 숨기면 정보가 부족해서 무엇인지 모를 수 있습니다 15. 반대로 앞면의 면적이 너무 작으면 어중간한 레이아웃이 되어 깔끔하게 보이지 않습니다 16.

04 타이틀 배치하기

[레이아웃] 레이어를 선택합니다.
[Tool] 패널에서 [Type Tool]을 선택하고 17, [텍스트.txt] 파일에서 'SPEND TIME at FOREST'를 복사 & 붙여넣기 해 타이틀을 만듭니다. 'TIME' 다음에서 줄 바꿈을 해 정리합니다.
타이틀은 앞의 흰색 사각형 왼쪽 위에 배치하고, 타이틀이 선택된 상태에서 Enter 키를 누릅니다. 나타난 [Move] 창에 [Horizontal:10mm] [Vertical:10mm]로 설정하여 이동시키고, 위와 왼쪽에서 10mm씩 여백을 주고 배치합니다 18 19.
문자와 단락은 [font:Bodoni URW] [style:Regular] [size:42pt] [leading:45pt] [kerning:Optical] [tracking:0] [Paragraph:Align left]로 설정합니다 20 21.
색상은 [C:85 Y:100]으로 설정합니다 22.

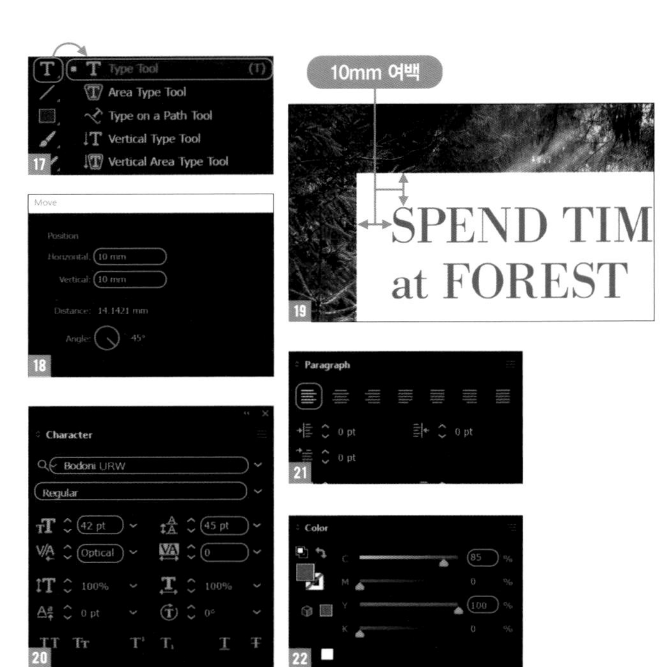

Point

색상은 배경 사진의 녹색과 캠프 이미지에 맞게 녹색을 사용했습니다.

05 타이틀에 변화를 주고 하단에 로고 배치하기

텍스트를 그대로 쓰면 밋밋해 보이기 때문에 눈길을 끄는 약간의 변화를 줍니다. 'at' 문자만 폰트를 [Style:Regular Oblique*]로 변경하고 [Baseline shift:7pt]로 지정한 후 문자를 조금 위로 올려 공간을 비웁니다 23 24.
비워진 공간에 폰트의 세로선의 굵은 폭에 맞춘 직사각형 [Width:10.3mm] [Height:1.4mm]을 만들어 라인으로 배치합니다 25 26 27.
[로고.ai] 파일을 불러옵니다 28. [Tool] 패널에서 [Selection Tool]을 선택하고 로고를 복사 & 붙여넣기 해 작업 중인 파일에 배치합니다. 화면의 중앙, 아래에서 [10mm]의 위치에 배치해 완성합니다 29.

※ Oblique는 비스듬하다는 뜻으로 여기에서는 악센트로 사용합니다.

Recipe

019 여러 장의 이미지를 연결하기

테마에 따른 여러 장의 이미지를 배치하고, 색상과 카피를 정돈해 디자인의 관계성을 높여 레이아웃을 연결해 갑니다.

Design methods

01 새로운 파일 만들기

일러스트레이터를 엽니다. [File]→[New]를 선택해 단위를 [Millimeters]로 지정하고, [Width: 232] [Height: 182]로 설정한 후 [Create]를 선택합니다 01.
[Create New Layer]를 클릭해 레이어를 추가합니다 02. 위에서부터 레이어 이름을 [레이아웃], [사진]으로 지정합니다 03.
카페 분위기를 전하는 배너 광고를 디자인합니다.

02 직선 그리기

3장의 사진을 배치합니다. 배치하기 전에 직접 손으로 그린 러프 스케치로 이미지 작업을 정합니다. 여기서는 04와 같이 러프 스케치를 만들었습니다. 오른쪽 여성 사진을 중심으로 카페 분위기가 전해지는 레이아웃을 제작합니다.
[Tool] 패널에서 [Rectangle Tool]을 선택합니다 05. 작업화면에서 임의의 장소를 클릭하면 수치 입력 창이 열립니다. [Width: 232mm] [Height: 182mm]로 설정해 직사각형을 만들고 작업화면 중앙에 배치합니다 06 07. 직사각형의 색상은 임의로 정해도 상관없습니다. 여기에서는 알기 쉽도록 [M: 100]으로 설정했습니다 08.
[Tool] 패널에서 [Line Segment Tool]을 선택합니다 09. 선의 색상은 잘 보이도록 흰색으로 적용해 작업합니다 10.
사각형의 중심을 수직으로 통과하고 좌우를 둘로 나누듯이 직선을 그립니다 11.

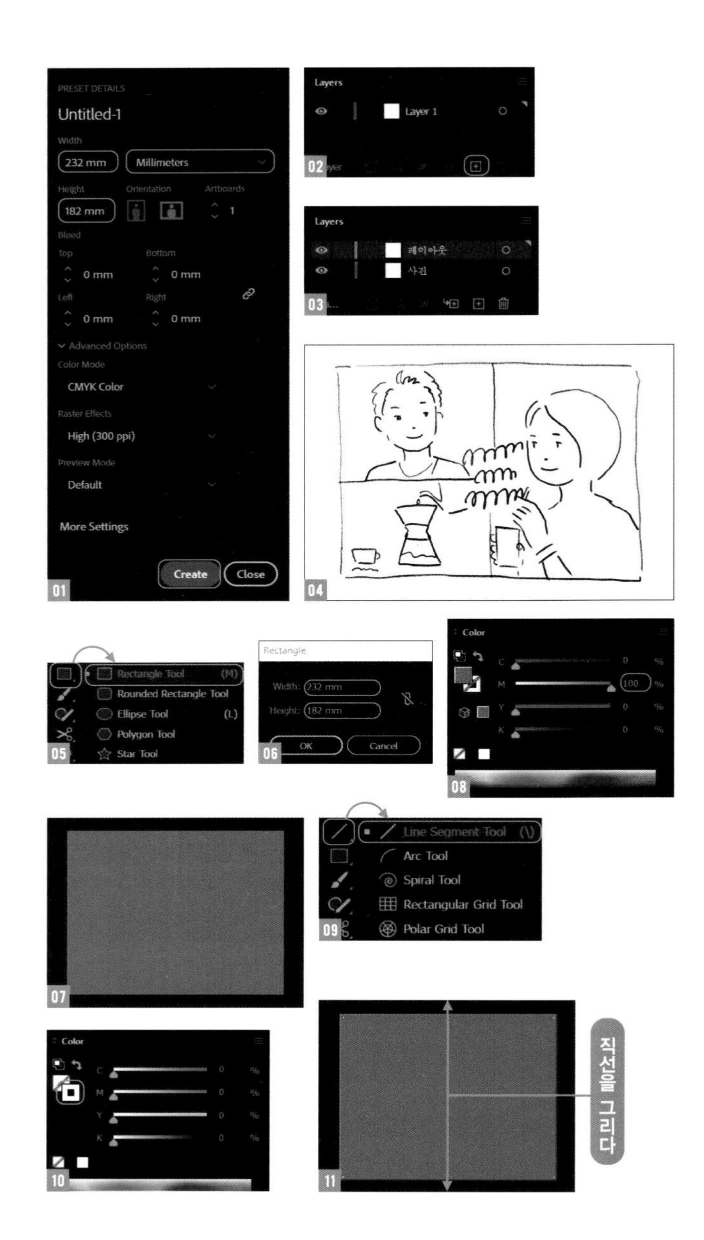

Point

여러 개의 오브젝트 중심을 맞추기 어려울 때는 [Align] 패널을 활용합니다. [Selection Tool]로 여러 개의 오브젝트를 선택한 후, 기준으로 하고 싶은 오브젝트를 한 번 더 클릭합니다. [Align] 패널에서 [Horizontal Align Center] [Vertical Align Center]를 클릭하면 기준으로 하고 싶은 오브젝트의 중심에 배치할 수 있습니다 12.

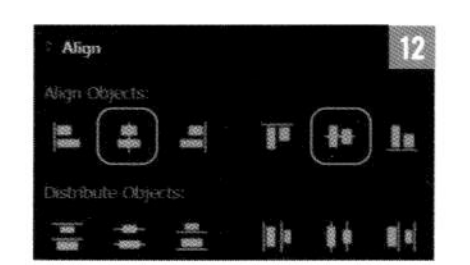

03 분할 화면 만들기

[Tool] 패널에서 [Selection Tool]을 선택해 직선을 선택하고, [Object]→[Transform]→[Rotate]를 선택합니다[13]. [Rotate] 창이 나타나면 [Angle:−12°]로 설정합니다[14][15].
회전한 사선과 직사각형을 선택합니다[16].
[Window]→[Pathfinder]를 선택하고 [Pathfinder] 패널에서 [Divide]를 선택합니다[17][18]. 직사각형이 선택한 사선으로 분할됐습니다[19].

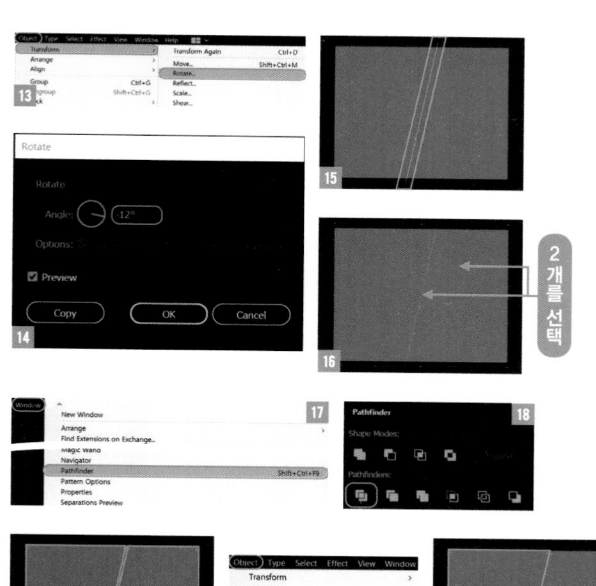

04 왼쪽 사다리꼴을 더 분할하기

지금 상태라면 분할한 직사각형이 그룹화 되어 있으므로 직사각형을 [Selection Tool]로 선택하고 [Object]→[Ungroup]을 선택해 그룹을 해제합니다[20].
왼쪽의 사다리꼴도 앞의 순서와 같은 방법으로 위아래로 2분할합니다[21].

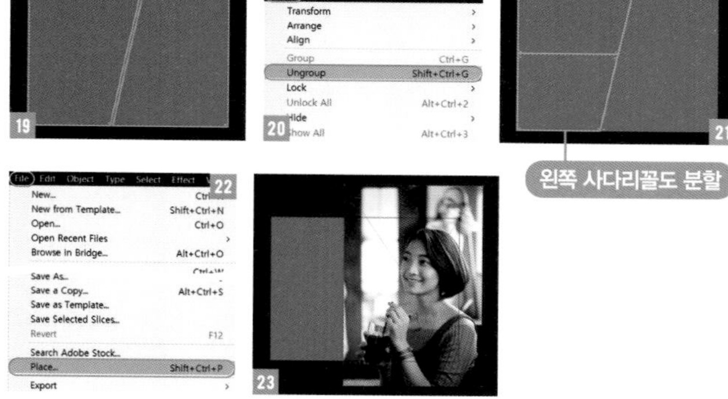

05 사진 배치하기

[사진] 레이어를 선택합니다.
[File]→[Place]를 선택해[22] [분할_01.psd] 파일을 불러옵니다. 분할된 오른쪽 사다리꼴에 겹치게 배치합니다[23].
사진을 선택한 상태에서 [Object]→[Arrange]→[Send to Back]을 선택합니다[24]. 사진이 [사진] 레이어 중에서 맨 뒤로 이동됩니다[25]. 사진과 사다리꼴을 선택하고, [Object]→[Clipping Mask]→[Make]를 선택합니다[26]. 이미지에 마스크가 적용됩니다[27]. 트리밍의 세세한 곳은 [Tool] 패널에서 [Direct Selection Tool] 등을 사용하여 위치나 크기 등을 조정합니다.

같은 방법으로 다른 2개의 이미지인 [분할_02.psd], [분할_03.psd] 파일도 배치합니다. 사진 배치가 완성됐습니다[28].

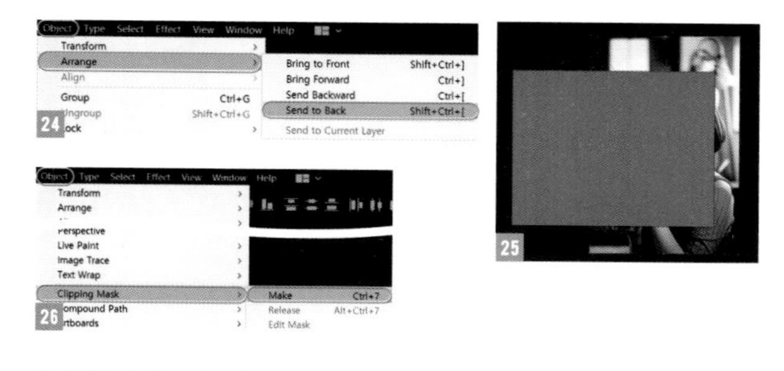

06 전체의 톤 맞추기

[사진] 레이어를 선택합니다.
[Tool] 패널에서 [Rectangle Tool]을 선택한 후 [Width:232mm] [Height:182mm]로 설정한 직사각형을 만들어 작업화면 중앙에 배치합니다29 30. 색상은 [M:20 Y:40]으로 설정합니다31.
직사각형을 선택한 상태에서 [Window]→[Transparency]를 선택하고32, [Blending mode:Multiply]를 선택합니다33.
전체 이미지에 커피를 이미지 한 갈색 계열의 바탕색을 적용해 톤을 맞추었습니다34.

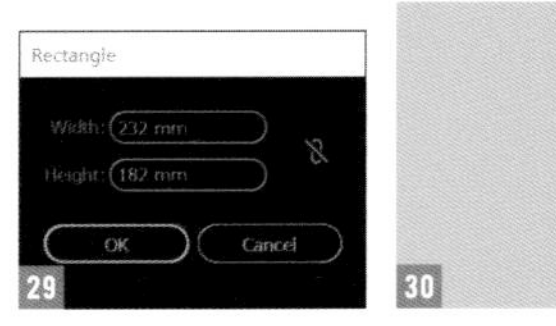

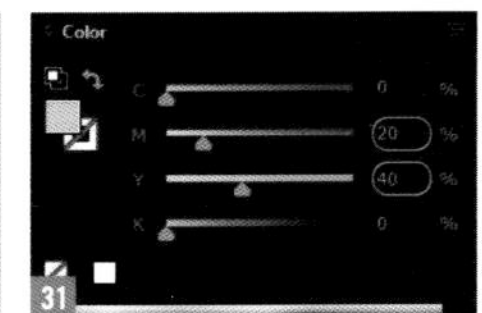

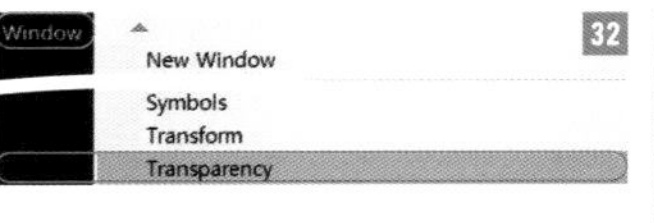

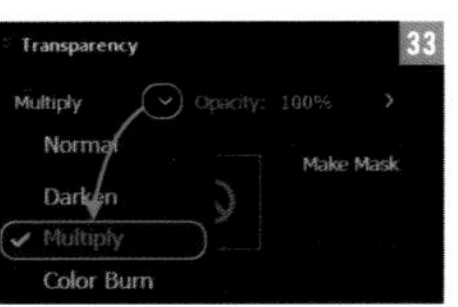

07 문자 레이아웃하기

먼저, 전체 명도를 낮추고 톤을 맞춥니다.
흰색 문자를 배치할 예정이므로 지금 이미지 그대로라면 문자의 가독성을 유지할 수 없습니다.
따라서 색을 사용해 명도를 낮춥니다.

[레이아웃] 레이어를 선택합니다.
[Tool] 패널에서 [Type Tool]을 선택하고35, [텍스트.txt] 파일에서 'Good taste, and feel be relaxed.'를 복사 & 붙여넣기로 가져옵니다36.
문자는 [Font:Bistro Script] [Style:Regular] [Size:58pt] [Leading:47pt] [Kerning:Optical] [Tracking:0] [Paragraph:Align center]로 설정합니다37 38. 색상은 흰색입니다39.

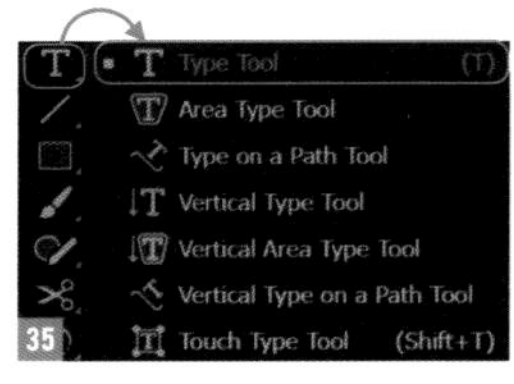

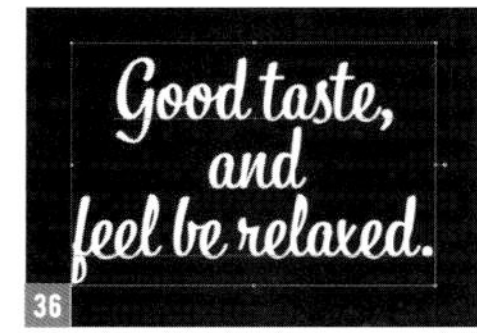

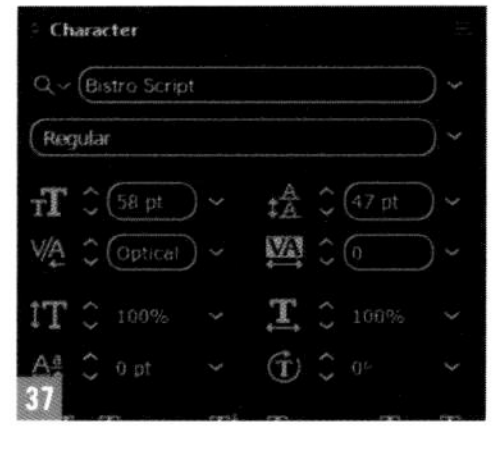

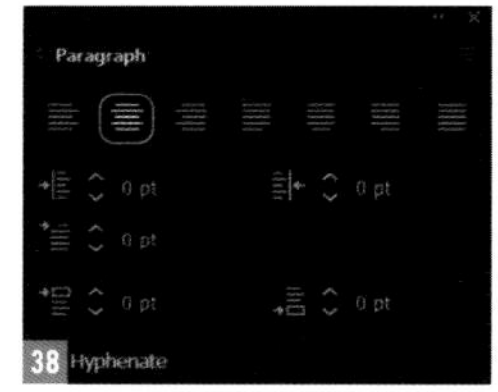

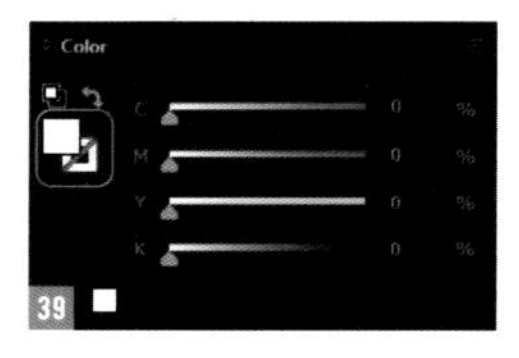

Column

효과적인 사진 배치 방법

이 예제의 사진에서는 여성을 주인공으로 하여 크게 다루고 있고, 여성과 남성의 시선이 맞도록 레이아웃을 하고 있습니다.
또한 남성 아래에는 커피 드리퍼가 있어 남성이 내리는 커피의 인상을 주고 있습니다. 이렇게 사진의 배치 방식으로 사진 간의 관계를 만들어갈 수 있습니다.

다시 [Object]→[Transform]→[Rotate]를 선택하고 [Angle : 10°]로 설정해 회전시킵니다 40 41. 42와 같이 3장의 사진에 겹치도록 배치합니다. 문자를 레이아웃했습니다.

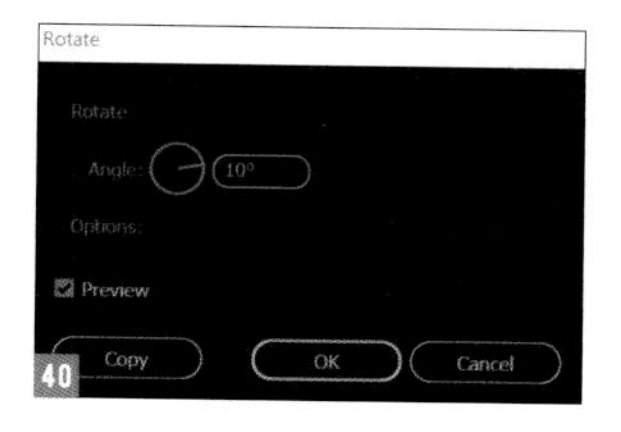

40

41

42

08 로고 레이아웃하기

마지막으로 숍의 로고를 배치합니다.
[로고.ai] 파일을 불러옵니다 43.
[Tool] 패널에서 [Selection Tool]을 선택하고, 로고를 선택하여 복사 & 붙여넣기로 가져옵니다. 처음에 디자인한 러프 스케치에 따라 작업화면 왼쪽 아래 44에 배치합니다.
디자인이 완성됐습니다.

43

44

Column

효과적인 폰트와 레이아웃

이 Recipe 디자인에서는 카페 분위기를 느낄 수 있도록 분위기 있고 부드러운 스크립트의 폰트를 선택했습니다.
또한 문자는 약간 회전시켜 움직임을 주어 주위의 3장의 사진에 시선이 가도록 신경을 썼습니다 01.
만일 사진이나 문자를 모두 수평, 수직으로 디자인하면 화면에 움직임이 없고, 딱딱한 인상이 되어 버리는 것을 알 수 있습니다 02.
이렇게 디자인의 주제나 목적에 맞게 보다 효과적인 폰트나 레이아웃을 활용해 디자인해봅니다.

01

움직임이 있어 3장의 사진에 시선이 간다

02

움직임이 없어 딱딱한 인상

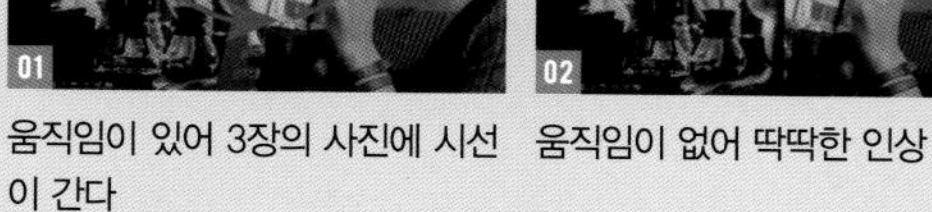

with smile,
with you.
SMILE PHOTO STUDIO

Recipe 020 확대와 전체 사진으로 스토리 연출하기

같은 장면의 사진을 확대하고, 전체 이미지에서 위아래로 레이아웃하여 1장의 디자인으로 스토리를 연출하는 방법을 설명합니다.

Design methods

01 새로운 파일 만들기

일러스트레이터를 열고, [File]→[New]를 선택합니다. 단위를 [Millimeters]로 지정하고, [Width:182mm] [Height:232mm]로 설정한 후 [Create]를 클릭합니다01.

[Create New Layer]를 클릭하여 레이어를 추가합니다02. 레이어를 2개 더 추가하고 레이어 이름을 위에서부터 [레이아웃], [테두리], [사진]으로 지정합니다03. 이번 디자인은 포토 스튜디오의 광고 전단 디자인입니다.

02 사진을 전체에 배치하기

[사진] 레이어를 선택합니다.

[File]→[Place]를 선택해04, [확대.psd] 파일을 불러옵니다. 작업화면의 중앙 위에 배치합니다05. 다시 [File]→[Place]를 선택해 [전체.psd] 파일을 불러와 아래에 틈새를 만들지 않고 꽉 차게 배치합니다06.

[View]→[Smart Guides](ctrl + U 키)를 체크하면 모서리나 오브젝트에 딱 맞아 어긋나지 않게 배치할 수 있습니다07.

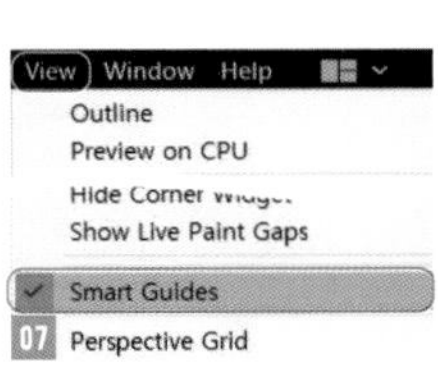

Point

사진을 배치할 때는 사진의 내용을 활용하도록 유의합시다.

이번에 사용한 사진은 '확대된 아이의 웃는 얼굴'과 '아이를 위로 올린 남성의 전체' 사진입니다. 높게 올린 남성의 동작에 맞춰 사진을 상하로 배치해 연출함으로써, 보는 사람에게 상하 사진의 관계성이나 스토리를 전달할 수 있습니다. 또 여기서는 아이의 웃는 얼굴이 아래 사진의 내용에 따라 이유를 나타내기도 합니다.

03 사진을 둘러싸는 테두리 만들기

[테두리] 레이어를 선택합니다.
[Tool] 패널에서 [Rectangle Tool]을 선택하고 08, 작업화면을 클릭해 수치 입력 창을 엽니다. [Width:182mm] [Height:232mm]로 설정해 직사각형을 만듭니다. 색상을 [M:30]으로 적용해 작업화면 중앙에 배치합니다 09 10 11. 색상은 아이의 옷과 피부색에 맞춰 밝은 핑크색을 사용했습니다.
다시 [Rectangle Tool]을 선택한 후 [Width:172mm] [Height:217mm]로 설정해 직사각형을 만들고 색상을 [흰색]으로 설정합니다 12 13. 작업화면의 왼쪽, 오른쪽, 위쪽으로부터 5mm를 비우고 배치합니다 14. 흰색의 직사각형을 선택한 상태에서 [Effect]→[Stylize]→[Round Corners]를 선택하고 [Radius:3mm]로 적용합니다 15 16. 흰색 직사각형의 모서리가 둥글어졌습니다 17.
계속해서 [Object]→[Expand Appearance]를 선택합니다 18.
[Tool] 패널에서 [Selection Tool]을 선택해 19 앞서 만든 2개의 직사각형을 선택합니다 20. [Object]→[Compound Path]→[Make]를 선택합니다 21. 바깥 테두리를 완성했습니다 22.

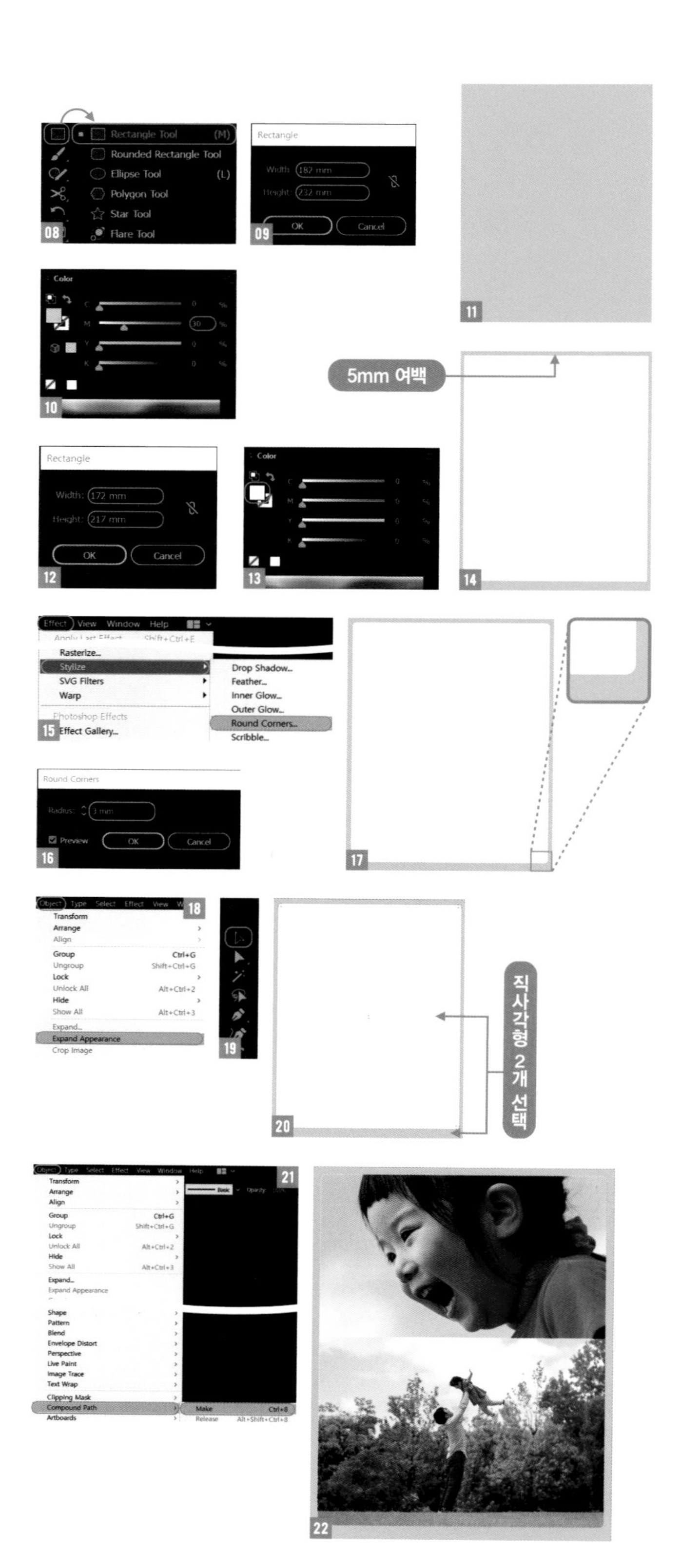

Point

이번 디자인은 아이가 피사체이기 때문에 인상을 부드럽게 하기 위해 바깥 테두리의 모서리를 둥글게 했습니다. 모서리의 반경이 커지면 더 부드럽고, 작아지면 더 딱딱하게 인상이 변화합니다. 만들면서 확인해 보면 좋습니다.

04 텍스트와 로고 레이아웃하기

[레이아웃] 레이어를 선택합니다.
[Tool] 패널에서 [Type Tool]을 선택합니다 23.
[텍스트.txt] 파일에서 'with smile, with you'를 복사 & 붙여넣기 합니다. ','에서 줄 바꿈을 하고 배치한 위아래 2장의 사진에 걸치도록 문자를 배치합니다 24.
문자는 [Font:ITC Avant Garde Gothic Pro] [Style:Medium] [Size:18pt] [Leading:20pt] [Tracking:20], 색상은 [M:100]으로 설정합니다 25 26.
계속해서 [로고.ai] 파일을 불러옵니다 27.
[Tool] 패널에서 [Selection Tool]을 선택하고, 타이틀을 복사한 후 28, 원래의 파일로 돌아와 붙여넣기 합니다 29 30.
작업화면 중앙 아래쪽에 있는 사진과 테두리에 겹치도록 배치하면 완성입니다 31 32.

Point

이번에 사용한 위와 아래의 사진은 되도록 한 덩어리로 보일 수 있도록 주위에 테두리나 텍스트를 배치합니다. 또한 전체 디자인이 깨지지 않도록 깔끔하면서도 귀엽고 깜찍한 폰트를 골라 디자인에 신경을 썼습니다.

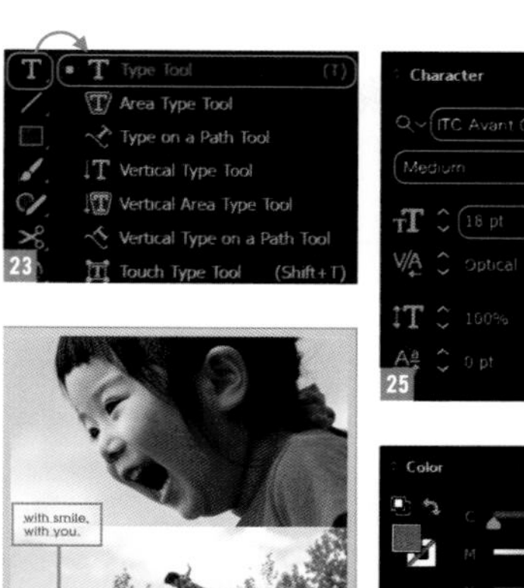

23

24

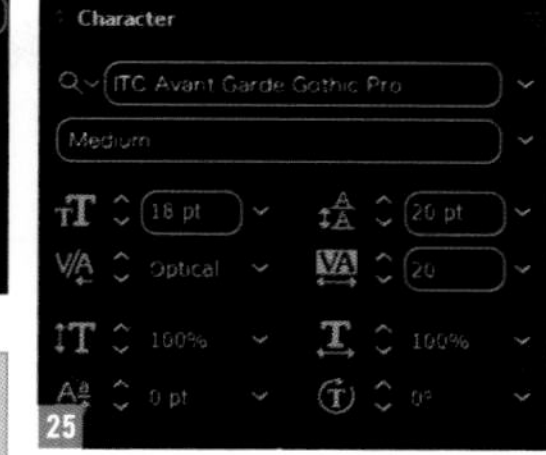

25

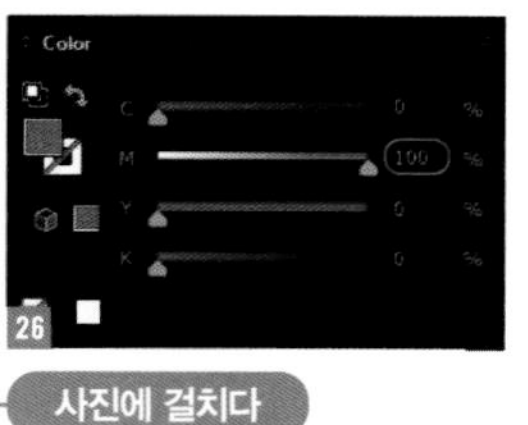

26

27

28

29

30

31

32

DESIGNER's
HOUSE

EVENT
cozy life that connects people, cozy time and space.
DATE 2021.10.15～10.20
Address : New York, Manhattan. 132 Street

Recipe

021 각판 사진과 오려낸 사진을 조합한 레이아웃

각판 사진※과 오려낸 사진을 조합해 외형에도 움직임이 있는 즐거운 인상의 디자인을 만듭니다.

01 오려낸 이미지 만들기

집의 윤곽을 따라 잘라냅니다.
포토샵(Photoshop)을 열고, [외관.psd] 파일을 불러온 후 [Tool] 패널에서 [Pen tool]을 선택합니다 01.
[Pen tool]을 선택한 상태에서 [Options]에 표시된 [Tool mode]를 [Path]로 설정합니다 02.
집의 윤곽을 따라 패스를 만듭니다. 집 한 바퀴를 돌아 패스를 시작했던 시작점과 끝점을 연결합니다 03.
[Window]→[Paths]를 선택하여 [Paths] 패널을 표시하고 조금 전에 그린 [Work Path]를 선택합니다 04.
이 상태에서 [Layer]→[Vector Mask]→[Current Path]를 선택합니다 05. 이것으로 이미지에 벡터 마스크를 적용해 잘라낼 수 있습니다 06. 잘라낸 이미지는 저장해 둡니다.

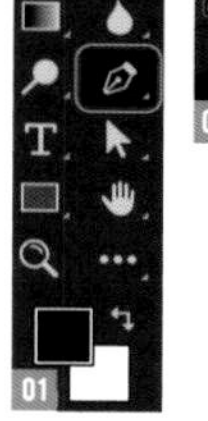

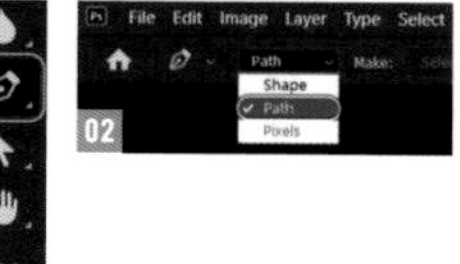

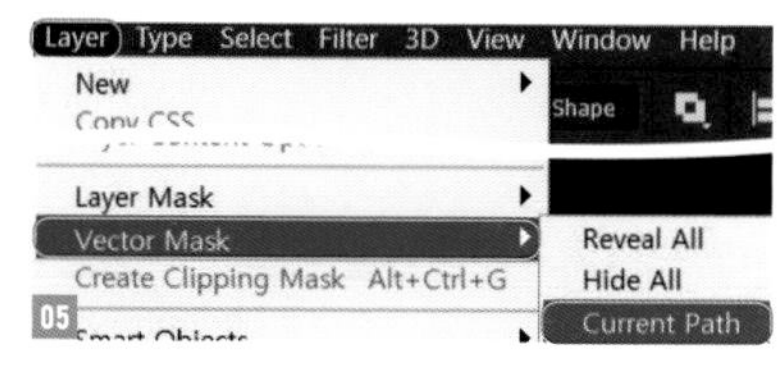

Point

두 사진을 조합할 때는 사진들 간의 관계성을 의식하며 레이아웃하면 좋습니다. 그 의도가 시선으로 전달됩니다.
예를 들어 이 Recipe의 예제에서는 각판 사진은 실내, 오려낸 사진은 집의 외관으로 관계성이 있는 2개의 사진을 조합했습니다. 시선이 집과 연결될 수 있도록 레이아웃을 구성했습니다.

같은 집의 실내

같은 집의 외관

※ 각판 사진은 정사각형 또는 직사각형의 형태로 사용하는 사진을 말한다.

02 일러스트레이터에서 작업화면을 두 개로 분할하는 수평선 그리기

일러스트레이터의 작업화면을 2개로 분할해 위에는 각판 사진, 아래에 오려낸 사진을 배치합니다.

일러스트레이터를 열고, [File]→[New]를 선택해 [Width:182mm] [Height:232mm]의 작업화면을 만듭니다 07.

[Tool] 패널에서 [Line Segment Tool]을 선택합니다 08※.

이 상태에서 작업화면을 클릭합니다. [Line Segment Tool Options] 창이 열리면, [Length:182mm] [Angle:0°]로 설정해 작업화면의 가로 폭과 같은 길이의 수평선을 만듭니다 09.

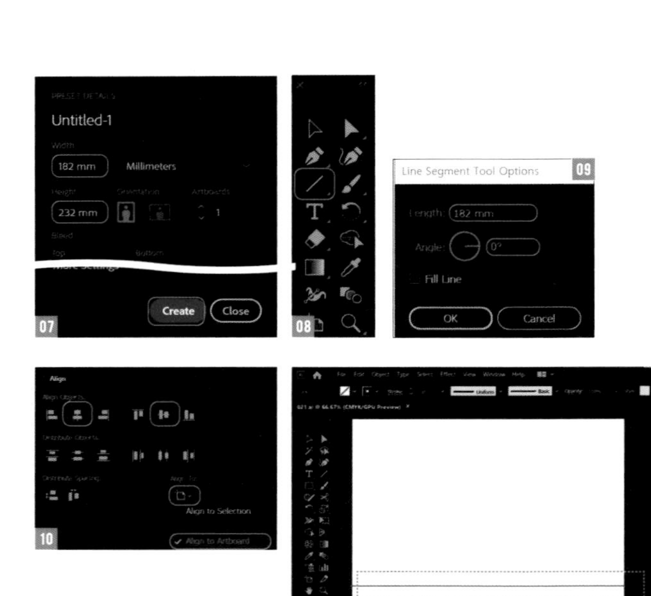

03 작업화면의 상하 중앙에 선을 배치해 가이드로 만들기

선을 선택한 상태에서 [Window]→[Align]을 선택해 [Align] 패널을 표시합니다. 오른쪽 아래의 아이콘을 클릭해 [Align to Artboard]로 설정하고 [Horizontal Align Center]와 [Vertical Align Center]를 선택합니다 10. 이것으로 작업화면의 상하 중앙에 직선이 배치됩니다 11. 배치된 직선을 선택한 상태에서 [마우스 오른쪽 버튼 클릭]→[Make Guides]를 선택해 가이드로 만듭니다 12.

04 실내 사진, 외관 사진 배치하기

[File]→[Place]를 선택하고 [실내.psd] 파일을 불러와 가이드 윗부분에 배치합니다 13.

마찬가지로 작업화면 아래를 기준으로 [외관.psd]를 배치합니다 14.

05 텍스트 배치하기

[Tool] 패널에서 [Type Tool]을 선택하고, [텍스트.txt] 파일에서 'DESIGNER's HOUSE'를 복사 & 붙여넣기 해 실내 이미지 왼쪽 아래에 배치합니다. 밝은 인상을 주기 위해 문자의 tracking을 크게 넓혀줍니다 15. 세세한 설정은 16과 같습니다.

※ 만약 [Line Segment Tool] 항목이 보이지 않는다면 [Rectangle Tool]을 길게 누르면 항목을 찾을 수 있습니다. Tool의 배치는 일러스트레이터 버전에 따라 달라집니다.

06 흰 선으로 포인트 만들기

[Tool] 패널에서 [Pen Tool]을 선택해 텍스트 왼쪽에 [하얀 선]을 추가합니다 17. 이것으로 이미지와 텍스트에 눈이 가게 됩니다.
선은 'DESIGNER's HOUSE' 텍스트의 자간과 같은 너비로 여백을 두어 배치하면 좋습니다 18.

07 이미지와 문자가 겹치는 부분에 연한 검은색 그러데이션 추가하기

문자의 가독성을 높이기 위해 이미지 위에 연한 검은색 그러데이션을 적용합니다. [Tool] 패널에서 [Rectangle Tool]를 선택하고 19, 작업화면 위를 클릭해 [Width:182mm] [Height:116mm]의 직사각형을 만듭니다 20. 그 직사각형의 면을 [Gradient] 패널에서 [Angle:90°]의 [Black, White]로 설정합니다 21. [Align] 패널을 사용해 작업화면 기준으로 왼쪽 위를 기점 22으로 외관 사진 바로 위에 배치합니다 23. [Window]→[Transparency]를 선택한 다음 [Blending mode:Multiply] [Opacity:20%]로 설정 24하면 외관 사진에 연한 그러데이션이 추가됩니다 25.

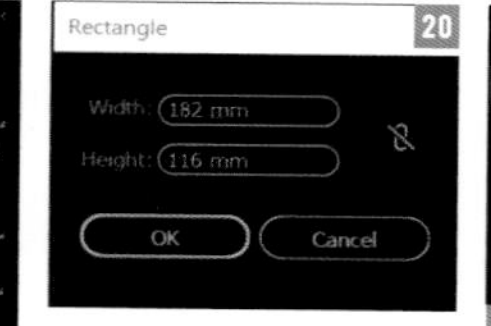

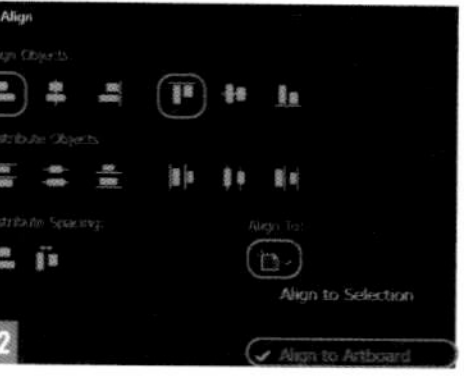

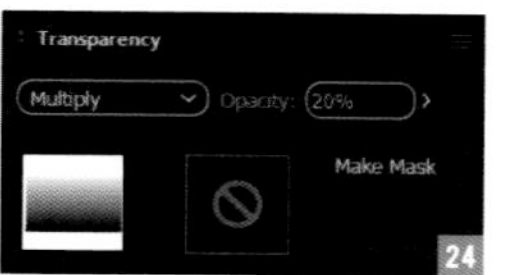

Point

그러데이션이 없으면 이미지와 텍스트의 콘트라스트가 적기 때문에 문자를 읽기 어려운 상태가 됩니다. 비교해 보면 차이가 확연합니다 26 27.

08 기타 요소 배치하기

[텍스트.txt] 파일에서 나머지 텍스트를 가져와 배치합니다. 텍스트를 분할하고, [Tool] 패널의 [Rotate]를 사용해 이미지의 윤곽을 따라 텍스트를 배치합니다 28.
[타이틀.ai] 파일에서 내용을 복사 & 붙여넣기 해 완성합니다 29. 시선이 떨어지는 흐름을 의식하여 아래 왼쪽에 [기간]과 [장소]를 넣습니다.

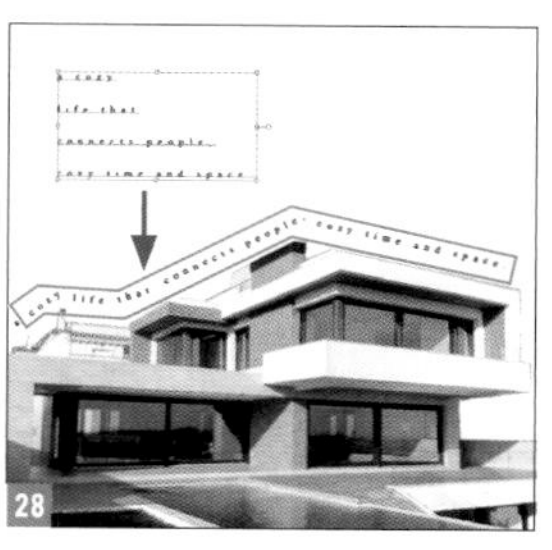

「행복한 집밥요리」
lemon
avocado
egg

Recipe

022 오려낸 사진을 레이아웃하기

여러 장의 오려낸 사진을 이용해 보기에 즐겁고 활기찬 인상의 디자인을 만들어 봅니다.

샘플

01 포토샵으로 요리 사진 오려내기

요리 사진을 윤곽을 따라 잘라 냅니다.
포토샵을 열고, [요리-특대.psd] 파일을 불러옵니다. [Tool] 패널에서 [Pen tool]을 선택하고 01, [Options]에 표시된 [tool mode]를 [Path]로 설정합니다 02. 음식의 윤곽을 따라 패스를 그립니다 03.
[Window]→[Paths]를 선택하고 [Paths] 패널에서 [Work Path]를 선택합니다. 이 상태에서 [Layer]→[Vector Mask]→[Current Path]를 선택해 잘라 냅니다.
마찬가지로 [요리-대.psd], [요리-중.psd], [요리-소.psd] 파일 및 그 외의 채소나 과일 이미지도 잘라 둡니다. 잘라 내는 방법은 Chapter03의 P.103, 106을 참조합니다.

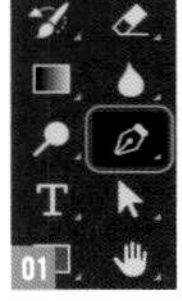
01

02

03

Point

여러 장의 오려낸 사진을 디자인에 사용할 때는 같은 구도에서 촬영한 사진을 사용하면 디자인 작업이 편해집니다. 04의 사진은 위에서 내려다보는 구도로 모두 맞췄습니다.

04

Point

이 예제에서는 왼쪽 위의 캐치 카피를 기점으로 사용자 시선의 흐름을 선으로 연결했을 때 선이 지그재그가 되도록 강약을 주어 배치했습니다.
이처럼 배치하면 레이아웃의 단조로움을 막아 움직임이 있는 즐거운 인상이 됩니다 05.

05

02 새로운 파일 만들기

일러스트레이터를 열고, [File]→[New]를 선택해 [Width:182mm] [Height:232mm]의 작업화면을 만듭니다06. [File]→[Place]를 선택하고 종이 질감의 이미지인 [bg.psd] 파일을 선택해 작업화면에 배치합니다07 08.

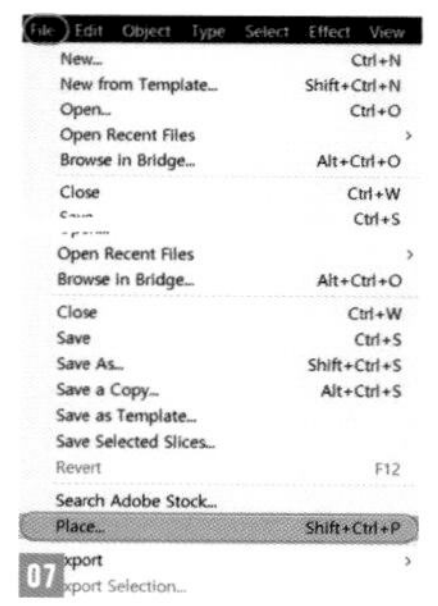
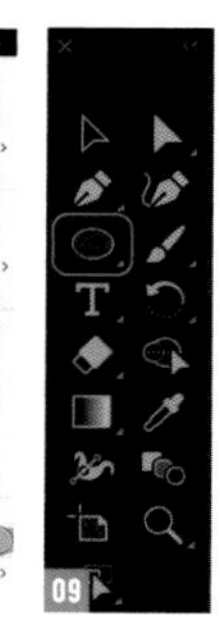

03 요리 아래에 넣을 원 배치하기

요리 사진을 배치할 장소에 단색의 원을 배치합니다. [Tool] 패널에서 [Ellipse Tool]을 선택합니다09※. shift 키를 누르면서 마우스 커서를 드래그하면 정원을 그릴 수 있습니다. 색상을 바꾸면서 4개의 정원을 만듭니다10.

각각의 원을 선택하고 [Object]→[Path]→[Offset Path]를 선택합니다11.

[Offset:4mm]로 설정하고 [OK] 버튼을 클릭합니다12. 각각의 원 바깥으로 반경 4mm의 큰 원이 생깁니다.

안쪽 원을 바깥쪽 원보다 위쪽 레이어에 배치하고, [Window]→[Transparency]를 선택해 [Multiply]를 적용합니다13. 14와 같이 됐습니다.

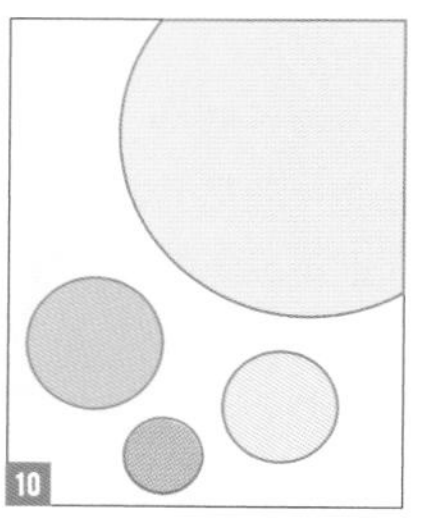
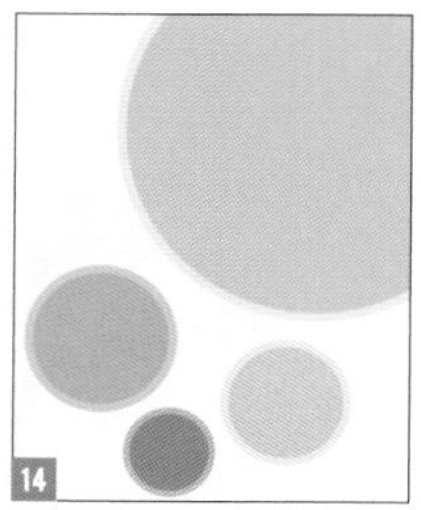
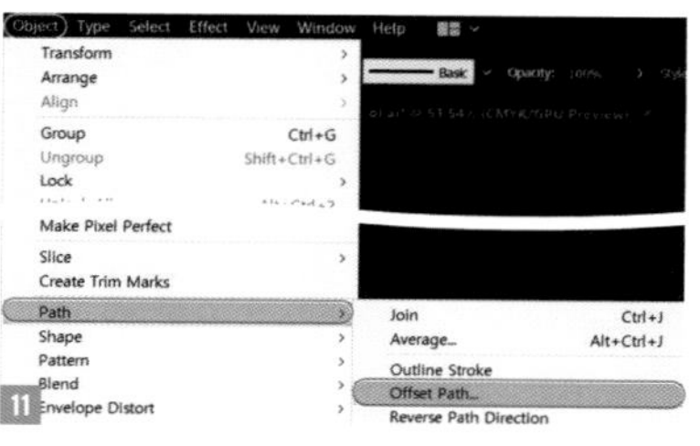

04 사진을 배치하고 점선 추가하기

[File]→[Place]를 선택해 [요리-특대.psd], [요리-대.psd], [요리-중.psd], [요리-소.psd]를 각각 불러오고, 조금 전에 만든 단색 원 위에 배치합니다.

이때 원의 중심과 사진의 중심을 조금 어긋나게 배치해 레이아웃에 리듬감을 줍니다15. 각각의 단색 원 테두리에 점선을 추가합니다. [Tool] 패널에서 [Ellipse Tool]을 선택해16, 원을 그립니다. 원은 [Fill:None] [K:95%]로 설정합니다17. 또한 [Stroke] 패널에서 [Weight:0.5pt] [Dashed Line]에 체크를 하고, [dash:3pt] [gap:5pt]로 설정합니다18. 이것을 각 단색 원의 바깥쪽으로 설정합니다19.

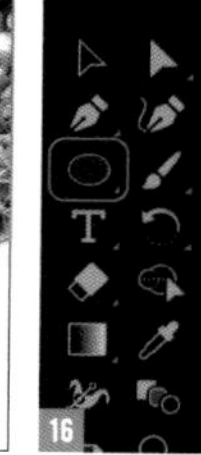

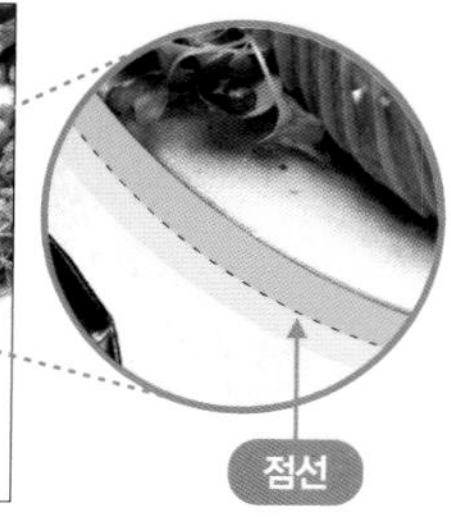

※ [Tool] 패널에서 [Ellipse Tool]을 찾을 수 없을 때는 [Rectangle Tool]을 길게 누르면 나타납니다.

05 점선 이외의 장식선 추가하기

점선 이외의 선을 추가해 갑니다.
먼저 단색 원 바깥쪽에 정원을 그립니다. 정원이 그려지면 [Tool] 패널에서 [Pen Tool]을 선택한 다음 원 안에서 남기고 싶은 부분의 선 양 끝에 Anchor Point를 추가합니다20 21. [남기고 싶은 선]의 양쪽 이외에 있는 [Anchor Point]를 [Direct Selection Tool]22로 선택하고 [Delete] 키로 삭제합니다. 그러면 [남기고 싶은 선] 부분만 남고 다른 부분은 삭제됩니다23. [Pen Tool]로 다른 선도 만듭니다24.
또한 원 옆쪽의 수직선은 [Tool] 패널에서 [Line Segment Tool]을 선택해 만듭니다25. 원에 대해 수직선을 적당한 길이로 그려갑니다26. 그린 선을 선택한 상태에서 alt 키를 누르면서 드래그해 아래에 선을 복제합니다. ctrl + D 키를 몇 번 더 눌러 작업을 반복합니다28. 그러면 여러 개의 같은 선을 평행하게 그릴 수 있습니다. 그리고 [Direct election Tool]을 선택한 다음 길이, 각도, 개수를 미세하게 조정해 완성합니다29.

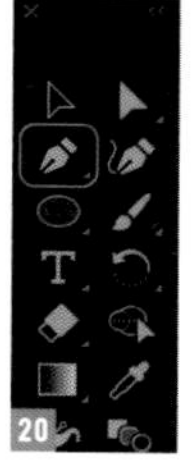

20

21

22

23

24

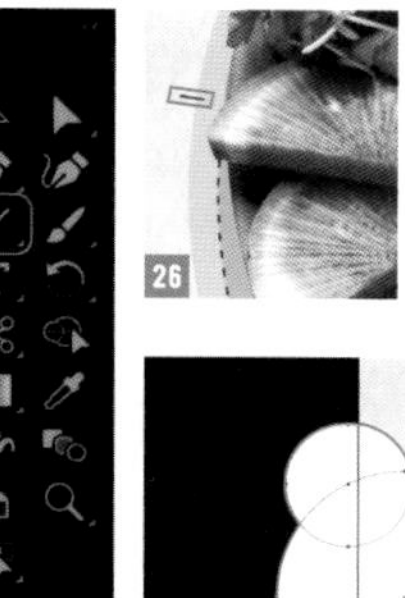

25

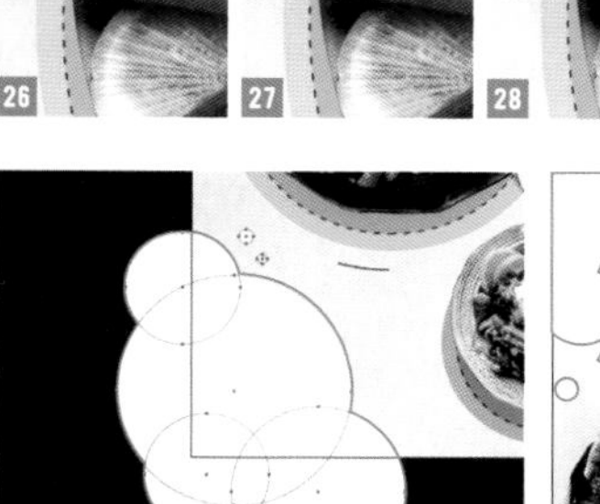

26 27 28 29 30

06 직선이나 구름 등의 장식 추가하기

[Tool] 패널에서 [Rectangle Tool], [Polygon Tool], [Ellipse Tool]을 선택해 그 외의 사각형이나 삼각형, 원을 만들어 갑니다. 구름은 원을 여러 개 겹쳐서 만듭니다30. 문자도 [font:Cooper Std Black]으로 설정해 배치합니다31.

31

07 오려낸 채소 사진 배치하기

[File]→[Place]를 선택하고 [야채01.psd], [야채02.psd], [야채03.psd], [잎01.psd], [잎02.psd], [잎03. psd], [잎04.psd], [레몬01.psd], [레몬02.psd]를 불러와 서로 비슷한 사진이 모이지 않게 배치합니다32.
마지막으로 사용자가 가장 먼저 눈이 가기 쉬운 왼쪽 위에 타이틀을 배치합니다33. 이렇게 하여 완성합니다.

32

33

design event

2021.12.15 - 2021.12.31

Recipe

023 브로큰 그리드의 레이아웃 만들기

그리드로 정렬해 배치하면서 일부를 의도적으로 비켜 놓아 레이아웃에 움직임을 표현하는 '브로큰 그리드'를 만듭니다.

Design methods

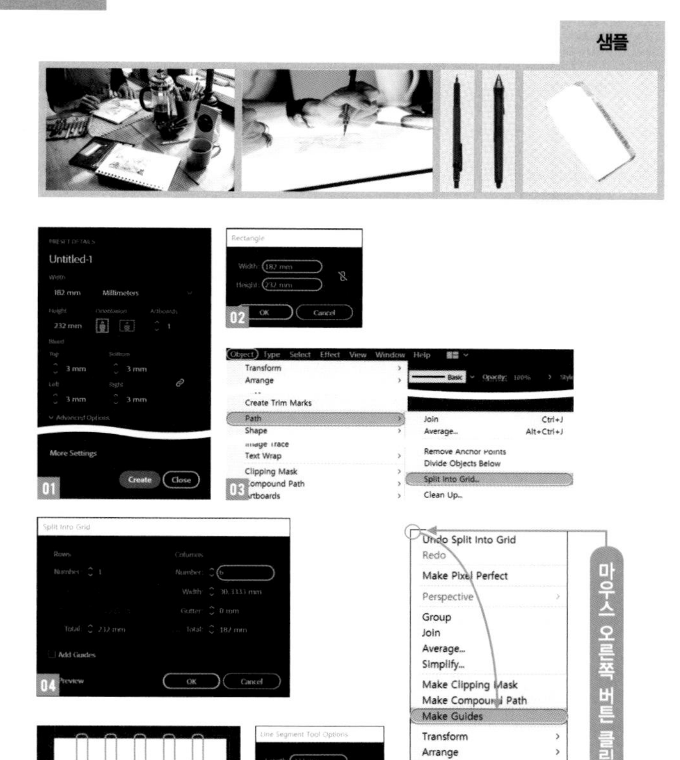

01 그리드의 가이드라인 배치하기

일러스트레이터를 엽니다. [File]→[New]를 선택하고 [Width:182mm] [Height:232mm]로 설정해 작업화면을 만듭니다01. [Tool] 패널에서 [Rectangle Tool]을 선택하고 [Width:182mm] [Height:232mm]로 설정해 작업화면 크기에 딱 맞는 직사각형을 만들어 배치합니다02.

[Object]→[Path]→[Split Into Grid]를 선택하고03 나타난 수치 입력 창에서 [Columns](열) 항목을 [Number:6]으로 지정합니다04. 직사각형이 6개의 세로로 긴 직사각형으로 분할됩니다. 6개의 직사각형을 선택한 후, [마우스 오른쪽 버튼 클릭]→[Make Guides]를 선택합니다05. 작업화면에 5개의 가이드라인이 생겼습니다06. 이 가이드가 만드는 격자를 그리드로 삼아 디자인 요소들을 배치해 나갑니다.

02 그리드에 맞추어 선 그리기

그리드에 맞추어 선을 그립니다. [Tool] 패널에서 [Line Segment Tool]을 선택하고 작업화면을 클릭해 [Length:232mm] [Angle:90°]의 직선을 만듭니다07.

선을 선택한 상태에서 alt 키를 누르면서 드래그해 선을 복제하고 각각 가이드에 따라 5개의 선을 배치합니다. 선의 세로 위치를 정돈할 때는 5개의 선을 선택한 상태에서 [Align] 패널의 [Align To:Align to Artboard]로 설정하고 [Align Objects:Vertical Align Top]을 선택해 작업화면 위에 맞춰 배치합니다08.

Point

직선을 가이드에 따라서 배치할 때는 [View] 메뉴에서 [Snap to Point]에 체크하면 마우스로 이동하여 배치할 때도 가이드에 포인트가 정확히 걸려 편하게 배치할 수 있습니다.

03 그리드를 기준으로 오브젝트 배치하기

브로큰 그리드 레이아웃의 요령은 처음에 그리드에 맞춰 배치한 후에, 의도적으로 일부를 그리드에서 벗어나게 한다는 것입니다. 그러면 움직임이 생깁니다.

예제에서 원의 위치는 어디까지나 그리드를 기준으로 하고 있지만, 그리드보다 2배 정도 큰 크기로 하여 튀어나오게 배치했습니다 09.

'왼쪽 위의 원', '오른쪽 아래의 작은 정사각형', '세로 긴 직사각형'을 [Tool] 패널에서 각 도형 도구를 사용해 만듭니다. 색상은 [Window]→[Gradient]를 선택해 [Type:Liner Gradient], [Angle:90°]로 지정합니다 10. 그러데이션의 왼쪽 끝의 색상은 [C:100% M:40%] 11, 오른쪽 끝의 색상은 [C:80% Y:40%]로 지정합니다 12.

3개의 오브젝트를 선택하고 [Effect]→[Stylize]→[Drop Shadow]를 선택해 13 [Mode:Multiply] [Opacity:20%] [X Offset:20mm] [Y Offset:20mm] [Blur:5mm]로 설정합니다 14. 3개의 오브젝트에 드롭 섀도가 생성됩니다 15.

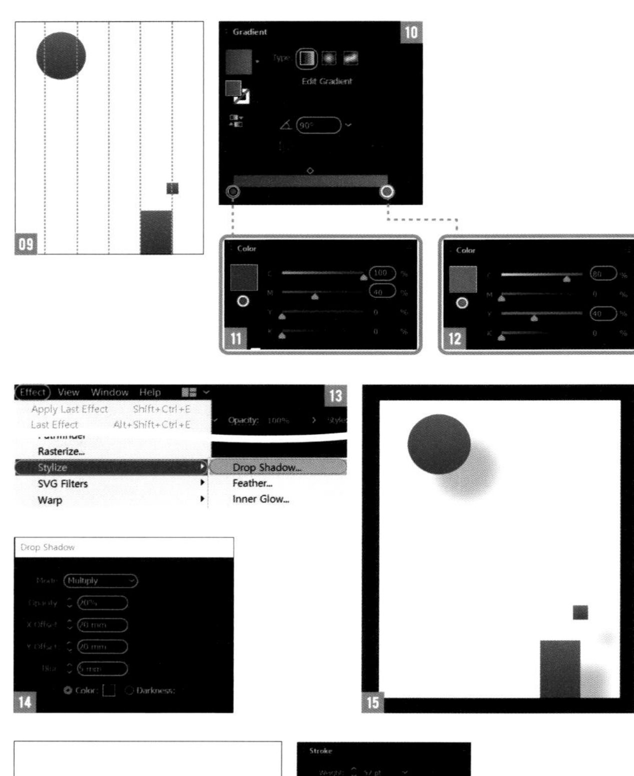

04 회색 선과 오브젝트 추가하기

그러데이션과 드롭 섀도를 적용한 오브젝트를 일단 숨깁니다.

회색 선과 오브젝트를 배치합니다 16. 기본은 그리드를 기준으로 하면서 일부분을 그리드에서 벗어나게 합니다. 굵은 선은 [Stroke] 패널에서 [Weight]를 조정합니다 17. 호를 그리는 오브젝트는 원을 1/4로 분할한 형태로 합니다.

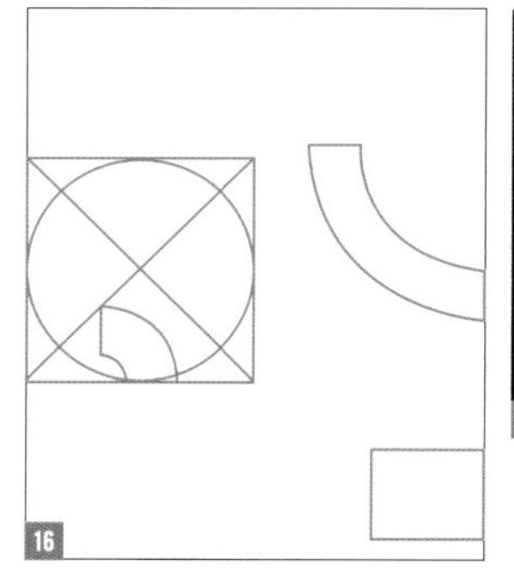

Point

작업 중인 [Layers] 패널의 눈 모양 아이콘을 클릭해 숨기거나 오브젝트를 선택한 상태에서 ctrl + 3 키를 누르면 오브젝트를 숨길 수 있습니다.

Point

이번 레시피에서는 쿨한 인상을 연출하는 브로큰 그리드의 레이아웃이지만, 오른쪽 그림과 같이 소재를 바꾸면 따뜻한 인상으로도 만들 수 있습니다.

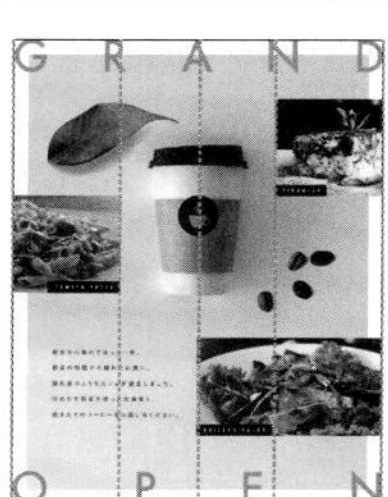

05 드롭 섀도가 적용된 투명한 오브젝트 배치하기

흰색 오브젝트를 그리드를 기준으로 배치하고 드롭 섀도를 적용합니다18. [Drop Shadow] 창에서 [Opacity:15%] [X Offset:6mm] [Y Offset:6mm] [Blur:8mm]로 설정합니다19. 그다음 [Window]→[Transparency]를 선택하고 [Blending mode:Multiply]로 적용합니다20. 그러면 투명하게 되어 적용한 드롭 섀도만 보이게 됩니다21.

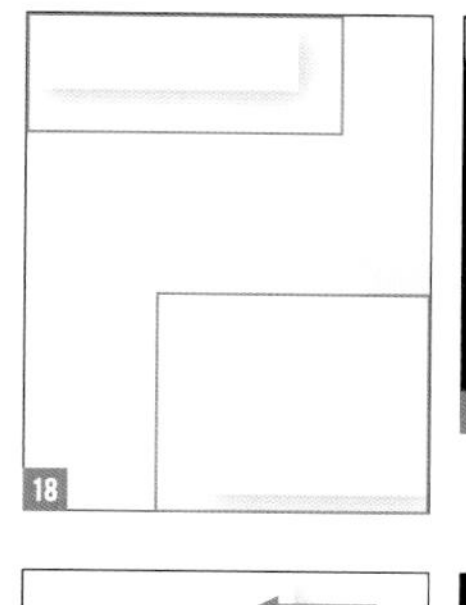

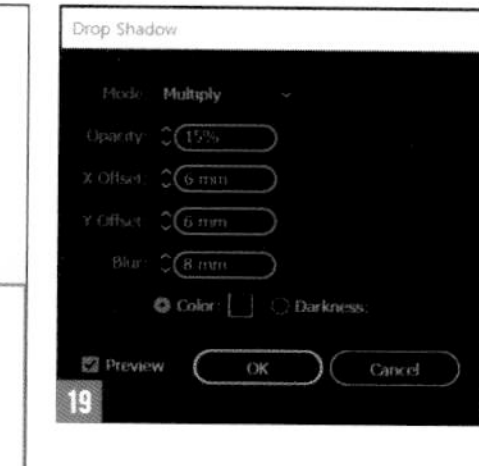

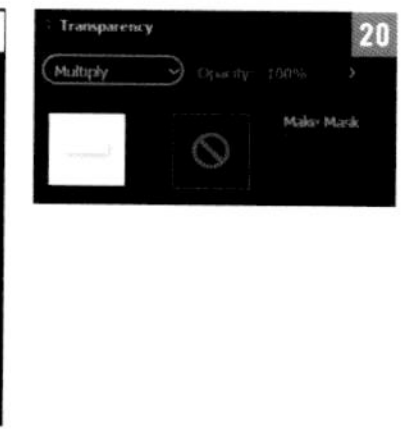

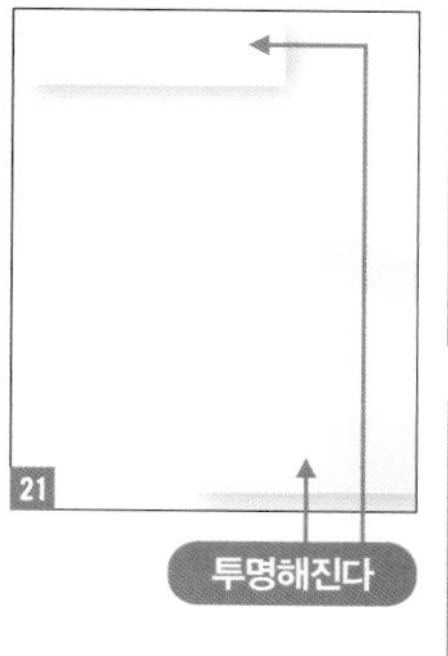

06 그러데이션이 적용된 선 배치하기

[Gradient] 패널에서 [Fill:None] [Stroke:Gradient]로 지정합니다22. 그러데이션의 색상은 [C:80% Y:40%] [C:100% M:40%] [Angle:0°]로 설정합니다23 24.
이 설정으로 직사각형을 만듭니다25. [Effect]→[Stylize]→[Drop Shadow]를 선택하고 [Drop Shadow] 수치 입력 창에 [Mode:Multiply] [Opacity:90%] [X Offset:10mm] [Y Offset:10mm] [Blur:3mm]로 설정합니다26. 그러데이션 선에 드롭 섀도가 적용됩니다27.

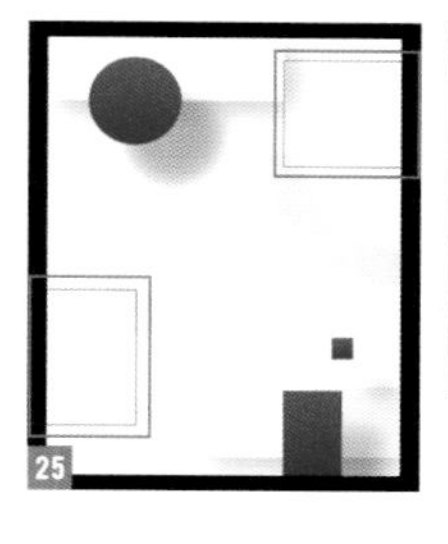

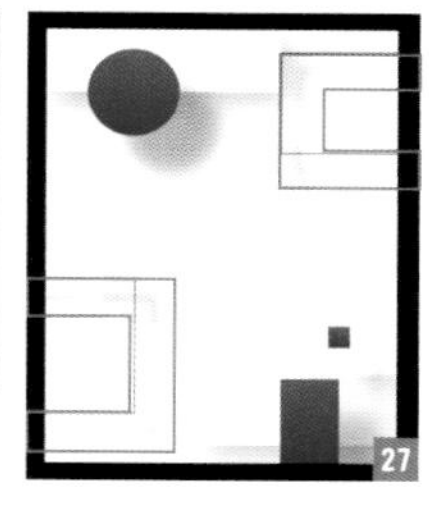

07 각판 사진과 드롭 섀도가 적용된 오려낸 사진 배치하기

파일 [책상01.psd] [책상02.psd] [지우개.psd] [펜01.psd] [펜02.psd]를 불러와 각판 사진과 오려낸 사진을 배치합니다28. 각판 사진은 그리드를 기준으로 배치하고, 오려낸 사진은 그리드를 무시하고 배치하면, 이미지 전체에 움직임이 생깁니다. 추가로 드롭 섀도를 [Mode:Multiply] [Opacity:20%] [X Offset:30mm] [Y Offset:30mm] [Blur:3mm]로 설정합니다29. 마지막으로 강약을 주어 텍스트를 배치하면 완성입니다30.

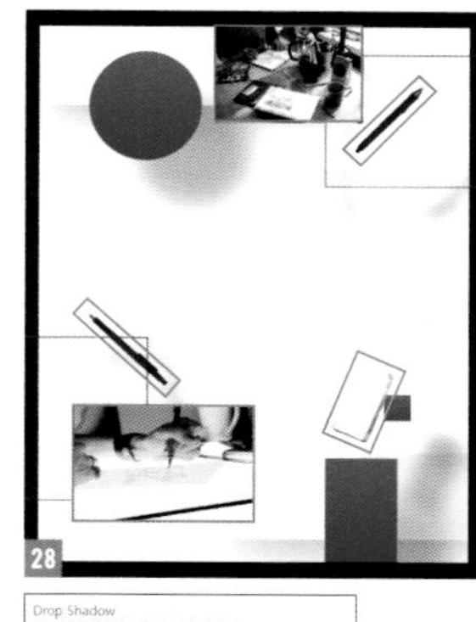

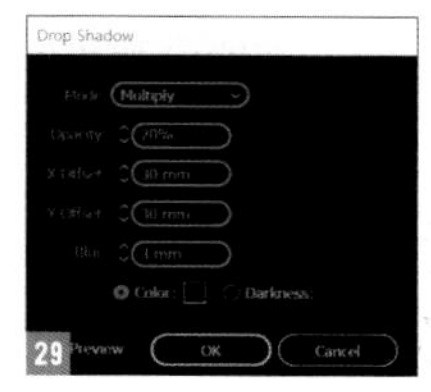

MOUNT FASHION

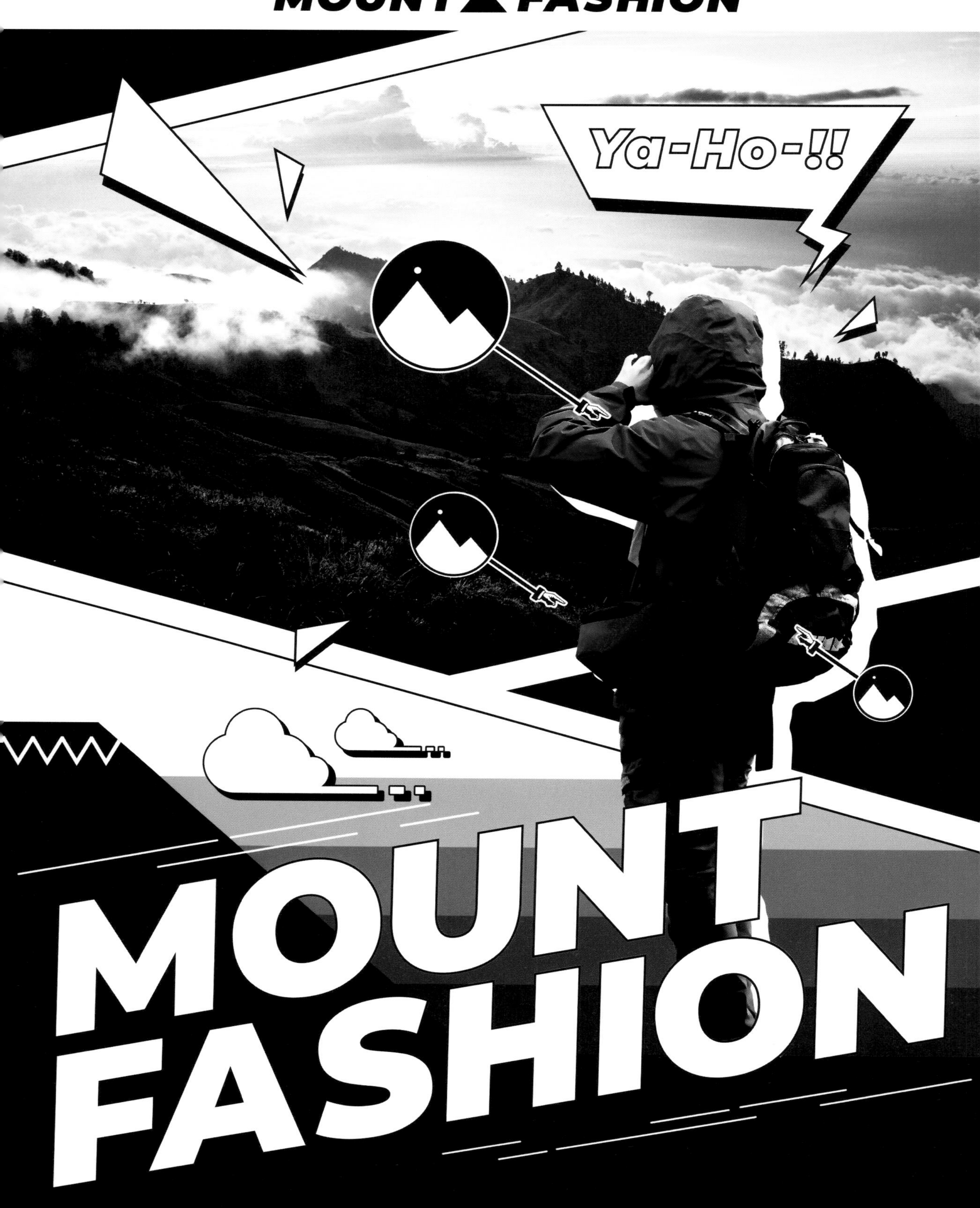

Recipe

024 깊이를 의식한 다이내믹한 레이아웃

앞, 뒤를 의식하면서 요소를 배치해 강약이 있는 즐거운 인상의 이미지를 만듭니다.

Design methods

01 요소의 전후 관계를 의식하여 레이아웃 생각하기

레이아웃은 가로축과 세로축만 생각하기 쉽지만, 또 하나의 축인 '깊이'를 의식하며 레이아웃을 생각하면 디자인의 폭이 한층 더 넓어져 신축성이 있는 디자인을 제작할 수 있습니다 01.

이 예제에서는 만화의 칸 나누기를 모티브로 하여 디자인합니다.

02 시선을 지그재그로 움직이는 것을 의식하여 레이아웃하기

가로축과 세로축도 사용하며, 보고 있어도 눈이 피로하지 않은 레이아웃을 의식하여 만듭니다.
오른쪽 그림은 완성형 디자인에 시선의 움직임을 화살표로 표시한 것인데 가장 큰 타이틀의 시작 장소인 왼쪽 아래를 기점으로 하여 왼쪽 아래→오른쪽 아래→왼쪽 위→오른쪽 위로 시선의 움직임을 연결했을 때 선이 지그재그가 되도록 배치하고 있습니다.
이처럼 레이아웃을 하면 단조로운 것을 방지하고, 다이내믹하고 움직임이 있는 즐거운 인상이 됩니다 02.

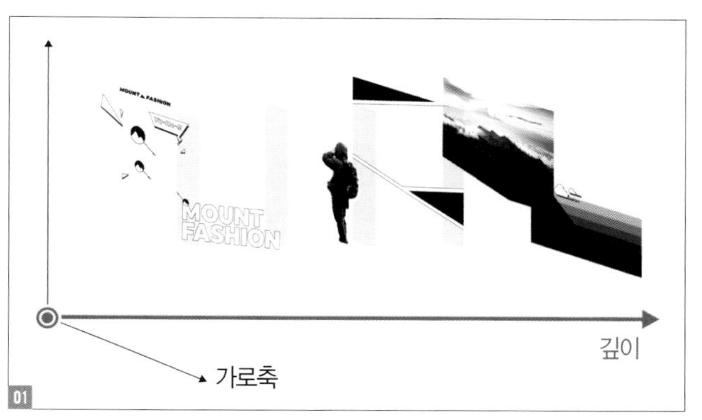

01

02

03 만화의 칸 나누기를 의식한 테두리 만들기

일러스트레이터를 열고, [File]→[New]를 선택합니다. [Width:182mm] [Height:232mm]로 설정해 작업화면을 만듭니다03.

[Tool] 패널에서 [Line Segment Tool]을 선택하고04, 작업화면에 선을 그립니다. 선의 색상은 흰색05으로 합니다. 선의 굵기는 [Weight: 5pt]로 설정합니다06.

요소를 배치하는 블록을 만화의 칸 나누기를 의식하여 흰색의 굵은 선으로 작업화면을 구분합니다07.

작업화면에 칸 나누기의 경계선을 만든 다음 흰색 선을 선택한 상태에서 [Object]→[Path]→[Outline Stroke]를 선택해 선을 흰색 오브젝트로 만듭니다08.

04 검은색 선을 넣어 만화의 칸 나누기처럼 보이게 하기

바깥쪽에 검은색 선을 넣어 좀 더 만화의 칸 나누기처럼 분위기를 만들어 봅니다.

흰색 오브젝트를 선택한 상태로 [Tool] 패널에서 [Stroke]를 선택하고, [K: 100]으로 적용합니다09.

이어 흰색 오브젝트끼리 겹쳐 있는 곳은 [Window]→[Pathfinder]를 선택하고 [Unite]10로 합쳐서 검은색 선이 1개의 흰색 오브젝트를 따르도록 만듭니다11. 만화의 칸 나누기가 만들어졌습니다12.

05 풍경과 인물 배치하기

칸 나누기 중 가장 면적이 큰 블록에 [풍경.psd] 파일을 배치하고 칸에 맞춰 마스크를 적용합니다13. 또한 [Tool] 패널에서 [Pen Tool]을 선택해 왼쪽 위, 오른쪽 아래에 [C:100 M:40 Y:0 K:80]의 오브젝트를 만듭니다14 15.

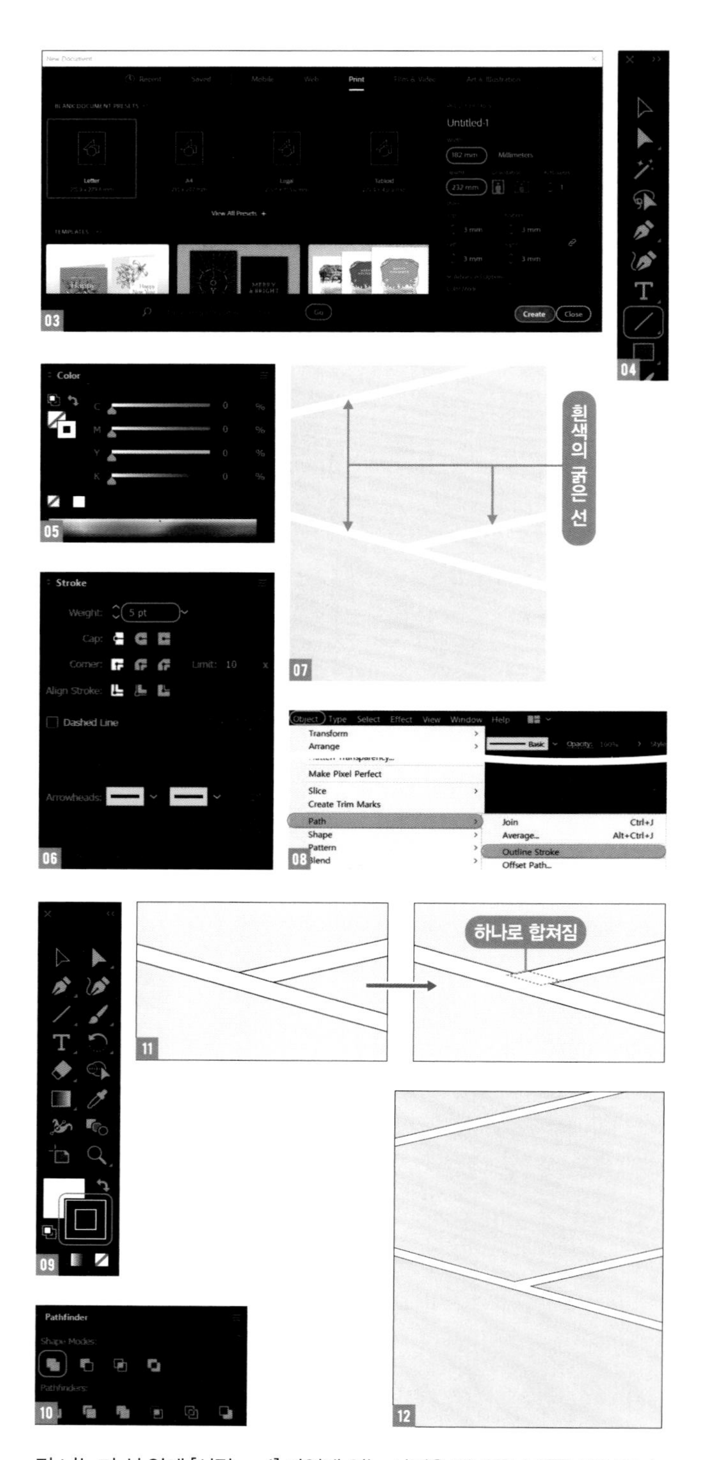

칸 나누기 선 앞에 [사람.psd] 파일에 있는 사진을 배치합니다16. 깊이의 순서는 안쪽부터 '풍경 사진', '칸 나누기의 테두리', '사람'의 이미지가 됩니다.

06 타이틀을 사람 사진 앞에 배치하기

[텍스트.txt] 파일에서 'MOUNT FASHION' 타이틀을 복사 & 붙여넣기 합니다. 사람 사진 앞에 배치합니다. 폰트는 무료 폰트인 'MONTSERRAT BLACK ITALIC'을 사용합니다 17 18. [Tool] 패널에서 [Shear Tool]을 선택해 19 더블클릭하고 [Shear Angle:−10°] [Axis:Vertical]로 설정해 타이틀을 기울입니다 20 21.

07 틈새에 산 일러스트 배치하기

[Pen Tool]을 사용해 타이틀 왼쪽 위 빈 부분에 심플한 산이나 구름 일러스트를 그립니다. 색상은 남색 계열로 적용합니다. 깊이의 순서로는 [풍경.psd]보다 한층 더 안쪽으로 합니다 22.
로고 주위가 조금 허전하므로 로고의 경사를 따라 여러 개의 선을 추가합니다 23.

08 말풍선이나 튀어나온 요소를 만들어 분위기 내기

제일 앞면 위에 메이커 'MOUNT FASION'의 로고를 배치하고, 메이커의 로고를 가리키는 말풍선, 'Ya-HO-!!'의 말풍선, 삼각형 등을 배치해 완성합니다 24.

Point

이 예제에서는 설명하고 있지 않지만, 깊이를 주기 위해, 각 계층의 데이터마다 레이어를 나누어도 좋습니다. 완성된 데이터도 참고해 주세요.
또, [Object]→[Arrange]로 레이어 안의 순서를 조정할 수 있습니다.

13

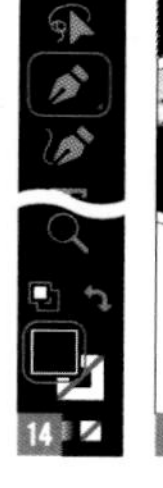
14

15

16

17

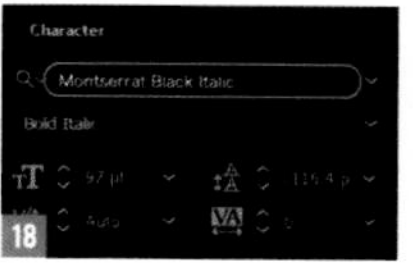

18

19

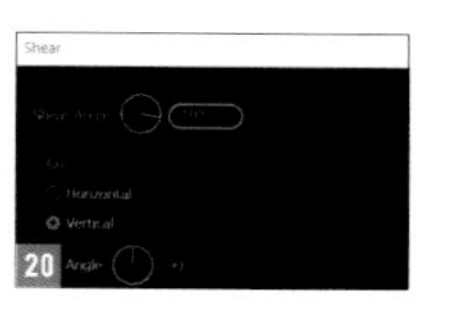

20

22

21

23

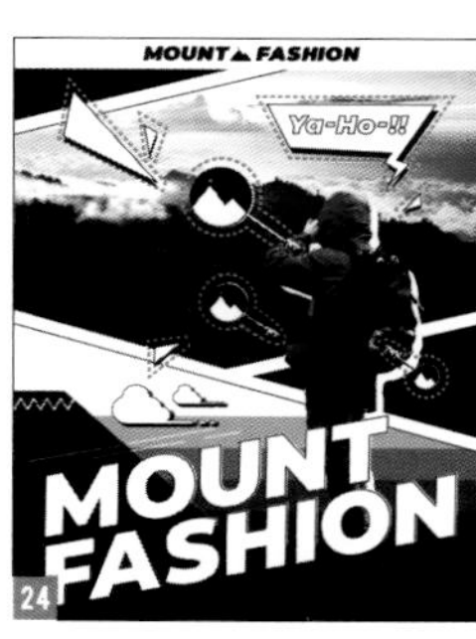

24

Point

전후 관계를 사용해 레이아웃 할 때, 각 요소의 주역이 되는 부분이 앞의 요소에 가려지지 않게 배치합니다. 아래 그림에서 설명하는 것처럼 ◉부분이 각 요소의 주역이 되지만, 앞쪽 요소에 가려지지 않도록 배치했습니다.

Happy Christmas

Christmas (English: Christmas) means "Mass of Christ" and is the birthday festival of Jesus Christ held by some denominations. It is a day to celebrate the birth, not the birthday of Jesus Christ. Celebrated on December 25th each year, the Orthodox churches that use the Julian calendar celebrate Christmas on the day corresponding to January 7th of the Gregorian calendar. However, it is not Christmas but Easter that is positioned as the most important festival in Christianity. The Jewish calendar that preceded Christianity, the Roman empire calendar, and the liturgical year that inherited them, are called Christmas Eve because the sunset is the boundary of the day, unlike modern civil time. From the evening to the morning of December 25, the church calendar counts as the same day as Christmas. Therefore, in the liturgical year, Christmas is "from sunset on December 24th to sunset on December 25th."

Outside of Christianity (en: christendom), it is also enjoyed as an annual event, and Christmas songs such as jingle bells are familiar to many people.

Recipe

025 황금 비율을 사용한 디자인

예로부터 인간이 가장 아름답다고 느끼는 비율로 '황금비'가 있습니다. 황금비를 이용해 디자인을 만들어 봅니다.

Design methods

01 황금비를 측정하기 위한 자 만들기

일러스트레이터를 열고, [File]→[New]를 선택해 [Width:182mm] [Height:232mm]의 작업화면을 만듭니다 01.

황금비는 1:1.61(근사치)의 비율입니다. 02의 그림을 베이스로 하여 작업화면에 가이드를 만듭니다.

먼저 100mm 직선을 만듭니다. [Tool] 패널에서 [Line Segment Tool]을 선택하고 03, 작업화면을 클릭합니다. [Line Segment Tool]의 수치 입력 창이 나타나면 [Length:100mm] [Angle:90°] [Fill Line:체크]로 설정한 후 [OK] 버튼을 클릭해 100mm 길이의 수직선을 만듭니다 04.

다시 한번 [Line Segment Tool]을 선택해 작업화면을 클릭하고 [Length:161mm] [Angle:90°] [Fill Line:체크]로 설정해 161mm의 수직선을 만듭니다 05.

100mm와 161mm의 선 색상을 각각 바꾸어 알기 쉽게 합니다 06. 선의 끝을 맞추고, 황금비를 측정하기 위한 자를 만듭니다 07. 이 자를 사용해 작업화면의 세로와 가로의 황금비가 되는 장소를 측정합니다.

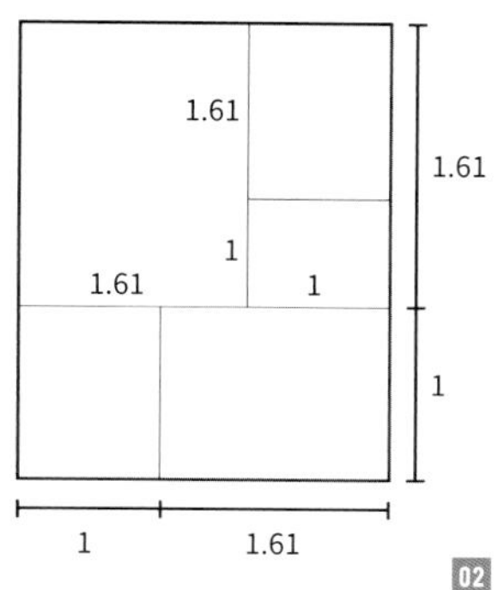

02

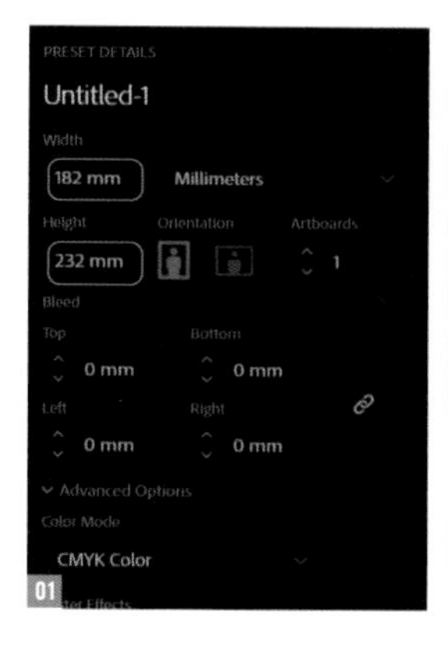

01

03

04
05

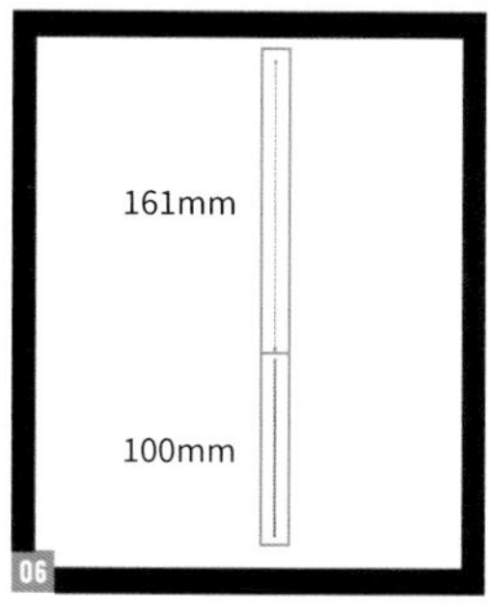

06

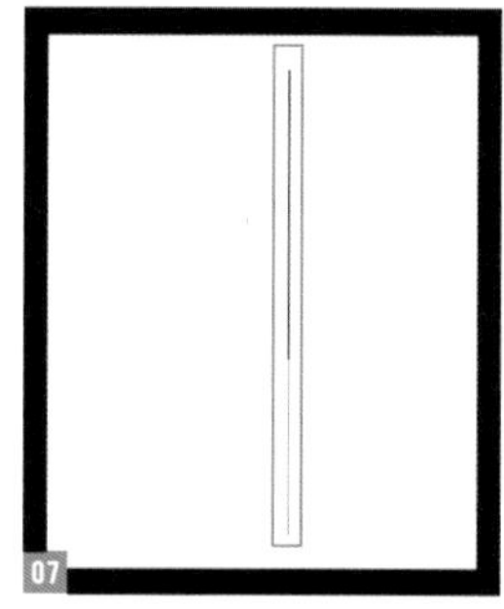
07

Point

끝을 맞출 때는 직선 끝의 앵커 포인트를 잡고 다른 쪽 직선의 앵커 포인트에 딱 맞추면 됩니다.

만약 대화상자에서 설정하고 싶으면 2개의 선을 선택한 상태에서 다시 한 번 한쪽 선을 선택합니다. [Align] 패널의 [Distribute Spacing]에서 [Value:0mm]로 설정한 상태로 [Vertical Distribute Space] [Horizontal Distribute Space]를 클릭하면 선의 끝과 끝이 딱 붙습니다.

02 작업화면 세로 변의 황금비를 재고 가이드로 만들기

2개의 선(황금비를 측정하기 위한 자)을 선택한 상태에서 ctrl + G 키를 눌러 그룹으로 만듭니다. [Window]→[Properties]를 선택하고 08, 높이를 [H:232mm]로 설정합니다 09. 이렇게 하면 그룹으로 만든 선의 길이를 작업화면의 높이에 맞출 수 있습니다.
[Window]→[Align]을 선택해 [Align] 패널을 표시합니다. 자를 선택하고 [Align to Artboard]로 설정한 상태에서 [Vertical Align Top]을 선택합니다 10. 자를 옆이나 아래에 두고, 황금비에 해당하는 위치를 알 수 있으면 그 위치를 가이드로 만듭니다. 황금비의 위치에 수평으로 직선을 그리고, 직선을 선택한 상태에서 [마우스 오른쪽 버튼 클릭]→[Make Guides] 11 를 선택하면 가이드로 변환할 수 있습니다 12.
작업화면 옆면의 황금비를 측정할 때는 자를 선택한 상태에서 [Tool] 패널의 [Rotate Tool]로 90° 회전시킵니다. 작업화면의 옆면에 맞추고 [Properties] 패널의 가로 폭 항목에서 [W:182mm]로 설정하면 작업화면의 옆면에 맞는 자가 됩니다. 세로 면과 마찬가지로 황금비의 위치를 확인하고 수직으로 가이드를 만듭니다 13. 같은 요령으로 더 작은 황금비의 위치를 지정해 가이드를 만들면 14 와 같이 가이드를 만들 수 있습니다.

03 각각의 위치에 사진을 배치해 마스크 적용하기

각 영역의 크기에 맞춘 [ph01.psd]~[ph06.psd] 파일을 배치합니다(15 는 [ph01.psd] 파일을 배치한 상태). 사진 위에 불필요한 부분을 트리밍하기 위해 가이드에 맞춘 직사각형을 만듭니다. 사진과 직사각형을 선택한 상태에서 [마우스 오른쪽 버튼 클릭]→[Make Clipping Mask]를 선택합니다 16. 직사각형의 크기에 맞춰 사진에 마스크가 적용됩니다 17.

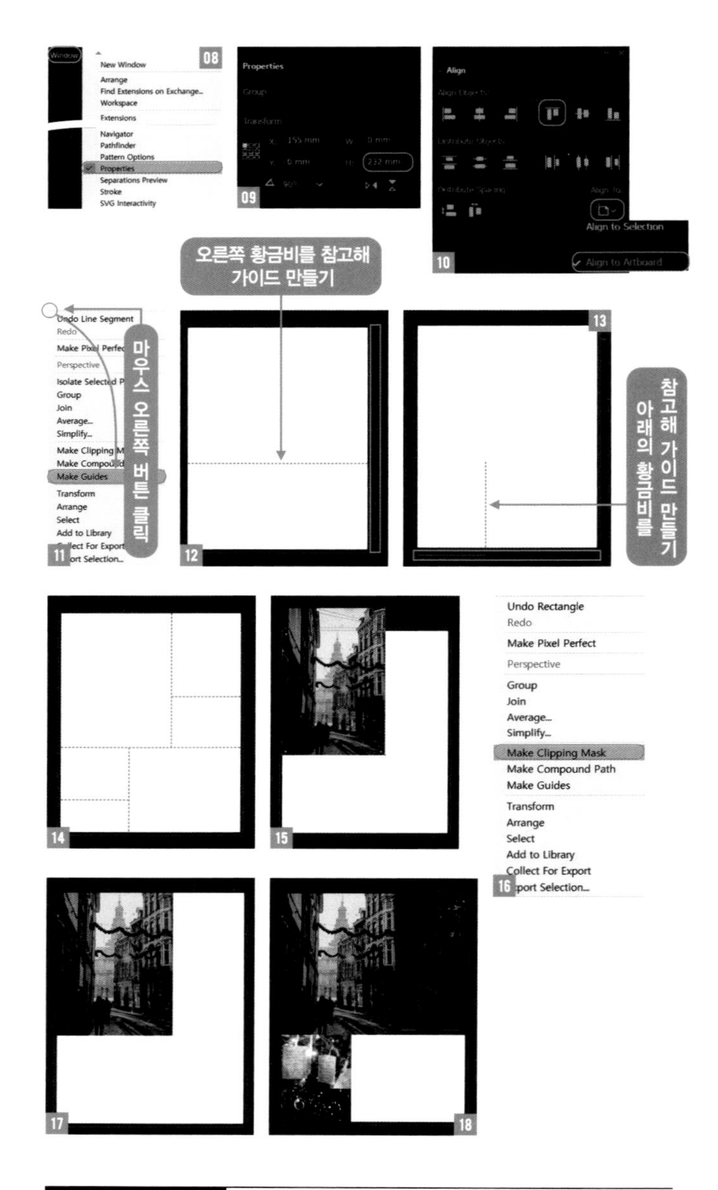

Point

가이드에 맞는 크기의 직사각형을 만들 때는 [View]→[Snap to Point]에 체크를 해 둡니다. 그러면 [Rectangle Tool]로 드래그할 때 가이드에 포인터가 걸려, 정확한 크기의 직사각형을 만들 수 있습니다.

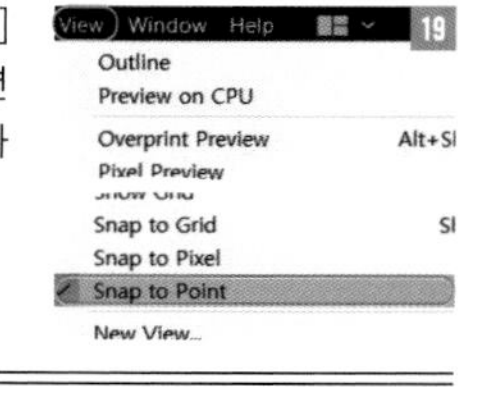

마찬가지로 다른 영역에서도 사진 배치→직사각형 만들기→클리핑 마스크를 반복합니다. 각각의 사진에 마스크가 적용됐습니다 18.

04 남은 영역에 패턴 배치하기

[패턴.ai] 파일을 열고 오브젝트를 복사 & 붙여넣기 합니다. 비어 있는 장소인 오른쪽 아래에 배치합니다20. 빈 공간의 배경 색은 [C: 100 M: 80 Y: 55 K: 25]로 설정합니다.

05 텍스트 배치하기

[텍스트.txt] 파일에서 텍스트를 복사 & 붙여넣기 해 타이틀과 본문을 가져옵니다.
[Tool] 패널에서 [Type Tool]을 선택해 타이틀을 배치합니다. 전체적인 분위기에 맞춰 스크립트 체의 흰색 문자로 했습니다.
텍스트를 선택한 상태에서 [마우스 오른쪽 버튼 클릭]→[Create Outlines]를 선택해 아웃라인으로 만듭니다21 22.

아웃라인으로 만든 후 'H'를 조금 크게 해 타이틀에 변화를 줍니다23. 오른쪽 아래의 본문은 [Type Tool]을 선택하고 드래그해 텍스트 박스를 만든 후 텍스트를 넣었습니다24.

20

21 22 23

24

Column

패턴 만드는 법

이 예제에서는 직사각형을 조합한 디자인의 패턴을 사용합니다. 패턴 만드는 법을 살펴보겠습니다.
패턴의 원본이 되는 소재를 만듭니다01. 그 소재를 [Swatches] 패널로 드래그하면02 패턴으로 면이나 선에 적용할 수 있습니다03.
패턴을 만든 다음 [Tool] 패널에서 [Scale Tool]을 더블클릭합니다. [Transform Object]의 체크를 해제하고 [Transform Patterns]에 체크하면 오브젝트의 크기는 변화시키지 않고, 패턴의 크기만 확대 · 축소할 수 있습니다04.
또한 [Tool] 패널에서 [Rotate Tool]을 더블클릭한 다음 [Transform Object]의 체크를 해제하고, [Transform Patterns]는 체크해 [OK]를 선택하면 오브젝트는 회전하지 않고 패턴만 기울어집니다05. 이처럼 패턴 안에서 크기나 회전을 조정하는 것도 가능합니다06.

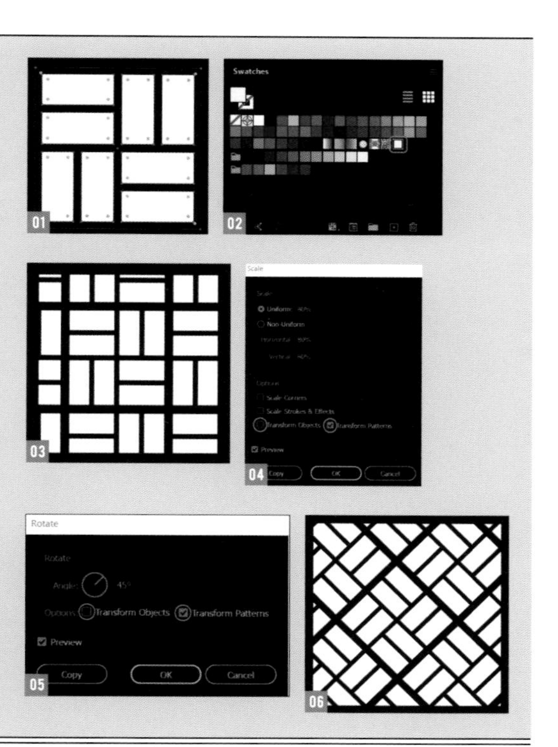

01 02 03 04 05 06

NEXT
STYLE
BOOK
001
coffee

Recipe

026

실루엣 패스와 그리드를 사용해 테마를 심도 있게 표현하기

트리밍한 1장의 사진 안에 잘라낸 사진을 그리드에 맞게 조합하여 테마를 심도 있게 표현합니다.

Design methods

01 새로운 파일 만들기

패션모델의 사진을 담은 스타일북의 표지를 디자인합니다. 트리밍 한 모델의 흑백사진을 그리드로 나누고, 그녀의 일상을 담은 스냅 사진을 조합하여 볼 만한 디자인으로 만들어봅니다.
일러스트레이터를 열고, [File]→[New]를 선택합니다. 단위를 [Millimeters]로 지정하고 [Width:182] [Height:232]로 설정한 후 [Create]를 클릭합니다 01. [Create New Layer]를 클릭해 레이어를 추가합니다 02. 레이어를 3개 더 추가하여 레이어 이름을 위에서부터 [레이아웃] [그리드] [사진] [배경]으로 지정합니다 03.

02 사진을 배치하고 실루엣 패스 만들기

[사진] 레이어를 선택합니다. [File]→[Place]를 선택하고 04, [트리밍.psd] 파일을 불러옵니다. 불러온 사진을 작업화면 중앙에 배치합니다 05.
배치한 사진에서 모델의 실루엣 패스를 만듭니다. [Tool] 패널에서 [Pen Tool]을 선택합니다 06.
시작점을 정하고 사진 위에 패스를 만들어 갑니다. 시작점의 위치는 어디든 상관없습니다. 여기서는 07의 얼굴 부분부터 만들어 갑니다. 또 보기 쉽도록 선의 색상을 흰색으로 08 하고, 선폭을 [0.3pt]로 설정합니다 09.

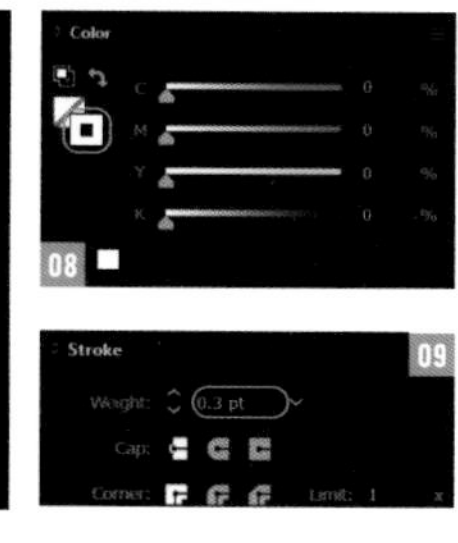

03 실루엣 패스 만들기

패스를 만들 때는 약간 실루엣의 안쪽을 통과하도록 의식하여 작업합니다10. 이는 마스크를 했을 때 배경이 남아 지저분한 것을 방지하기 위함입니다.

또 11처럼 흐릿한 부분이나 머리카락의 미세한 부분은 생략하여 패스를 만들어 갑니다.

12와 같이 화면 아래에 공간이 생길 수 있도록 패스를 만들었습니다.

실루엣 패스가 완성되면 움직이지 않도록 [사진] 레이어를 잠급니다. [Layers] 패널에서 눈 아이콘 오른쪽 빈칸을 클릭하면 자물쇠 아이콘이 표시되고 레이어가 잠깁니다13. 다시 아이콘을 클릭하면 잠금이 해제됩니다.

04 모델의 사진을 살리며 그리드 만들기

[그리드] 레이어를 선택합니다.

[Tool] 패널에서 [Line Segment Tool]을 선택하고14, 모델의 실루엣 위에 그리드를 만들어 갑니다.

선이 잘 보이도록 선의 색상은 흰색15, 선폭은 [3pt]로 설정합니다16.

이번 주제는 패션이므로 일정한 크기의 그리드가 아니라17, 불규칙하게 하여 시선이 움직일 수 있도록 그리드를 그립니다18.

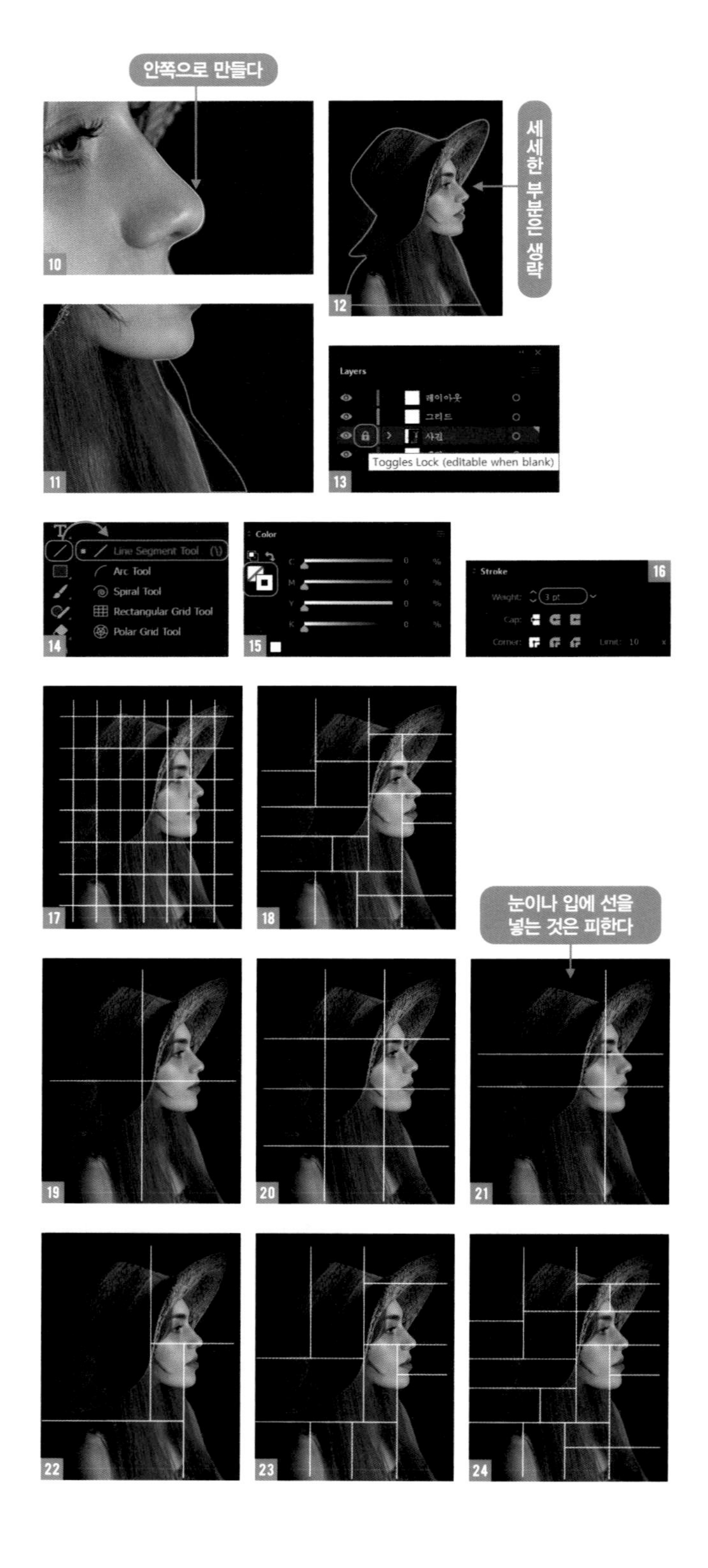

Point

불규칙하게 선을 그릴 때에는 작업화면의 중심을 지나는 선이나19, 상하좌우 일직선으로 실루엣을 나누는 선20은 피하는 것이 좋습니다.

또한 이런 트리밍을 할 경우 모델의 눈이나 입과 같은 사진 안에서 주의를 끄는 포인트에 선을 넣으면 비주얼의 매력이 줄어들 수 있으니 주의합니다21.

추천할만한 작업으로는 처음부터 잘게 그리드를 구분하는 것이 아니라 22~24와 같이 대략적으로 구분했다가 나중에 잘게 잘라줍니다. 이 방법이 조정하기 쉽습니다.

이번에는 24처럼 되도록 같은 모양의 칸이 생기지 않도록 주의해서 그리드를 만들었습니다.

05 실루엣 오브젝트 이동하기

앞에서 만든 실루엣 오브젝트를 [그리드] 레이어로 이동합니다.
먼저 [사진] 레이어의 잠금을 해제한 후, [Tool] 패널에서 [Selection Tool]을 선택하고 실루엣 오브젝트를 선택합니다25 26. 그 상태에서 [그리드] 레이어를 선택합니다27.
[Object]→[Arrange]→[Send to Current Layer]를 선택합니다28. 실루엣 오브젝트가 [그리드] 레이어로 이동합니다.

06 그리드 선으로 마스크용 오브젝트 만들기

그리드의 선을 모두 선택합니다29. 선이 제대로 연결되지 않거나30, 삐져나와 울퉁불퉁하지 않은지31, 선 끝이 실루엣 바깥쪽으로 나와 있는지32 확인합니다.
[Object]→[Path]→[Outline Stroke]를 선택합니다33. 선이 선폭의 직사각형으로 바뀝니다34.
[Window]→[Pathfinder]를 선택하고35, [Shape Modes:Unite]를 클릭해 선택한 오브젝트를 하나로 합칩니다36.
계속해서 [Object]→[Compound Path]→[Make]를 선택하고37, [Object]→[Arrange]→[Bring to Front]를 선택해 실루엣 오브젝트의 앞으로 이동합니다38.
실루엣 오브젝트와 그리드 선을 선택하고39, [Pathfinder] 패널에서 [Shape Modes: Minus Front]를 선택합니다40. [Object]→[Compound Path]→[Make]를 선택해 마스크용 오브젝트를 완성합니다. 알기 쉽도록 색상을 [C:100]으로 설정합니다41 42.

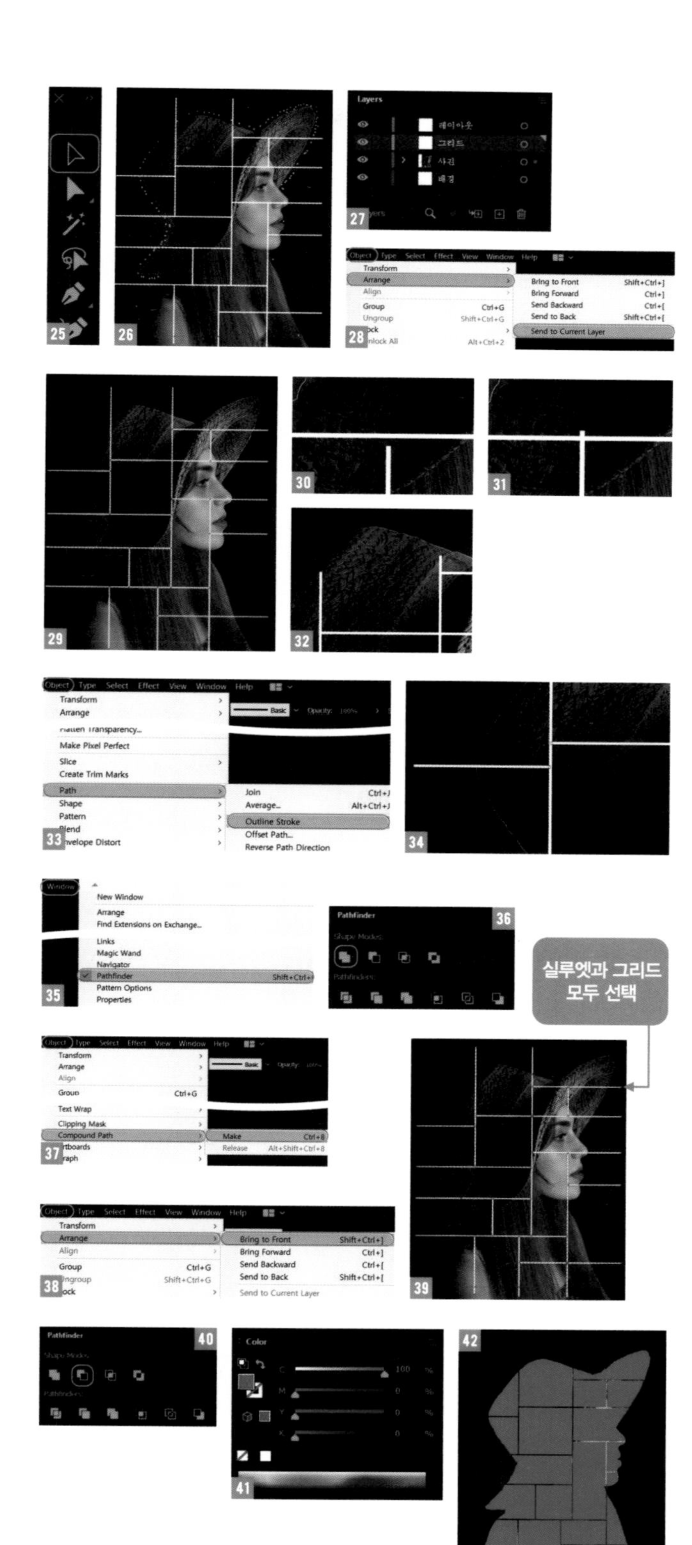

07 모델 사진과 스냅 사진에 마스크 적용하기

마스크용 오브젝트를 선택한 후 [Edit]→[Copy]를 선택하고 43, 계속해서 [Edit]→[Paste in Front]를 선택합니다 44. 선택한 오브젝트와 동일한 위치에 오브젝트가 복제됩니다.
[사진] 레이어의 잠금을 해제합니다. 앞면의 오브젝트를 선택하고, [사진] 레이어를 선택합니다. [Object]→[Arrange]→[Send to Current Layer]를 선택해 모델 사진과 같은 [사진] 레이어로 이동합니다. 보기가 어려우므로 [그리드] 레이어의 눈 아이콘을 클릭해 모니터 상에서 보이지 않게 합니다 45.
모델 사진과 마스크용 오브젝트를 선택하고 [Object]→[Clipping Mask]→[Make]를 선택합니다 46.
모델 사진에 마스크가 적용되었습니다 47.

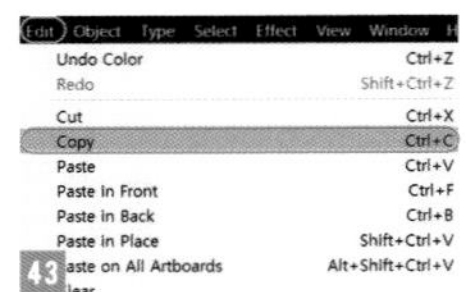

43

44

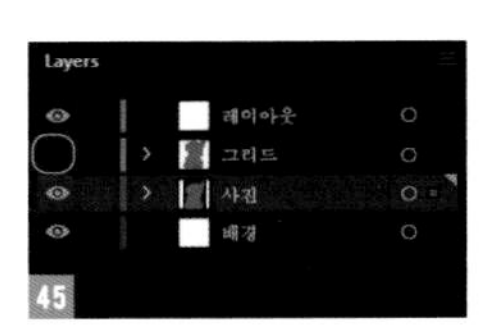

45

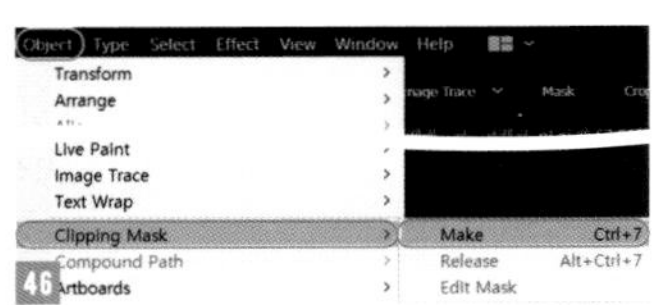

46

47

Point

[Compound Path]를 이용하면 여러 개의 패스를 하나의 패스로 인식시킬 수 있습니다. 그룹화와 달리 패스의 형태로 잘라 내거나 사진에 마스크로 적용할 수 있습니다.

08 스냅 사진 넣을 장소 정하기

[그리드] 레이어의 눈 아이콘 부분을 클릭해 다시 나타나게 합니다.
마스크용 오브젝트를 선택하고 [Object]→[Compound Path]→[Release]를 선택해 칸마다 각각의 오브젝트로 나눕니다 48.
스냅 사진을 넣을 칸을 정하고 그 이외의 칸을 Delete 키를 눌러 삭제합니다.

48

49

또한 모델의 눈이나 입 등 포인트가 되는 부분은 보이도록 작업합니다. 스냅 사진은 그 이외의 장소에 배치합니다.
이번에는 49와 같이 선정했습니다.

Column

이 책에서 작업하는 색 공간(CMYK와 RGB)과 단위(mm와 px)

이 책에서는 종이 매체, 웹 매체와 관계없이 디자인을 작성할 수 있도록 색공간이나 단위는 예제에 맞춰 변경했습니다.
단, 일러스트레이터에서의 작업은 종이로 인쇄하는 경우가 많아서 CMYK, mm로 하고, 포토샵은 웹용도 많기 때문에 RGB, px로 하여 자주 이용하는 장면을 메인으로 정리했습니다.

또한 최근에는 종이용 이미지도 RGB로 제작하는 경우도 많아졌습니다. RGB가 사용할 수 있는 색이 많고 예쁘기 때문에 RGB로 입고하여 인쇄소에서 최대한 색을 맞춰 CMYK로 변환하는 형태입니다. 사용하는 매체나 일에 따라 색공간이나 단위를 맞추는 것도 디자이너의 일입니다.

09 스냅 사진 배치하기

[File]→[Place]를 선택해 [그리드_01.psd] 파일을 불러옵니다. 50의 빨간색 부분에 넣기 위해 칸 위를 덮도록 사진을 이동합니다.
사진을 선택하고 [Object]→[Arrange]→[Send to Back]을 선택해 오브젝트 뒤쪽으로 이동시킵니다 51 52.
칸의 오브젝트와 사진을 선택하고 [Object]→[Clipping Mask]→[Make]를 선택합니다 53 54.
마찬가지로 다른 사진도 55와 같은 방법으로 배치합니다.
모델 사진 위에 그리드를 따라 스냅 사진이 배치된 레이아웃이 완성됐습니다.

50

51

52

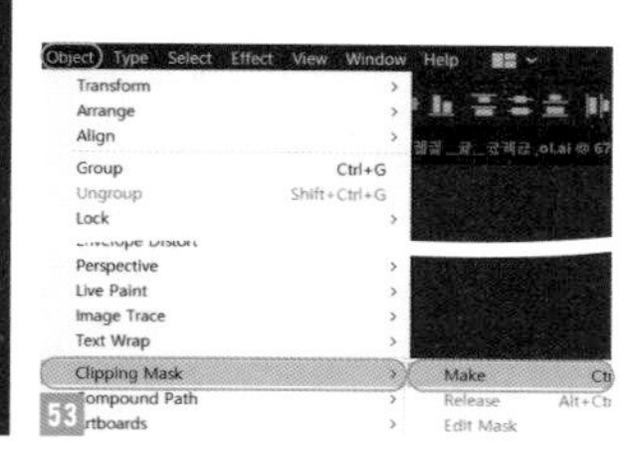

53

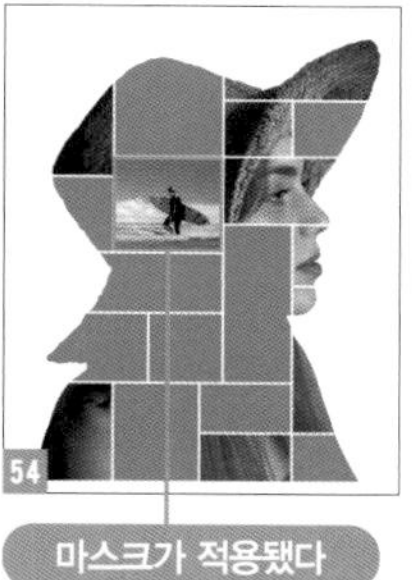

54

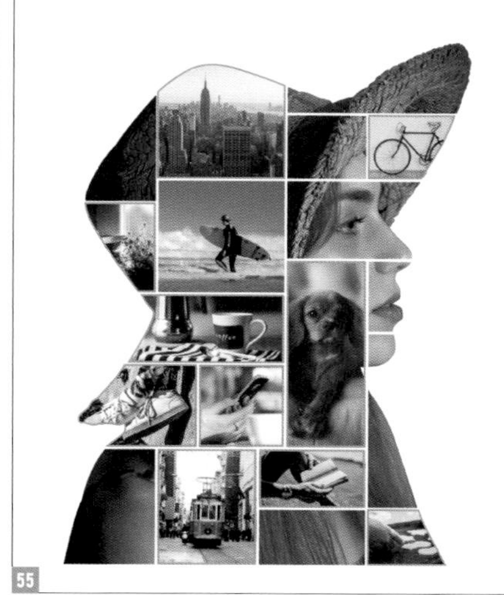
55

10 악센트 만들기

이미지에 악센트를 주기 위해 그리드의 칸에 색을 입힙니다.
[Tool] 패널에서 [Group Selection Tool]을 선택합니다 56. 색을 입히고 싶은 칸의 오브젝트를 선택합니다 57.
[Edit]→[Copy]를 선택한 후, [Edit]→[Paste in Front]를 선택해 앞에 복제하고 오브젝트의 색상을 [M:60]으로 설정합니다 58 59. 색상은 흑백 이미지와 모델의 분위기에 맞춰 선택했습니다.
같은 방법으로 60과 같이 포인트 색상을 넣고 싶은 칸을 배치합니다.

56

57

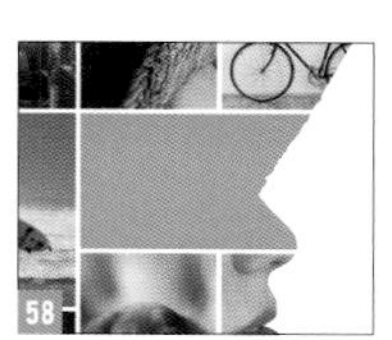
58

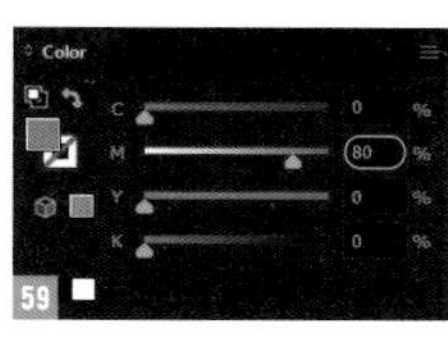

59

60

11 핑크 오브젝트 투명하게 하기

핑크 오브젝트를 모두 선택합니다. 오브젝트를 [그리드] 레이어로 이동합니다. [Window]→[Transparency]를 선택해 [Transparency] 패널을 표시하고 61, [Blending mode:Multiply]로 설정합니다 62.
악센트가 있는 이미지가 만들어졌습니다 63.

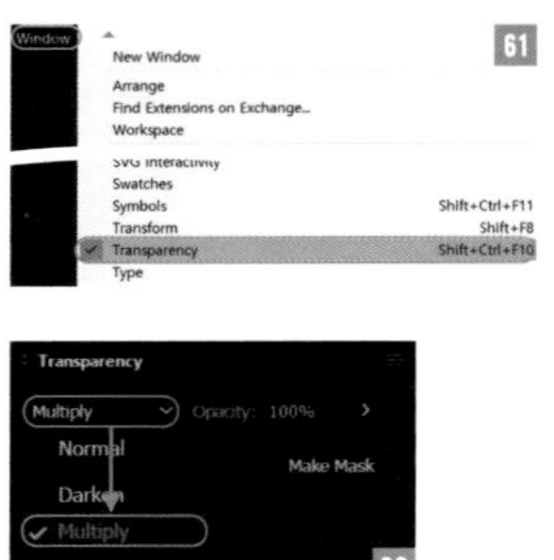

12 배경과 문자 레이아웃하기

[배경] 레이어를 선택합니다. [Tool] 패널에서 [Rectangle Tool]을 선택합니다 64.
작업화면에서 임의의 장소를 클릭하고 수치 입력 창에 [Width:182mm] [Height:232mm]를 입력해 직사각형을 만든 다음 작업화면 중앙에 배치합니다 65 66. 이번에는 악센트로 넣은 색상에 맞춰 색상을 [M:50 Y:30]으로 설정했습니다 67.
[레이아웃] 레이어를 선택합니다.
[Tool] 패널에서 [Type Tool]을 선택하고 68, [텍스트.txt] 파일에서 'NEXT STYLE BOOK'을 복사 & 붙여넣기 합니다. 한 단어씩 줄 바꿈을하고 69와 같이 배치합니다. 문자는 [Font:DIN Condensed] [Style:Regular] [Size:93pt] [Leading:70pt] [Kerning:Optical] [Tracking:0] [Paragraph:Align left]로 설정합니다 70 71.
색상은 [흰색]입니다.
또한 같은 설정의 문자로 '001'이라고 입력합니다.
레이아웃은 'NEXT STYLE BOOK'의 왼쪽 끝에 맞춰 72와 같이 왼쪽 아래에 배치합니다.
완성됐습니다.

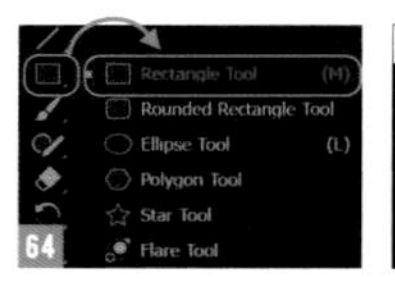
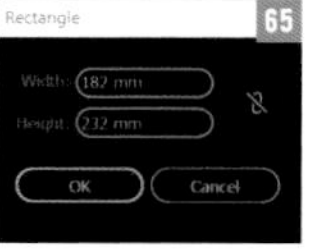

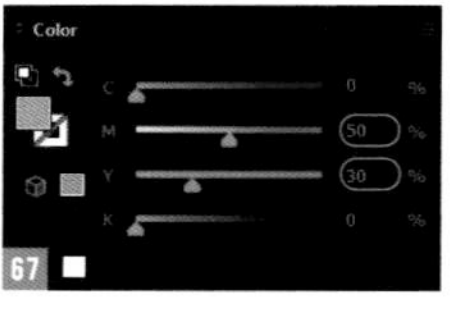

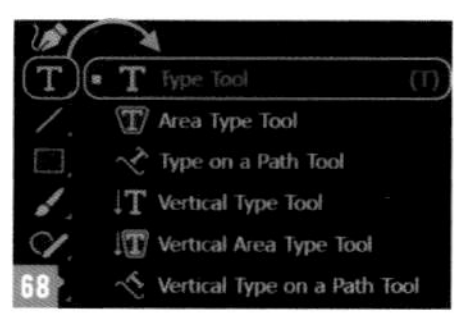
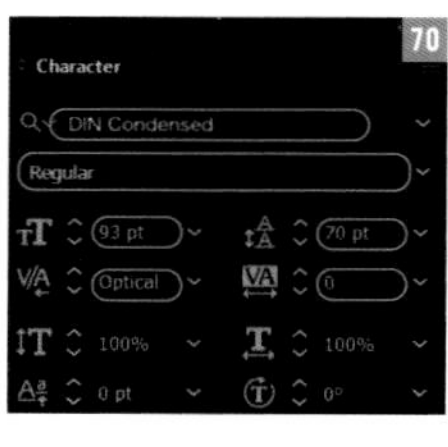
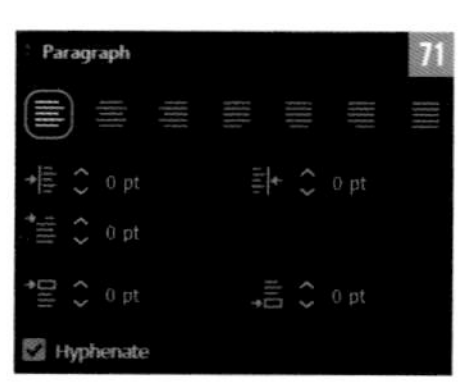
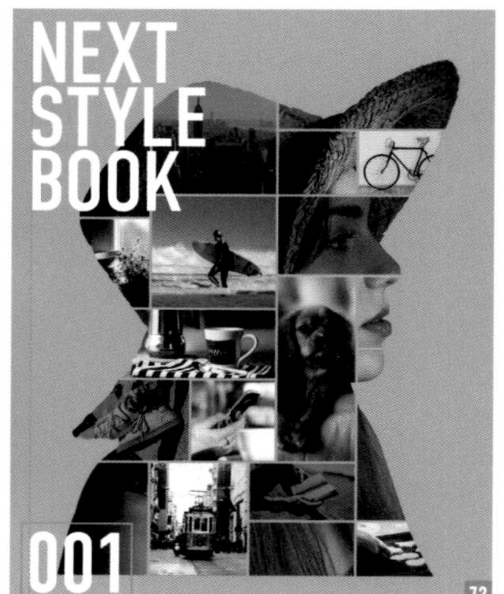

Chapter 03

사진

사진은 디자인할 때 가장 많이 사용하는 소재 중 하나입니다. 제대로 만들어진 이미지는 디자인의 중심이 될 수 있을 만큼 중요한 요소입니다.
이 장에서는 디자이너라면 꼭 알아두어야 할 [선택], [오려내기], [인물 보정]이라는 간단한 리터치부터 디자인의 중심이 되는 이미지를 만드는 방법까지 폭넓은 지식을 배울 수 있습니다.

Photography

Recipe

027

커브를 사용한 이미지 만들기

커브를 사용한 기본적인 명암의 보정 방법을 소개합니다.

Design methods

샘플

01 커브를 사용한 기본적인 명암 보정

포토샵을 열고, [어린이.jpg] 파일을 불러옵니다 01.
[Image]→[Adjustments]→[Curves]를 선택합니다 02.
예제에서는 컨트롤 포인트의 왼쪽 아래를 [Input: 85 Output:53] 03, 오른쪽 위를 [Input:176 Output:205] 04로 설정했습니다.
간단한 작업으로 명암 보정을 할 수 있습니다 05.

Point

커브의 좌측은 섀도 부분을 보정할 수 있습니다. 오른쪽은 하이라이트 부분을 보정할 수 있습니다.
즉, 이 Recipe와 같이 보정을 하면 어두운 부분은 더 어두워지고, 밝은 부분은 더 밝아져 대비가 강해집니다.
처음에는 '강약을 적용하려면 커브를 S자로 만든다'라고 기억하면 좋습니다.
디자이너라면 기억해 두어야 할 보정 방법입니다.

01

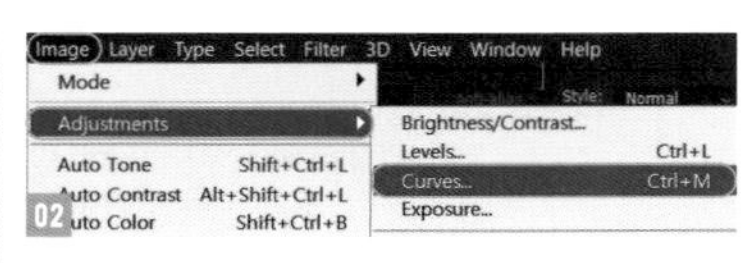

02

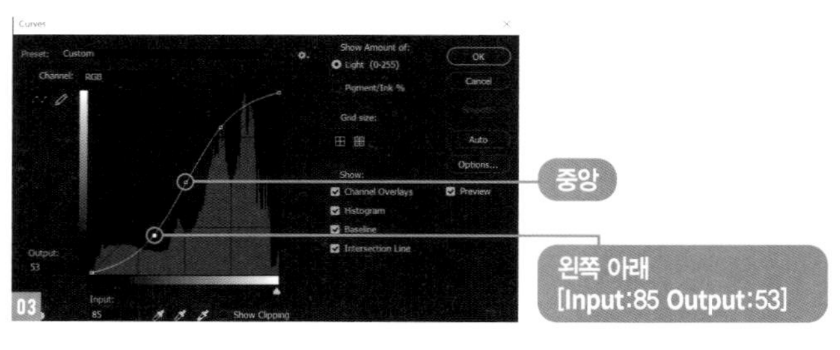

03

04

05

Recipe

028

Camera Raw를 사용해 깊이 있는 이미지 만들기

상세한 보정이 가능한 Camera Raw를 사용해 세세한 부분까지 신경 쓴 탄력 있는 이미지를 만들어 봅니다.

Design methods

샘플

01 어떻게 보정할 것인지 목적을 갖는다

Camera Raw는 기능이 많고 상세한 보정이 가능한 만큼 항목이 많아 조작이 조금 복잡합니다. 그래서 미리 어떻게 보정하고 싶은지 목적을 가지고 작업하면 좋습니다.

이 Recipe에서는 다음 부분을 의식하며 보정합니다.

- **명도를 조정한 명암 보정**
- **인물과 배경 색상의 대비**

인물을 중심으로 선명하고 명암이 대비되도록 보정 작업을 합니다.

02 Shadows, Midtons, Highlights 강조하기

포토샵을 열고, [어린이.jpg] 파일을 불러옵니다 01. [Filter]→[Camera Raw Filter]를 선택합니다 02. [Camera Raw Filter] 패널이 열립니다 03.

패널 오른쪽에 있는 [Color Grading] 탭을 열어 [Shadows] [Midtons] [Highlights] 슬라이더를 각각 04와 같이 좌우로 이동합니다. [Shadows] [Midtons]은 가장 어둡게, [Highlights]는 밝게 보정했습니다. 보정한 결과는 05와 같습니다.

01

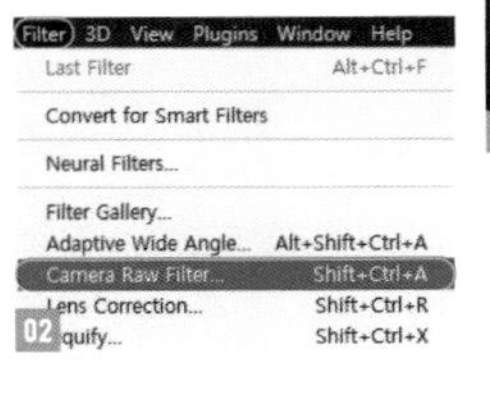

02

03

Camera Raw Filter 패널이 열린다

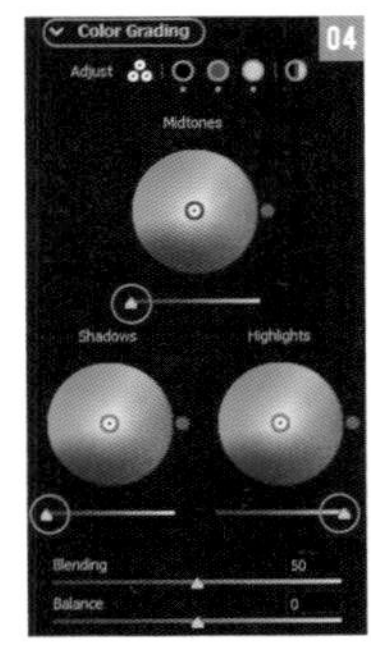

04

05

03 각 색상을 조정하기

[Color Mixer] 탭을 선택해 엽니다. [Hue]를 선택해 06과 같이 설정합니다.
[Reds:–50]으로 설정해 여자아이 옷 색상을 진하게, [Yellows:+50]으로 설정해 남자아이 옷 색상을 밝게, [Aquas:+20] [Blues:+30]으로 설정해 배경에 옅은 푸른색을 넣어 연한 색상이나 먼 곳에 있는 색상을 조정했습니다. 이 조정으로 앞의 인물이 강조된 것처럼 보입니다07.
[Saturation]을 선택하고, 08과 같이 설정합니다.
[Yellows:+50]으로 설정해 남자아이 옷의 채도를 조정하고, [Aquas:+50] [Blues:+50]으로 설정해 배경의 채도를 조정했습니다09.
[Luminance]를 선택해 10과 같이 설정합니다.
[Reds:+60]으로 설정해 여자아이의 옷을 밝게 하고, [Yellows:–60]으로 설정해 남자아이의 옷을 어둡게, [Aquas:+50] [Blues:+50]으로 설정해 배경을 밝게 했습니다11. [Basic] 탭을 선택하고 12와 같이 설정합니다.
[Contrast:+30]으로 설정해 콘트라스트를 조금 높게 하고, [Whites:–50]으로 설정해 하얗게 날린 부분을 조정했으며 특히 남자아이의 얼굴 윤곽을 알 수 있을 정도로 하이라이트를 어둡게 했습니다. [Clarity:+20]으로 설정해 콘트라스트와 샤프함을 추가했습니다13. OK를 선택해 완성합니다.

Point

Camera Raw는 설정 항목이 많고 조금 어려운 점도 있지만 세세한 조정을 할 수 있어서 잘 활용하면 이미지의 완성도가 좋아집니다. '이 이미지만은 보기 좋게 하고 싶다'라고 생각할 때 활용하면 좋습니다.
Camera Raw는 포토샵의 버전이 올라갈 때마다 여러 가지 기능이 추가되고 있습니다. 포토샵 버전이 업그레이드됐을 때 확인해 보는 것이 좋습니다.

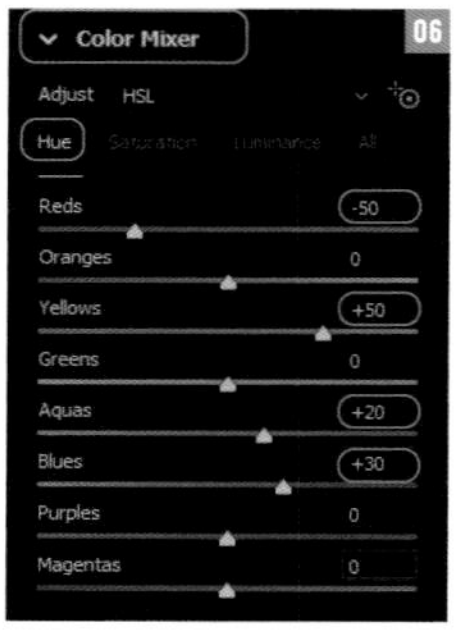

06

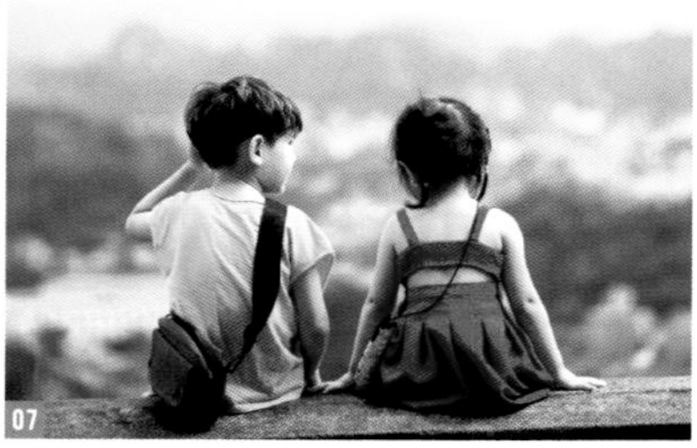
07

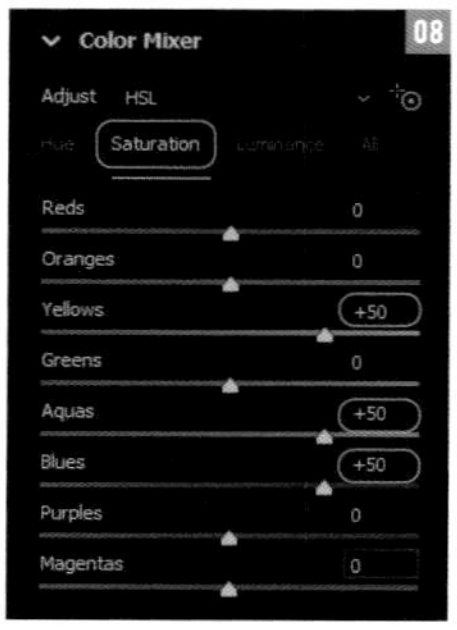

08

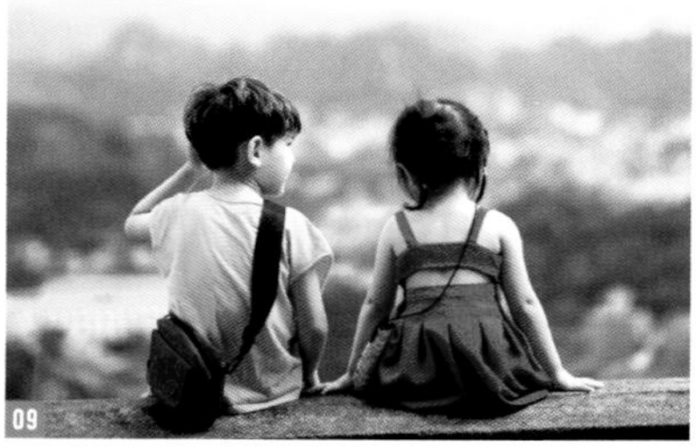
09

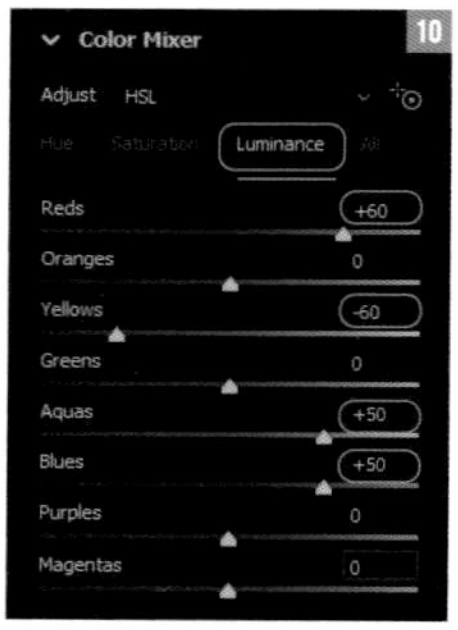

10

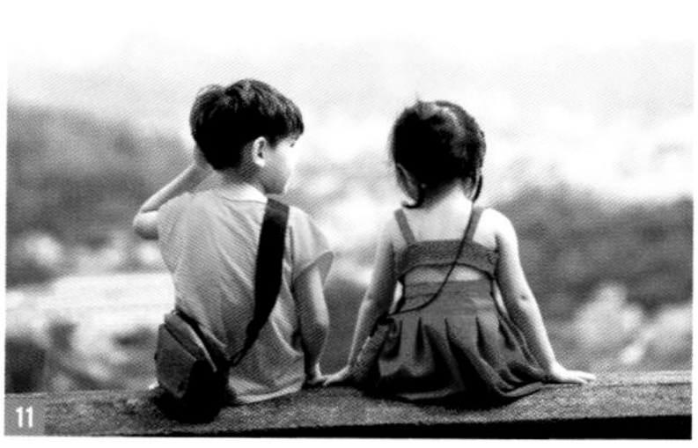
11

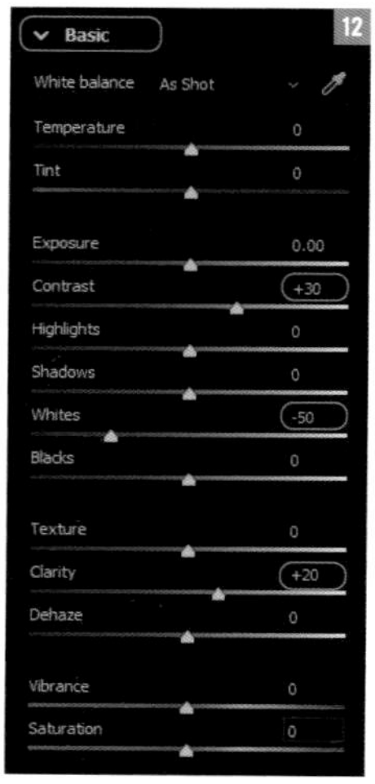

12

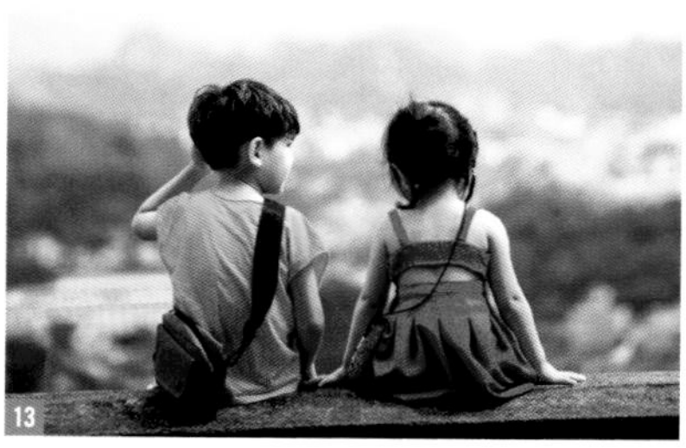
13

Recipe

029

Subject를 사용한 잘라내기 테크닉

디자인을 제작할 때 사진의 일부를 잘라내어 사용하는 경우가 많습니다. 여기에서는 [Subject] 기능을 사용해 잘라내는 방법을 소개합니다.

01 Subject를 사용해 선택 범위 만들기

포토샵을 열고, [인물.jpg] 파일을 불러옵니다 01. [Select]→[Subject]를 선택합니다 02. 자동으로 피사체가 해석되고 인물을 따라서 선택 범위가 만들어집니다 05.

02 선택 범위를 확인해 조정하기

이 사진에서는 거의 정확하게 피사체의 선택 범위를 만든 것으로 보이지만 잘 확인해보면 왼쪽과 오른쪽 허리 부근에 선택되지 않은 범위가 있습니다 06. [Tool] 패널에서 [Lasso Tool] 07을 선택하고 shift 키 + 드래그로 선택 범위를 추가합니다 08. shift 키를 누르면서 선택하면 그 부분을 선택 범위에 추가하고, 반대로 alt 키를 누르면서 선택하면 그 부분을 뺄 수 있습니다.
선택 범위가 정돈되면 [마우스 오른쪽 버튼을 클릭]하고 [Layer Via Copy]를 선택해 잘라낸 이미지를 다른 레이어에 복사합니다 09 10.
사진에 따라서는 [Subject]를 한번 클릭함으로써 선택 범위를 생성할 수도 있으므로 매우 편리합니다. 또, 일부의 선택 범위가 생성되지 않는 경우에는 [Lasso Tool] 등을 사용해 조정합니다. [File]→[Save As]를 선택하고 psd의 확장자로 저장해 완성합니다 11.

01

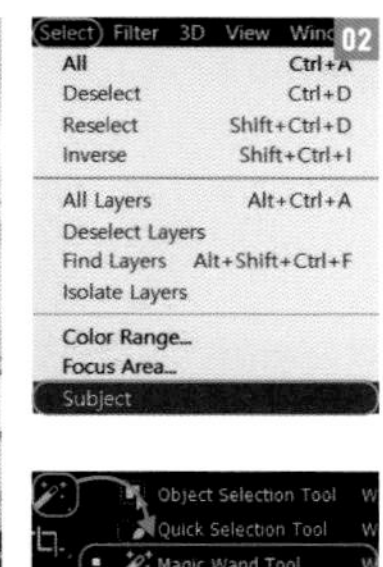

02
03

Point

[Object Selection Tool], [Quick Selection Tool], [Magic Wand Tool] 03 어느 것을 선택하거나 [Option] 바에 표시되는 [Select Subject]를 04 선택해도 같은 기능을 합니다.

04

05

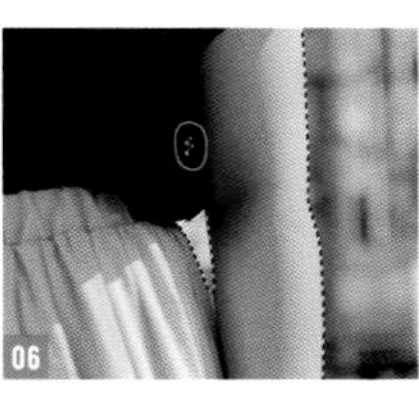
06

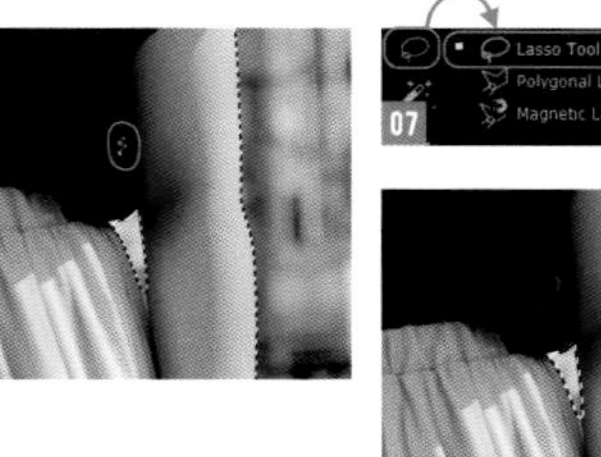

07
08

09

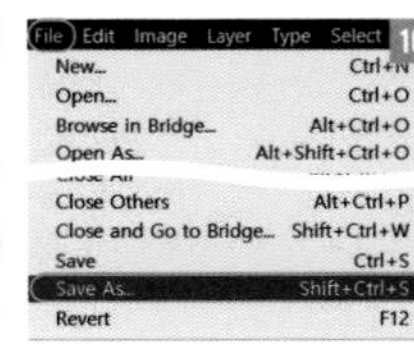

10

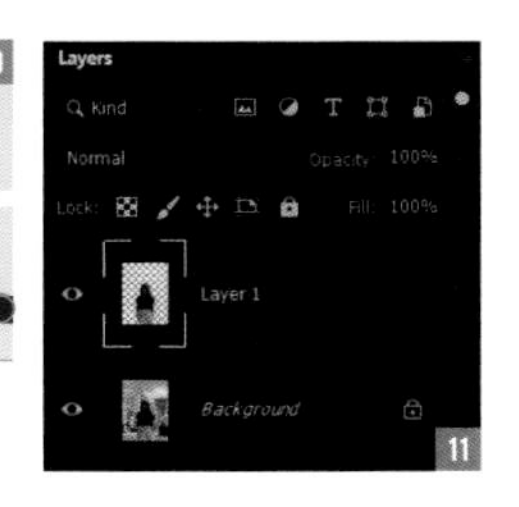

11

Recipe

030

희미한 색의 사진 만들기

풍경을 흐리게 하고 색을 옅게 하여 배경을 희미하고 매트한 질감의 사진으로 보정합니다. 중심의 인물도 함께 보정하여 인물을 강조한 이미지로 완성합니다.

Design methods

01 배경을 옅게 보정하기

포토샵을 열고 [포트레이트.psd] 파일을 불러옵니다. 이미지의 중심이 되는 인물은 별도로 나누어져 있는 것이 좋기 때문에 잘라내는 것이 좋습니다. 여기에서는 미리 [배경] 레이어와 잘라낸 [인물] 레이어를 준비했습니다 01 02. 인물을 잘라내는 방법은 P.103을 참조해 주세요.
[배경] 레이어를 선택합니다.
[Image]→[Adjustments]→[Levels]를 선택하고 03, 04와 같이 설정합니다.
[Output Levels]의 어두운 부분을 [150]으로 조정해 어두운 색감을 큰 폭으로 조정하고, 밝은 부분을 [240]으로 조정해 조금 안정적이며 옅고 매트한 질감으로 만듭니다 05.

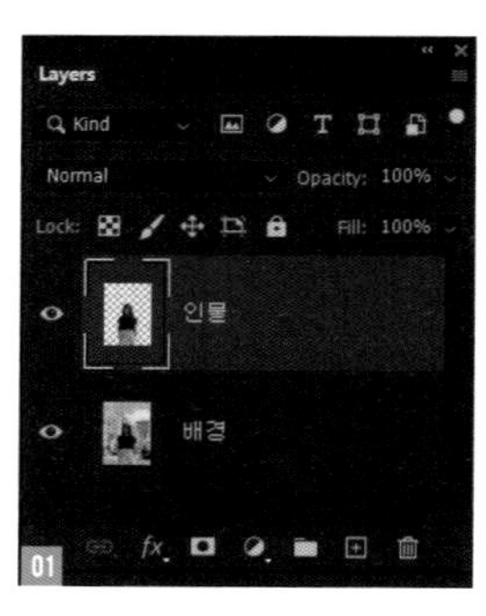

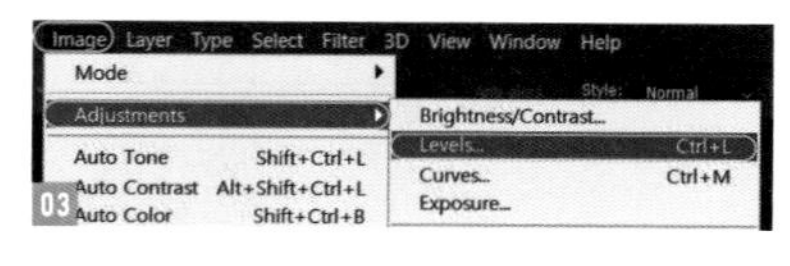

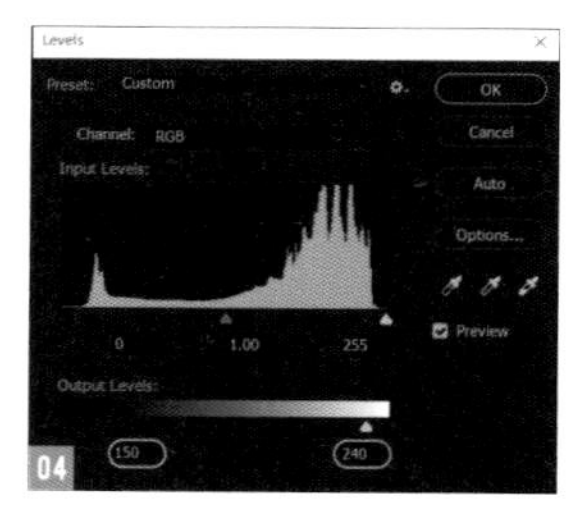

02 Blur를 주고 배경색에 탄력 주기

[Filter]→[Blur]→[Gaussian Blur]를 선택합니다 06.
[Radius:10Pixels]로 설정해 흐리게 만듭니다 07. 배경이 희미해지고 인물이 눈에 띄는 이미지가 됐습니다 08. 또한 조금 차분하고 평범한 느낌의 인상이 됐습니다.
파란색 하늘이 깨끗한 사진이므로 Cyan 성분만을 가지고 색감에 약간의 탄력을 줍니다.
[배경] 레이어를 선택하고 [Image]→[Adjustments]→[Selective Color]를 선택합니다 09.
[Colors:Reds]을 선택해 10과 같이 설정합니다. 하늘색을 강조하고 싶으므로 Cyan을 올려 인물의 오른팔 옆 주변에 있는 빨간색을 억제했습니다.
[Colors:Cyans]를 선택하고 11과 같이 설정합니다. 노란색으로 파란색의 색감을 조정해 하늘이나 건물의 파란색을 강조했습니다 12.

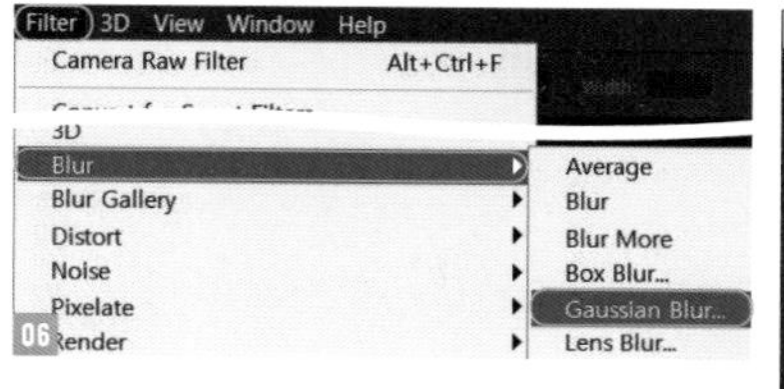

06

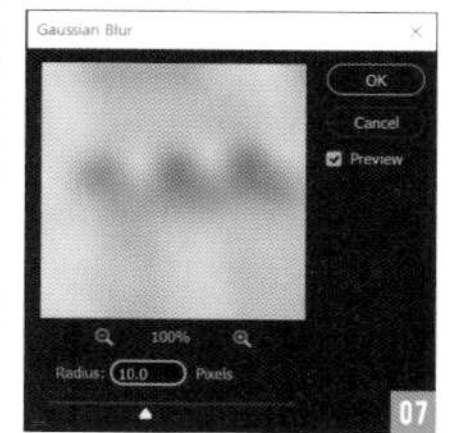

07

08

09

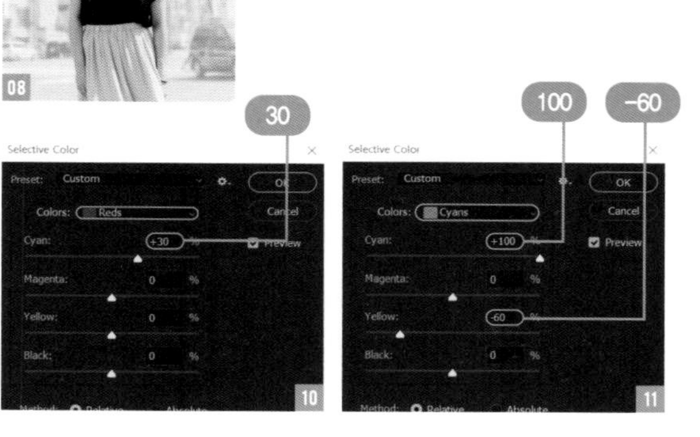

10

11

03 인물을 밝게 보정하기

[인물] 레이어를 선택하고 [Image]→[Adjustments]→[Levels]를 13과 같이 적용합니다.
[Input Levels]의 중간 부분을 [1.2]로 설정하고, 밝은 부분을 [230]으로 설정해 밝고 깨끗한 인상으로 보정했습니다 14.
예제에서는 [Rectangle Tool]을 사용해 사각형 모양을 만들어 인물 뒤에 배치하고 입체적으로 테두리를 만들었습니다. [Font:HT Neon]을 사용해 텍스트도 넣어 완성했습니다 15.

12

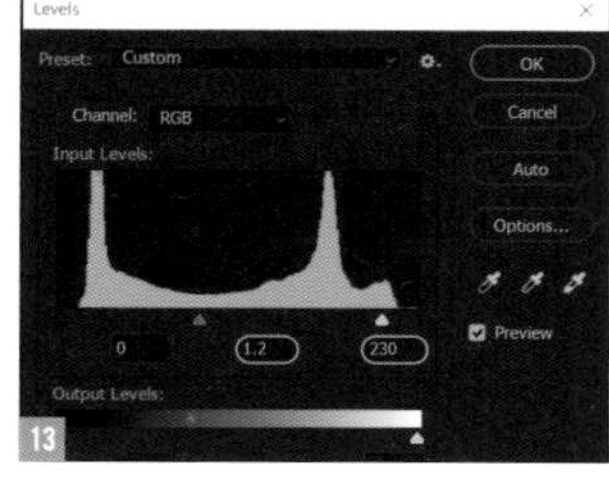

13

14

15

Point

테두리와 텍스트의 배치는 파란색으로 나타낸 것처럼 인물의 정수리에서 이미지의 좌우 상단까지를 연결하여 생기는 삼각형을 대략적인 기준으로 했습니다 16.

16

Recipe

031

섬세한 부분을 잘라내는 기술

사람의 머리카락이나 동물의 털 등 세세한 부분의 잘라내기를 하는 경우도 있습니다. 여기에서는 [Subject]에 [Select and Mask]를 조합해 더욱 섬세하게 조정하며 잘라내는 방법을 소개합니다.

Design methods

01 피사체 선택하기

포토샵을 열고 [인물.jpg] 파일을 불러옵니다 01.
P.103과 같이 [Subject]를 사용해 선택 범위를 만듭니다 02.
이대로 [Layer Via Copy]를 선택해 잘라내기를 하면 03과 같이 머리카락의 틈이 빠져나오지 않은 상태가 되어 버립니다.

02 Select and Mask로 조정하기

선택 범위를 작성한 상태로 [Select]→[Select and Mask] 04 (또는, 순서 01과 같이 각종 선택 도구를 선택해 표시되는 [Option] 바에서 [Select and Mask] 05)를 선택합니다.
[Select and Mask] 화면으로 바뀝니다.
[Properties] 패널을 설정해 갑니다.
[View Mode]를 [Overlay], [Opacity:60%]로 설정합니다 06. 07과 같이 되었습니다. 배경이 빨갛게 되어, 선택 범위가 어디인지 알기 쉽게 됩니다.
08과 같이 머리카락에 배경이 남아있는 부분을 확인할 수 있습니다.
[Option] 바에서 [Refine Hair] 09를 선택하면 자동으로 머리카락을 인식해 선택 범위가 조정됩니다 10.

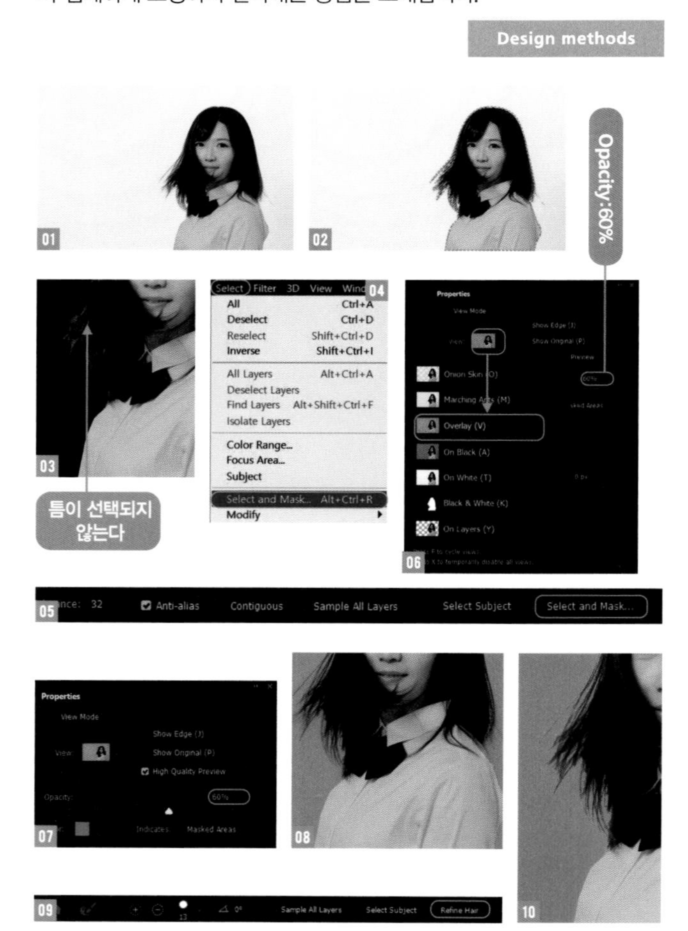

03 마지막으로 조정하기

머리카락은 깨끗하게 조정됐지만, 좌우의 어깨가 조금 사라졌습니다 11. [Tool] 패널에서 [Brush Tool]을 선택합니다 12. [Brush size:15] 전후로 설정해 어깨의 사라진 부분을 드래그합니다 13. 범위를 너무 많이 선택한 경우에는 alt 키를 누르면서 드래그합니다. 조정이 완료되면 [OK]를 선택해 확정합니다.

선택 범위가 완료되면 14 마우스 오른쪽 버튼을 클릭하고 [Layer Via Copy] (또는 [Layer Via Cut])을 선택해 레이어를 잘라냅니다 15. 저장하면 완성입니다.

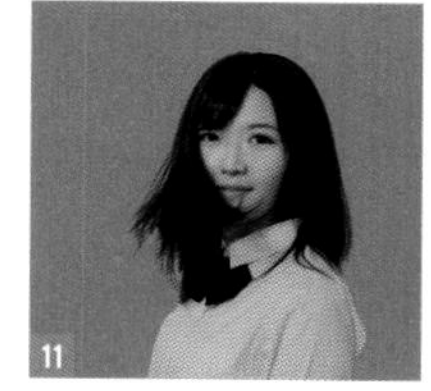
11

12

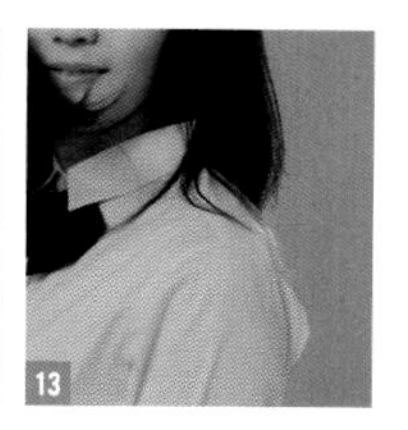
13

14

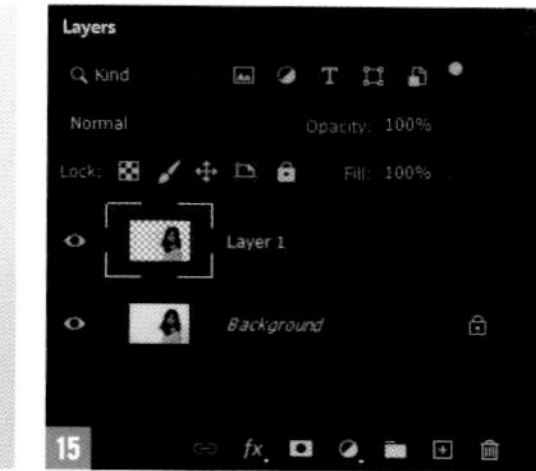

15

Column

한국어 추천 폰트

한국어 폰트를 소개합니다. 이번 칼럼에서 소개하는 폰트는 저작권 걱정 없이 무료로 사용할 수 있는 실용적인 폰트입니다.

01 검은고딕(ZESSTYPE)
네모꼴의 공간을 가득 채워 디자인한 고딕체로 일반적인 한글 고딕체와 비교했을 때 강한 인상을 주는 폰트입니다. 두툼한 글자로 가독성과 주목성이 뛰어나므로 제목이나 헤드라인으로 사용하기 적합합니다.

02 나눔명조(네이버)
현대적이고 남성적인 명조체를 바탕으로 명쾌하고 직선적인 느낌을 기본 개념으로 하는 폰트입니다. 인쇄했을 때의 가독성이 좋아 일반 문서를 작성할 때 주로 사용하는 폰트입니다.

03 에스코어 드림(에스코어)
꽉 찬 직사각형 구조의 글꼴로 복고적인 형태에 현대적인 감성을 담은 폰트입니다. 각 자소에서 보여지는 수직적인 획의 마감은 전체적인 구조와 어우러지며 9가지의 다양한 두께를 제공합니다. 정보매체 전반이나 일반적인 이미지 등 비지니스 자료 만들기에도 적합합니다.

04 한나체(우아한형제들)
1960~1970년대 간판을 모티브로 하여 완벽하기보다는 두께나 균형 등이 맞지 않고 삐뚤빼뚤한 모양이 매력적이며 레트로한 분위기에 잘 어울립니다. 한나체 외에도 우아한형제들에서 배포하고 있는 무료 폰트로 주아체, 도현체, 연성체, 을지로체 등이 있으며 개성 있는 폰트로 다양하게 활용할 수 있습니다.

05 잉크립퀴드체(더페이스샵)
화장품 브랜드 더 페이스샵에서 선보인 폰트로 캘리그라피느낌의 손글씨 감성이 살아 있는 폰트입니다. 자연스러운 글줄 설정으로 생동감 있는 글자의 필력을 극대화 했으며 세련되면서도 귀여운 느낌입니다. 개인 제작물뿐만 아니라 여성을 타깃으로 한 광고나 패키지 등에 자주 사용하는 인기 있는 무료 폰트입니다.

01
동해물과 백두산이

02
동해물과 백두산이

03
동해물과 백두산이

04
동해물과 백두산이

05
동해물과 백두산이

Recipe

032

음영을 주어 얼굴 생김새를 정돈하기

인물은 디자인 작업을 할 때 자주 나오는 소재입니다. 얼굴 생김새를 정돈하는 리터치 방법도 기억해 두면 좋습니다. 인물에게 음영을 주어 입체적이고 윤기 있는 분위기로 완성합니다.

Design methods

01 전체에 Surface Blur 주기

[인물.jpg] 파일을 불러옵니다 01.
[Filter]→[Blur]→[Surface Blur]를 선택합니다 02.
[Radius:30Pixels] [Threshold:6levels]로 적용합니다 03.
반질반질한 느낌으로 피부가 매끄럽게 표현됩니다.

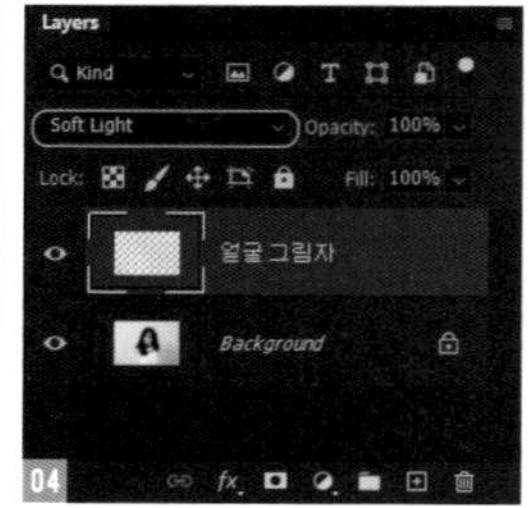

02 턱선에 그림자를 넣어 날렵하게 보이게 하기

상위에 새로운 레이어 [얼굴 그림자]를 만들고 [Blending mode:Soft Light]로 설정합니다 04.
[Tool] 패널에서 [Brush Tool]을 선택합니다.
[Options] 바에서 [Soft Round]를 선택합니다. [Size:70px] 전후로 조정하면서 [Foreground Color:#000000] [Opacity:10%]로 설정하고 매우 옅은 색으로 그려 나갑니다 05.
얼굴 라인 조금 안쪽에서 턱 아래 범위로 여러 번 덧발라주면서 그려줍니다 06.
그림자를 넣어 얼굴 라인이 샤프한 인상이 됩니다.

05 Mode: Normal Opacity: 10% Flow: 100% Smoothing:

03 얼굴에 빛을 넣어 피부를 매끄럽게 하면서 입체감 주기

이마, 볼, 콧대, 눈에 반사광의 빛을 넣어 줍니다. 상위에 새로운 레이어 [얼굴 빛]을 만들고, [Blending mode:Overlay]로 설정합니다07.

그림자 작업을 할 때처럼 [Brush Tool]을 선택하고 [Soft Round] [Opacity:10%]로 설정합니다.

[Foreground Color:#ffffff]를 선택하고 부분마다 브러시 크기를 바꾸면서 그려 갑니다.

이마와 볼 등 넓은 면적은 [Size:50~60px] 정도로 빛을 그립니다.

코끝은 [Size:30px] 정도를 선택해 드래그하지 않고 여러 번 클릭해 빛을 추가합니다. 그다음 콧대를 드래그해 그립니다.

눈의 빛은 코끝과 같이 드래그하지 않고 여러 번 클릭해 빛을 추가합니다08.

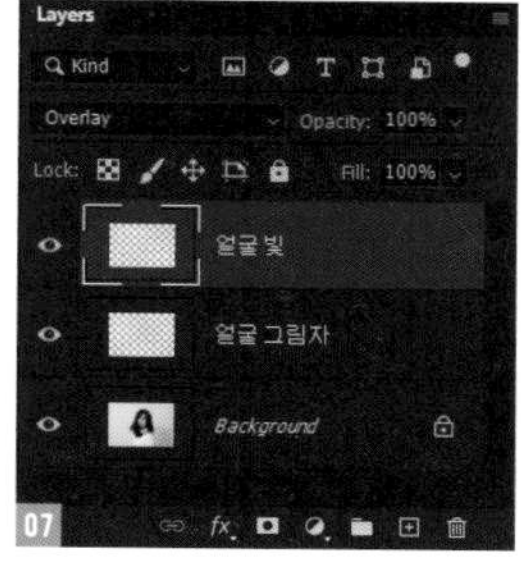

07

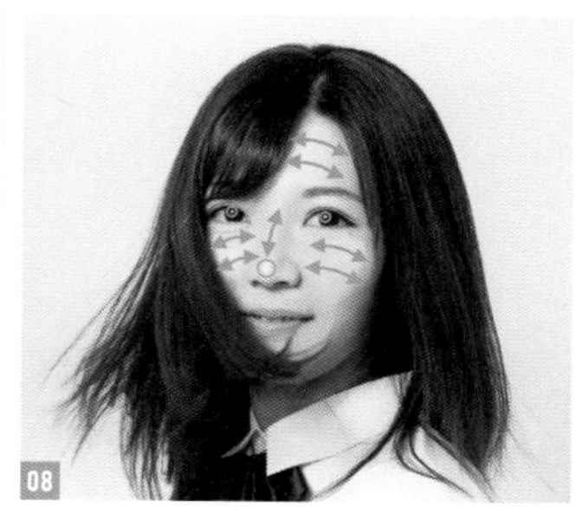
08

09

04 입술에 색과 빛 추가하기

[Foreground Color:#ffb3a5] [Size:15px] 정도로 설정해 입술을 밝게 하면서 색감을 더합니다.

아랫입술의 원래 빛이 닿는 부분에는 [Foreground Color:#ffffff]로 설정해 빛을 추가합니다09.

05 머리카락에 음영을 주어 입체적으로 하기

상위에 새로운 레이어 [머리 그림자]를 만들고 [Blending mode:Soft Light]로 설정합니다. 그 위에 [머리 빛] 레이어를 만들고 [Blending mode:Overlay]로 설정합니다10. [Soft Round]를 선택하고 [Opacity:20%]로 설정합니다.

[머리 그림자] 레이어는 [Foreground Color:#000000] [Size:50px] 정도로 설정하고, 이미지 좌측의 얼굴 라인에 걸려 있는 머리카락보다 좌측(안쪽)을 어둡게 하여 입체적으로 만듭니다11.

다음은 [Size:10px] 정도로 설정해 머리카락의 흐름을 강조하도록 그림자를 그립니다.

원래 그림자가 있는 부분을 강조하듯이 하면 그리기 쉬울 것입니다12. [머리 빛] 레이어를 선택하고 [Foreground Color:#ffffff] [Size:20px] 정도로 설정해 원래 빛이 닿는 부분을 강조하도록 그립니다13.

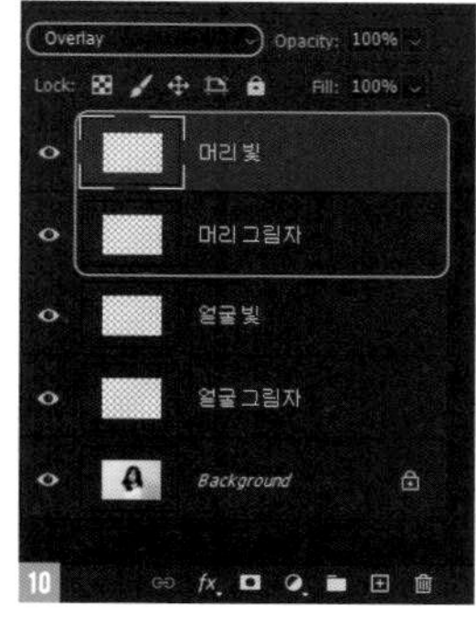

10

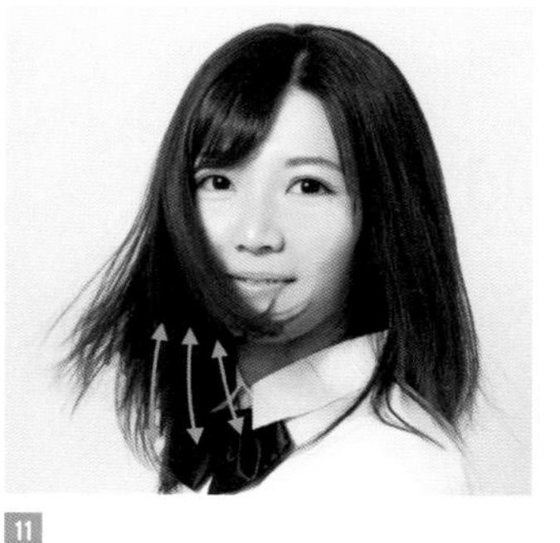
11

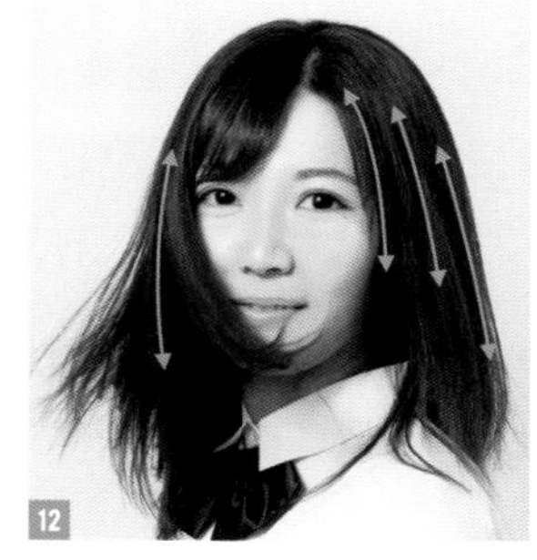
12

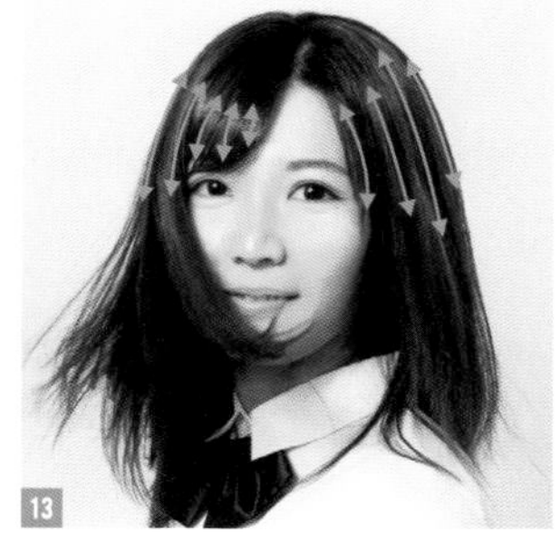
13

Recipe

033

Pupet Warp을 사용한 변형

Pupet Warp을 사용한 변형을 소개합니다. 회전을 이용해 인물의 시선을 매끄럽게 변경합니다.

Design methods

01 소재 불러오기

포토샵을 열고 [인물.psd] 파일을 불러옵니다 01. 미리 [배경], [인물] 2개의 레이어를 준비했습니다.

또 [인물] 레이어는 몇 번이나 수정할 수 있도록 [Smart Object]로※ 했습니다 02.

[인물] 레이어를 선택하고 [Edit]→[Pupet Warp]을 선택합니다 03.

전용 모드가 되며 인물 위에 메쉬가 표시됩니다 04.

※Smart Object…레이어를 선택하고 [마우스 오른쪽 버튼 클릭]→[Convert to Smart Object]로 이용할 수 있습니다. 원본의 화질을 손상하지 않고 변형할 수 있는 형식입니다.

01

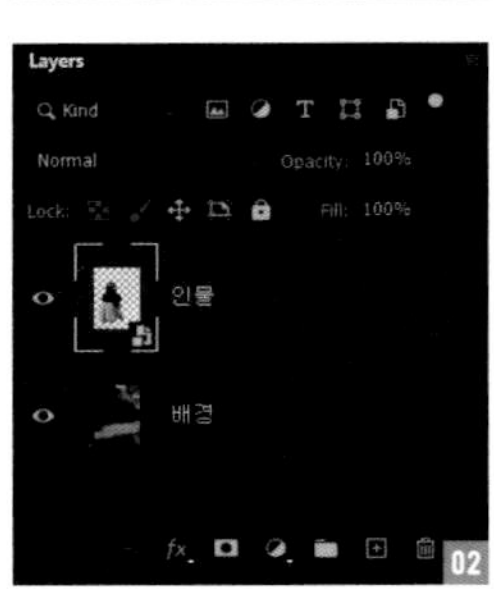

02

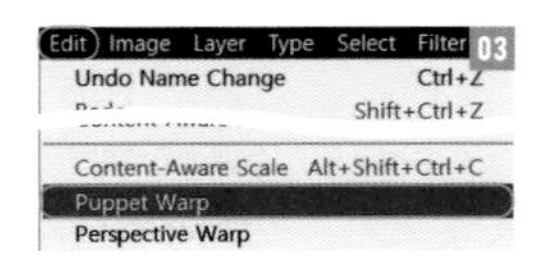

03

04

02 목덜미의 핀을 중심으로 회전하기

양쪽 어깨, 목덜미, 무릎, 발밑의 5곳을 클릭해 핀을 만듭니다 05.
목덜미 부분에 추가한 핀을 선택합니다 06.
alt 키를 누르면 핀 주위에 원이 표시됩니다 07.
그대로 드래그하여 핀을 중심으로 회전시킬 수 있습니다 08. [−50°] 정도 회전합니다.

alt 누르고 드래그

03 어깨나 머리를 조정하기

화면 오른쪽 위를 올려다보고 있는 것처럼 하고 싶기 때문에 인물의 왼쪽 어깨를 조금 위로, 오른쪽 어깨를 조금 아래 방향으로 드래그합니다 09.
목의 각도를 바꾸면 얼굴이 일그러지므로 정수리에 핀을 추가합니다. 아래 방향으로 드래그해 얼굴 모양을 잡아줍니다 10.
양쪽 어깨, 목, 정수리에 있는 각각의 핀을 [회전]하거나 [드래그]해 미세하게 조정하고, 뒤틀림이 없도록 조정합니다 11.
인물의 시선이 변경됐습니다.

Recipe

034

물보라와 흐려짐을 추가하여 상쾌함 연출하기

푸른 하늘 사진에 물보라와 흐림을 합성하여 상쾌함을 연출합니다.

Design methods

샘플

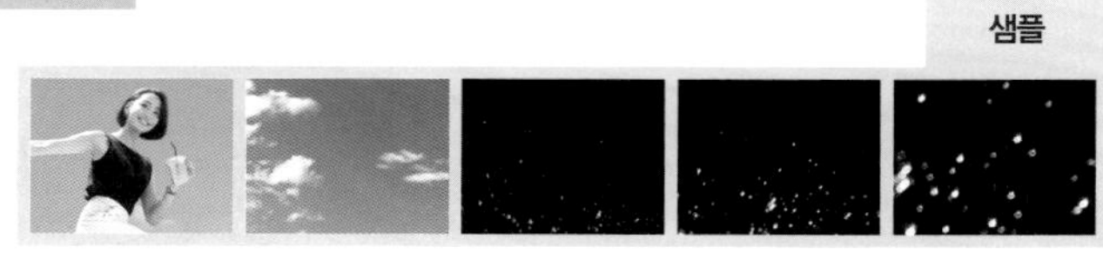

01 인물과 구름을 합성하여 구름을 흐리게 하기

포토샵을 열고 [인물.psd], [구름.psd] 파일을 불러옵니다01. 구름 이미지를 [인물.psd]로 이동하여 화면 전체를 덮도록 배치합니다02.
인물 사진과 융합되도록 [Filter]→[Blur]→[Gaussian Blur]를 선택하고03, [Radius:7.0]으로 설정합니다04.

01

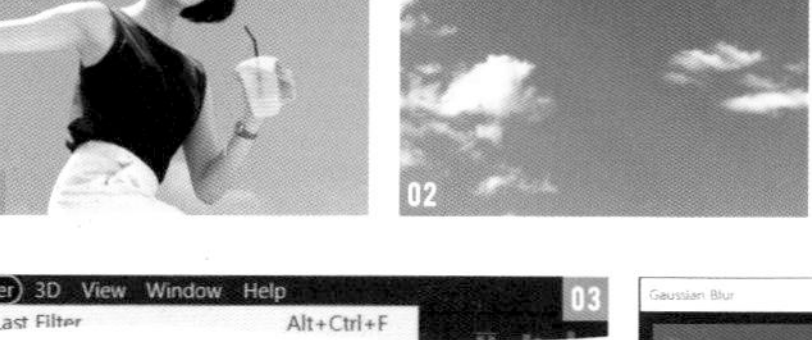

02

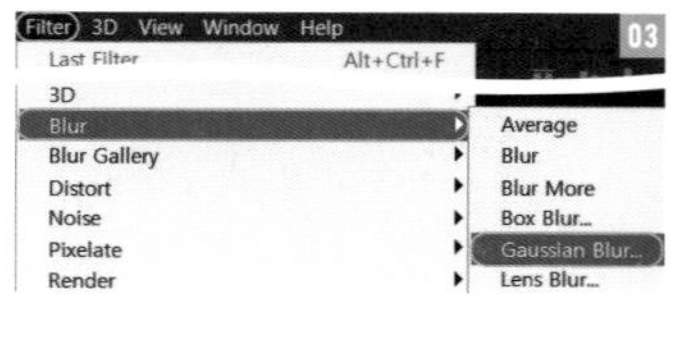

03

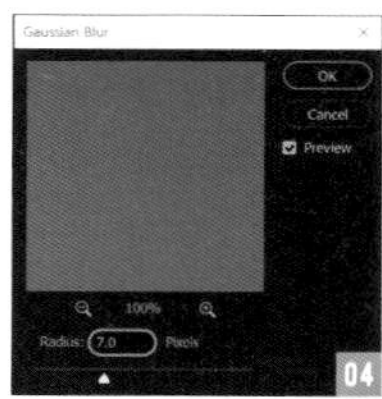

04

02 레이어 마스크로 인물 잘라내기

[구름] 레이어를 선택한 후 [Add layer mask]를 추가합니다 05 06. [배경] 레이어가 보이도록 [구름] 레이어를 숨깁니다 07.

[배경] 레이어를 선택하고 [Select]→[Subject] 08를 선택해 인물 실루엣의 선택 범위를 만듭니다 09.

[구름] 레이어를 표시하여 방금 만든 [Layer mask thumbnail]을 선택합니다 10 11.

[Edit]→[Fill]을 선택하고 12, [Contents: Black] [Blending Mode:Nomal] [Opacity: 100%]로 설정합니다 13.

[Layer mask thumbnail]이 인물 실루엣의 선택 범위에서 인물의 형태만 오려져 인물과 구름이 합성됩니다 14. 선택 범위는 [Select]→[Deselect]로 해제해 둡니다.

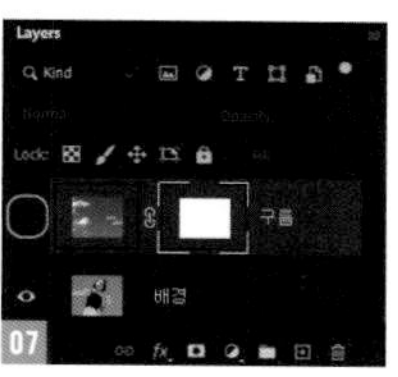

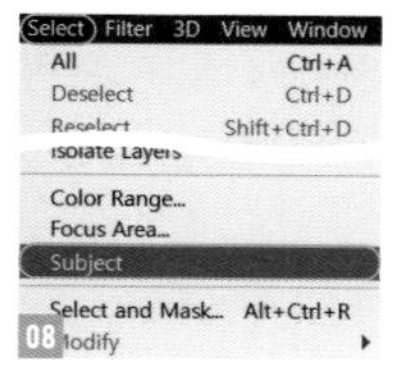

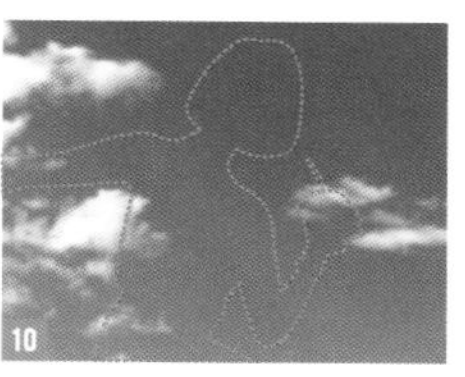

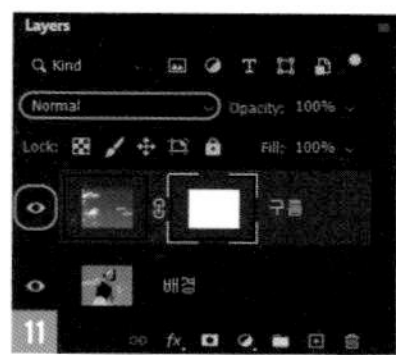

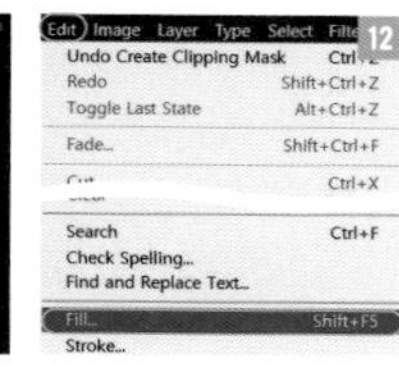

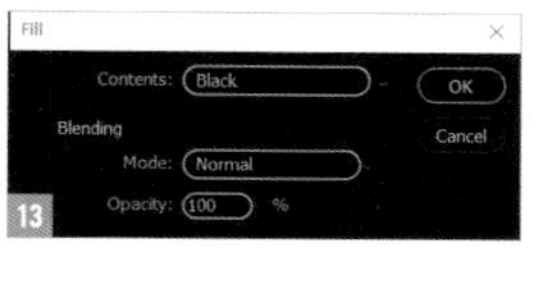

03 물보라를 합성해 Screen으로 설정하기

물보라를 인물의 안쪽, 앞, 그리고 맨 앞 3단계로 합성해 반짝이는 물보라를 표현합니다.

먼저 안쪽과 앞쪽의 물보라를 합성합니다.

[물보라_01.psd] 파일을 불러와 [인물.psd] 작업화면으로 이동하고 15, 화면 전체를 덮도록 배치합니다 16. 레이어의 Blending mode를 [Screen]으로 설정합니다 17. 물보라가 합성됐습니다 18.

인물에 걸쳐 있는 물보라를 없애기 위해 [Layer] 패널→[메뉴]→[Create Clipping Mask]를 선택합니다 19 20.

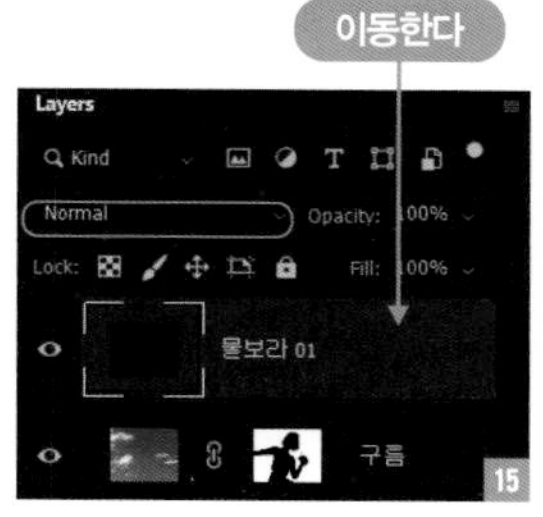

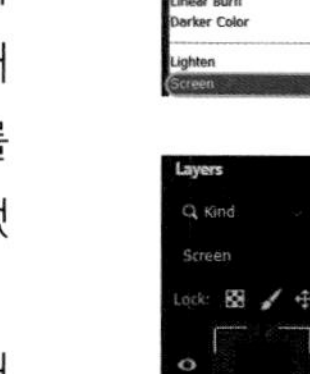

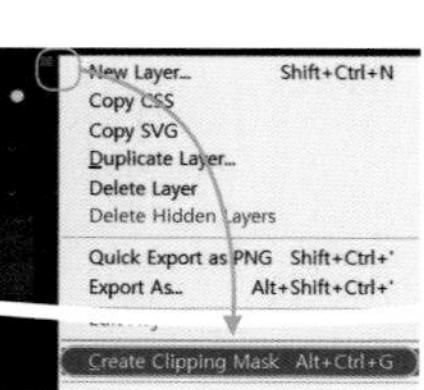

마찬가지로 [물보라_02.psd] 파일을 불러와 [인물.psd] 작업화면으로 이동하고, 화면 전체를 덮도록 배치한 후 21 22, 레이어의 Blending mode를 [Screen]으로 설정합니다 23.
물보라가 합성됐습니다 24.

21

22

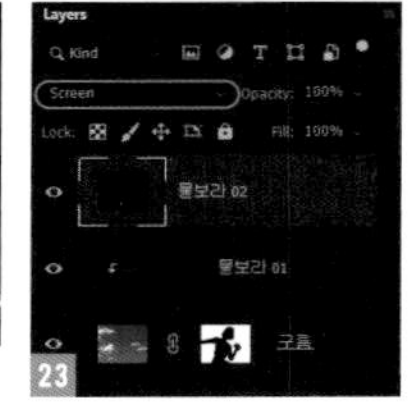

23

04 맨 앞의 물보라 합성하기

마지막으로 맨 앞에 물보라를 합성합니다.
[Filter]의 [Lens Blur]를 사용해 더욱 현장감 있는 이미지를 만듭니다.
[물보라_03.psd] 파일을 불러와 [인물.psd] 작업화면으로 이동하고, 화면 전체를 덮도록 배치합니다 25 26.
[Filter]→[Blur]→[Lens Blur]를 선택합니다 27.
Iris에서 [Shape:Hexagon(6)] [Radius:90] [Blade Curvature:50] [Rotation:0], Specular Highlights에서 [Brightness:50] [Threshold:80], Noise [Amount:0]으로 설정합니다 28 29.
레이어의 Blending mode를 [Screen]으로 하고 [Opacity:70%]로 설정합니다 30.
구름의 흰색과 푸른 하늘의 대비에, 물보라의 반짝이는 느낌이 더해져 상쾌한 이미지가 완성됐습니다 31.

예제에서는 여름 음료 광고 전단을 디자인했습니다. 물보라의 느낌을 살려서 이탤릭체의 굵은 고딕으로 광고 문구를 만들어 상쾌함을 돋보이게 했습니다.

24

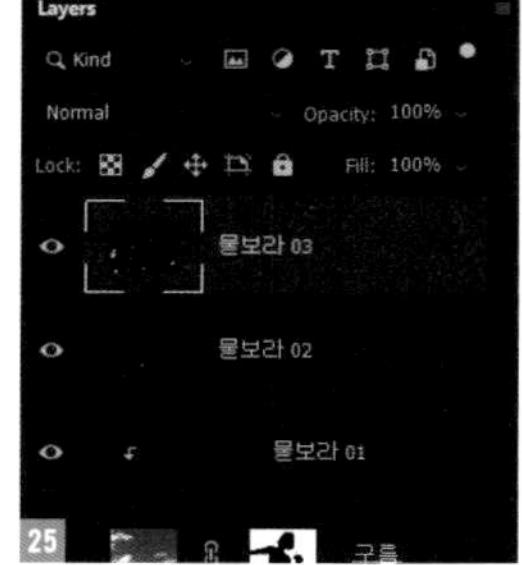

25

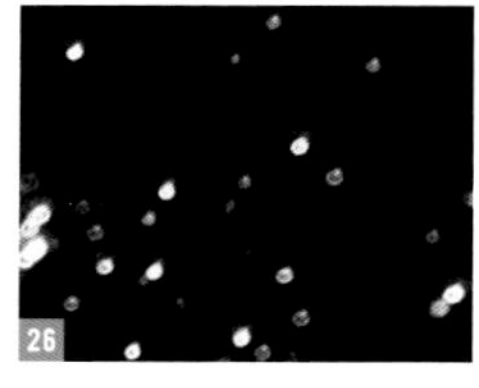
26

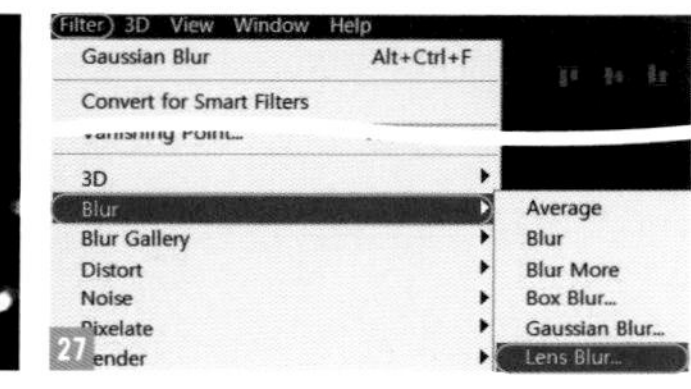

27

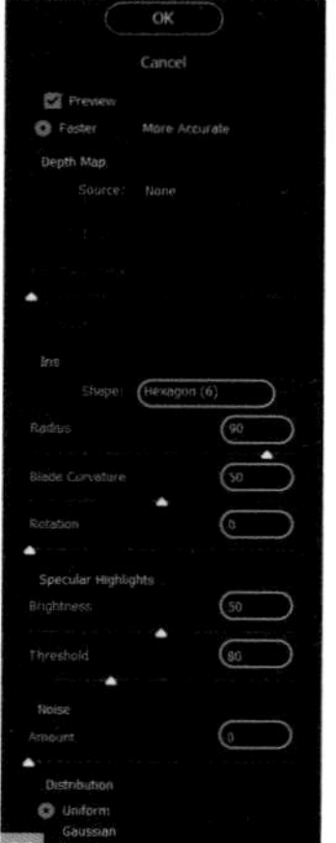

28

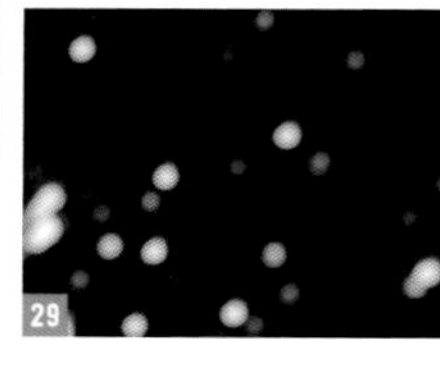
29

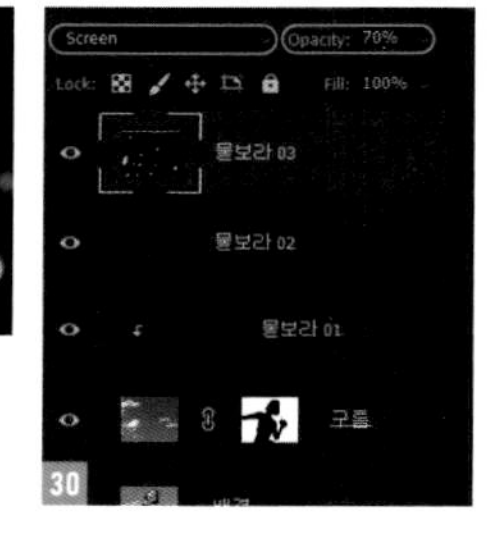

30

31

Recipe

035 개별 이미지로 원근감을 표현하는 테크닉

개별적으로 Blur를 적용하고, 색을 보정해 원근감을 표현합니다.

Design methods

01 꽃 배치하기

포토샵을 열고 [인물.psd] 파일을 불러옵니다 01. [소재들.psd] 파일을 불러와 레이어 [꽃 01] [꽃 02] [꽃 03] [꽃 04]를 [인물.psd] 작업화면으로 이동하고 02와 같이 레이아웃 합니다.
여기에서는 전체의 밸런스를 잡기 위해 [꽃 01] [꽃 04]를 2번 사용해 조정했습니다 03.

01

02

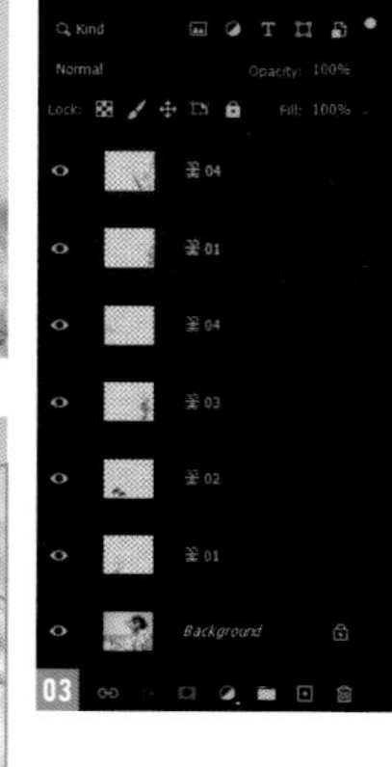

03

Point

소재를 배치할 때 인물이나 초점이 맞는 부분을 무리하게 피하려고 하면 부자연스러운 그림이나 원근감이 안 나는 그림이 되기 쉽습니다 04.
앞쪽과 안쪽을 의식하면서 크기에 변화를 주어 대담하게 배치해 보면 좋습니다.

04

02 각각의 꽃에 Blur 적용하기

배치한 꽃에 Blur를 적용해 앞과 안쪽의 거리감에 변화를 줍니다.
[배경] 레이어와 맨 아래의 [꽃 01] 레이어만 남기고 나머지 레이어를 숨깁니다 05.
[꽃 01] 레이어를 선택하고, [Filter]→[Blur]→[Gaussian Blur] 06 를 선택해 [Radius:3.5 Pixels]로 적용합니다 07. [꽃 01]이 흐려졌습니다 08.
다른 레이어의 꽃에 Blur를 적용합니다. [꽃 02] 레이어 09 는, [Filter]→[Blur]→[Gaussian Blur]에서 [Radius:6.0Pixels]로 적용합니다 10 11.
[꽃 03] 레이어 12 는, [Radius:15.0Pixels]로 적용합니다 13 14.
같은 방법으로 아래의 [꽃 04] 레이어는, [Radius:6.0Pixels]로 적용합니다. 위에 있는 [꽃 01] 레이어는 [Radius:14.0Pixels]로 적용합니다. 위에 있는 [꽃 04] 레이어는 [Radius:40.0Pixels]로 적용합니다. 앞이 흐려져 이미지에 깊이가 생깁니다 15.

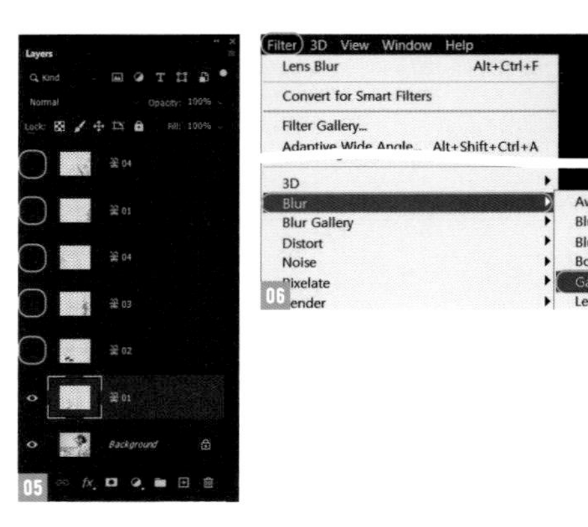

05 06

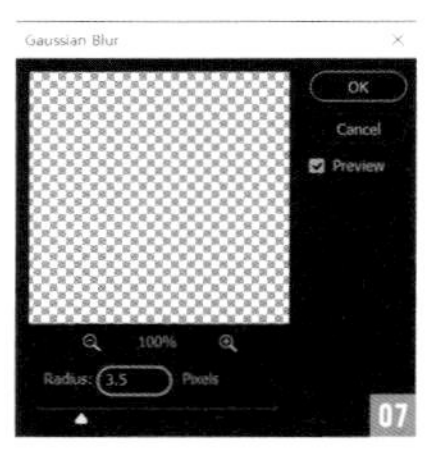

07

08

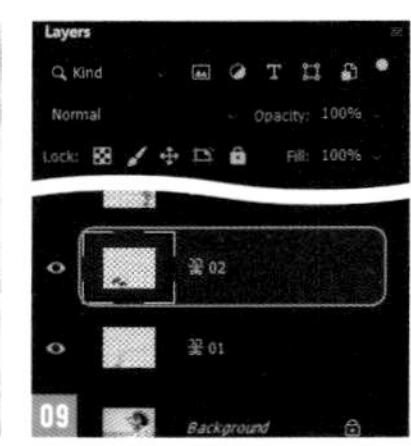

09

흐려지다

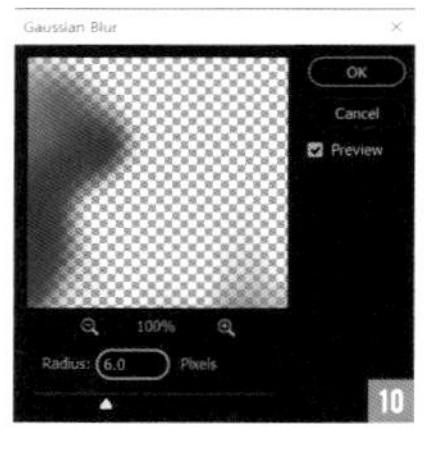

10

11

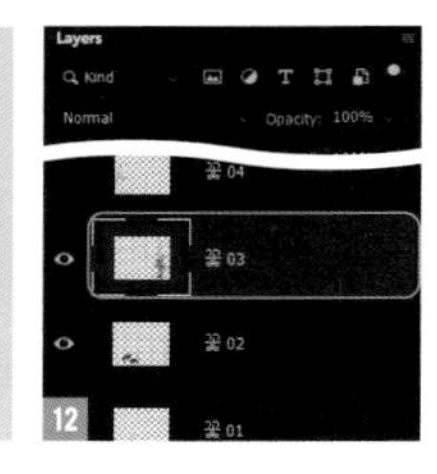

12

흐려지다

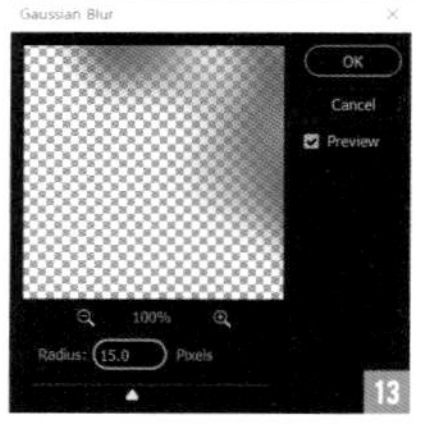

13

14

15

03 색조가 어울리지 않는 꽃 조정하기

색조가 어울리지 않는 꽃을 조정해 갑니다. 배경 사진은 햇살이 있는 기분 좋은 인상이므로 이 분위기를 무너뜨리지 않도록 조정합니다.

아래의 [꽃 01] 레이어를 선택하고 [Image]→[Adjustments]→[Curves] 16 에서 포인터를 2개 추가합니다. 왼쪽부터 [Input:80] [Output:60] 17, [Input:155] [Output:150] 18 으로 설정합니다.

이처럼[꽃 02] 레이어도 포인터를 2개 추가해 왼쪽부터 [Input:77] [Output:67] 19, [Input:173] [Output:192] 20 로 설정합니다.

[꽃 03] 레이어는 포인터를 1개 추가해 [Input:90] [Output:170] 21 으로 설정합니다.

하위의 [꽃 04] 레이어는 포인터를 1개 추가해 [Input:115] [Output:140] 22 으로 설정합니다.

상위의 [꽃 01] 레이어는 조정이 필요 없기 때문에 그대로 둡니다.

상위의 [꽃 04] 레이어는 포인터를 1개 추가해 [Input:115] [Output:140] 23 으로 설정합니다.

모두 조정됐습니다 25.

04 꽃의 색상 · 채도 조정하기

[꽃 03] 레이어에서 꽃의 푸른색이 떠 보이므로 [Image]→[Adjustments]→[Hue/Saturation] 25 을 선택해 [Hue:+10] [Lightness:+15]로 설정합니다 26. 어울리도록 파란색을 보정했습니다. 햇빛이 느껴지는 깊이 있는 이미지가 완성됐습니다 27.

예제에서는 여행사의 광고 전단을 디자인했습니다. 가느다란 띠와 광고 카피만 넣어 사진의 깊이를 방해하지 않도록 했습니다.

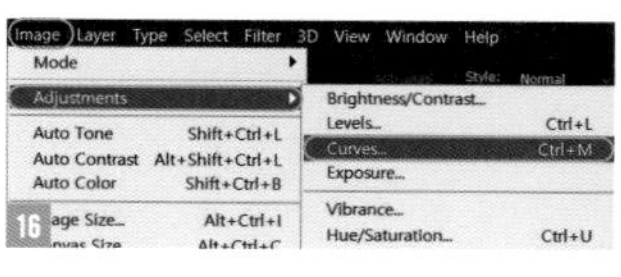

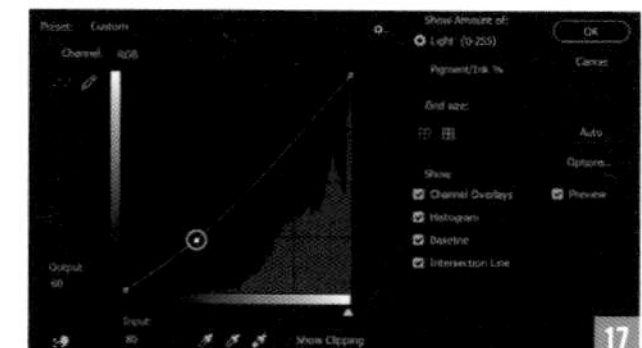

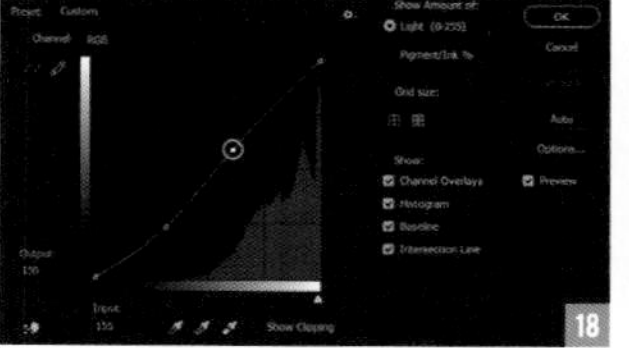

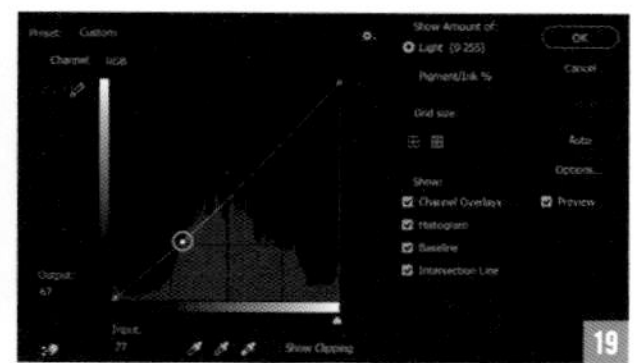

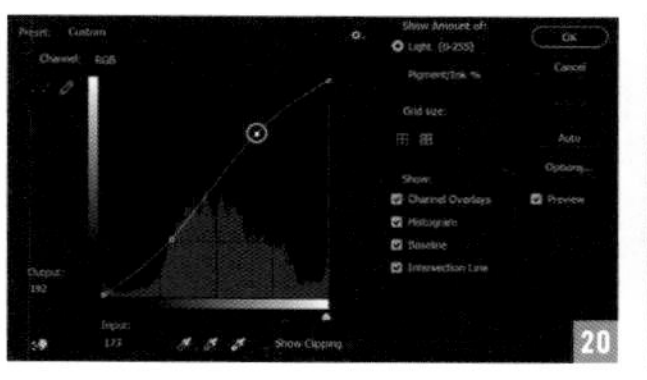

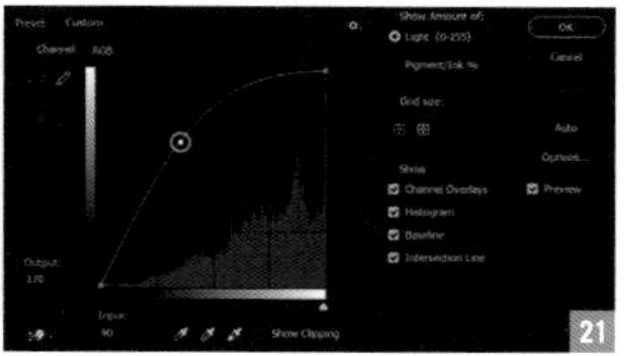

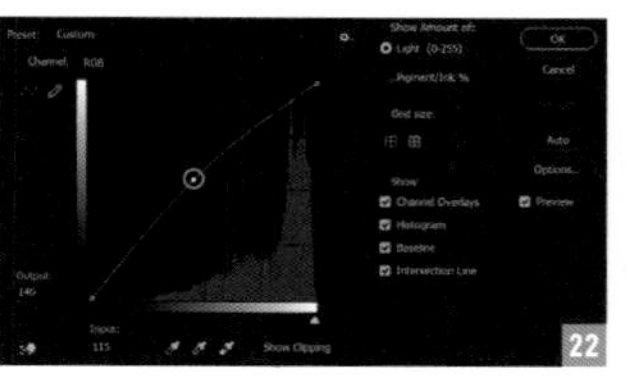

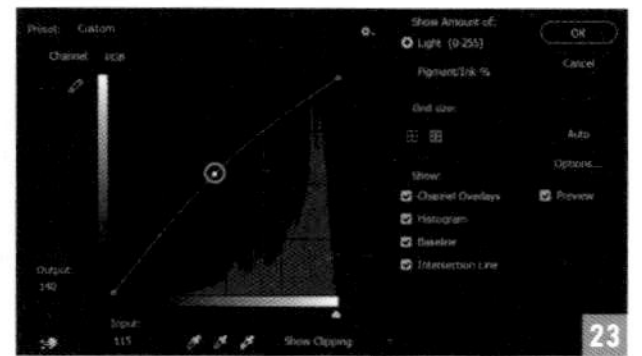

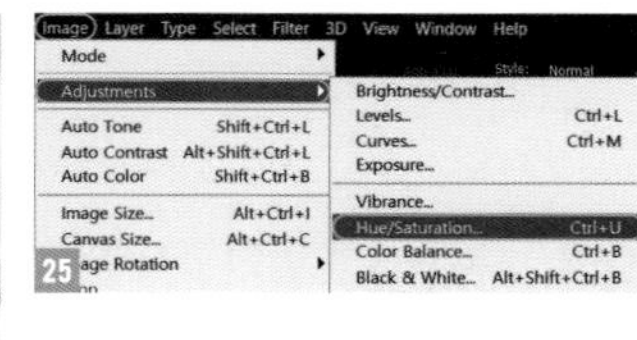

Point

Curves는 다양한 색조 보정이 가능한 만능 기능입니다. 디자이너가 모든 것을 배우는 것은 힘들지만, 여기에서 활용하는 사용법 등을 한 예로 들어보고 다양하게 시도해 보세요. 무작정 사용하는 것이 아니라 목표로 하고 싶은 완성형을 향해 조정해 나가는 것이 중요합니다.

Recipe

036 이미지를 잘라내지 않고 어울리게 만드는 합성 기술

꽃밭 이미지처럼 복잡하고 잘라내기 어려운 소재가 있습니다. 그럴 때 이미지를 자르지 않고 잘 어울리게 하는 테크닉을 소개합니다.

Design methods

01 풍경과 꽃밭의 소재를 겹쳐 놓기

포토샵을 열고 [풍경.jpg]와 [꽃밭.jpg] 파일을 불러옵니다. [꽃밭.jpg]를 풍경의 상위로 이동시킵니다. 레이어를 파악하기 쉽도록 레이어 이름을 [꽃밭] [풍경]으로 지정합니다 01 02.
[꽃밭] 레이어를 선택하고 Blending mode를 [Lighten]으로 설정합니다 03 04.
[Lighten]은 하위의 레이어와 비교해 밝은색이 적용되므로 꽃밭과 풍경 앞의 풀숲이 서로 혼합된 것 같은 상태가 됩니다.

01

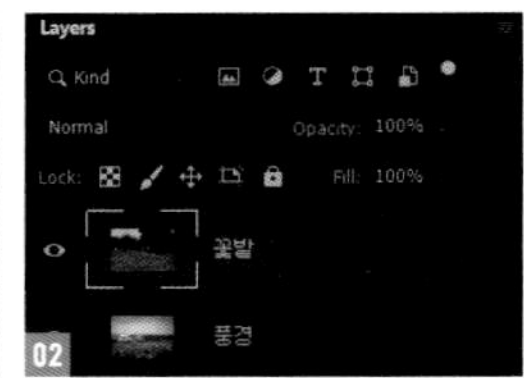

02

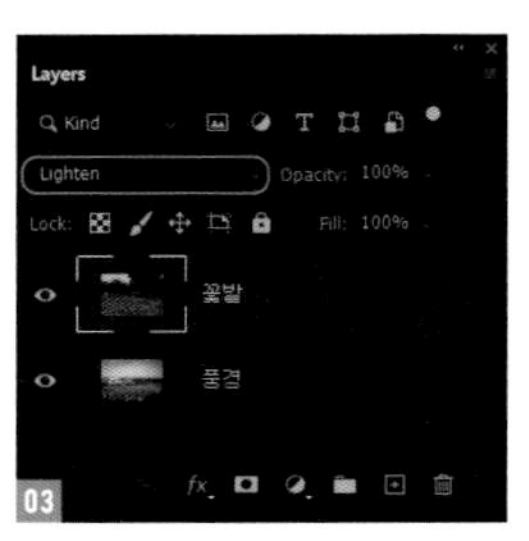

03

04

02 꽃밭에 마스크를 추가해 불필요한 부분 가리기

[풍경] 레이어를 선택하고 [Quick Selection Tool] 05 을 선택한 다음 차 앞 풀숲 부분에 선택범위를 만듭니다 06.
선택범위가 생기면 [꽃밭] 레이어를 선택하고 [Layer] 패널 아래의 [Add layer mask]를 선택해 마스크를 적용합니다 07 08.

03 풍경과 꽃밭의 밝기를 조정해 자연스럽게 만들기

이 예제의 포인트는 Blending mode를 [Lighten]으로 합성하는 것에 있습니다.
[Lighten]은 아래의 레이어와 비교해 밝은색이 적용되므로 풍경을 어둡게 하여 꽃밭이 강조되어 보이게 됩니다.
[풍경] 레이어를 선택하고 [Image]→[Adjustments]→[Levels]를 09와 같이 적용합니다. 풍경이 어두워지면서 꽃밭이 강조됐습니다 10.
더 자연스럽게 하기 위해 [꽃밭] 레이어를 선택하고 [Image]→[Adjustments]→[Levels]를 11과 같이 적용합니다. 명도를 높여 [꽃밭] 레이어의 어두운 부분이 더 어두워지고 Blending mode의 [Lighten] 효과에 의해 삭제된 것 같은 상태가 됩니다 12.

04 꽃의 색을 바꾸어 어우러지게 하기

[꽃밭] 레이어를 선택하고 [Image]→[Adjustments]→[Hue/Saturation]을 선택합니다. [Reds]를 13과 같이 설정해 노란색으로 바꿉니다. [Yellows]를 14와 같이 설정해 줄기 부분을 어둡게 함으로써 꽃을 강조시킵니다.
마지막으로 [Master]를 15와 같이 설정해 노란색을 보다 더 강조합니다 16.

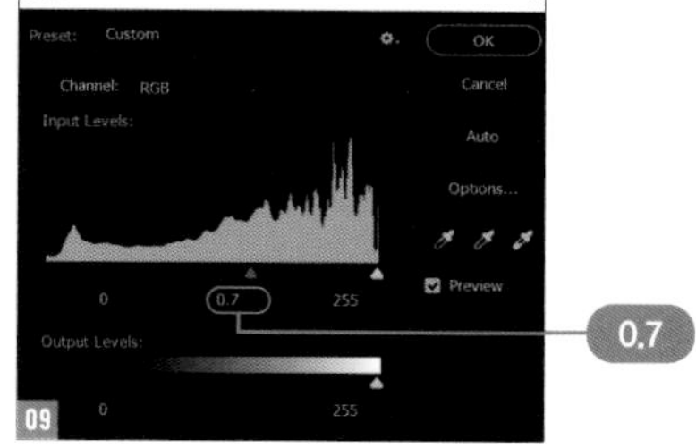

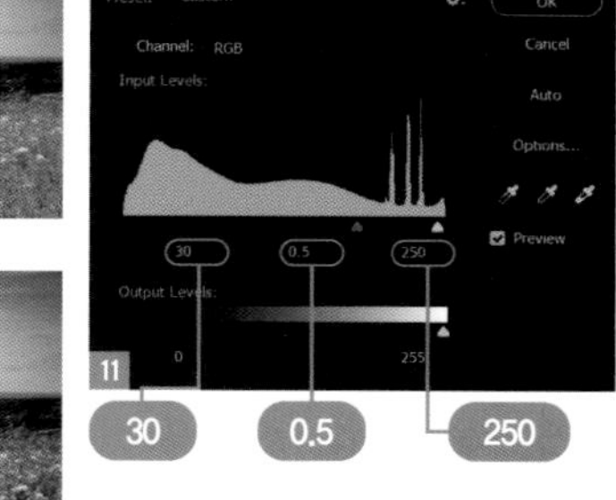

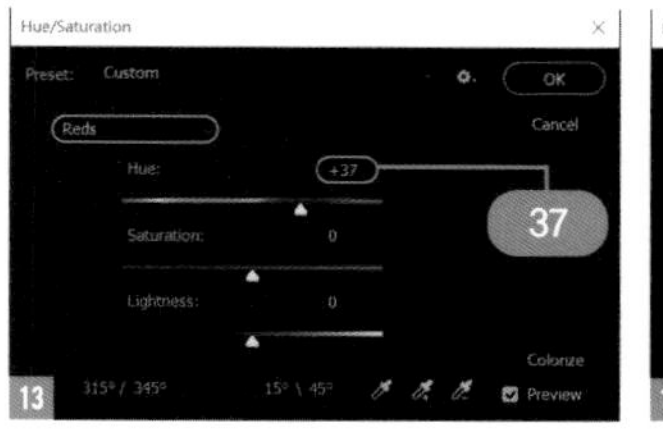

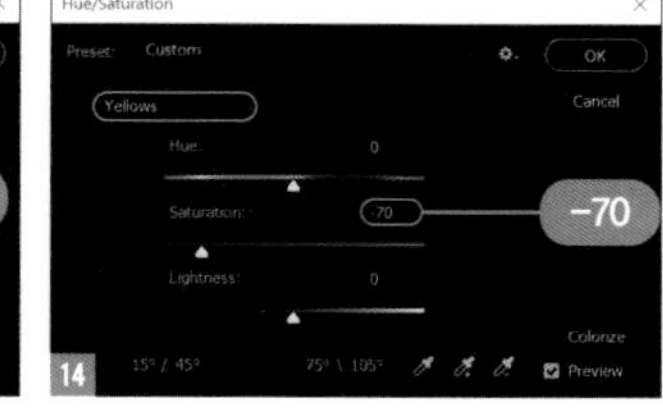

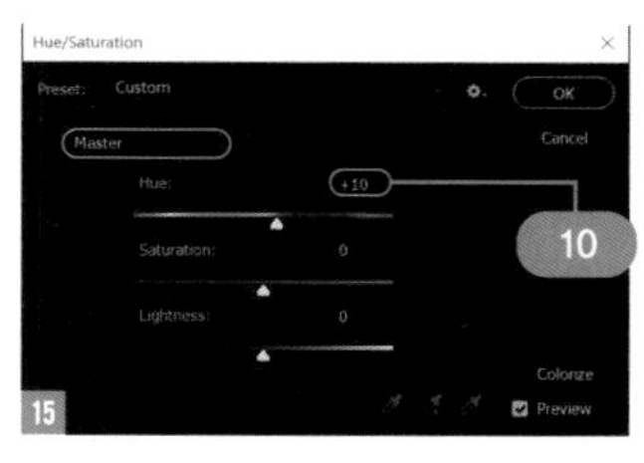

05 꽃밭에 풍경이 어울리게 효과 추가하기

일단 [꽃밭] 레이어를 숨기고, 풍경의 흐려진 상태를 확인합니다 17.

[꽃밭] 레이어를 선택하고 [Filter]→[Blur Gallery]→[Field Blur]를 선택합니다 18.

[Field Blur]의 창이 나타납니다.

[Field Blur]에 체크하고 중심에 2개의 포인트를 추가합니다 19. 앞쪽은 [Blur:50px], 안쪽은 [Blur:0px]로 적용합니다.

앞의 꽃밭이 흐려져서 입체감이 생깁니다 20.

06 전체를 밝게 보정하기

전체적으로 어두우므로 밝게 보정해 꽃밭을 어우러지게 합니다.

[꽃밭] 레이어를 선택하고 [Layer] 패널에서 [Create new fill or adjustment layer]→[Curves] 21를 선택해 22와 같이 중앙에 포인트를 추가한 후 [Input:115 Output:142]로 설정해 적용합니다 23.

전체의 톤을 안정시키기 위해 한 번 더 [Create new fill or adjustment layer]→[Curves]를 선택하고 24와 같이 왼쪽 아래의 컨트롤 포인트를 [Input:0 Output:15]로 설정해 적용합니다 25.

마지막으로 [Create new fill or adjustment layer]→[Vibrance]를 선택해 [Vibrance:50] [Saturation:5]로 설정합니다 26. 전체의 채도를 조정했습니다 27.

17

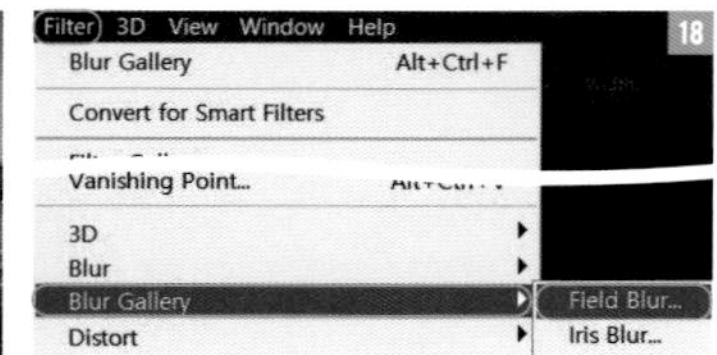

18

19

20

21 22

23

24

26

25

27

Recipe

037

위화감 없는 합성 기술

디자인을 만들다 보면 빈 공간에 다른 사진을 합성하고 싶을 때도 있습니다. 여기서는 다른 느낌의 사진을 합성했을 때 자연스럽게 보여주는 방법을 소개합니다.

Design methods

01 소재 불러오기

인물 사진 01 과 풍경 사진 02 을 합성합니다. 포토샵을 열고 미리 인물을 잘라내 배치까지 작업한 [풍경.psd] 파일을 불러옵니다 03 .

02 인물을 풍경과 어울리게 하기

현재 상태에서는 인물의 검은 부분이 풍경에 비해 진해서 어울리지 않는 느낌입니다.
[인물] 레이어를 선택하고 [Image]→[Adjustments]→[Curves]를 선택해 왼쪽 아래의 컨트롤 포인트를 [Output:24] [Input:0]으로 적용합니다. 인물의 검은 부분을 풍경에 가깝도록 조정해 어울리게 합니다 04 . 조금 더 인물의 콘트라스트를 높게 조정하기 위해 컨트롤 포인트를 추가하여 [Output:43] [Input:25]로 적용합니다 05 . 인물이 밝아졌습니다 06 .

01

02

03

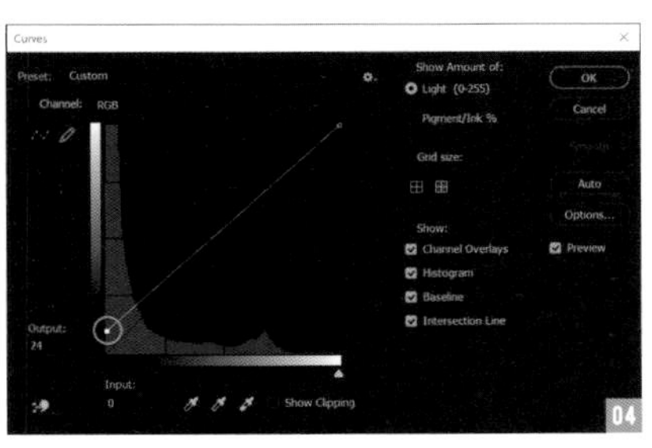

04

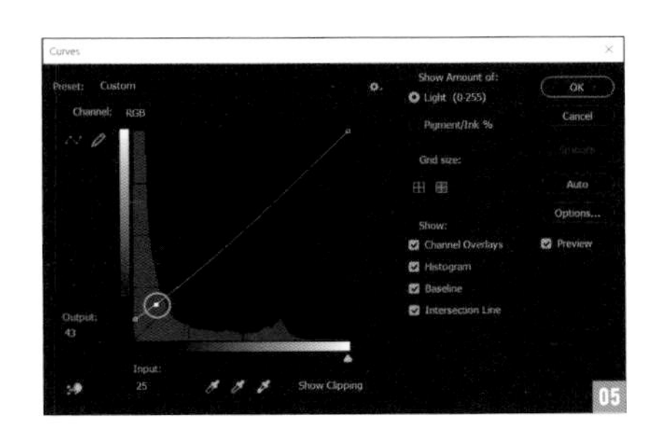

05

06

03 포토 필터를 사용해 풍경의 색을 인물에 추가하기

[Image]→[Adjustments]→[Photo Filter]를 선택합니다 07. 배경의 회색을 인물에게 추가하기 위해 [Color]에 체크하고, 바로 오른쪽의 색상을 클릭해 08 [색상:#6a6866]로 적용합니다 09. 이 색상은 절대 수치가 아니고, 인물 주변의 도로 색에서 골라 적용했습니다.
[Density:70%]로 적용해 풍경의 회색을 인물에 추가합니다 10.

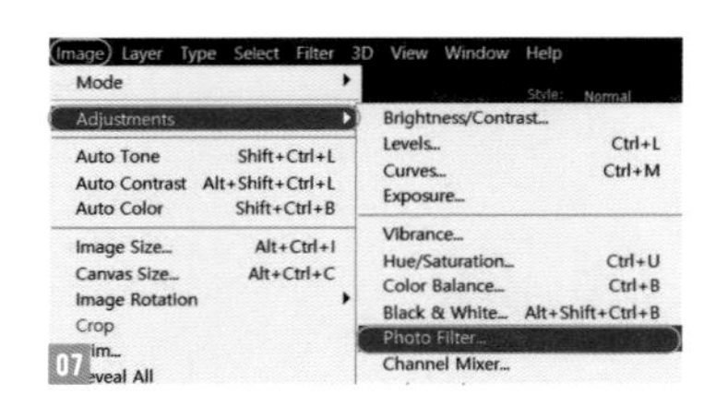

07

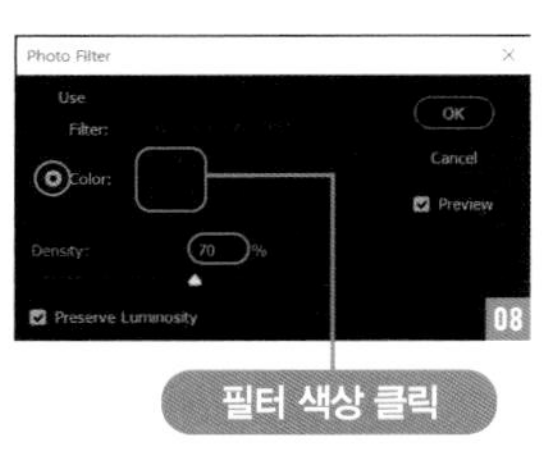

08

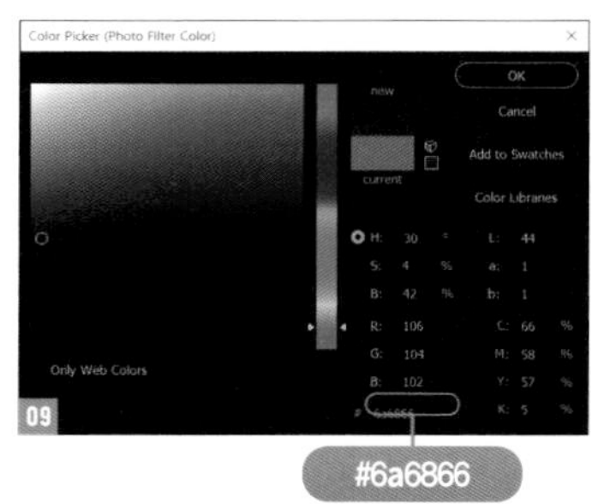

09

10

04 Field Blur 선택하기

[풍경] 레이어를 선택하고 [Filter]→[Blur Gallery]→[Field Blur]를 선택합니다. 전용 화면으로 전환됩니다 11.
오른쪽 탭에서 [Field Blur]에 체크하고 프리뷰에 커서를 맞춥니다. 그러면 12와 같이 [핀+] 마크가 표시됩니다. 마우스로 클릭하면 핀을 추가할 수 있습니다.

11

12

Point

만약 오른쪽에 탭이 없는 경우는 오른쪽 위에 있는 [Reset Blur Gallery]를 선택하면 됩니다.

05 Blur와 Noise 추가하기

초기 상태에서는 중심 부분에 핀이 있기 때문에 핀을 마우스로 드래그해 인물의 허리 부근으로 이동한 후, Field Blur를 [Blur:5px]로 적용합니다 13. 도로 안쪽에 핀을 추가해 Field Blur를 [Blur:8px]로 적용합니다 14. 인물에게 초점이 맞은 상태에서 앞보다 안쪽이 약간 흐릿한 상태로 만들었습니다 15.
풍경과 인물에 노이즈를 추가해 질감을 주기 위해 오른쪽 탭에서 [Noise]를 선택하고 16과 같이 설정합니다 17.

06 인물에 Noise 추가하기

[인물] 레이어를 선택하고 [Filter]→[Noise]→[Add Noise]를 선택합니다.
[Amount:3%] [Gaussian]을 적용하고 [OK]를 선택합니다 18 19. 풍경과 인물에 노이즈를 추가해 각각의 이미지 질감을 통일했습니다.

07 전체에 Photo Filter와 Curves 추가하기

이미지 전체를 어우러지게 할 목적으로 필터를 추가합니다. [인물] 레이어를 선택하고 [Layer] 패널 아래 아이콘에서 [Create new fill or adjustment layer]→[Photo Filter]를 선택합니다 20.
[Color]에 체크하고 [#2b323f] 색상을 적용한 다음, [Density:70%]로 설정합니다 21.
전체의 색감을 통일시키는 역할인 만큼 색상은 취향에 따라 선택해도 상관없습니다. 예제에서는 채도가 낮은 파란색을 선택해 차분한 인상을 표현했습니다 22.
[Layer] 패널 아래 아이콘에서 [Create new fill or adjustment layer]→[Curves]를 선택합니다. 마지막으로 밝기를 조정합니다. 예제에서는 컨트롤 포인트를 2점 추가해 왼쪽 아래부터 [Input:0 Output:12] 23, [Input:18 Output:25] 24, [Input:120 Output:132] 25로 적용했습니다 26.

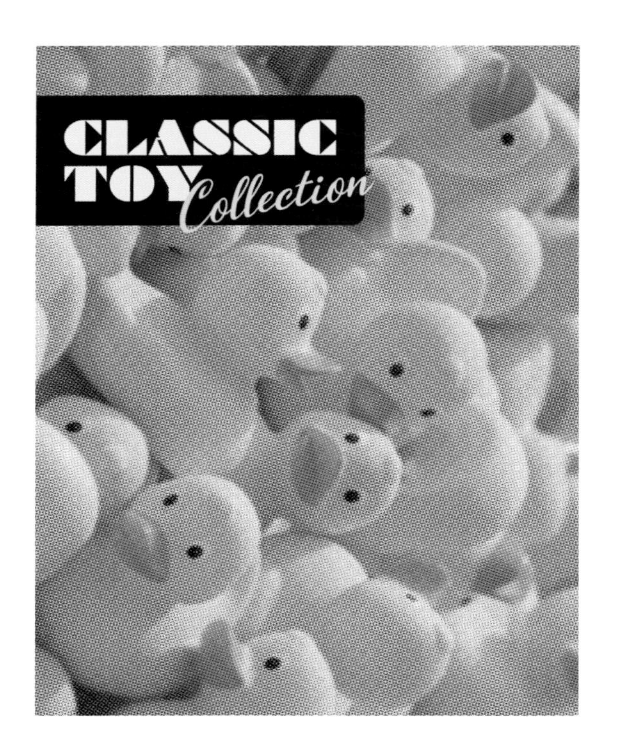

Recipe

038

인쇄의 망점으로 복고풍의 느낌을 주기

포토샵 기능을 사용해 거친 인쇄의 망점을 표현합니다. 복고풍 느낌을 연출하고 싶을 때 사용할 수 있습니다.

Design methods

샘플

01

01 거친 인쇄의 망점을 표현하기

포토샵을 열고 [소재.psd] 파일을 불러옵니다01. [Filter]→[Pixelate]→[Color Halftone]을 선택합니다02.

[Max. Radius:8Pixels] [Channel 1:108] [Channel 2:162] [Channel 3:90] [Channel 4:45]로 적용합니다03. 망점이 표현됐습니다04.

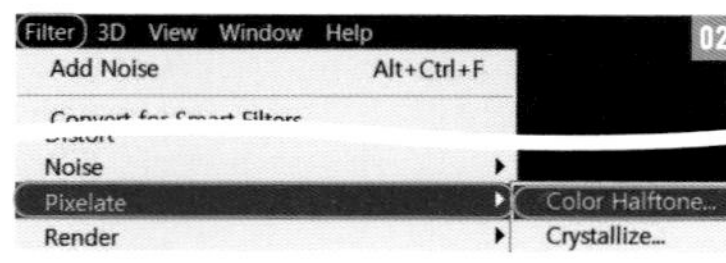

02

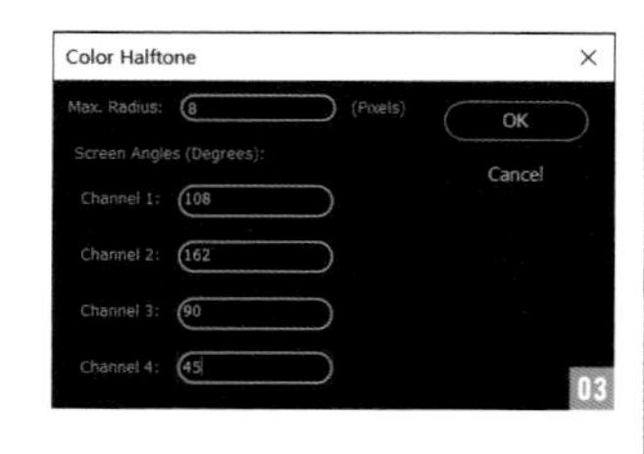

03

04

Point

'Max. Radius' 수치를 변경하면 망점의 크기가 바뀝니다. 수치를 작게 하면 망점이 작아지고, 수치를 크게 하면 망점이 커집니다.

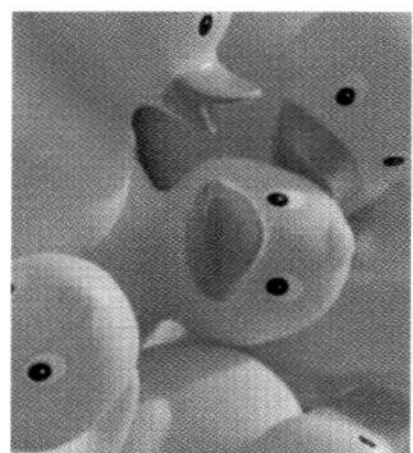
Max. Radius '4'로 설정. 망점을 너무 작게 만들어 조금 까칠해 보이기만 하고, 적용됐는지 알기 어려운 이미지가 된다

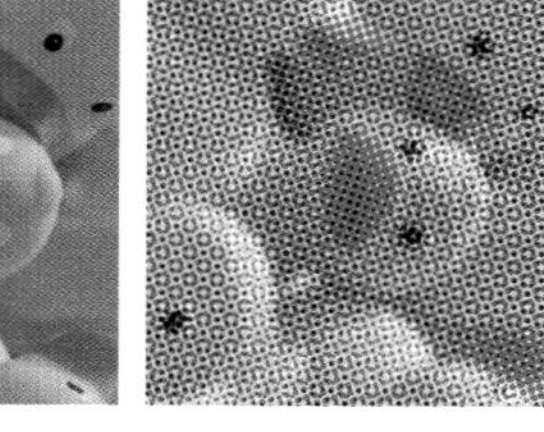
Max. Radius '16'으로 설정. 망점이 너무 커져서 그 물코가 크게 보이는 이미지가 된다

02 복고풍 느낌을 살리기 위해 색조 보정하기

복고풍의 느낌을 연출하기 위해 농도를 낮춰 햇볕에 탄 느낌을 표현합니다.

[Image]→[Adjustments]→[Curves]를 선택합니다 05. 포인터를 1개 추가해 [Input:100] [Output:85]로 적용합니다 06 07.

다시 [Layer]→[New Fill Layer]→[Solid Color]를 선택해 08 레이어명을 [Multiply]라고 설정하고, 색을 [R:255 G:253 B:229]로 적용합니다 09 10.

[Multiply] 레이어를 선택하고 [Blending mode:Multiply]로 설정합니다 11.

복고풍의 거친 인쇄를 표현한 이미지가 완성됐습니다 12.

예제에서는 오래된 장난감을 특집으로 한 책자 이미지를 만들었습니다. 망점을 귀여운 서체 및 초콜릿 색상과 조합해 복고풍의 느낌을 연출했습니다.

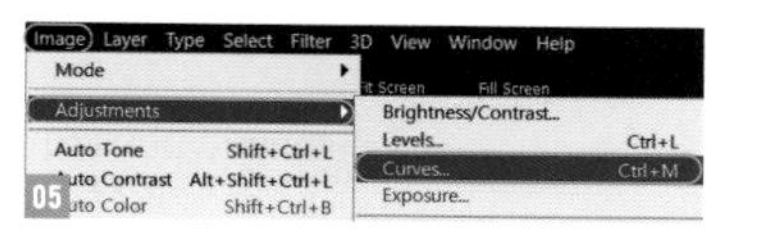

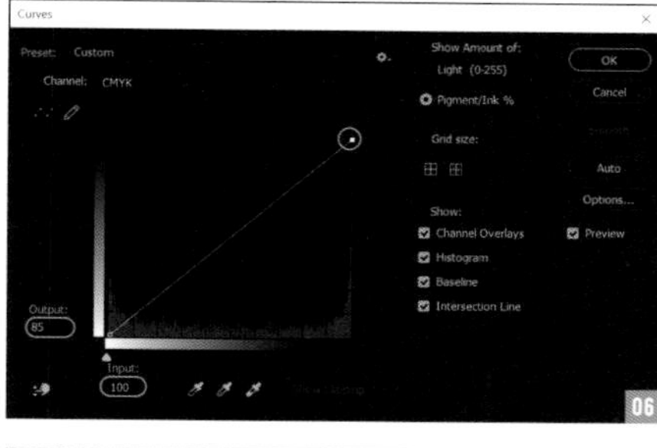

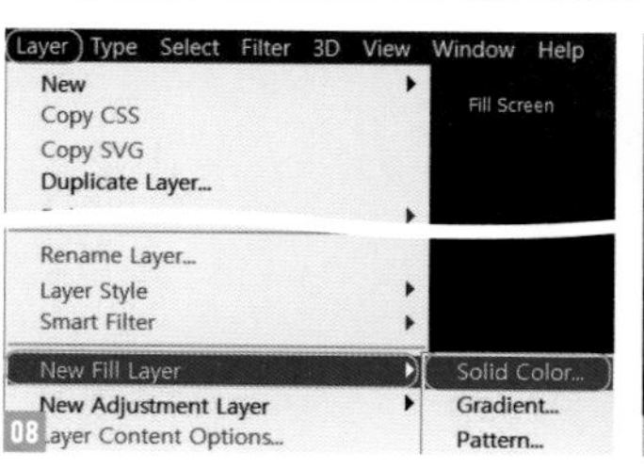

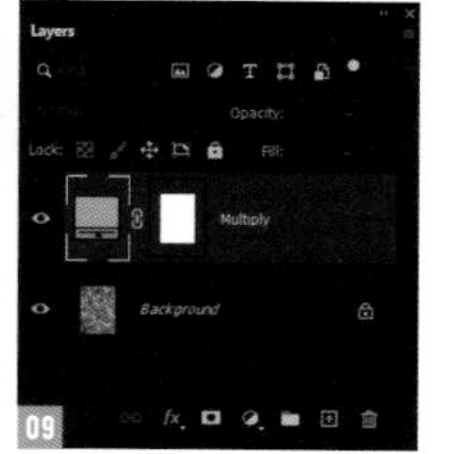

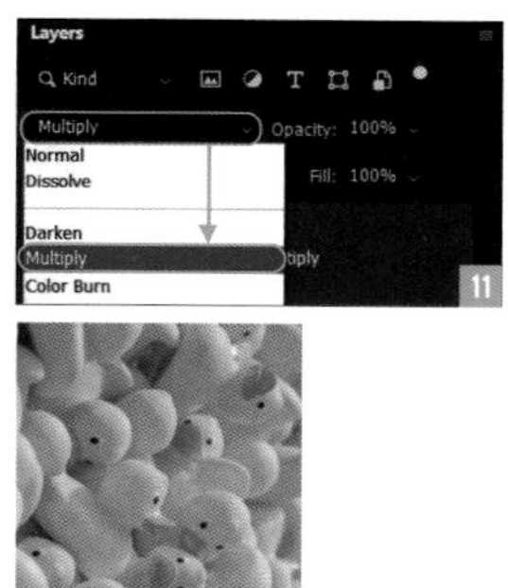

Column

영문 추천 폰트

01 Roboto(무료 폰트)

완성도가 높은 산세리프체의 서체입니다. 세련된 기본 서체로 작게 사용할 수도 크게 사용할 수도 있는 범용성이 높은 무료 폰트입니다.

02 Montserrat(무료 폰트)

평평한 서체로 발랄한 인상의 무료 폰트입니다. 작은 사이즈와 큰 사이즈 모두 가독성이 높아 다양한 용도로 사용할 수 있습니다.

01 Roboto

02 Montserrat

Recipe

039

유리 너머의 풍경

일반적인 스냅 사진을 가공해 가게 안 유리 너머로 촬영한 것처럼 보이게 하는 테크닉을 소개합니다.

Design methods

01 인물과 카페 사진 배치하기

포토샵을 열고 [인물.jpg] 파일을 불러옵니다 01. [카페.jpg] 파일을 불러와 [인물.jpg] 위에 배치합니다. 레이어 이름을 [카페]라고 지정하고 [Blending mode:Screen]으로 설정합니다 02 03.

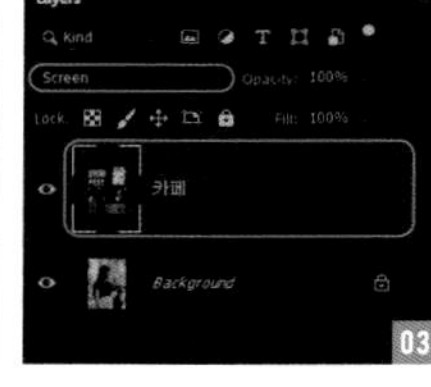

02 촬영 상태를 조정하기

[카페] 레이어를 선택합니다.
[Filter]→[Blur]→[Gaussian Blur]를 선택해 04. [Radius:10Pixels]로 적용합니다 05 06.
[Image]→[Adjustments]→[Levels]를 선택합니다 07.
비친 부분이 밝고 인물이 눈에 띄지 않기 때문에 [Output Levels]로 하이라이트 부분을 조정합니다. [Blending mode:Screen]의 '어두운 톤은 하위 레이어에 비친다'라는 특징을 이용해 [Input Levels]는 어두운 부분을 더 어둡게 했습니다 08.

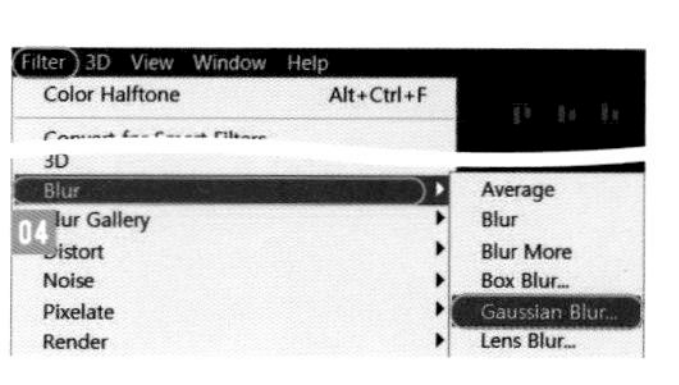

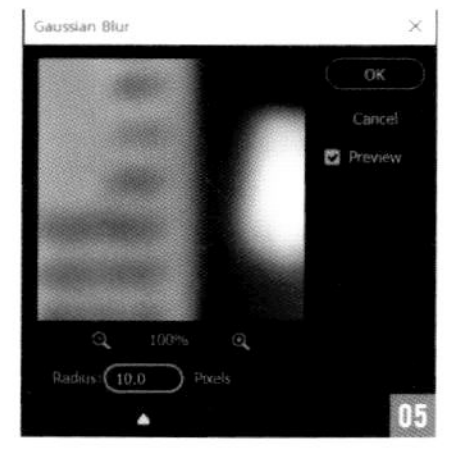

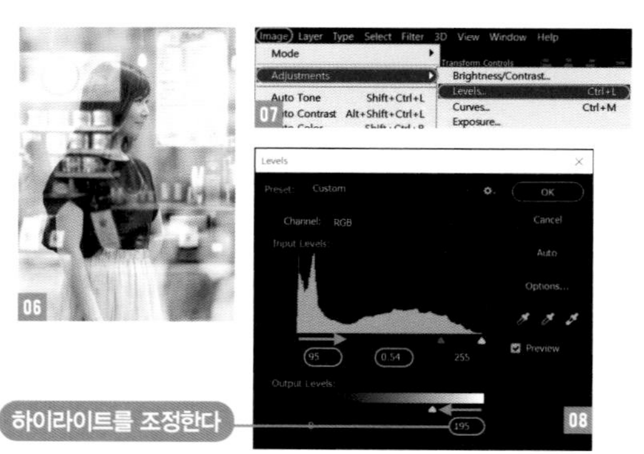

03 색상 · 채도로 조정하기

레벨 보정한 곳부터 조정합니다 09. [Image]→[Adjustments]→[Hue/Saturation]을 선택합니다 10.
카페 안의 빨강이나 오렌지 색상이 눈에 띄기 때문에 [Saturation: −60]으로 조정합니다 11. 사진이 깔끔한 인상으로 보정되어 유리 너머로 보이는 자연스러운 풍경으로 완성됐습니다 12.

09

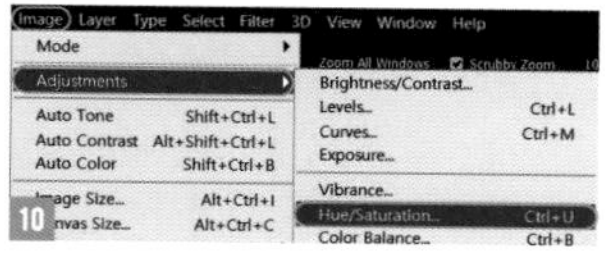

10

11

12

Column

Color Balance로 색 맞추기

오른쪽 그림은 비 오는 날 한정 바자회를 주제로 제작한 포스터입니다.
인물의 배경에는 여성스러움을 상징하는 핑크, 비를 연상시키는 파랑과 보라색, 비와 잘 어울리는 초록색의 그러데이션을 이미지와 배치했습니다.
이 배경 이미지의 색상에 맞춰 곳곳에 배치된 소품(여성이 하고 있는 두건, 오른쪽 상단의 선글라스, 왼쪽 하단의 매니큐어, 여성이 신고 있는 신발)의 색상도 맞췄습니다.
색은 포토샵으로 선택 범위를 만들고, [Image]→[Adjustments]→[Color Balance]로 가까운 색이 되도록 조정했습니다. 또, 위와 아래의 문자 'RAINY BAZAAR'의 색도 배경의 그러데이션 색으로 했습니다.
이처럼 이미지도 문자도 세계관을 통일시킬 수 있도록 의식하여 디자인을 만들면 좋습니다.

Recipe

040

자연 풍경의 원근감을 표현하기

풍경 사진은 디자인 작업에 자주 사용됩니다. 풍경을 거리별로 나누어 보정하여 원근감을 강조하는 테크닉을 소개합니다.

Design methods

01 먼 산 잘라내기

포토샵을 열고 [풍경.jpg] 파일을 불러옵니다. [Tool] 패널에서 [Quick Selection Tool]을 선택합니다 01.

02와 같이 안쪽에 있는 산을 선택한 후 [마우스 오른쪽 버튼 클릭]→[Layer Via Copy]를 선택해 레이어를 만듭니다 03. 복사한 레이어의 이름은 [산01]로 지정합니다 04.

Point

선택 범위를 레이어로 만들기(Layer Via Copy) 단축키 ctrl + J 키

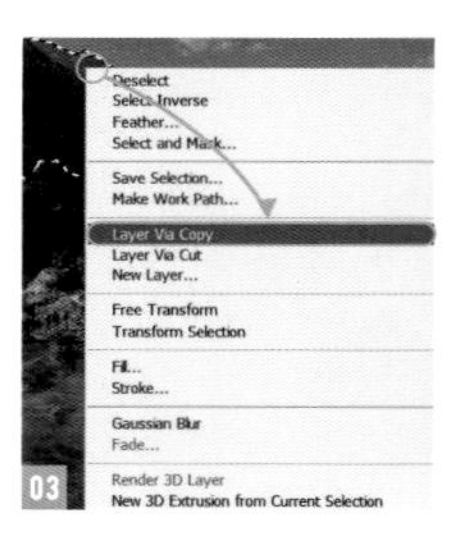

02 산 전체가 멀리 느껴지도록 밝기와 색상 조정하기

[산01] 레이어를 선택하고 [Image]→[Adjustments]→[Levels]를 05와 같이 적용합니다. 옅게 보정하여 산이 멀게 느껴집니다06.

다음으로 [Image]→[Adjustments]→[Color Balance]를 선택하고 Midtones를 07과 같이 설정합니다. 하늘의 색을 의식하여 파란색을 추가했습니다. 하늘색에 가까워지면서 더 멀리 동화된 느낌이 됩니다08.

[Tool] 패널에서 [Quick Selection Tool]을 선택하고, 09와 같이 오른쪽의 먼 산을 선택합니다.

[산01] 레이어를 선택해 순서 01과 같이 [마우스 오른쪽 버튼 클릭]→[Layer Via Copy]를 선택합니다. 생성된 레이어의 이름을 [산02]로 지정합니다10.

[산02] 레이어를 선택해 [Image]→[Adjustments]→[Levels]를 11과 같이 적용합니다. 더 옅게 보정하여 더 멀게 느껴집니다12.

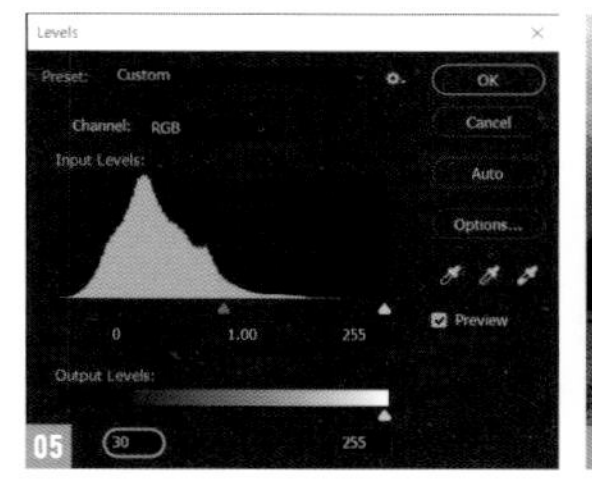

05

06

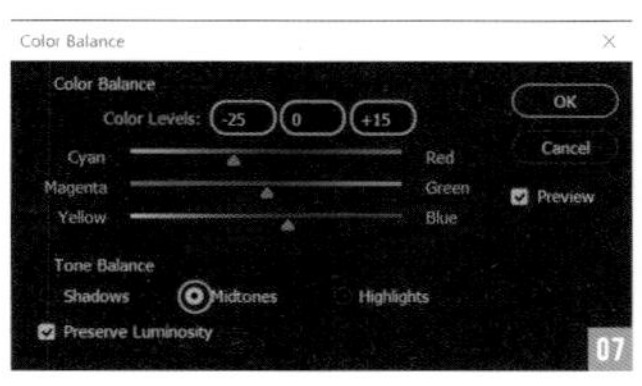

07

08

09

10

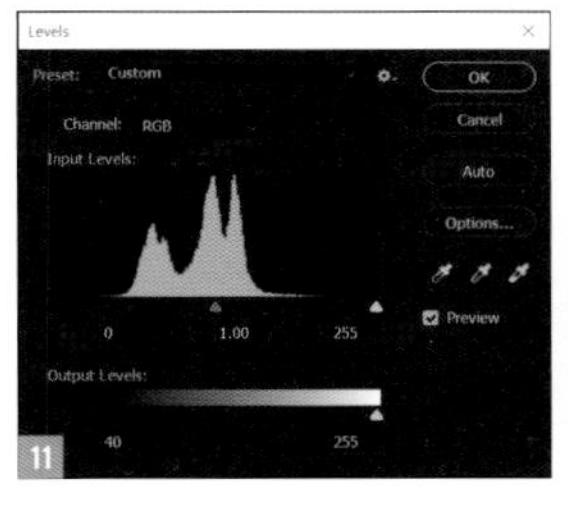

11

12

03 숲과 산의 경계에 안개를 그려 거리감을 연출하기

최상위에 새로운 [안개] 레이어를 만듭니다12.

[Layer] 패널에서 [산02] [안개] 레이어를 선택하고 [마우스 오른쪽 버튼 클릭]→[Create Clipping Mask]를 선택합니다14. [산01] 레이어에 클리핑 마스크가 적용됩니다15.

[안개] 레이어를 선택합니다. [Brush Tool]을 선택하고 [Foreground Color:#ffffff] [Soft Round]16로 설정해 17과 같이 경계를 하얗게 그립니다. 그리는 요령은 [Brush size:350px] 전후의 큰 브러시를 사용하고 [Opacity:10~20%] 정도로 설정한 연한 브러시로 그립니다. 직선으로 드래그하지 않고 토닥토닥 점을 찍듯이 그리거나, 동글동글 원을 그리듯이 그립니다. 안개를 그리면 안개의 상태를 보고 레이어의 불투명도를 조정해 어울리게 합니다. 예제에서는 [Opacity:70%]로 설정했습니다18.

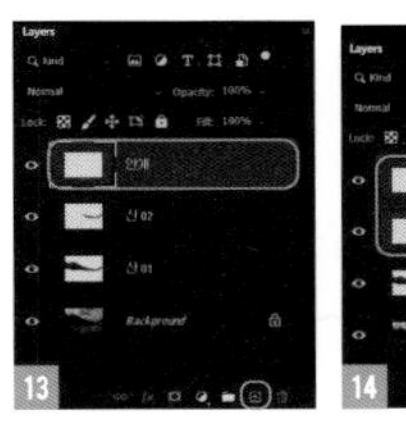
13

14

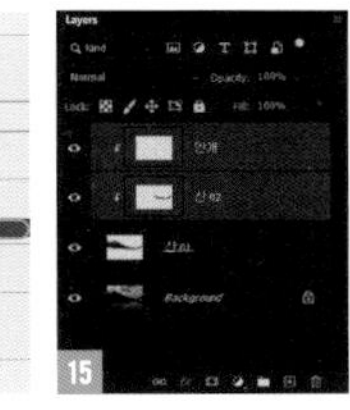
15

16

17

18

샘플

Recipe

041 거리의 원근감 표현하기

먼 풍경을 옅게 보정하거나, 빛이나 그림자를 넣는 방법으로 원근감을 강조하는 등 모든 방법을 사용해 원근감을 표현하는 테크닉을 소개합니다.

Design methods

01 거리의 안쪽 건물만을 옅게 보정하기

포토샵을 열고 [거리풍경.jpg] 파일을 불러옵니다 01.
[Tool] 패널에서 [Pen Tool]을 선택해 02와 같이 안쪽 건물에 패스를 만듭니다(보기 쉽게 패스의 범위를 파란색으로 했습니다). 예제에는 앞 4개의 건물보다 안쪽을 기준으로 선택했습니다. 패스를 만들고, [Pen Tool]을 선택한 상태에서 [마우스 오른쪽 버튼 클릭]→[Make Selection]을 선택합니다 03 04.
상위에 새로운 레이어 [건물의 빛]을 만들고 [Paint Bucket Tool]을 선택해 [Foreground Color:#ffffff]로 칠합니다 05. 레이어를 [Opacity:30%]로 설정합니다 06 07.
[Filter]→[Blur]→[Gaussian Blur]를 선택해 [5.0Pixels]로 적용합니다 08. [Image]→[Adjustments]→[Hue/Saturation]을 선택하고 09와 같이 [Colorize]에 체크해 적용합니다.
강했던 [건물의 빛]을 흐리게 하고, 색상도 배경과 어우러지도록 노란색으로 보정했습니다 10.

01

02 03

04

05

06

07

09

08

10

02 건물의 빛을 그려 깊이를 강조하기

상위에 새로운 레이어 [포인트 빛]을 만들고 [Blending mode:Overlay]로 설정합니다 11.
[Tool] 패널에서 [Brush Tool]을 선택하고 [Foreground Color:#ffffff] [Soft Round]로 설정해 좌우의 건물이 아니고 가장 안쪽에서 앞쪽을 향하고 있는 건물 주변을 빛나게 그립니다 12.

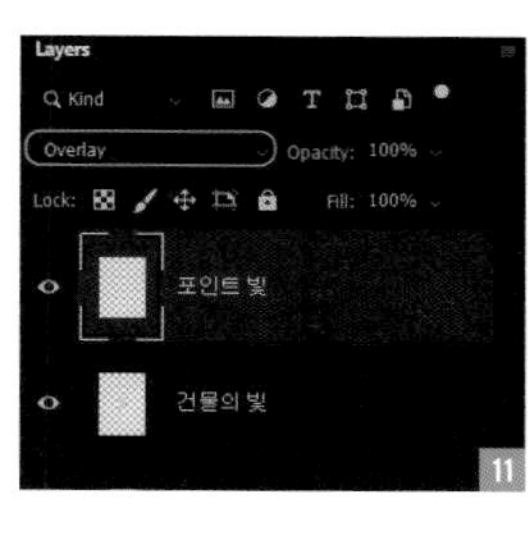

11

12

03 연석이나 빛의 선 그리기

앞에서 안쪽으로 직선을 그리고 있는 연석이나, 인물과 인물 사이에 생긴 빛의 선 등, 풍경 안에서 깊이가 강조되는 포인트를 찾아 그립니다13. 빛을 그린 다음 레이어의 불투명도를 조정해 어우러지게 합니다14. 예제에서는 [Opacity: 60%]로 적용했습니다.

04 인물에서 앞으로 늘어진 그림자를 강조해 원근감 주기

상위에 새로운 레이어 [인물 그림자]를 만듭니다. [Tool] 패널에서 [Pen Tool] [Lasso Tool] [Brush Tool] 등 마음에 드는 도구를 선택해 인물에서 앞으로 늘어진 그림자를 그립니다15. 원래 있는 그림자를 조금 과장되게 강조하는 이미지로 선택 범위를 만들면 좋습니다.
레이어를 [Blending mode:Soft Light] [Opacity:25%]로 설정해 어우러지게 합니다16.

05 역광을 추가해 원근감 주기

최상위에 새로운 레이어 [역광]을 만듭니다. [Tool] 패널에서 [Paint Bucket Tool]을 선택하고 [Foreground Color:#000000]로 칠합니다17.
[Filter]→[Render]→[Lens Flare]를 선택합니다18.
[Lens Flare] 창이 열리면 19와 같이 빛의 중심이 맞도록 윈도우 안에서 드래그해 위치를 이동합니다.
레이어를 [Blending mode: Screen]으로 변경해 하위 레이어와 어우러지게 합니다20.
이 상태에서는 역광의 윤곽이 너무 선명하기 때문에 [Filter]→[Blur]→[Gaussian Blur]를 21과 같이 [Radius:20Pixels]로 적용합니다.
마지막으로 [Image]→[Adjustments]→[Hue/Saturation]을 선택하고 22와 같이 적용합니다.

13

14

15

16

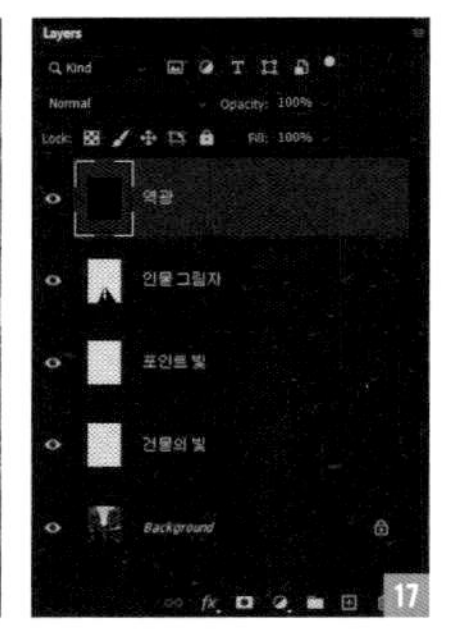

17

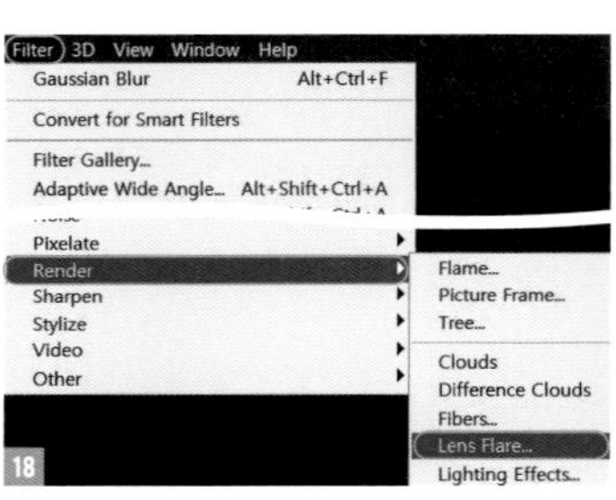

18

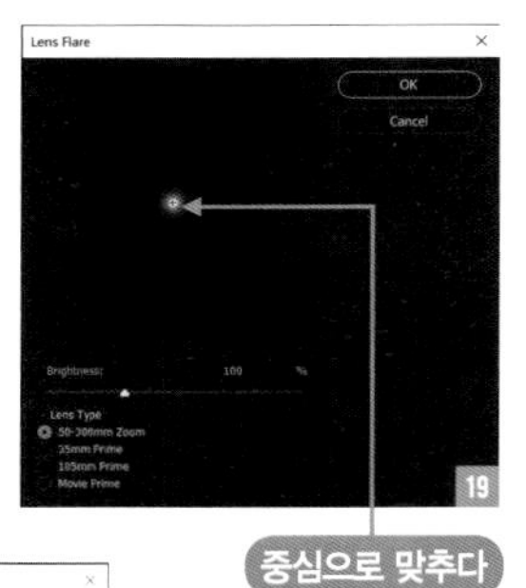

19

20

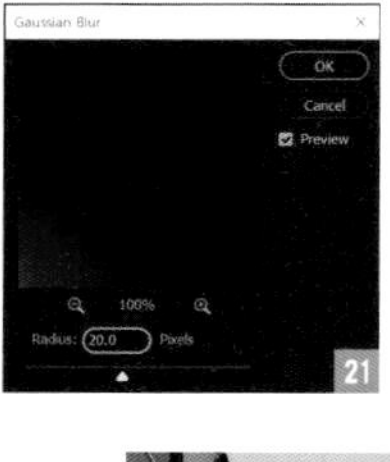

21

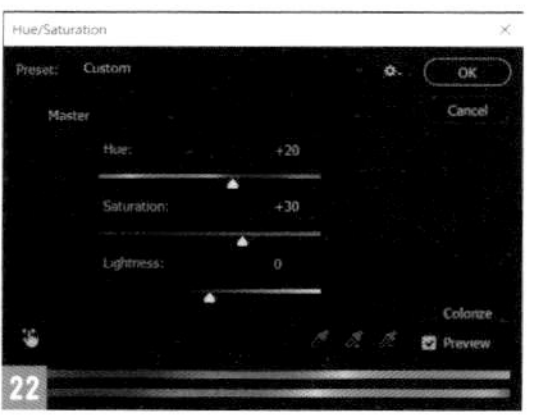

22

23

약간 채도를 올리고, 노란빛을 강하게 해 빛을 강조하면서 저녁 분위기를 표현했습니다23.
이렇게 여러 방법을 사용하여 더 드라마틱한 원근감을 표현할 수 있습니다.

Recipe

042

듀오톤+Shape를 조합한 디자인

Shape와 이미지를 조합해 디자인을 만들고 Gradient Map을 사용해 3가지 색상으로 표현합니다.

Design methods

샘플

01

03

01 문자와 고양이를 겹쳐 위치 조정하기

포토샵을 열고 [고양이.psd] 파일을 불러옵니다. [배경] 레이어와 잘라낸 [고양이] 레이어로 나누어져 있습니다 01 02.

먼저 [고양이] 레이어 고양이를 숨기고, [Horizontal Type Tool]을 선택해 'G'라고 입력합니다 03 04.

사용 폰트는 [Azo Sans] [style:Medium] [size:560pt] [Color:#000000]으로 설정합니다 05.

'G' 문자에서 고양이 귀만 앞에 표시되도록 하기 위해 [고양이] 레이어를 표시, 숨김으로 바꿔가면서 06을 참고하여 위치를 조정합니다.

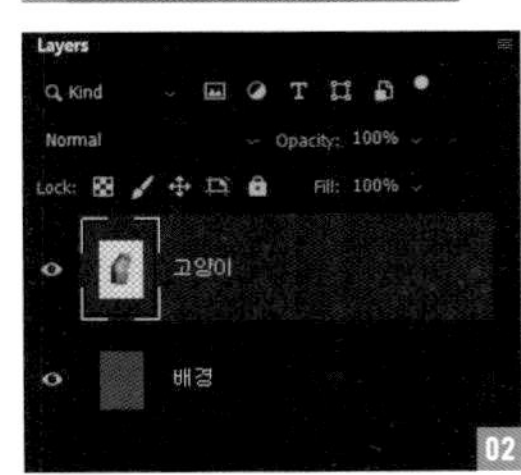

02

04

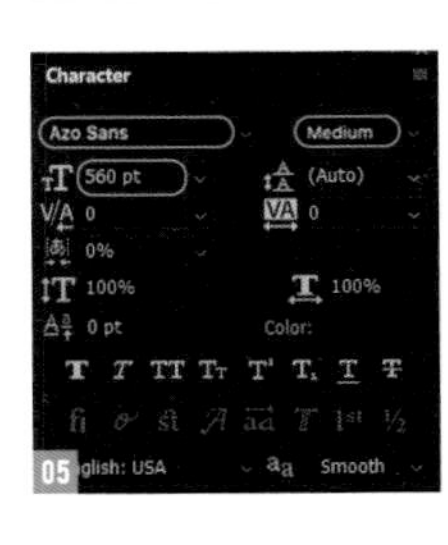

05

06

02 고양이에 마스크 추가하기

문자 레이어 [G]를 선택하고, [마우스 오른쪽 버튼 클릭]→[Convert to Shape]를 선택합니다 07.

[고양이] 레이어를 선택하고 [Layer] 패널에서 [Add layer mask]를 선택합니다 08 09. 레이어 [G]의 레이어 썸네일을 선택하고 ctrl + 클릭해 선택 범위를 만듭니다 10.

그 다음 [고양이] 레이어의 레이어 마스크를 선택합니다.

[Tool] 패널에서 [Brush Tool]을 선택하고 [Size:300px] [Hard Round] [Opacity:100%] [Flow:100%]로 설정합니다 11.

[Foreground Color:#000000]을 선택해 선택 범위 안에서 고양이의 머리 이외의 부분을 색칠합니다 12.

선택 범위를 해제하고 'G' 아래쪽에 튀어나와 있는 고양이의 다리도 색칠합니다 13.

고양이가 'G' 안에서 얼굴을 내밀고 있는 것이 표현되었습니다.

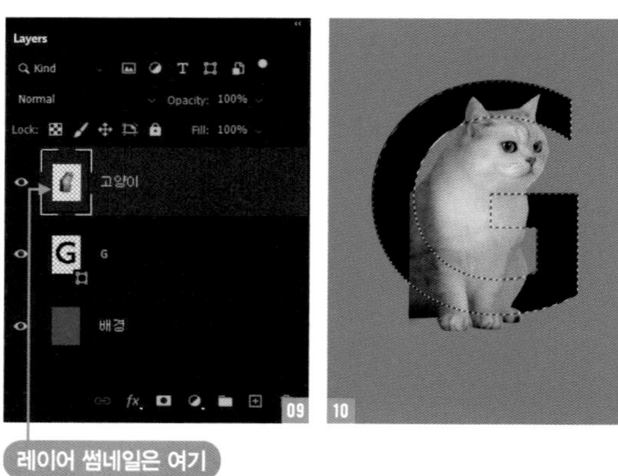

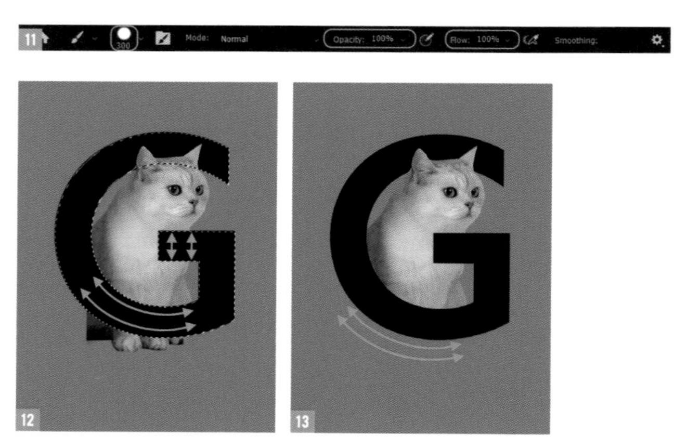

03 Gradient Map 추가하기

[Layer] 패널에서 [Create new fill or adjustment layer]→[Gradient Map]을 추가하고 14 맨 위에 배치합니다 15.

[Gradient Map 1] 레이어를 선택하고 [Properties] 패널 16의 그러데이션 부분을 클릭합니다.

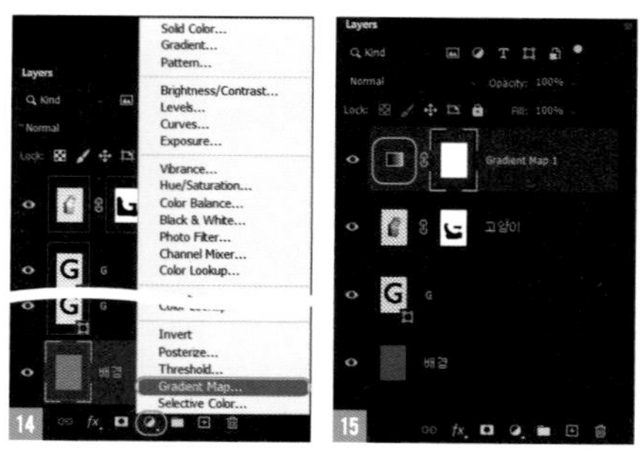

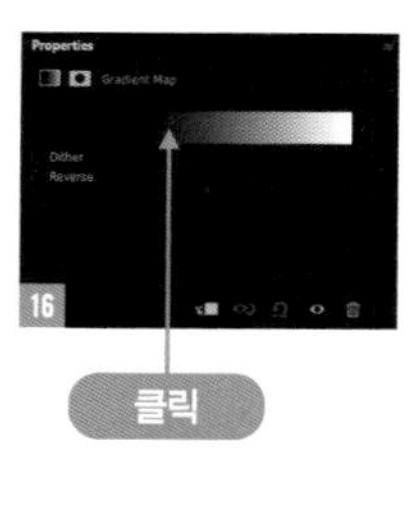

[Gradient Editor] 창이 열립니다 17.
[Color stop]을 왼쪽부터 [#201f32], 중간 분기점을 추가하여 [#1f8b97], 오른쪽 분기점을 [#ffeb90]으로 설정합니다 18.
그러데이션을 편집하면 연동하여 이미지에 그러데이션이 변경됩니다 19.
고양이의 인상이 옅어져 버리므로 [Image]→[Adjustments]→[Levels]를 선택해 20과 같이 콘트라스트를 높게 보정합니다 21.

예제에서는 사각형으로 틀을 만들고 'Gradient Map'이라고 텍스트를 입력해 완성했습니다.
또한, 그러데이션의 색상을 변경해 간단하게 느낌을 바꿀 수 있습니다 22.
사용 색상은 분기점 왼쪽부터 [#25264c] [#c13d72] [#ffeb90] 23입니다. 그러데이션의 하이라이트 측을 어둡게 하면 24와 같은 표현도 할 수 있습니다. 사용 색상은 분기점 왼쪽부터 [#fff0bb] [#1e747e] [#191735]로 적용합니다 25.

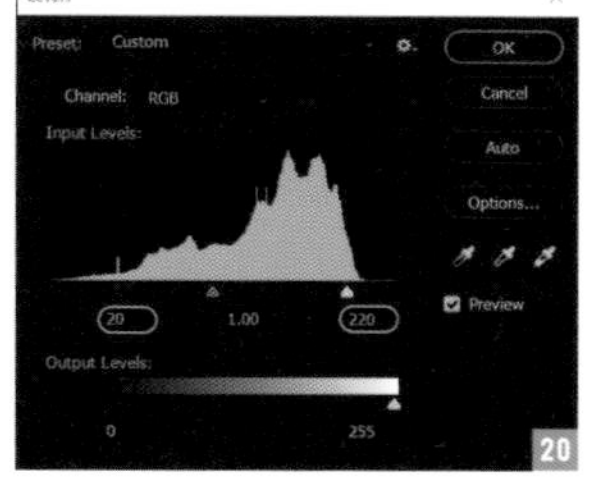

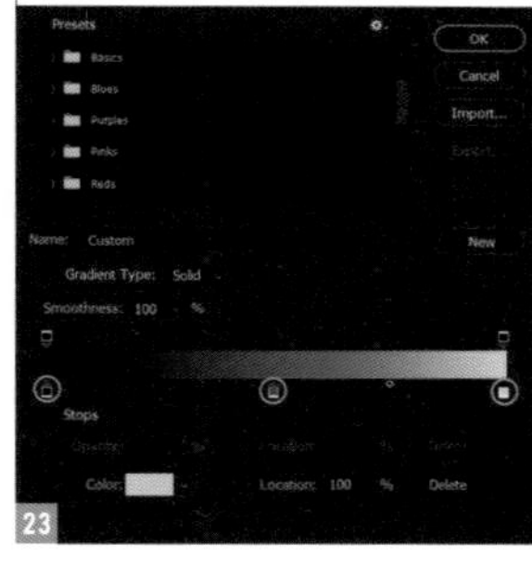

PS

CLASSIC

1500s

BOOK

TEXT PORTRAIT

Recipe

043 인물의 일부를 텍스트로 표현하기

인물의 절반을 텍스트로 덮은 매력적인 디자인을 만듭니다. 레이어 및 그룹용 마스크, 클리핑 마스크를 사용해 제작합니다.

Design methods

01 인물에 마스크 추가하기

포토샵을 열고 [인물.psd] 파일을 불러옵니다 01. 미리 [배경] 레이어와 잘라낸 [인물] 레이어가 준비돼 있습니다 02.

[Tool] 패널에서 [Rectangular Marquee Tool]을 선택해 03과 같이 인물의 왼쪽 절반을 선택합니다.

[인물] 레이어를 선택한 상태에서 [Layer] 패널의 [Add layer mask]를 선택합니다 04.

마스크가 추가됐습니다 05 06.

01

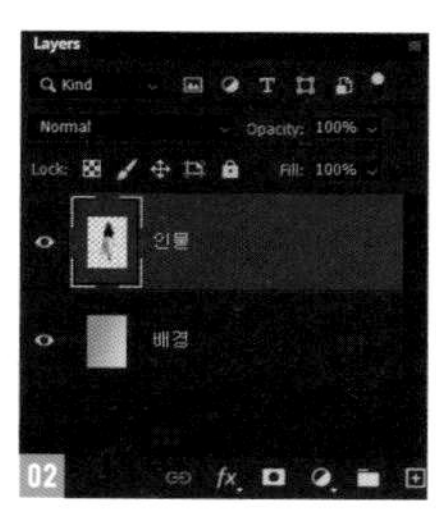

02

03

04

06

05

02 텍스트 박스를 만들고 텍스트로 채우기

[Tool] 패널에서 [Horizontal Type Tool]을 선택하고 07과 같이 원래 인물의 실루엣보다 조금 넓은 정도의 범위를 드래그해 텍스트 박스를 만듭니다.

선택한 범위 안에서만 문자가 표시되기 때문에 박스 안 가득 [텍스트.txt] 파일의 문장을 복사해 채웁니다. 이러한 영문 텍스트가 없는 경우에는 인터넷에서 'lorem ipsum' 등의 더미 텍스트를 검색하면 문장을 찾을 수 있습니다. '영문 더미 텍스트' 등으로 검색해도 찾을 수 있습니다.

[Font:Futura PT Cond] [Style:Medium] [Size:7pt] [Leading:7pt] 08로 설정해 문자를 입력합니다 09.

Point

작은 문자는 섬세하게 레이아웃을 조정하지 않아도 인물의 실루엣이 재현되기 쉽습니다.

07

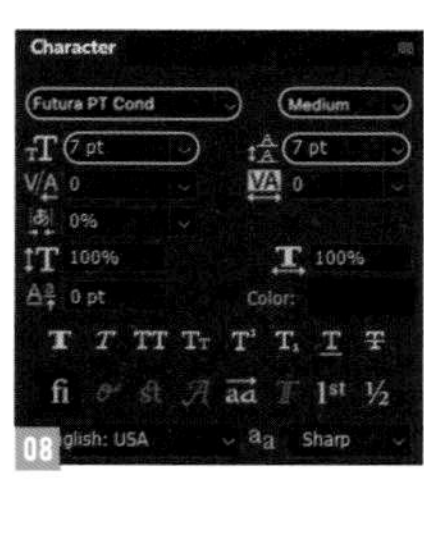

08

09

03 그룹을 만들고 인물의 실루엣으로 마스크 추가하기

텍스트 레이어의 상위에 새로운 [텍스트] 그룹을 만들고 텍스트 레이어를 그룹에 추가합니다 10. [인물] 레이어의 레이어 썸네일을 ctrl + 클릭해 선택 범위를 만듭니다 11. 그 상태에서 [텍스트] 그룹을 선택하고, [Layer] 패널에서 [Add layer mask]를 선택합니다 12. 인물의 실루엣 안에 텍스트가 표시됩니다 13.

04 그룹에 클리핑 마스크 적용하기

[인물] 레이어를 맨 위에 복제합니다 14. 레이어 마스크는 필요 없기 때문에 [마우스 오른쪽 버튼 클릭]→[Delete Layer Mask]를 선택해 삭제합니다 15 16 17.

[인물 Copy] 레이어를 선택하고, [마우스 오른쪽 버튼 클릭]→[Create Clipping Mask]를 선택합니다 18.

그룹에 클리핑 마스크가 적용돼 텍스트에 인물의 색상이 나타납니다 19 20.

하체나 팔 부분의 색상이 옅기 때문에 명도, 채도를 강하게 보정합니다. [Image]→[Adjustments]→[Hue/Saturation]을 선택해 21과 같이 적용합니다 22.

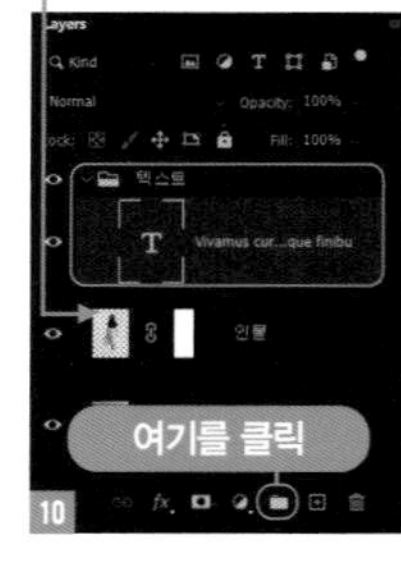

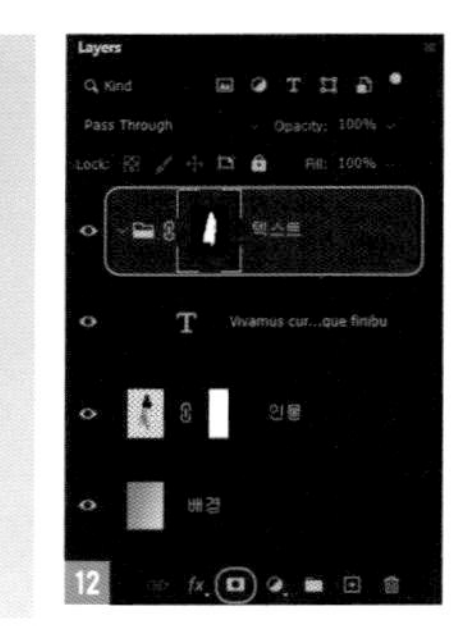

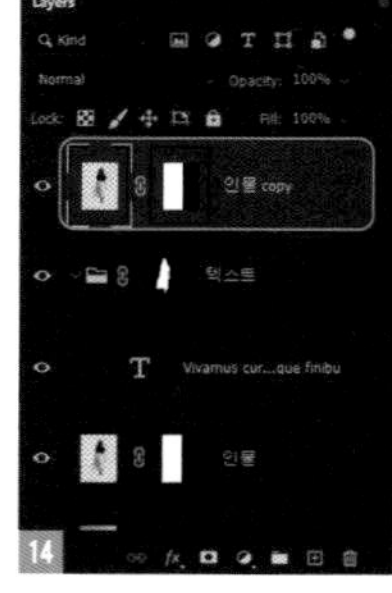

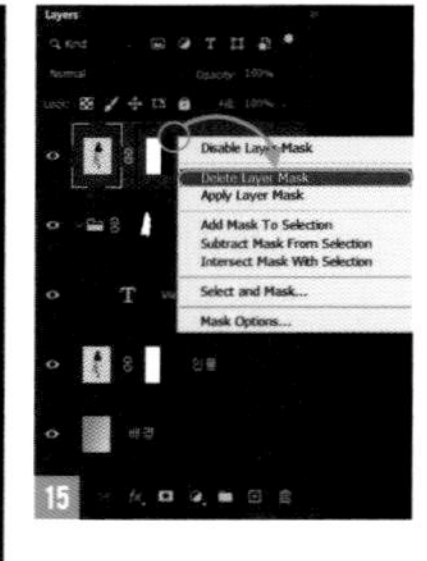

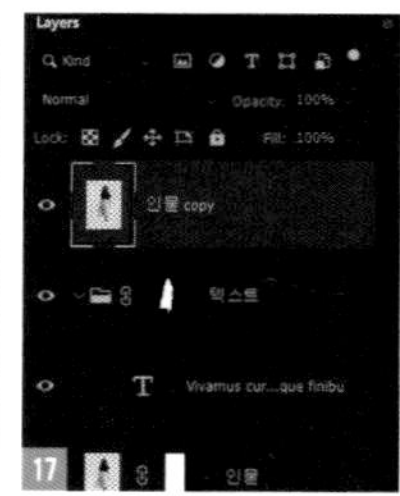

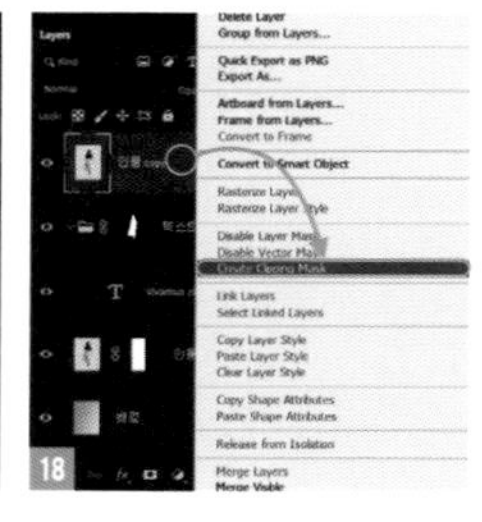

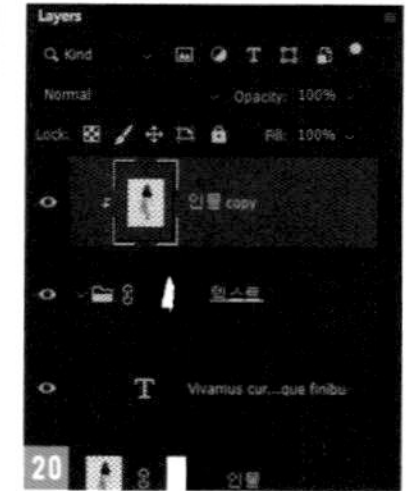

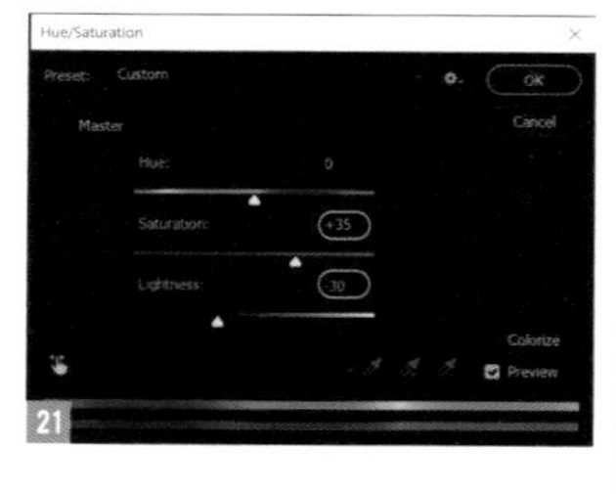

05 텍스트에 강약을 주기

텍스트 디자인에 강점이 없으므로 부분적으로 큰 문자를 배치합니다.

우선 텍스트 레이어를 선택하고 큰 텍스트를 배치하고 싶은 부분을 줄 바꿈 해둡니다.

23을 참고해 취향에 따라 줄 바꿈 하여 공간을 만들어 봅니다.

[텍스트] 그룹 안에서 [Horizontal Type Tool]을 사용해 조금 전에 여백을 만든 부분에 텍스트를 배치합니다.

이 역시 24를 참고해 취향에 따라 추가합니다.

마지막으로 [인물] 레이어에 그림자를 추가해 입체감을 줍니다.

[Layer]→[Layer Style]→[Drop Shadow]를 선택해 25, 26과 같이 설정합니다27.

예제에서는 [인물] 레이어의 하위에 순서 02와 같은 방법으로 [텍스트 박스를 생성]→[더미 텍스트 추가]→[부분 줄 바꿈]→[줄 바꾼 빈 부분에 큰 문자(PS)를 배치]했습니다.

인물 뒤에도 텍스트를 넣어 입체적으로 표현했습니다.

23

24

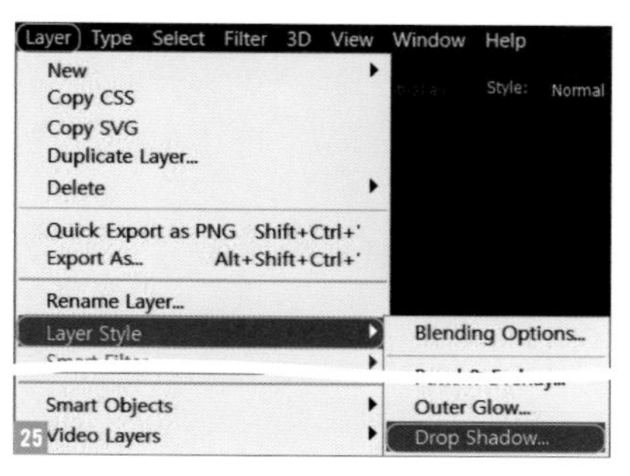

25

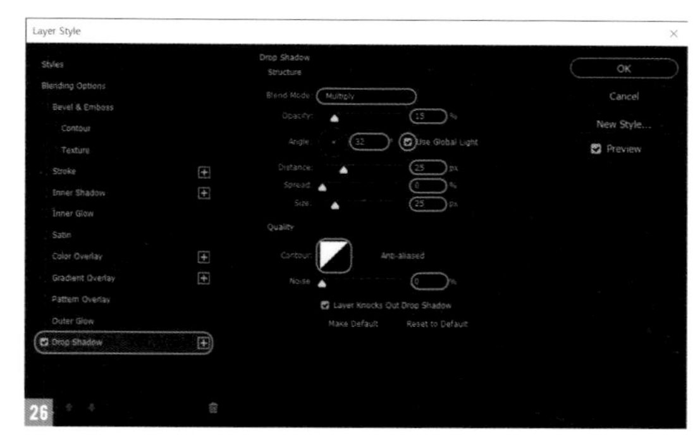

26

27

ALL FLOWERS FOR YOU

BEAUTIFUL FLORIST

Recipe

044

콜라주로 임팩트를 표현하기

크기에 차이를 둔 여러 모티브를 콜라주해 한 덩어리로 작업한 임팩트 있는 이미지를 만듭니다.

Design methods

01 완성형을 생각하기

이 디자인은 플라워 숍의 광고 전단을 디자인한 것입니다.

먼저 러프하게 이미지를 스케치한 후 작업하면 좋습니다 01.

또, 하나하나 꽃의 위치를 정해 콜라주하다 보면 도중에 위치를 움직이는 것이 어려워질 수 있습니다. 일단 보여주고 싶은 부분부터 배치해 나가는 걸 추천합니다.

01

02 콜라주 만들기

포토샵을 열고 [인물.psd] 파일을 불러옵니다 02. 미리 잘라낸 인물과 꽃을 조합해 콜라주를 만들어 갑니다. [소재집.psd] 파일을 열고 03, 레이어마다 나누어져 있는 꽃 레이어([꽃01]~[꽃11])를 [인물.psd]로 이동합니다.

[인물.psd]에 [소재집.psd]의 레이어 [꽃01~05]를 이동해 대략 위치를 정합니다 04 05. 인물의 앞뿐만 아니라 뒤에도 꽃을 두어 깊이를 표현합니다.

계속하여 [소재집.psd]의 [꽃06~08]을 배치합니다. [인물.psd] 레이어와 [꽃02] 레이어는 사진의 아래쪽이 잘려 있으므로 잘 어울리도록 배치 방법에 신경을 씁니다 06 07.

02

03

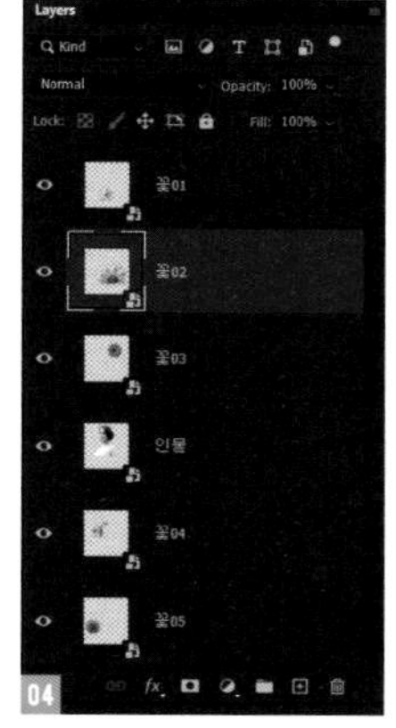

04

05

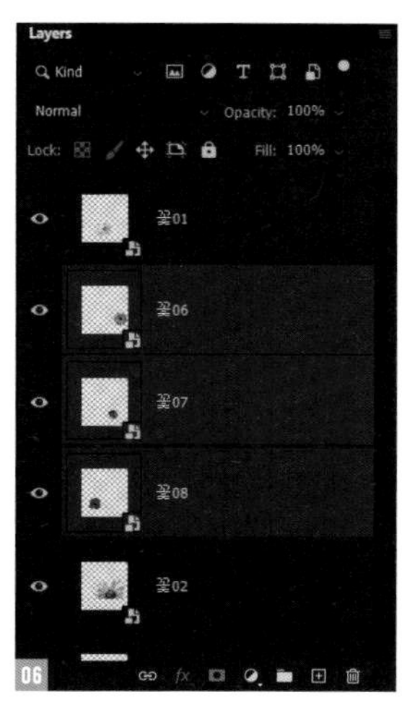

06

07

03 얼굴 주위에 꽃 배치하기

[인물] 아래에 모티브가 너무 많아 얼굴에 시선이 가기 어렵기 때문에 나머지 꽃 [꽃09~11]을 얼굴 주위에 배치해 밸런스를 잡아줍니다 08 09. 임팩트 있는 콜라주가 됐습니다.
[File]→[Save As]를 선택하고 파일명을 '콜라주.psd'로 설정해 저장합니다.

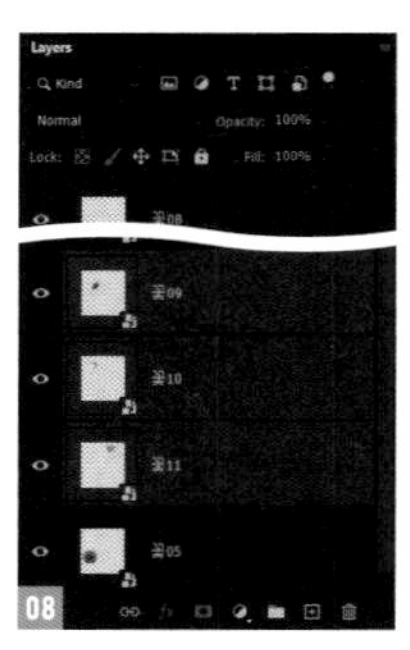
08

09

04 콜라주 이미지를 넣어 레이아웃하기

일러스트레이터에서 레이아웃을 해봅니다.
일러스트레이터를 열고 [File]→[New]를 선택합니다. 단위를 [Millimeters]로 지정하고, [Width : 182mm] [Height : 232mm]로 설정한 후 [Create]를 클릭합니다 11.
[Create New Layer]를 클릭해 레이어를 추가합니다. 레이어를 2개 더 추가해 위에서부터 레이어 이름을 [레이아웃] [사진] [배경]으로 지정합니다 12.
[사진] 레이어를 선택하고, [File]→[Place]를 선택한 다음 방금 만든 [콜라주.psd] 파일을 불러와 배치합니다. 13과 같이 작업화면의 약간 윗부분에 배치합니다.
콜라주 이미지에 흰색이나 밝은색 꽃이 있어 잘 보이지 않기 때문에 [배경] 레이어에 직사각형의 색 배경을 만듭니다.
[Tool] 패널에서 [Rectangle Tool]을 선택하고 14 [Width : 182mm] [Height : 232mm]로 설정해 직사각형을 만듭니다 15. 색상을 [M : 70 Y : 90]으로 지정해 작업화면 중앙에 배치합니다 16 17.
콜라주 한 꽃과 인물의 얼굴이 빛나 보입니다.

Point

10처럼 색이나 인상이 비슷한 모티브들을 대각선상에 배치해 단조롭게 보이지 않도록 했습니다.

10

11

12

13

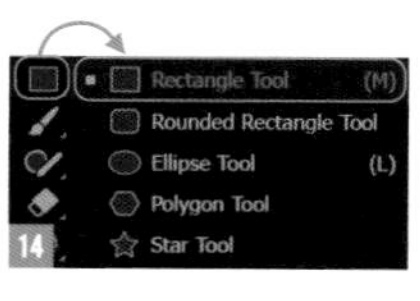

14

15

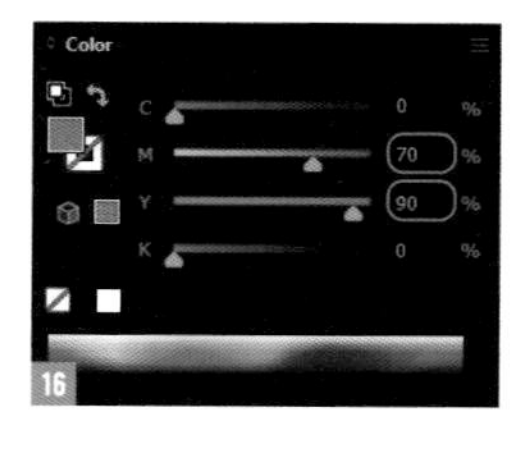

16

17

05 문자를 레이아웃하기

[레이아웃] 레이어를 선택하고 아래에 문자를 입력합니다.
[Tool] 패널에서 [Type Tool]을 선택하고[18]. [텍스트.txt] 파일에서 숍 이름인 'VIVID'를 복사 & 붙여넣기 합니다[19]. [Font:Bodoni URW] [Style:Medium] [Size:159pt] [Kerning:Optical] [Tracking:0] [Paragraph:Align center][20][21]로 설정합니다.
색상은 흰색입니다[22].

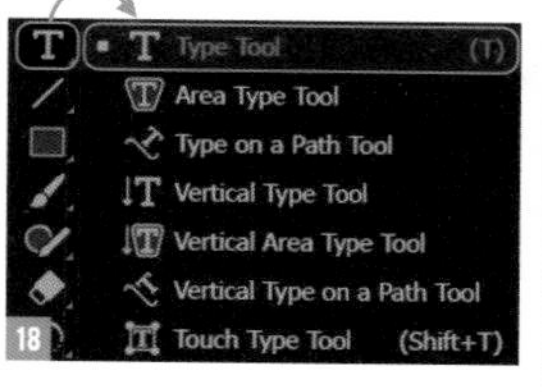

18

19

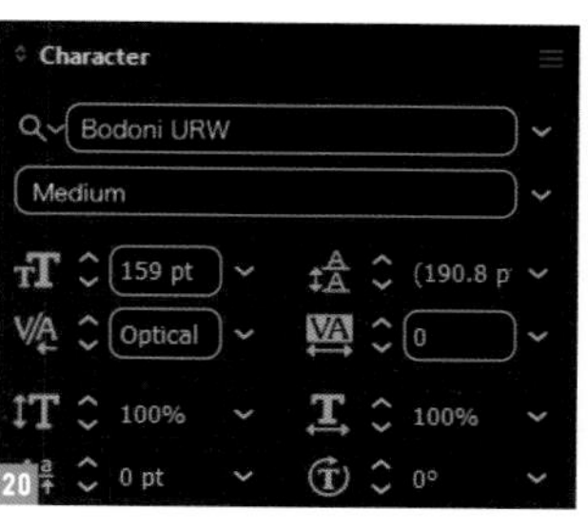

20

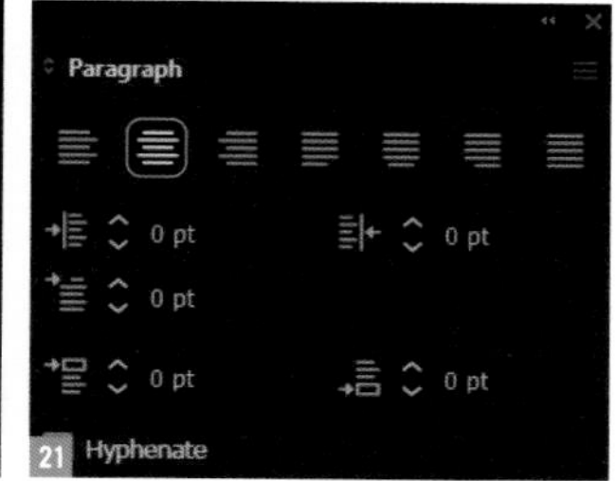

21

22

Point

문자와 콜라주를 나누어 배치하면 화면이 상하로 나누어진 느낌이 듭니다. 콜라주에 겹치도록 문자를 배치해 일체감을 표현합니다[23].

23

마지막으로 아래 빈 공간의 중앙에 설명을 넣습니다.
[텍스트.txt] 파일에서 'ALL FLOWERS FOR YOU'와 'BEAUTIFUL FLORIST'를 복사 & 붙여넣기 해 가져옵니다[24].
'ALL FLOWERS FOR YOU'는 [Font:Bodoni URW] [Style:Medium] [Size:16pt] [Kerning:Optical] [Tracking:100]으로 설정하고, 'BEAUTIFUL FLORIST'는 [Font:Bodoni URW] [Style:Medium] [Size:25pt] [Kerning:Optical] [Tracking:100]으로 설정합니다. 모두 [Paragraph:Align center]로 지정하고, 색상은 흰색입니다.
콜라주를 사용한 디자인이 완성됐습니다.

24

Recipe

045

하늘로 반전된 도시

포스터 등의 메인 이미지로 사용할 수 있는 고퀄리티를 목표로 디자인합니다. 도시의 풍경을 반전시켜 웅장한 풍경으로 완성합니다.

Design methods

01 하늘을 바꿔놓기

포토샵을 열고 베이스가 되는 [도시.psd] 파일을 불러옵니다.

미리 B5 크기의 작업화면에 도시의 풍경을 배치했습니다01.

[Edit]→[Sky Replacement]를 선택합니다02.

[Sky Replacement] 창이 표시되면03 [Sky]를 선택합니다.

[Blue Skies] [Spectacular] [Sunset]의 폴더에 각각 8개의 하늘 프리셋이 준비돼 있습니다.

[Spectacular]에서 04의 하늘을 선택합니다.

자동으로 [도시]의 하늘을 분석해 하늘을 바꿔놓습니다05.

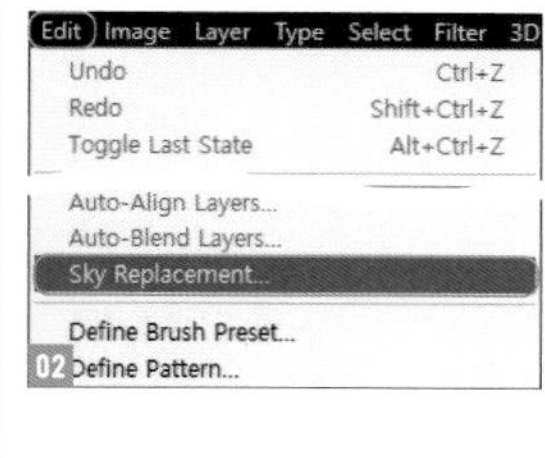

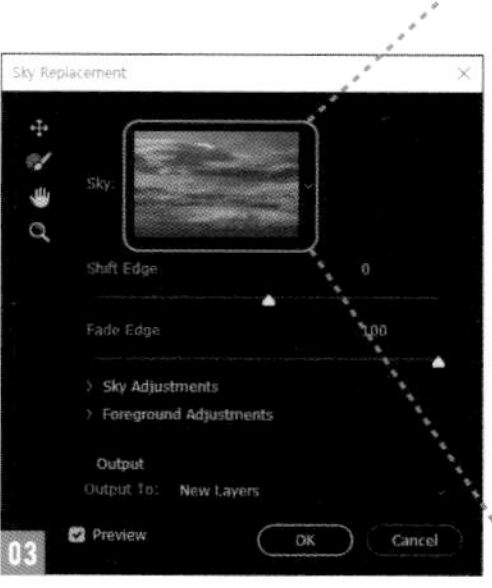

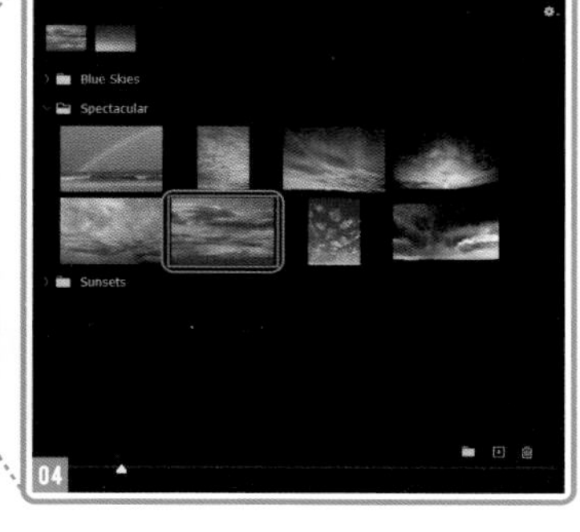

Point

바꿔놓은 하늘은 [도시] 이미지 자체의 하늘이 바뀐 것이 아닙니다. [도시] 레이어 위에 [그룹]으로 하늘 부분을 마스크 한 상태로 작성된 것을 알 수 있습니다06.

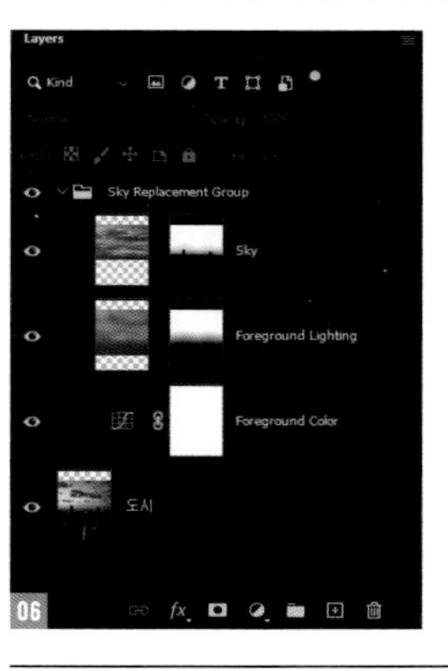

02 하늘을 반전시키기

[Sky Replacement Group] 그룹 안에 있는 [Sky] [Foreground Lighting]의 레이어 썸네일과 마스크 사이를 클릭해 [레이어의 링크(연결 마크)]를 나타냅니다 07.
[Sky Replacement Group] 그룹과 [도시] 레이어를 선택하고 [Edit]→[Transform]→[Flip Vertical]을 선택해 08 반전시킵니다 09.

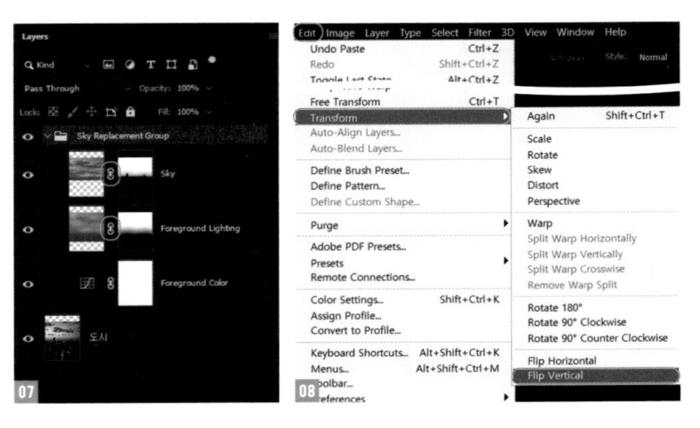

03 지면에 호수의 풍경 배치하기

[인물.jpg] 파일을 열어 맨 위에 배치합니다 10.
이미지의 수평선이 너무 선명하므로 약하게 하고, 깊이감을 주기 위해 경계에 빛을 추가합니다.
상위에 새로운 [빛] 레이어를 만들고 [Blending mode : Overlay]로 설정합니다 11.
[Tool] 패널에서 [Brush Tool]을 선택하고 [Foreground Color : #ffffff] [Soft Round]를 선택한 후 [Size : 50~200px] [Opacity : 50%]로 설정해 경계에 라인을 그립니다.

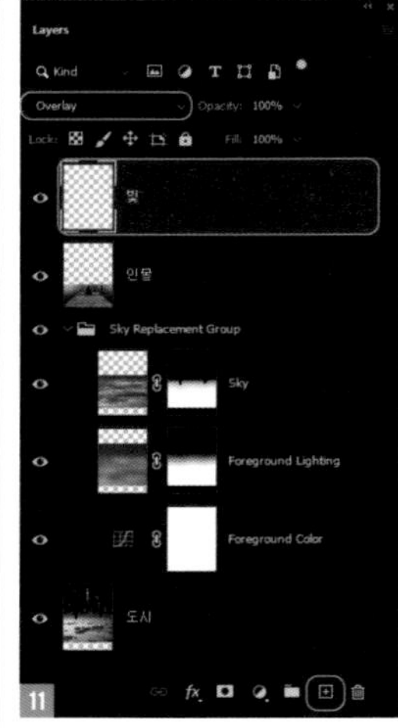

Point

[shift] 키를 누르면서 그리면 직선을 그릴 수 있습니다.

수평선은 [50px] 정도의 가는 브러시로 그리고, 근처는 [200px] 정도의 큰 브러시로 그리면 좋습니다. 이미지에서 가장 먼 수평선 위치에 빛을 넣으면 좀 더 깊이를 느끼게 됩니다. 또한 이미지의 경계도 흐려져 잘 어우러집니다 12.

12

04 그룹과 레이어 복제하기

[Sky Replacement Group] 그룹과 [도시] 레이어를 선택하고 13, [마우스 오른쪽 버튼 클릭]→[Duplicate Layers]를 선택해 복사합니다 14. [Duplicate Layers and Groups] 창이 나타나면 [OK]를 선택합니다 15. [Sky Replacement Group] 그룹과 [도시] 레이어가 복제됐습니다 16.

복제한 레이어를 모두 선택하고 [마우스 오른쪽 버튼 클릭]→[Merge Layers]를 선택합니다 17.

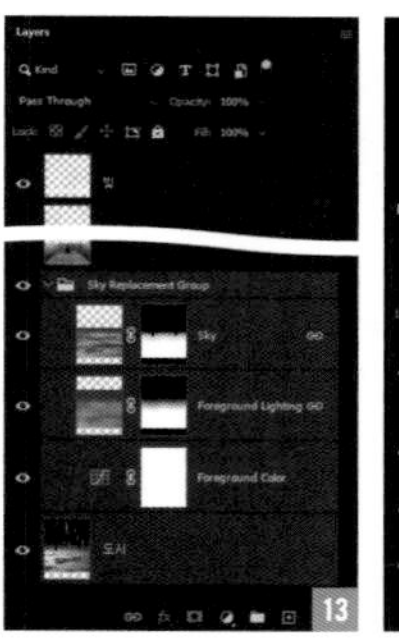

13

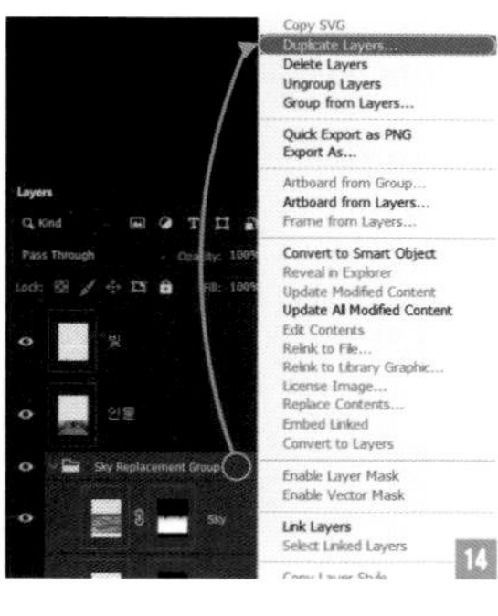

14

Duplicate Layers and Groups
Duplicate:
Destination
Document: 도시.psd
OK
Cancel

15

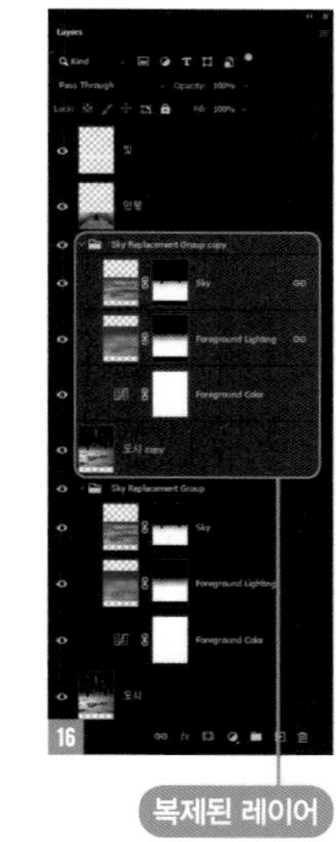

16

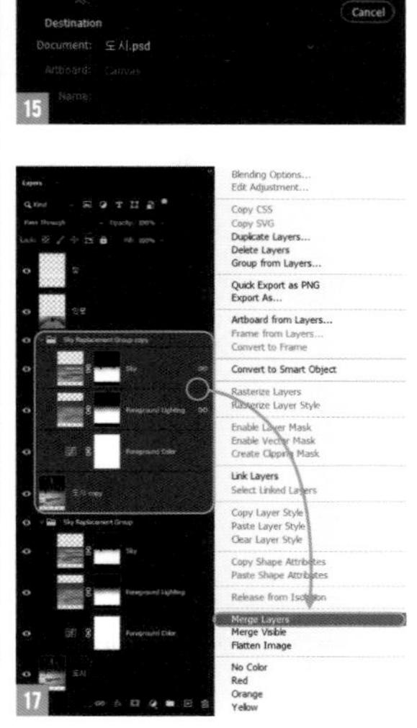

17

05 수면에 비친 도시를 표현하기

결합한 레이어의 이름을 [비침]으로 변경하고 [Blending mode:Screen]으로 설정합니다 18 19.

[비침] 레이어를 선택하고 [Edit]→[Transform]→[Flip Vertical]을 선택해 이미지 아래쪽으로 이동시킵니다 20.

일단 [비침] 레이어를 숨깁니다. 수면에만 적용하기 위해 [인물] 레이어를 선택하고 [Tool] 패널에서 [Quick Selection Tool]을 선택해 수면만 선택 범위를 만듭니다 21.

선택 범위가 만들어지면 [비침] 레이어를 표시하고 [Layer] 패널에서 [Add layer mask]를 선택해 마스크를 적용합니다 22 23.

Point

비치는 위치가 안 맞을 때는 [비침] 레이어에서 마스크와의 링크(연결 마크)를 해제하고 위치를 정돈합니다.
또, [Sky Replacement Group] 그룹 안에서 하늘의 위치가 안 맞을 때도 마찬가지로 링크(연결 마크)를 해제하고 위치를 정돈합니다.

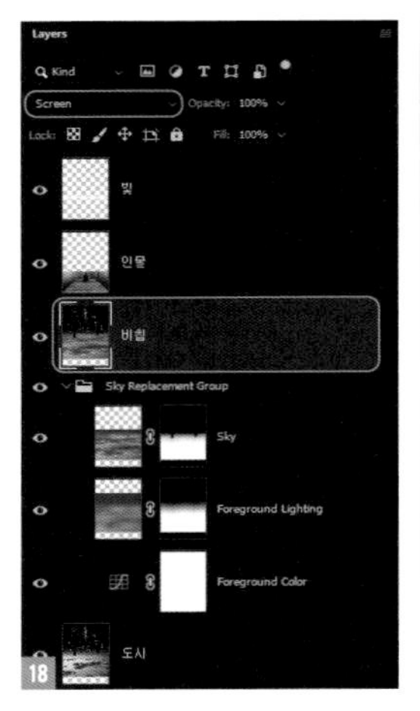

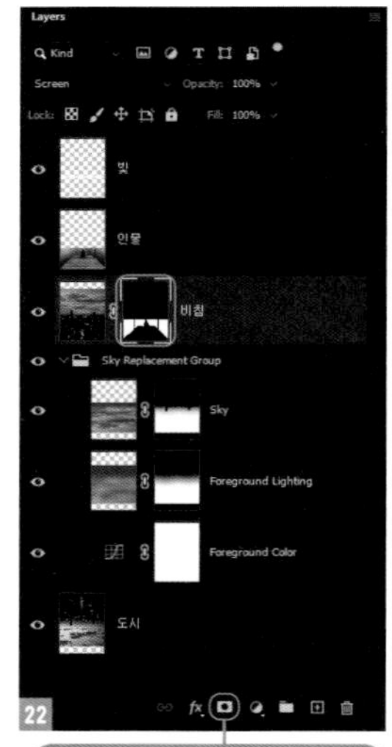

06 이미지 전체의 색감을 조정해 환상적인 컬러로 만들기

마지막으로 [Create new fill or adjustment layer]→[Selective Color]를 선택해 맨 위에 추가합니다 24 25.
[Colors:Reds]를 26과 같이 설정해 도시의 빨간 빛을 강화합니다.
[Colors:Blues]를 27과 같이 설정해 파란색과 자주색을 강화합니다.
[Colors:Magentas]를 28과 같이 설정해 인물 주변과 하늘 일부의 자주색 색감을 밝게 합니다.
[Colors:Whites]를 29와 같이 설정해 수평선 주변의 밝기를 올리면서 살짝 노란색을 넣습니다.
[Colors:Neutrals]를 30과 같이 설정합니다. 중간 색상은 특히 전체 색상이 크게 달라지므로 신중하게 설정합니다. 전체를 밝고, 파란색과 자주색을 강화하도록 의식하면서 조정했습니다.
[Colors:Blacks]를 31과 같이 설정해 어두운 색조를 조금 밝게 했습니다. 완성입니다 32.

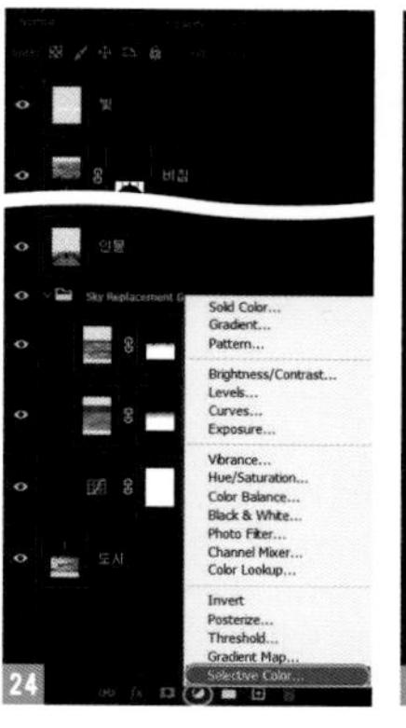
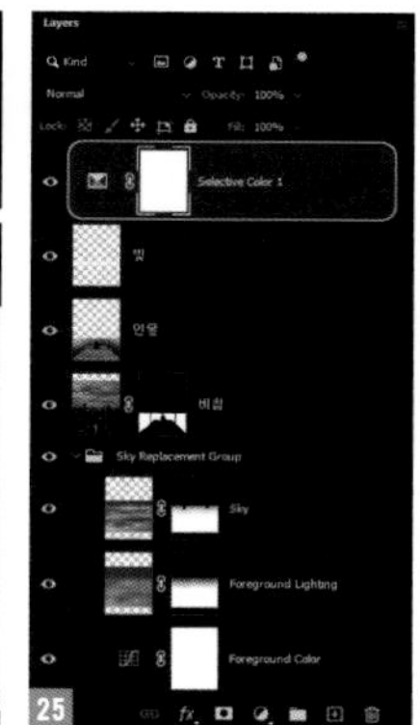

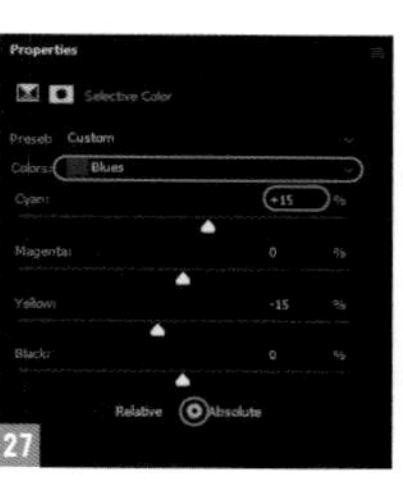
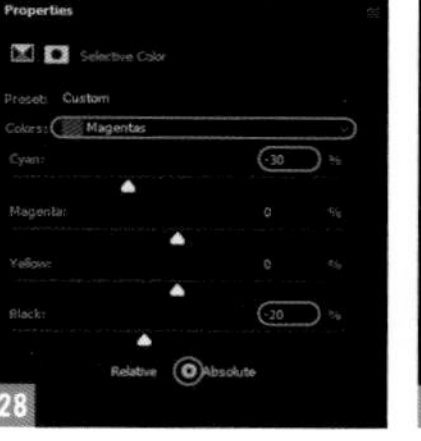

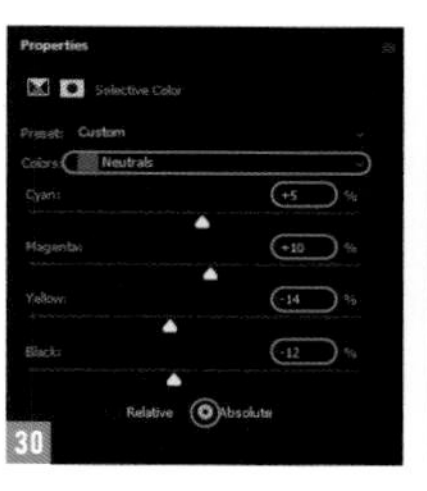

Column

소재 찾기의 포인트

하늘에 배치할 도시와 지면에 배치할 풍경의 소재를 선택할 때는 각 사진의 원근감이 가능한 한 가까운 것을 선택하면 쉽게 어우러집니다.
하지만 언뜻 보기에 원근감이 가까운 사진인지 판단하기가 어렵습니다. 몇 가지 마음에 드는 사진 소재를 발견했다면 일단 하늘과 지면의 소재를 배치해 봅니다.
대부분의 경우 배치한 2장의 이미지는 원근감이 어긋나 위화감이 있습니다.
그 2장의 이미지를 겹쳐 보면 생기는 위화감 때문에 '지면의 사진은 조금 더 내려다보는 것이 맞을 것 같다', '하늘에 배치하는 도시는 더 깊이가 있는 사진이 좋다'라며 다음에 찾을 소재의 기준이 됩니다.
몇 번 반복하면 안정감이 좋은 사진 소재를 찾기 쉽게 되고, 완성형으로 다가갈 수 있습니다. 어딘지 모르게 배치한 소재에서 명확하게 필요한 소재가 보일 수도 있습니다.

WELCOME
ENTRANCE
ENTER HERE

Recipe

046

해저에 가라앉은 도시

Layer Style, Blending Mode를 사용해 복잡한 레이어를 겹치는 방법이나 합성 방법 등을 확인해 나갑니다.

Design methods

01 도시와 수면 이미지를 겹치기

포토샵을 열고 바탕이 되는 [도시.jpg] 파일을 불러옵니다 01. 미리 잘라낸 파일 [소재집.psd]를 불러와 예제를 만들어 갑니다 02.

[수면] 레이어를 [도시.jpg]로 이동시켜 03과 같이 상위에 배치합니다.

[수면] 레이어를 선택하고 레이어 이름의 오른쪽에서 [더블 클릭]해 [Layer Style] 패널을 엽니다 04.

[Layer Style]→[Blending Options]를 05와 같이 [This Layer:0/230 255] [Underlying Layer:0 100/144]로 조정합니다 06.

Point

Blend If의 왼쪽 조정 포인트는 조정 포인트의 살짝 오른쪽, 오른쪽 조정 포인트는 조정 포인트의 살짝 왼쪽에서 alt 키를 누르면서 드래그하면 조정 포인트를 분할할 수 있습니다. 여기에서는 [This Layer]인 [수면] 레이어 자체의 어두운 부분(수면의 어두운 부분 등)을 투명하게 하고, [Underlying Layer]인 [도시] 레이어의 밝은 부분(빌딩의 불빛 등)에 겹치고 있는 부분이 투명하게 되도록 조정하고 있습니다.

01

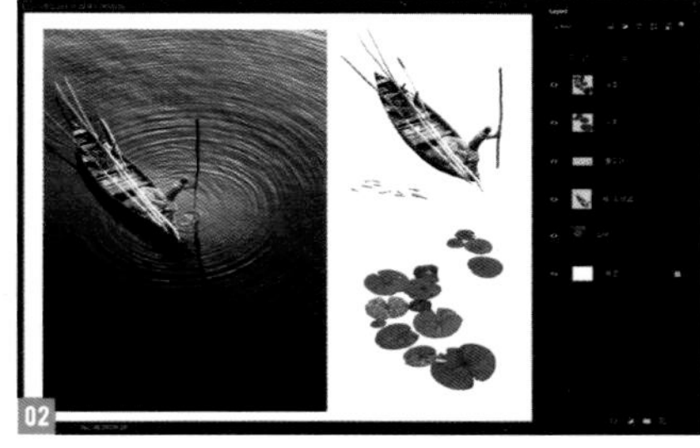
02

03

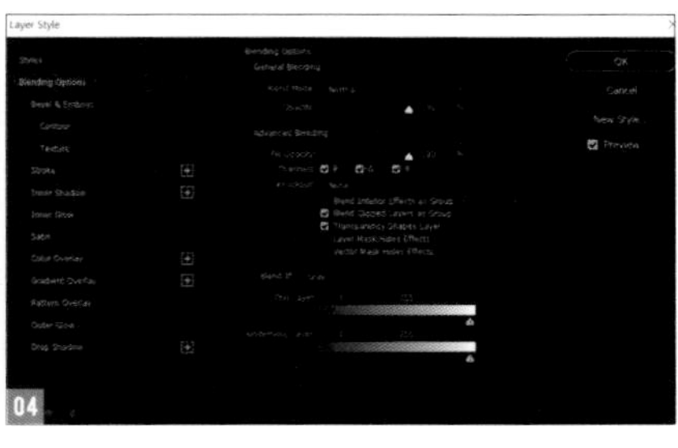
04

05

06

02 레이어 효과를 살려 수면을 그리고 정돈하기

배 앞부분에만 수중 도시가 보이도록 표현하고 싶기 때문에 배보다 안쪽을 파란색으로 칠합니다. [수면] 레이어의 아래에 [수면색] 레이어를 만듭니다.

[Tool] 패널에서 [Brush Tool]을 선택하고, [Soft Round] [Foreground Color:#172d64] [Opacity:50% 전후]를 선택해 배 주변과 화면 안쪽을 드래그합니다 07.

대략적으로 08 부분을 그렸습니다.

Point

[수면] 레이어의 [Layer Style]→[Blending Options]의 설정으로 [수면] 레이어의 어두운 부분은 투명하게 돼 있으므로 [수면] 레이어의 어두운 부분만 Foreground Color로 됩니다.
한편 [수면색] 레이어는 [Blend Mode:Normal]로 돼 있으므로 아래의 [도시] 레이어는 Foreground Color로 빈틈없이 칠해집니다.

03 도시의 색 정돈하기

수면과 도시 색상의 Color Balance를 맞춥니다.
[도시] 레이어를 선택하고, [Image]→[Adjustments]→[Color Balance]를 선택해 09와 같이 [Color Levels:−100, 28, 100]으로 설정합니다 10.

이것으로 수면 색상에 가까워졌지만, 수중 도시 표현이므로 멀리 느낄 수 있도록 색을 옅게 합니다.
[Image]→[Adjustments]→[Levels]를 선택하고 11과 같이 설정합니다 12.

수면의 흔들림을 표현하기 위해 [Filter]→[Distort]→[Ripple]을 선택해 13과 같이 설정합니다 14.

전체 색감을 통일하기 위해 [Image]→[Adjustments]→[Photo Filter]를 선택해 15와 같이 설정합니다.

물속 멀리 도시가 있는 것 같이 표현됐습니다 16.

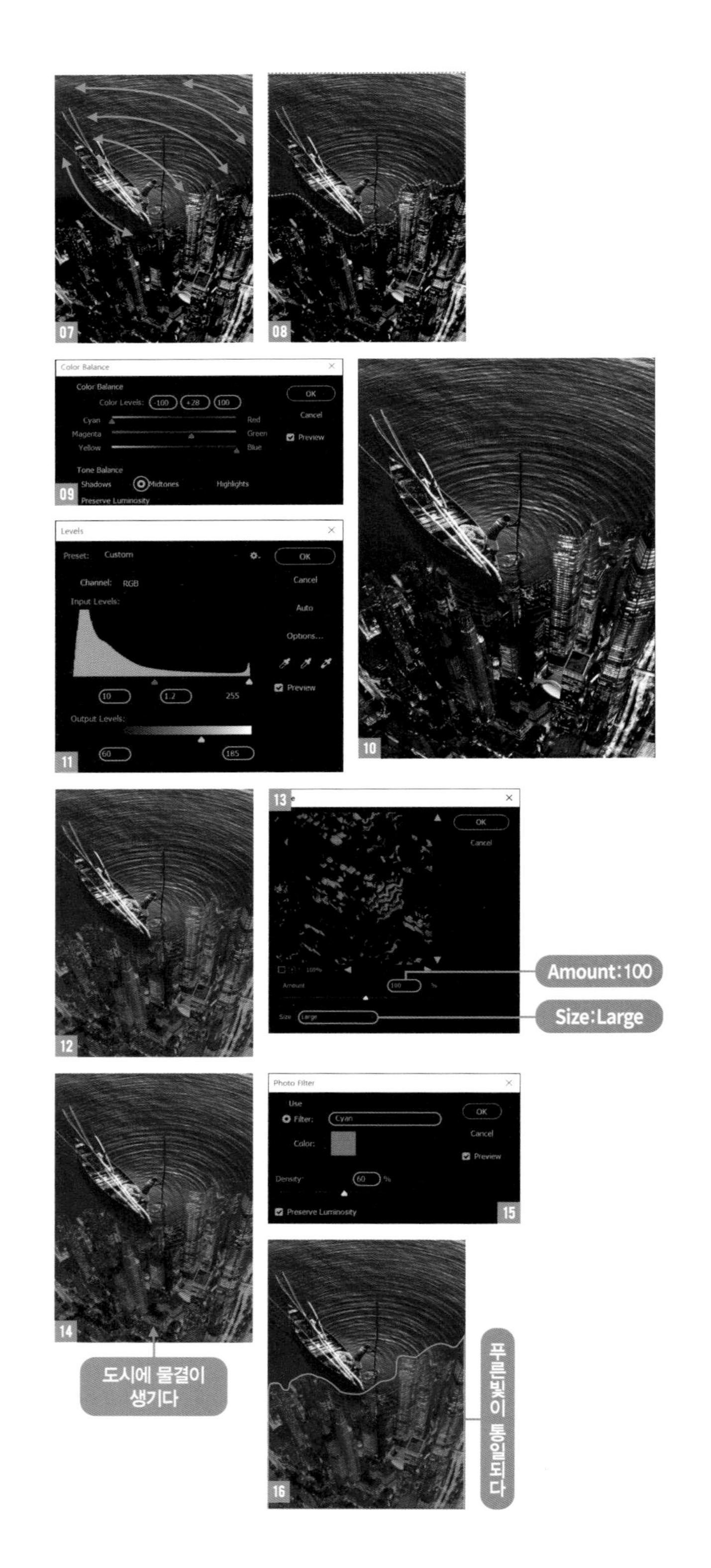

04 수면의 빛을 강조해 원근감 표현하기

[수면] 레이어 위에 새로운 [수면빛] 레이어를 만들고 [Blending mode:Overlay]로 설정합니다. 한 번 더 [마우스 오른쪽 버튼 클릭]→[Create Clipping Mask]를 선택합니다 17.
[Brush Tool]을 선택하고 [Soft Round] [Foreground Color:#ffffff]로 설정해 [100~500px] [Opacity:25~50%]로 조정하면서 배 주변의 빛을 강조하도록 그립니다 18.
파장을 따라 그리면 자연스러운 인상이 됩니다. 그린 상태에 따라 레이어의 불투명도를 조정합니다. 예제에서는 [Opacity:60%]로 했습니다.

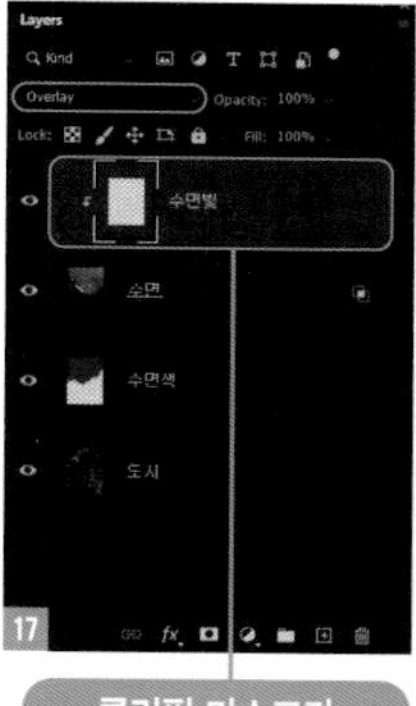

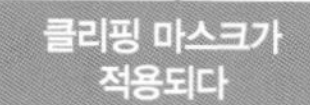

05 소재 배치하기

[소재집.psd] 파일에서 [배_오려냄] 레이어를 이동시켜 19와 같이 원래의 배와 같은 위치에 배치합니다.
[Image]→[Adjustments]→[Levels]를 선택해 20과 같이 설정하고, [Image]→[Adjustments]→[Color Balance]를 선택한 다음 21과 같이 설정해 어우러지게 합니다 22.
맨 위에 [물고기] [수초] 레이어를 23과 같이 배치합니다.
배의 방향 양옆에 수초를 배치해 진행 방향과 이미지의 안정감을 표현했습니다. 물고기는 중심 인물을 향해 배치하여 시선이 중심으로 가도록 했습니다.

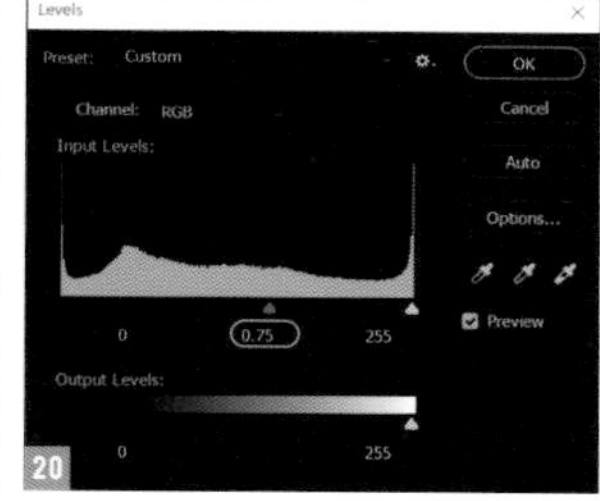

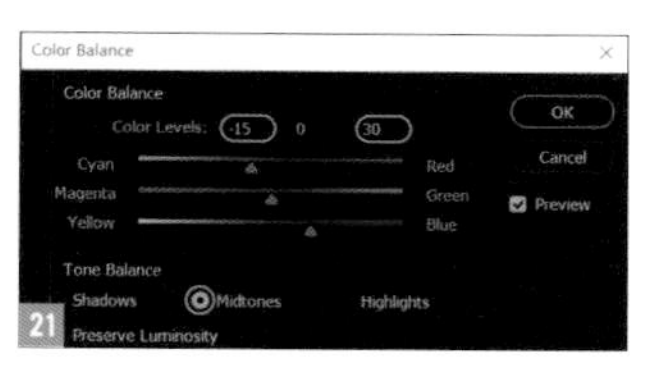

06 그러데이션을 사용해 수면에 빛 추가하기

맨 위에 새로운 [수면빛_노랑] 레이어를 만들고 [Blending mode:Overlay]로 설정합니다.
[Foreground Color:#f8feb7]으로 설정하고, [Tool] 패널에서 [Gradient Tool]을 선택해 작업화면 오른쪽 위에서 왼쪽 아래 방향으로 그러데이션을 적용합니다 24.
같은 방법으로 상위에 새로운 [수면빛_보라] 레이어를 만들고, [Blending mode:Normal]로 설정합니다.
[Foreground Color:#a418f4]를 선택하고 작업화면 오른쪽 아래에서 왼쪽 위 방향으로 그러데이션을 적용합니다. 조금 강한 인상이므로 [Opacity:30%]로 조정합니다 25.
한층 더 위에 새로운 [수면빛_흰색] 레이어를 만들고 [Blending mode:Overlay]로 설정합니다. [Foreground Color:#ffffff]를 선택하고 작업화면 왼쪽 위에서 오른쪽 아래 방향으로 그러데이션을 적용합니다 26. 여기에서는 배 뒤에 약간의 빛을 추가했습니다.
모두 흰색[#ffffff]으로 그러데이션을 적용해도 되지만 화면에 조금 색감을 주기 위해 흰색 이외에도 노란색과 보라색과 같이 밝은색을 적용했습니다.

24

25

26

07 전체적인 색조 정돈하기

맨 위에 새로운 [전체빛] 레이어를 만들고 [Blending mode:Overlay]로 설정합니다.
[Brush Tool]을 선택하고 [Foreground Color:#ffffff] [Soft Round]로 설정해 부분적으로 빛을 넣습니다.
원래 빛이 닿고 있는 부분에 빛을 추가해 그리면 어우러지기 쉽습니다.
배나 인물의 등, 배의 그림자와 수면의 경계 부분, 도시의 빛이 강한 부분 등을 강조하는 이미지로 빛을 추가하면 전체적으로 음영에 강약이

27

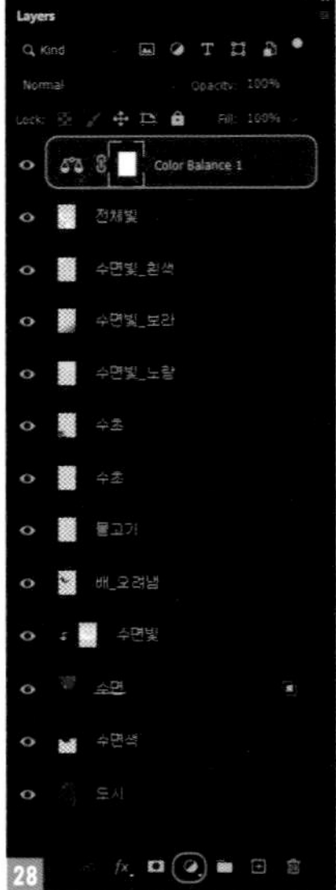

28

29

생깁니다. 이대로는 빛이 너무 강하므로 [Opacity:30%]로 조정합니다(그린 빛의 양으로 %를 조정합니다) 27.
[Layer] 패널에서 [Create new fill or adjustment layer]→[Color Balance]를 선택해 맨 위에 추가하고 28, 29와 같이 설정합니다.
[Layer] 패널에서 [Create new fill or adjustment layer]→[Curves]를 선택해 한층 더 위에 추가하고 컨트롤 포인트를 왼쪽부터 [Input:0 Output:26] 30, [Input:32 Output:45] 31, [Input:124 Output:135] 32로 설정합니다. 전체적으로 약간 옅게 하면서 밝은 인상으로 보정했습니다 33.

08 텍스트 배치하기

예제에서 수면에 배치한 텍스트는 [Font:Azo Sans(Adobe Fonts에서 다운로드 가능)] [Style:Regular]를 사용하여 레이아웃하고 34, 레이어를 [마우스 오른쪽 버튼 클릭]→[Convert to Shape] 35를 선택한 후 [Edit]→[Transform]→[Distort]를 선택해 수면에 맞춰 변형했습니다 36.
마지막으로 일부 문자에 움직임이 느껴지도록 레이아웃해 완성했습니다 37.

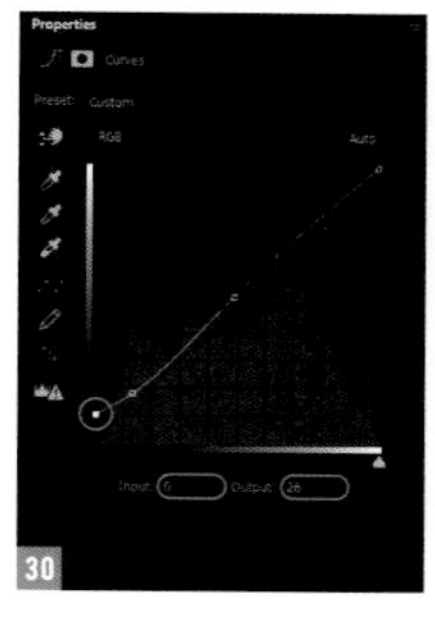
30

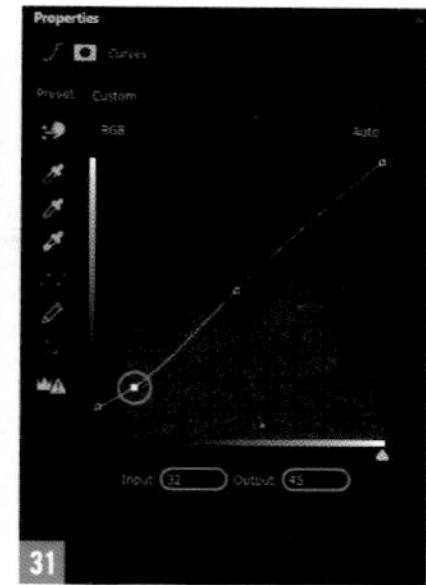
31

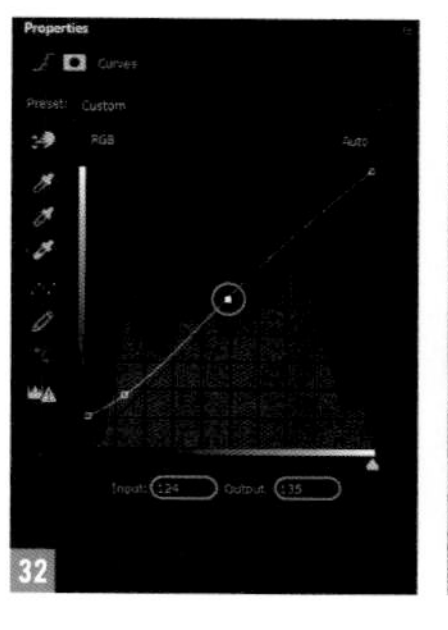
32

33

34

35

36

37

UNKNOWN PLANET

2100.05.10 ON SALE

ALL TIME BEST

ASTRONAUTS

Recipe

047

CD 재킷이나 광고물을 포토샵으로 만들기

포토샵으로 거칠고 빈티지한 질감으로 완성하는 SF 느낌의 이미지를 만듭니다. CD 재킷이나 포스터 등의 광고물 전개의 흐름도 살펴봅니다.

Design methods

01 Curves 설정하기

포토샵을 열고 [기본 이미지.jpg] 파일을 불러옵니다 01.

미리 잘라낸 파일 [소재집.psd]를 불러와 레이어를 이동시켜 작업합니다 02.

[동굴] 레이어를 이동시키고 03과 같이 배치합니다.

[Layer] 패널에서 [Create new fill or adjustment layer]→[Curves] 04를 추가하고 컨트롤 포인트를 왼쪽부터 [Input:0 Output:45] 05, [Input:37 Output:47] 06로 설정합니다 07.

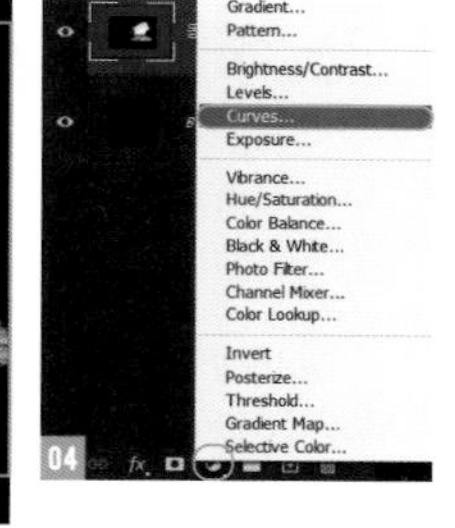

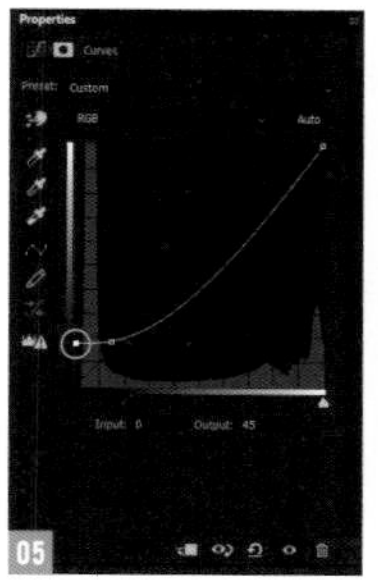

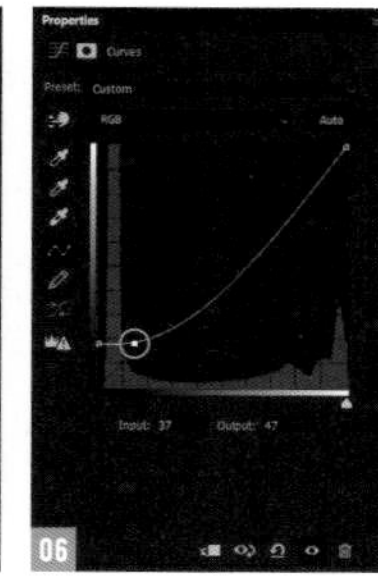

02 텍스처 배치하기

[텍스처.jpg] 파일을 불러와 레이어의 최상위에 배치합니다 08 09.

[Blending mode:Soft Light] [Opacity:50%]로 설정합니다 10 11.

이 설정으로 [텍스처] 레이어와 조정 레이어 [Curves 1]보다 하위에 배치한 레이어는 모두 매트한 질감과 빈티지한 느낌의 텍스처로 통일됩니다.

작업화면 위쪽은 타이틀이 들어가는 것을 의식해 여백을 만든 상태로 작업을 진행합니다.

03 각 소재를 콜라주로 레이아웃 하기

[우주공간] 레이어를 [동굴] 레이어의 상위에 배치합니다 12.

일단 [우주공간] 레이어를 숨깁니다.

[동굴] 레이어를 선택하고 [Tool] 패널에서 [Quick Selection Tool] 13 을 사용해 빈 부분을 선택 범위로 만듭니다 14.

선택 범위가 설정된 상태에서 [우주공간] 레이어를 표시해 선택합니다 15.

[Layer] 패널에서 [Add layer mask]를 선택합니다 16 17.

동굴 안에 [바닥]을 배치합니다. [바닥] 레이어를 [우주공간] 레이어 상위에 배치합니다 18.

[Layer] 패널에서 [Add layer mask]를 선택해 추가합니다 19. 레이어 마스크 썸네일을 선택하고 [Tool] 패널에서 [Brush Tool]을 선택합니다.

[Soft Round] [Foreground Color:#000000]으로 설정하고, Brush Size(200~500정도), Brush Opacity(50~100%)로 조정하면서 20 을 참고해 마스크를 추가합니다. 동굴 내 지면 위치에만 바닥이 남도록 마스크를 적용합니다.

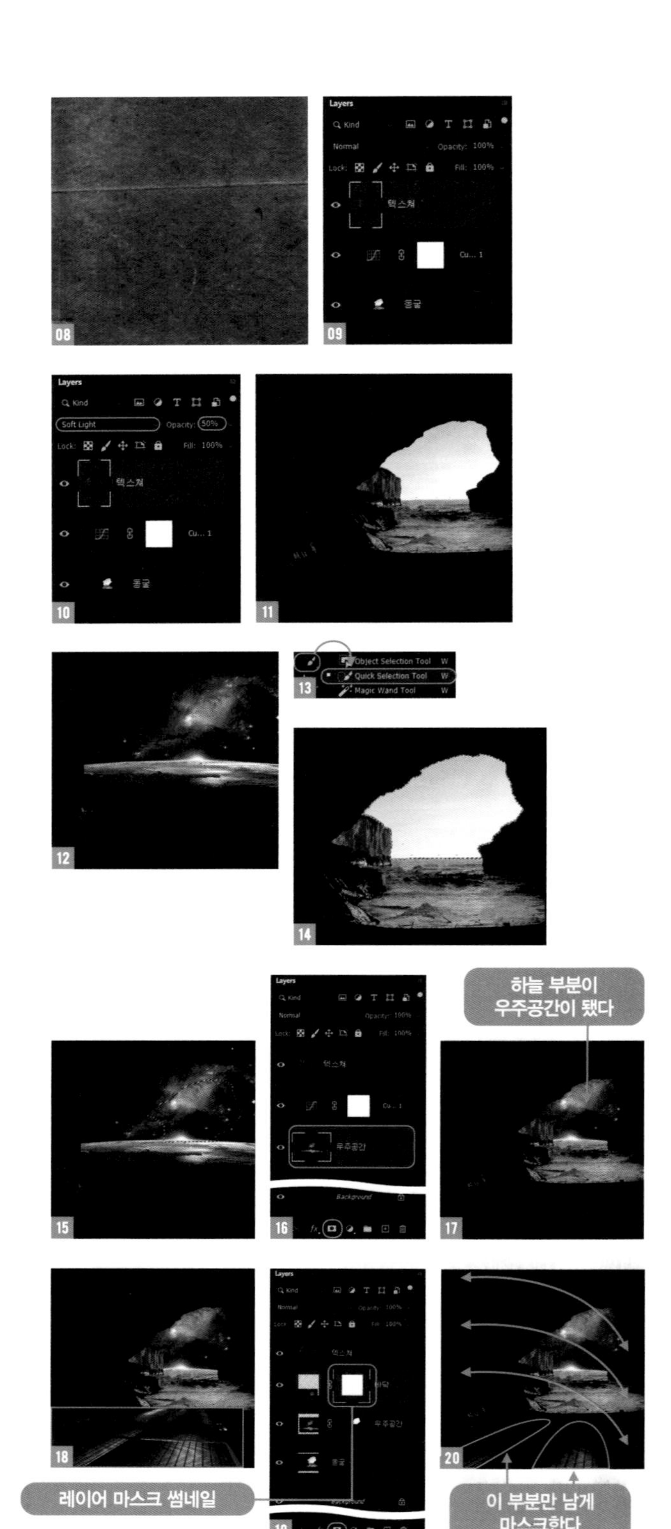

04 우주선과 달 배치하기

[우주선] 레이어를 배치합니다. [Edit]→[Transform]→[Flip Horizontal]과 [Edit]→[Transform]→[Rotate]를 선택해 배치합니다 21.
[우주공간] 레이어에서 만든 레이어 마스크를 선택하고 22, alt 키를 누르면서 [우주선] 레이어로 드래그해 레이어 마스크를 복사합니다 23.
우주선이 지평선 너머에 있으므로 24 오른쪽 절벽 뒤쪽에 보이도록 마스크를 조정합니다.
[우주선] 레이어의 레이어 마스크를 선택한 후 [Brush Tool]을 선택하고 [Soft Round] [Foreground Color:#ffffff]로 설정해 마스크를 조정합니다.
바다에 잠긴 것처럼 보이도록 바다와의 경계 부분은 파도를 의식하여 마스크 합니다 25.
[달] 레이어를 상위에 배치합니다 26.
지금까지와 같은 방법으로 [우주공간] 레이어의 마스크를 alt 키를 누르면서 드래그해 [달] 레이어에 복사합니다.
레이어를 [Blending Mode:Screen]으로 설정합니다 27.

05 우주인 · 해파리 배치하기

상위에 [우주인01] [우주인02] 레이어를 배치합니다 28.
상위에 [기타] 레이어를 이동시키고 [우주인01] 손안에 배치합니다 29.
[바닥] 레이어에서 만든 마스크와 같은 방법으로 [기타] 레이어에 레이어 마스크를 추가하고 30, [Brush Tool]을 선택해 왼손으로 기타를 들고 있는 것처럼 마스크를 추가합니다 31.
기타의 화질이 선명하여 위화감이 있으므로, [Filter]→[Noise]→[Add Noise] 32를 선택해 33과 같이 적용합니다.

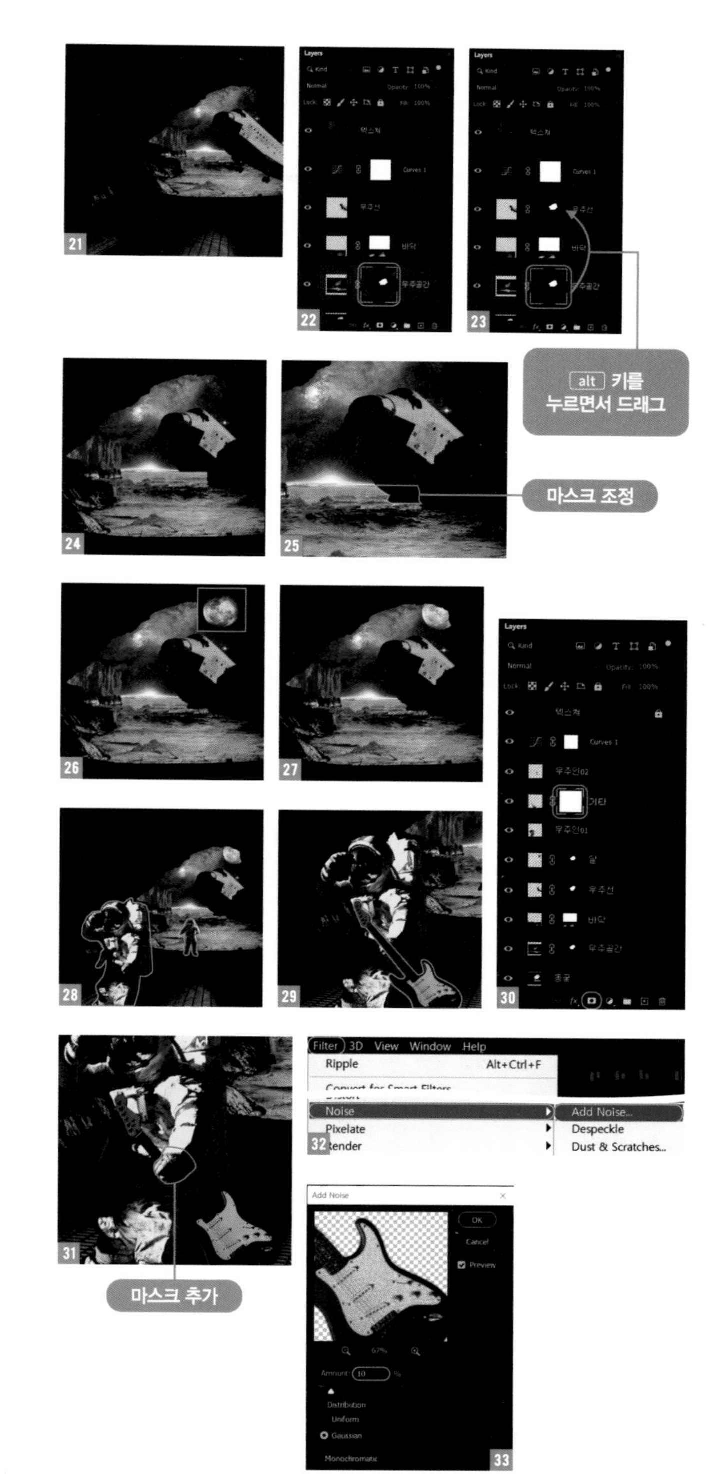

그리고 [Filter]→[Blur]→[Gaussian Blur] 34를 선택해 35와 같이 적용합니다 36.
[해파리01~03] 레이어를 상위에 배치하고 [Blending mode:Screen]으로 설정해 어우러지게 합니다 37.

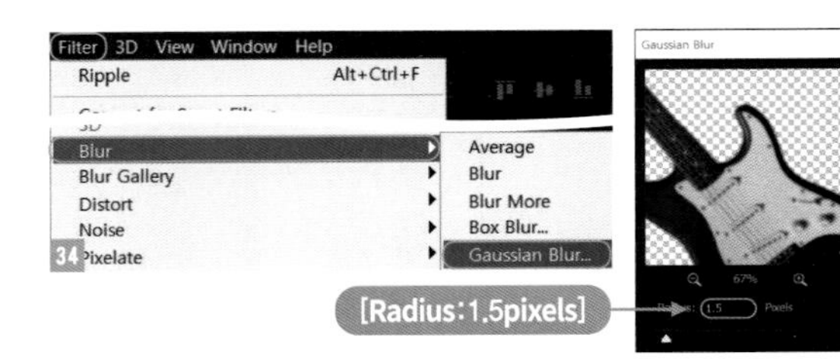

06 빨강 · 파랑 빛으로 신비로운 분위기 연출하기

우주인의 시선 끝에 광원이 있는 설정으로 하여, 그 빛이 우주인과 바닥에 떨어지는 것처럼 표현합니다.
상위에 새로운 레이어 [빛_흰색]을 만들고 [Blending mode:Overlay]로 설정합니다.
[Brush Tool]을 선택하고 [Soft Round] [Foreground Color:#ffffff]로 설정해 [Brush Size]와 [Opacity]를 조정하면서 우주인의 왼쪽과 바닥에 빛을 그립니다 38. 그리는 상태에 맞춰 레이어의 불투명도를 변경합니다.
마찬가지로 상위에 새로운 레이어 [빛_파랑]을 만들고 [Blending mode:Overlay] [Fore ground Color:#04b9e6]로 설정해 우주인과 바닥 전체에 푸른빛이 드리운 이미지로 그립니다 39.
한 번 더 상위에 새로운 레이어 [빛_빨강]을 만들고 [Foreground Color:#fc5392]로 설정해 우주인 왼쪽에 붉은빛이 드리운 이미지로 그립니다 40.
시선 끝에 괴이하게 빛나는 광원이 있는 분위기가 나오게 됩니다.

36

37

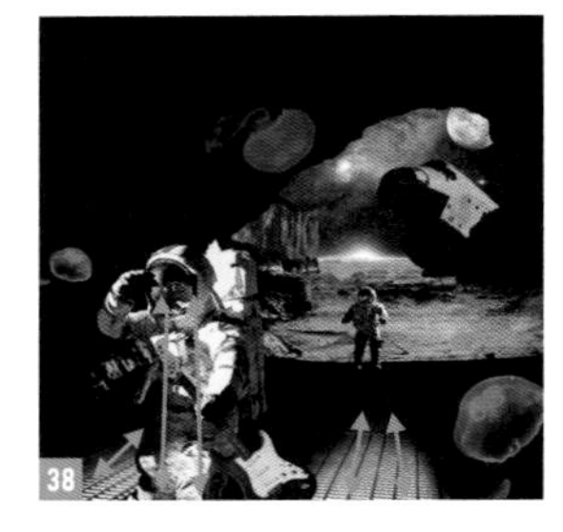
38

39

40

Column

캐릭터의 시선을 의식하여 레이아웃하기

앞의 우주인을 왼쪽 끝에 왼쪽 방향으로 배치해 진행 방향을 느끼기 쉽도록 레이아웃합니다. 반대로 왼쪽 끝에 오른쪽 방향으로 레이아웃 하면 시선 끝에 여백이 생기고, 확대된 레이아웃이 됩니다. 이 경우 시선 끝에 돋보이는 아이템을 배치하면 효과적으로 시선을 유도할 수 있습니다.

07 불필요한 부분을 채색해 문자 배치하기

앞에 있는 우주인을 눈에 띄게 하도록 왼쪽의 동굴 일부를 채색합니다.
[동굴] 레이어 위에 새로운 레이어 [칠]을 만듭니다.
[Brush Tool]을 선택하고 [Foreground Color: #000000]으로 설정해 41과 같이 우주인과 겹쳐 있는 동굴 부분을 채색합니다. 마지막으로 [Font:Futura PT] [Style:Light]로 설정해 타이틀을 넣습니다 42. 이것으로 CD 재킷의 디자인은 완성입니다.

41

42

08 포스터용으로 다시 레이아웃하기

이미지에서 여백을 늘리고 싶은 부분에 채색이나 그러데이션, 하늘 등의 소재를 사용해 심플한 레이아웃으로 응용할 수 있습니다.
이 예제에서는 위쪽으로 여백을 만들어 포스터로 활용합니다. 작업화면 크기를 위쪽으로 연장하고 텍스트와 해파리를 다시 레이아웃해 만들었습니다 43.

43

이 부분의 여백이 늘어남

Column

완성 이미지를 합성해 보기

실제로 인쇄를 해보니 상상했던 것보다 임팩트가 약하거나, 텍스트가 읽기 어렵거나, 이미지와 다른 경험이 있는 사람도 많을 것입니다.
패키지나 포스터 등의 인쇄물로 출력하는 경우 시간에 여유가 있으면 완성 이미지를 합성해 확인해 보면 좋습니다. 완성 이미지를 합성해 보면 화면에서는 보이지 않았던 현실에 가까운 결과물을 확인할 수 있습니다.

01 명암을 플랫하게 보정하기

포토샵을 열고 [풍경.jpg] 파일을 불러옵니다 01.

01

Recipe

048

색상 채도를 통일한 비주얼

이미지 안의 색상을 개별적으로 보정해 통일합니다. 세피아나 흑백과는 다른 신기한 분위기로 만들고 싶을 때 활용할 수 있습니다.

Design methods

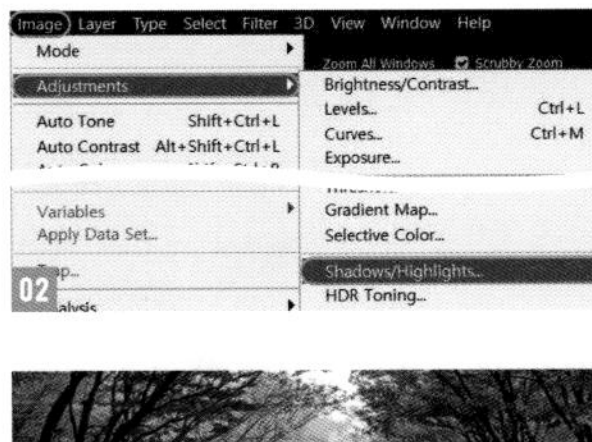

[Image]→[Adjustments]→[Shadows/Highlights]를 선택합니다02.

03과 같이 설정해 화면 안쪽의 밝은 부분(Highlight)을 어둡게 하고 나무의 어두운 색채(Shadow)를 밝게 보정합니다. 이미지가 평평한 느낌이 됩니다04.

02 빨강 · 노랑을 누르고 전체 색조를 푸르게 통일하기

RGB 이미지는 Red · Green · Blue의 3가지 색으로 돼 있습니다. Red · Yellow를 조정해 푸른 계열로 보정할 수 있습니다.

[Image]→[Adjustments]→[Hue/Saturation]을 선택합니다05.

[Reds]를 선택해 06과 같이 설정합니다.

빨강 색상을 파랑 방향으로 보정했습니다. 채도를 더 크게 떨어뜨리고, 명도를 높이고, 진하지 않게 했습니다07.

[Yellows]를 선택해 08과 같이 설정합니다.

마찬가지로 파랑 방향으로 보정해 채도를 떨어뜨리고 명도를 크게 올렸습니다.

전체가 푸른색으로 통일되어 차갑고 환상적인 색이 됩니다09. [OK]를 클릭해 확정합니다.

지금까지의 작업은 밝기를 통일하고, 색감도 일부러 플랫한 파랑으로 통일했습니다(순서 03에서 색을 올리기 쉽도록).

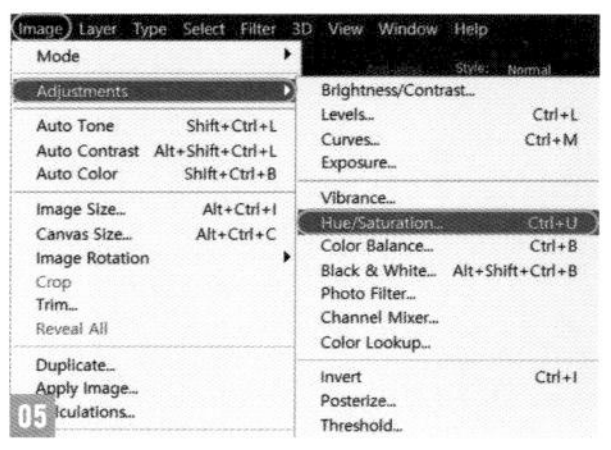

05

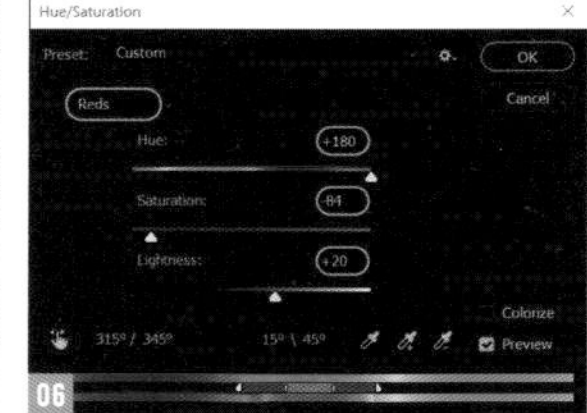

06

07

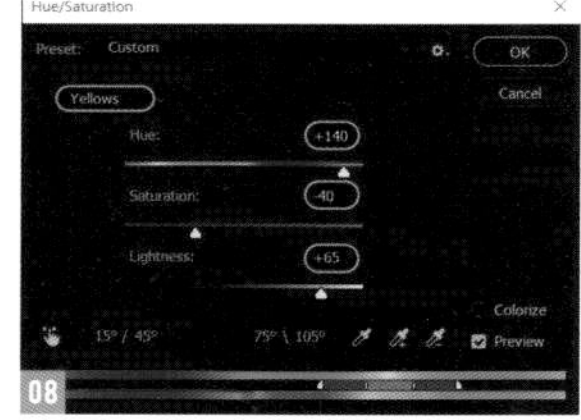

08

09

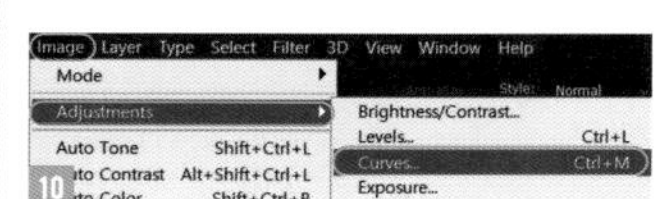

10

03 조금 다른 색을 추가해 깊이 있는 인상으로 만들기

지금까지 작업한 파랑으로 통일한 이미지를 바탕으로 각 Curves를 조정해 깊이가 있는 파랑으로 만들어 갑니다.

[Image]→[Adjustments]→[Curves]를 선택합니다10.

[Channel:Green]을 선택하고 왼쪽 아래의 포인터를 [Output:0 Input:25]로 설정합니다11.

나무 등 어두운 색상에 연한 자주색이 들어간 것처럼 보정됩니다12.

[Channel:Red]를 선택한 후 왼쪽 아래의 포인터를 [Output:0 Input:40]으로 설정하고, 중앙에 1개 포인터를 추가해 [Output:125 Input:130]으로 설정합니다13.

어두운 색감의 레드를 누르면서 밝은 색감에 살짝 레드를 추가한 듯한 이미지입니다14.

[Channel:RGB]를 선택하고 중앙에 포인터를 추가한 후 [Output:136 Input:120]으로 설정해 전체를 조금 밝게 보정합니다15 16. 완성입니다.

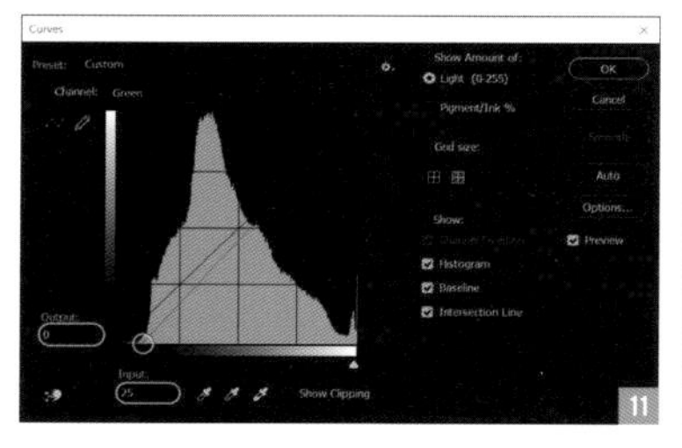

11

12

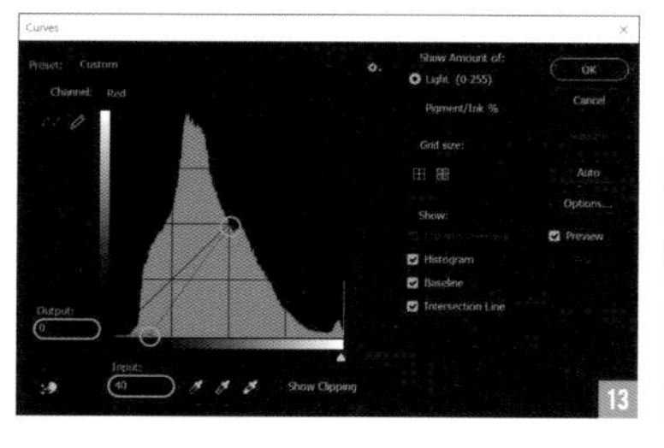

13

14

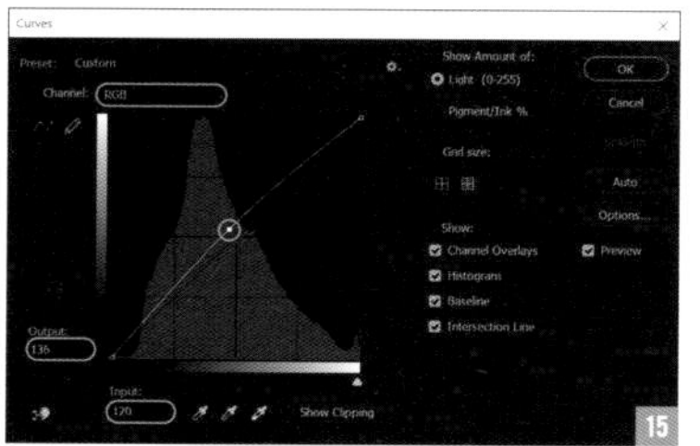

15

16

Chapter 04

배색

배색은 디자인 전체의 이미지를 결정할 수 있습니다.
이 장에서는 디자인 제작에서 흉내만 내면 바로 사용할 수 있는 배색과 내추럴 하모니와 같은 이론적인 접근 방식의 배색 예제를 배웁니다.

Color Combinations

music
LOVER

feature | 나에게 기분 좋은 헤드폰을 찾는 방법

Recipe

049

고급스럽게 사용한 회색빛 핑크

채도를 낮춘 회색빛 핑크를 사용해 차분한 분위기로 전체를 고급스럽게 정돈합니다.

Design methods

01 새로운 파일 만들기

책의 표지를 디자인합니다.
일러스트레이터를 열고 [File]→[New]를 선택합니다. 단위는 [Millimeters] [Width:182] [Height:232]로 설정하고 [Create]를 클릭합니다 01.
[Create New Layer]를 클릭해 레이어를 추가합니다 02. 위에서부터 레이어 이름을 [레이아웃] [사진]으로 지정합니다 03.

02 사진과 여백의 균형 정하기

[사진] 레이어를 선택합니다.
먼저 사진을 배치할 위치와 영역을 만듭니다.
[Tool] 패널에서 [Rectangle Tool]을 선택하고 작업화면에서 임의의 장소를 클릭해 [Width:138mm] [Height:45mm]의 직사각형을 만듭니다 04. 여기에서는 알기 쉽도록 색을 [M:100]으로 설정합니다 05 06.
만든 직사각형 아래에 [Width:138mm] [Height:98mm]의 직사각형을 만듭니다 07. 큰 사각형은 알기 쉽도록 색상을 [C:100]으로 설정합니다.
직사각형 2개를 작업화면 중앙에 배치합니다.

샘플

01

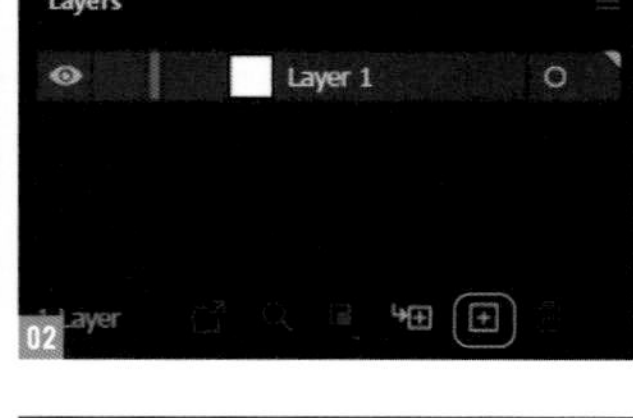

02

03

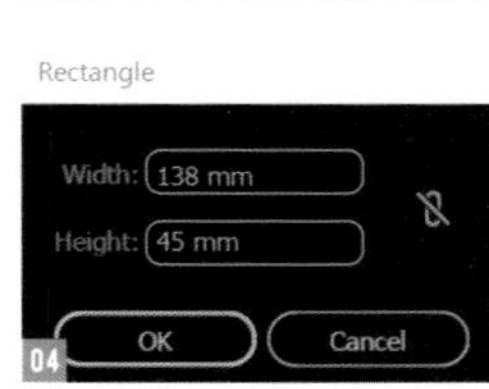

04

05

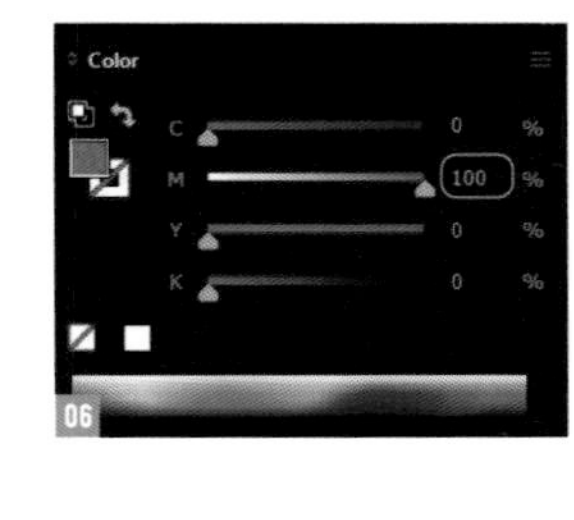

06

07

03 사진 배치하기

[File]→[Place]를 선택해 08 [소재.psd] 파일을 불러옵니다. 'M:100'의 직사각형을 덮도록 배치합니다 09.
이미지를 선택하고 [Object]→[Arrange]→[Send to Back]을 선택해 직사각형의 뒤로 이동시킵니다 10 11. 이미지와 직사각형을 선택하고 [Object]→[Clipping Mask]→[Make]를 선택해 이미지에 마스크를 적용합니다 12. 'M:100'의 직사각형에 마스크가 생깁니다 13.
같은 순서로 다시 한 번 더 작업해 [소재.psd]를 배치한 다음 [C:100]의 직사각형에 마스크를 적용합니다 14. 같은 이미지 두 개를 위아래로 나열했습니다.

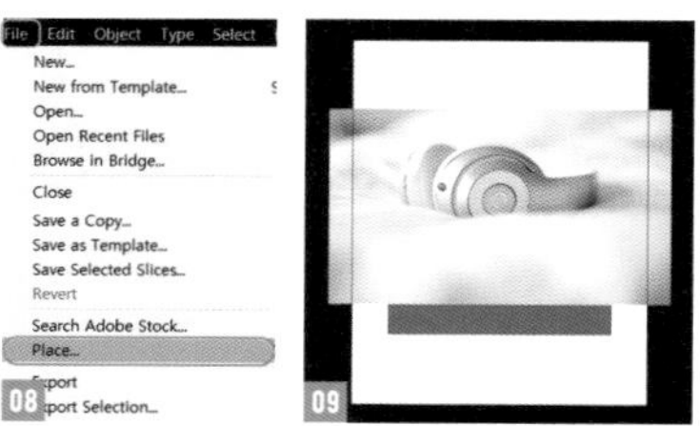

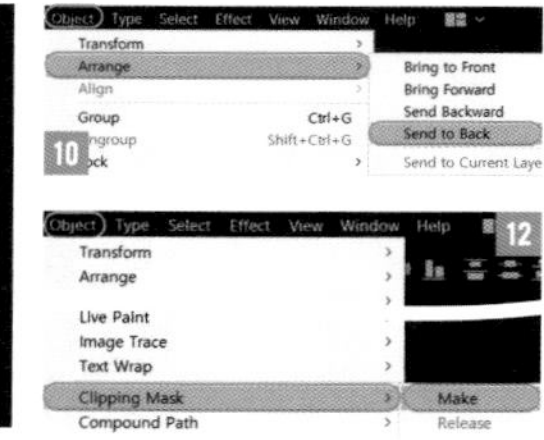

04 배색을 생각하면서 타이틀을 레이아웃하기

이미지의 고급스러움이 유지되도록 화려한 색상은 피하려고 합니다. 이미지의 색감에 맞춰 회색빛 핑크로 정리합니다.
[레이아웃] 레이어를 선택합니다. [Tool] 패널에서 [Type Tool]을 선택해 'LOVER'라고 입력하고 이미지 위에 걸치도록 배치합니다 15.
문자는 [Font:Century Gothic Pro] [Style:Regular] [Size:85pt] [Kerning:Optical] [Tracking:150] [Paragraph:Align center]로 설정합니다 16 17. 색상은 회색빛 핑크가 되도록 [M:30 K:30]으로 설정합니다 18.
계속해서 'LOVER' 위에 'music'이라고 입력합니다 19. 문자는 [Font:Streamline] [Style:Light] [Size:25pt] [Kerning:Metrics] [Tracking:0] [Paragraph:Align center]로 설정합니다 20 21. 이번 문자는 필기체의 폰트로 작고 품위 있게 이미지의 포인트가 되도록 [K:100]으로 설정합니다.

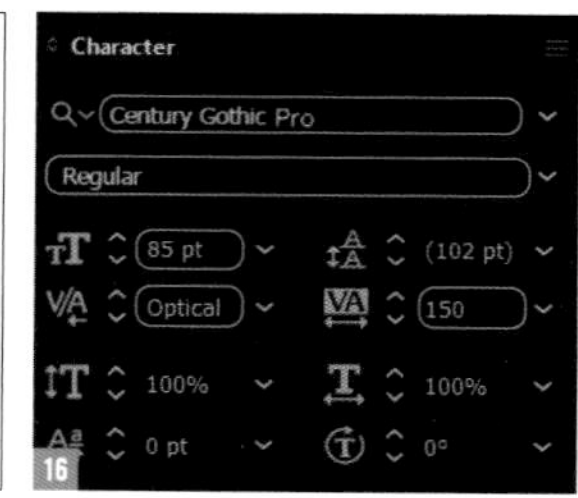

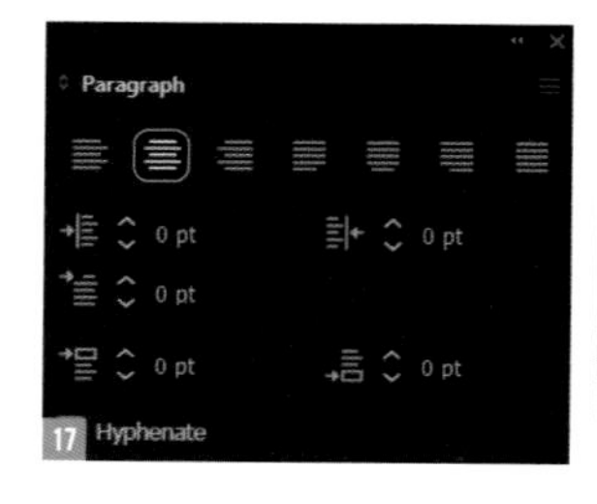

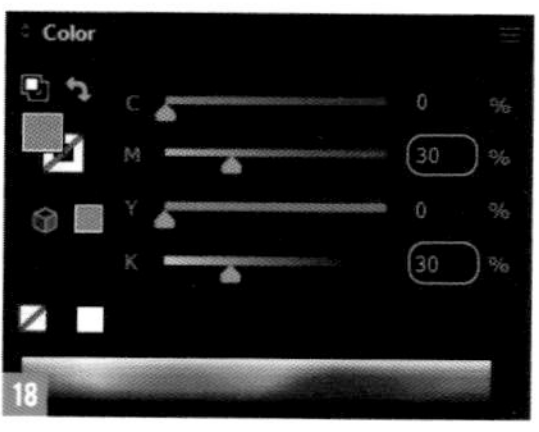

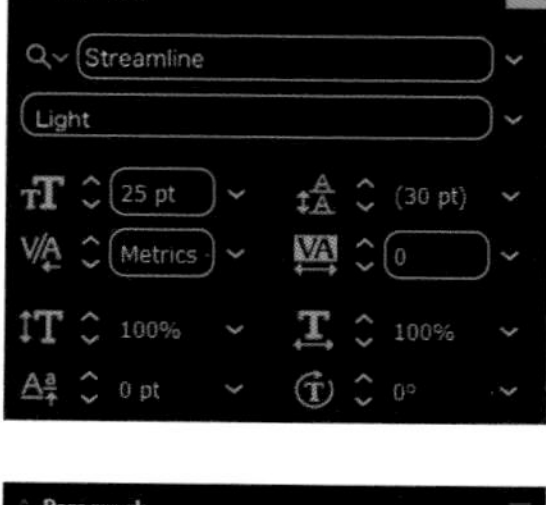

Point

타이틀 주변의 여백을 넓게 했습니다. 넓은 여백으로 인해 회색빛 옅은 톤을 돋보이게 하여 강하게 보일 수 있습니다.

05 다른 요소를 레이아웃하기

작업화면 아래도 색상을 맞추면서 레이아웃 합니다. [텍스트.txt] 파일을 열고 텍스트를 복사해 22와 같이 'feature'와 '나에게 기분 좋은 헤드폰을 찾는 방법'이라고 입력합니다.

'feature'는 앞에서 입력한 'LOVER'와 같은 폰트와 색상을 사용합니다. 문자는 [Size:14pt] [Tracking:200] [Paragraph:Align left]으로 설정합니다 23 24. '나에게 기분 좋은 헤드폰을 찾는 방법'은 [Font:돋음] [Size:12pt] [Kerning:Optical] [Tracking:100] [Paragraph:Align left]로 설정합니다 25 26.

마지막에 포인트를 주기 위해 세로로 선을 추가합니다 27. 선의 색상은 다른 것과 같게 하고 Weight은 [0.5pt]로 설정합니다 28.

선은 'feature'에서 헤드폰 근처까지 그려 이미지와 문자를 연결하고, 광고를 보는 사람에게 직관적으로 내용을 알려주는 의도가 있습니다. 회색빛 핑크로 정돈된 고급스러운 디자인이 완성됐습니다.

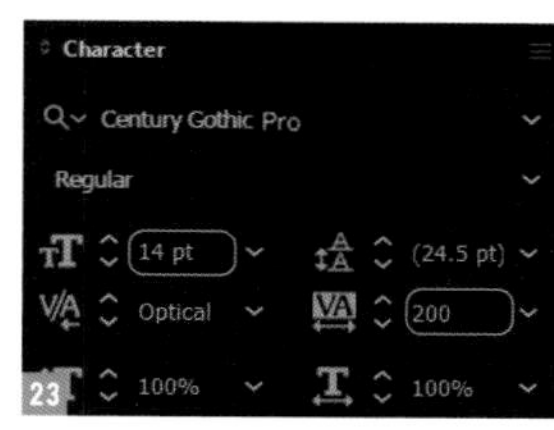

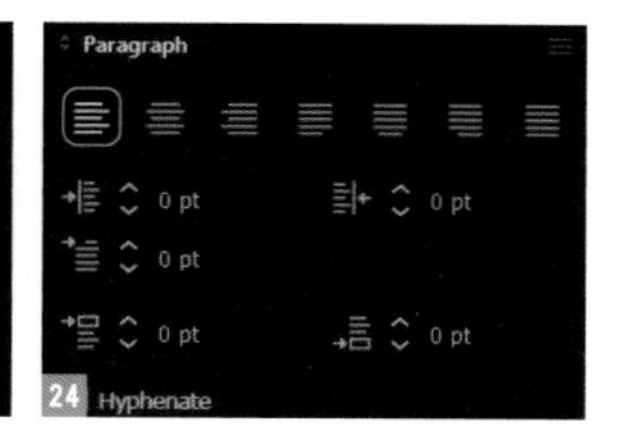

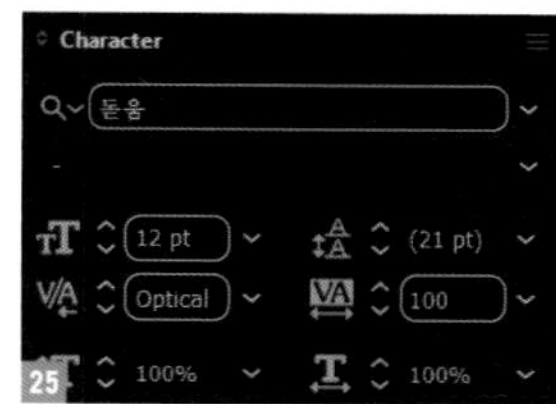

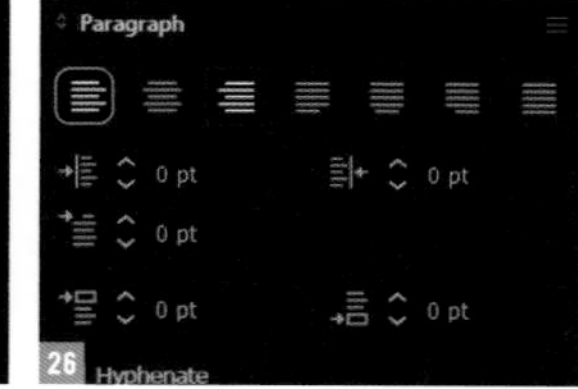

Column

같은 사진을 연속으로 사용할 때의 포인트

트리밍에 차이를 두거나 트리밍의 위치를 바꾸면 이미지에 변화가 생겨서 리듬을 만들 수 있습니다.
이번 헤드폰에서는 같은 사진을 세로로 두 개 나란히 구성했습니다. 필름의 컷 전송을 이미지하여 같은 폭으로 높이를 변경한 두 이미지는 리듬을 만들어 시선을 아래로 유도합니다.
또 이미지에서 아래 부분만 헤드폰의 전체 형태를 보여주기 때문에 산만해지지 않고 시선을 집중시킬 수 있습니다.

Hello!
I'm Next
New
Standard!

newstandardcakes.com

NEW STANDARD CAKES

2021.7 OPEN

Recipe

050

흰색과 빨강을 조합하기

흰색을 크게 날린 노출 오버 사진을 사용해 빨강과 조합해 배색합니다.

Design methods

01 사진을 노출 오버로 조정하기

과자점의 오픈 포스터 광고를 만들어 봅니다.
포토샵을 열고 [소재.psd] 파일을 불러옵니다 01.
이미지를 노출 오버로 하기 위해 케이크 주위의 연한 그레이를 흰색으로 바꿉니다.
[Image]→[Adjustments]→[Levels]를 선택하고 02 Input Levels을 [shadow:0] [midtone:1.2] [highlight:240]으로 설정합니다 03. 하이라이트의 수치를 내려 노출 오버로 함으로써 전체의 흰색이 강조된 밝은 이미지가 생겼습니다 04.
이미지는 [Save As]로 저장해 둡니다.

02 조정한 사진을 배치하기

일러스트레이터를 열고 [레이아웃.ai] 파일을 불러옵니다. 미리 설정한 작업화면부터 만들기 시작합니다.
[사진] 레이어를 선택합니다. 먼저 사진을 배치할 위치와 영역을 만듭니다. [Tool] 패널에서 [Rectangle Tool]을 선택합니다 05.
작업화면에 맞춰 [Width:182mm] [Height:232mm]의 직사각형을 만듭니다 06 07. 여기에서는 알기 쉽도록 색상을 [C:100]으로 했습니다 08.

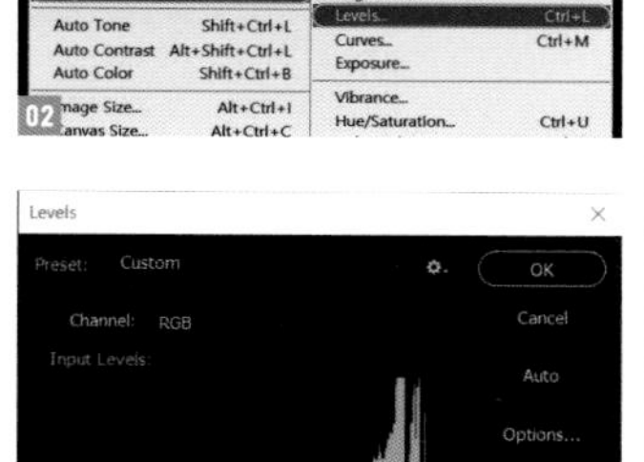

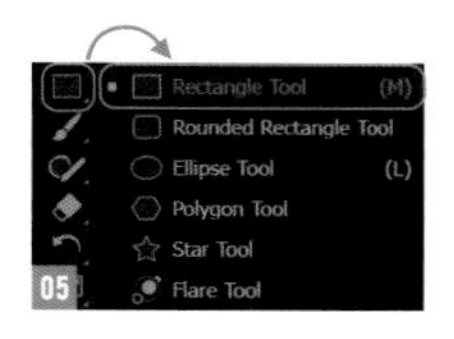

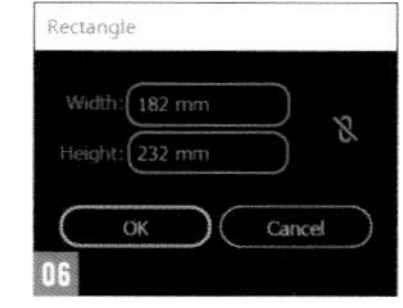

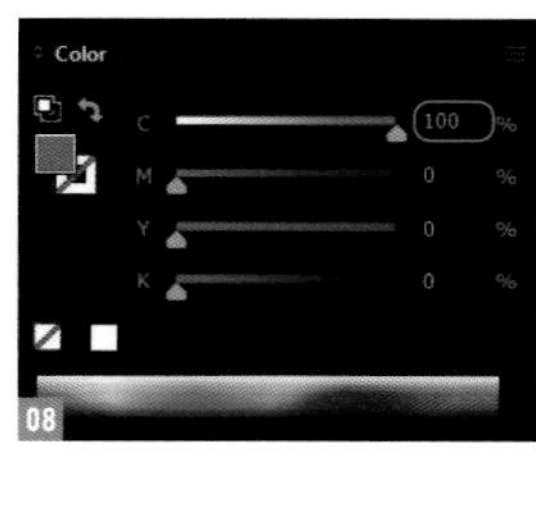

03 조정한 이미지를 배치하기

[File]→[Place]를 선택하고 09, 조금 전 조정한 이미지를 선택해 작업화면 중앙에 배치합니다 10.
이미지를 선택하고 [Object]→[Arrange]→[Send to Back]을 선택해 11, 직사각형 뒤로 이동시킵니다 12. 이미지와 직사각형을 선택한 후 [Object]→[Clipping Mask]→[Make]를 선택해 이미지에 마스크를 적용합니다 13 14. 이미지 배치가 완성됐습니다.

04 로고를 레이아웃하기

[레이아웃] 레이어를 선택합니다. 일러스트레이터에서 [로고.ai] 파일을 불러옵니다. 로고를 [Copy]한 후 원래 파일로 돌아가 [Paste]해 작업화면 가운데 아래에 배치합니다 15.

Point

로고의 색은 [C:20 M:100 Y:100]입니다. 이번 디자인의 중요 색상은 딸기 사진의 빨간색이므로 이에 맞게 배색했습니다.

05 타이틀 만들기

[레이아웃] 레이어를 선택합니다.
[Tool] 패널에서 [Type Tool]을 선택하고 16, [텍스트.txt] 파일에서 'Hello! I'm Next New Standard!'를 복사 & 붙여넣기 합니다. 'Hello!', 'I'm Next', 'New'에서 줄 바꿈을 하고 로고 왼쪽 끝에 맞춰서 17과 같이 배치합니다.
문자는 [Font:Nobel] [Style:Bold] [Size:50pt] [Leading:50pt] [Tracking:0] [Kerning:Optical] [Paragraph:Align left]로 설정합니다 18 19. 폰트는 장난기가 있는 산세리프체를 선택해 즐거운 이미지로 보이게 합니다. 색상은 로고에 맞춥니다.

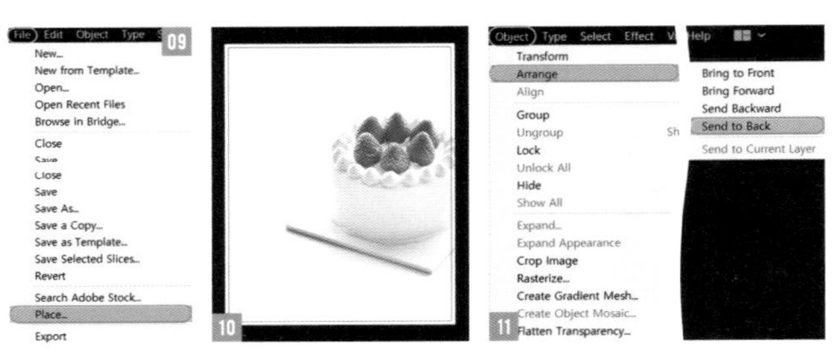

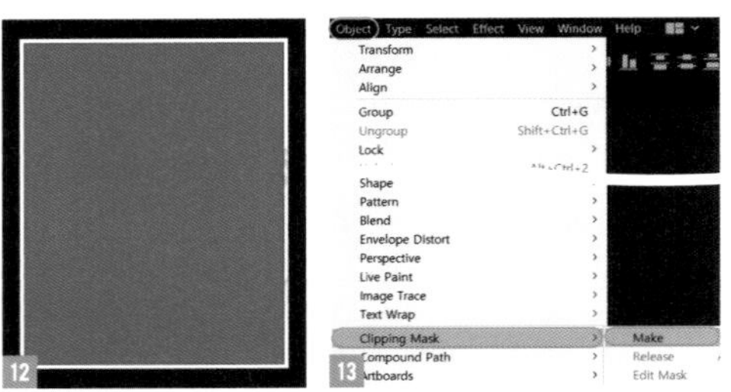

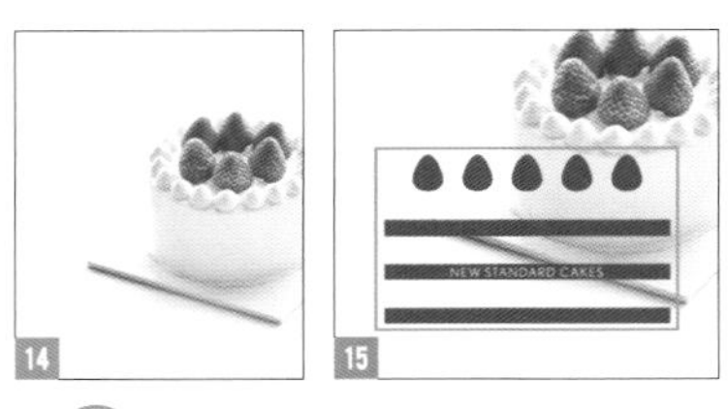

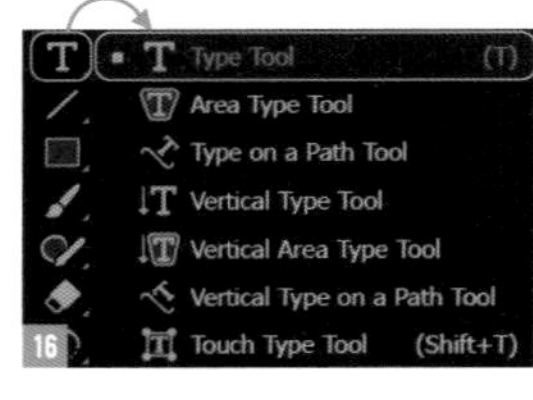

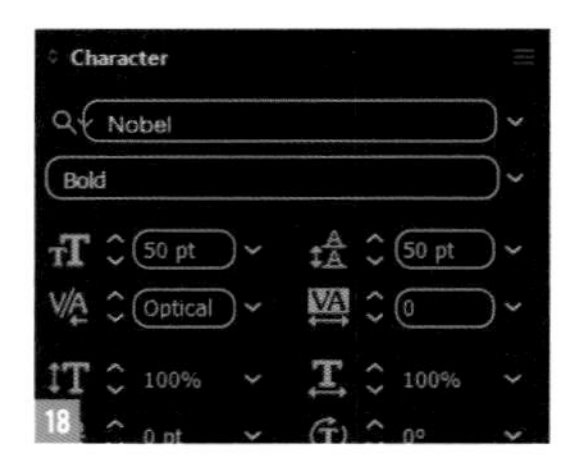

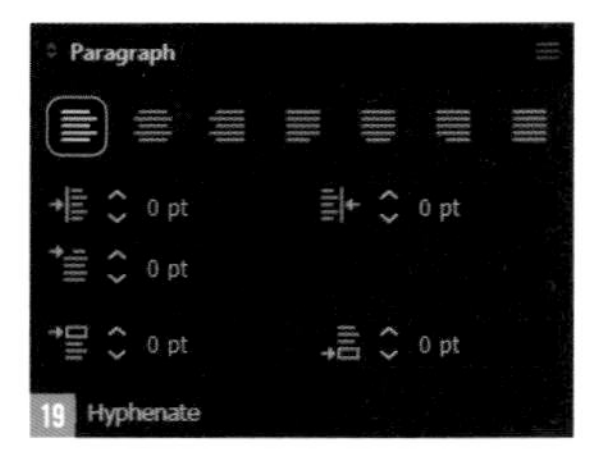

Point

밝은 사진, 넓게 찍은 흰 여백을 살리고 있습니다. 이처럼 여백을 살린 디자인을 만들 때는 로고나 타이틀로 사진의 이미지를 너무 억제하지 않도록 의식하여 레이아웃 합니다.

Point

'와 m 사이는 [kerning:–500]으로 설정했습니다. 문자를 입력했을 때 자간 간격이 너무 먼 경우에는 개별적으로 kerning을 변경해도 좋습니다20 21.

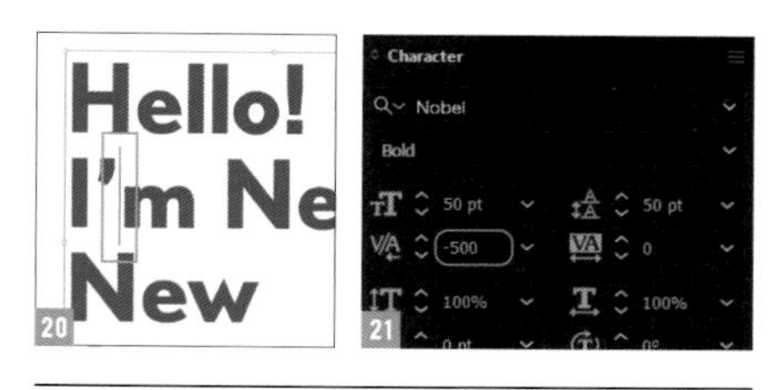

06 다른 요소를 배치하기

마지막으로 오픈 날짜와 홈페이지의 주소를 배치합니다.

전체가 흰색과 빨간색으로 구성돼 있기 때문에 전체의 조화를 위해 검정 [K:100]을 사용합니다 22.

[텍스트.txt] 파일에서 문장 '2021.7 OPEN'을 복사하고 [Tool] 패널의 [Type Tool]로 문장을 가운데 아래에 배치합니다23.

문자는 [Font:Nobel] [Style:Book] [Size:20pt] [Kerning:Optical] [Tracking:100] [Paragraph:Align center]로 설정합니다24 25.

같은 폰트체로 작업화면 오른쪽 상단에 홈페이지 주소를 26과 같이 배치합니다. 문자는 [Font:Nobel] [Style:Book] [Size:13pt] [Kerning:Optical] [Tracking:50] [Paragraph:Align left]로 설정합니다27 28.

문자를 [Tool] 패널에서 [Rotate Tool]을 더블 클릭하여 [Angle:–90°]로 회전시킵니다29 30.

전체적인 구성이 왼쪽에서 오른쪽으로 흐르고 있기 때문에 일부러 회전시켜 위에서 아래로 향하는 시선의 흐름을 만들어 악센트를 주었습니다31. 레이아웃이 완성됐습니다.

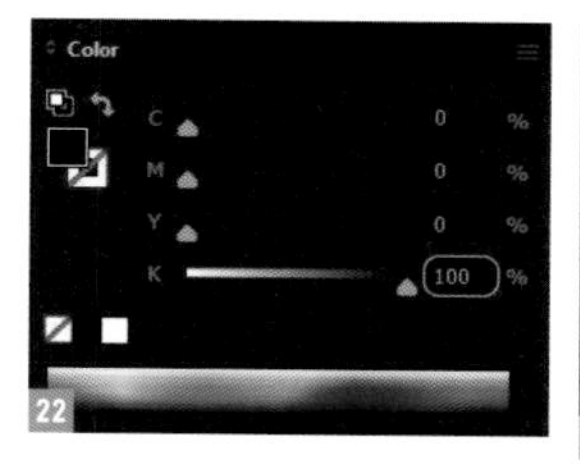

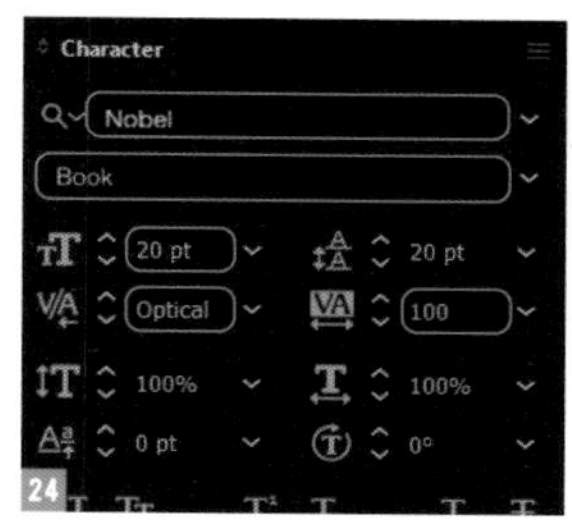

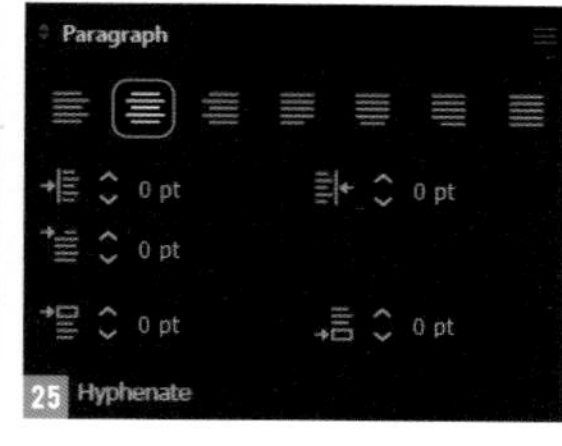

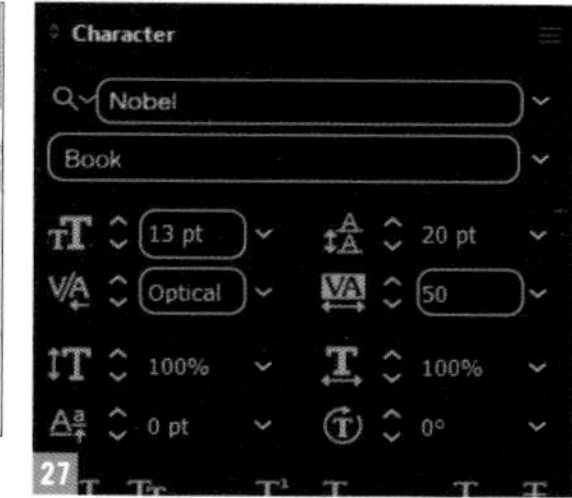

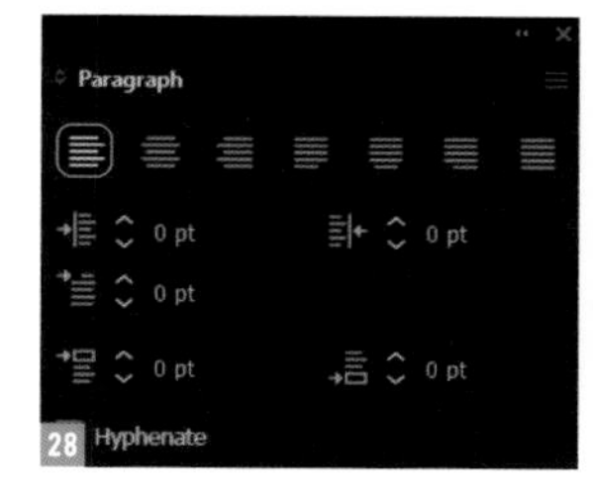

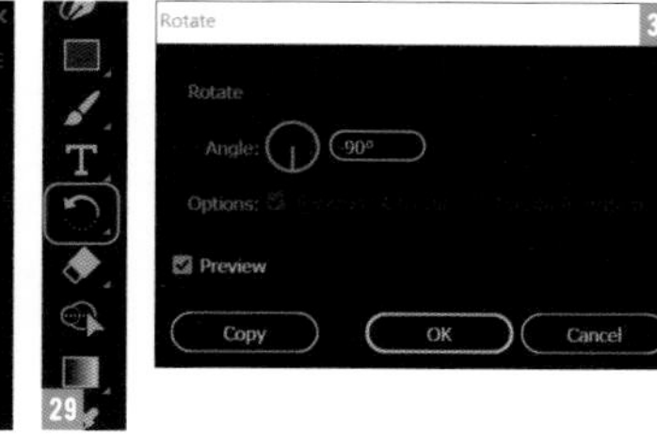

clothes—
—clothes

Recipe

051 연한 청색과 회색으로 깔끔하게 정리하기

색상의 채도나 콘트라스트를 줄인 배색으로 디자인을 만듭니다. 회색에 연한 파란색 성분을 넣으면 담백하고 깔끔한 느낌을 받을 수 있습니다.

Design methods

01 새로운 파일 만들기

의류 브랜드의 봄여름 신상품 캠페인 광고를 디자인합니다.

일러스트레이터를 열고 [File]→[New]를 선택합니다. 단위는 [Millimeters], [Width:182] [Height:232] [Color Mode:CMYK Color]로 설정하고 [Create]를 클릭합니다01.

[Create New Layer]를 클릭해 레이어를 추가합니다. 위에서부터 레이어 이름을 [레이아웃] [사진]으로 지정합니다02.

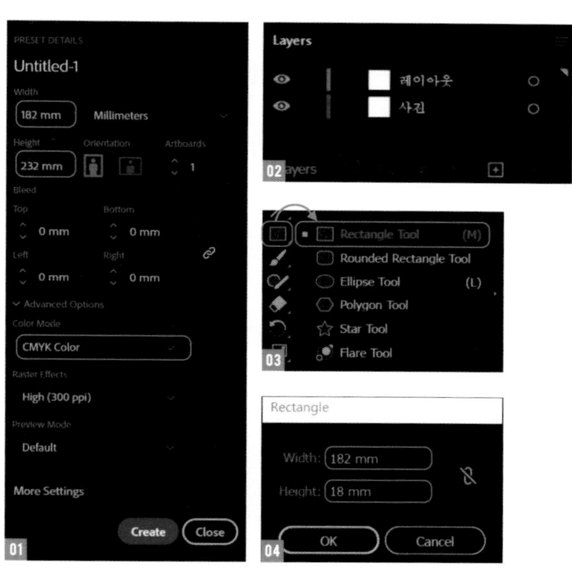

02 사진과 면으로 전체 밸런스를 정하기

[레이아웃] 레이어를 선택합니다.

[Tool] 패널에서 [Rectangle Tool]을 선택하고03, 작업화면에서 임의의 장소 장소를 클릭해 [Width:182mm] [Height:18mm]의 직사각형을 2개 만듭니다04. 색상은 [C:5 K:10]05으로 설정하고, 작업화면 위와 아래에 배치합니다06.

같은 색상으로 [Width:182mm] [Height:16mm]의 직사각형을 만들어 작업화면 중앙에 배치합니다07.

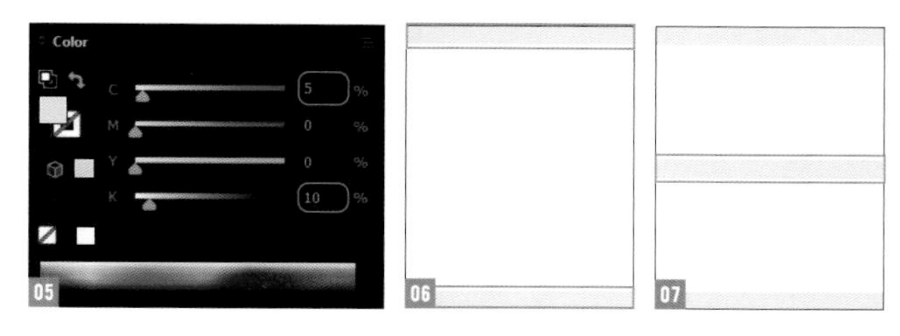

Point

회색 K10에 C5처럼 파란색 성분을 조금 넣으면 담백하고 깔끔한 인상으로 정리할 수 있습니다.

03 사진 배치하기

[사진] 레이어를 선택합니다. 먼저 사진을 배치할 위치와 영역을 만듭니다.

[Tool] 패널의 [Rectangle Tool]로 작업화면 아래의 흰색 여백에 맞추어 [Width : 182mm] [Height : 90mm]의 직사각형을 만듭니다08. 여기에서는 알기 쉽게 색상을 [C : 100]으로 했습니다09 10.

[File]→[Place]를 선택하고11, [소재.psd] 파일을 불러옵니다. 먼저 만든 직사각형에 위치하도록 이동합니다12.

사진을 선택하고 [Object]→[Arrange]→[Send to Back]을 선택해 직사각형의 뒤로 이동시킵니다13 14. 사진과 직사각형을 선택하고 [Object]→[Clipping Mask]→[Make]를 선택해 사진에 마스크를 적용해 트리밍 합니다15.

사진과 면의 레이아웃이 완성됐습니다16.

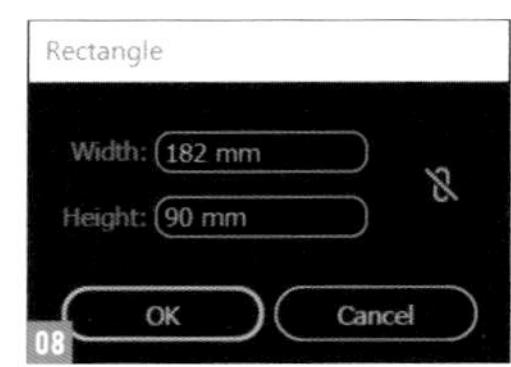

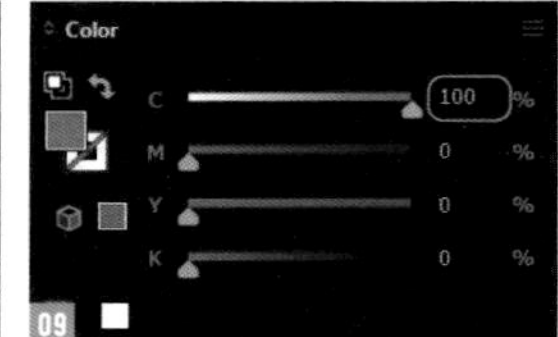

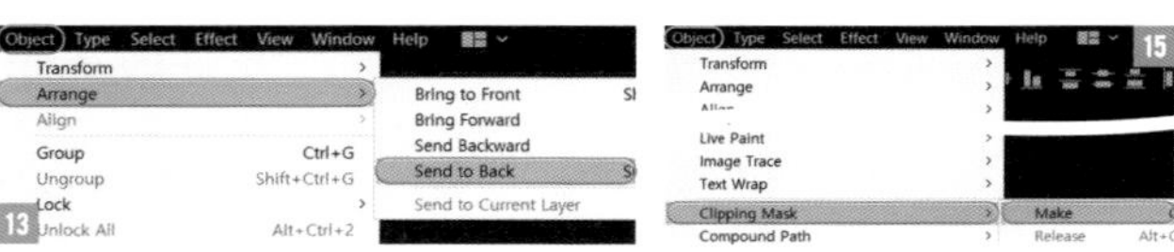

04 로고와 문자 레이아웃하기

[로고.ai] 파일을 열고 로고를 복사 & 붙여넣기해 [레이아웃] 레이어에 가져옵니다.

작업화면 위의 흰색 직사각형 중앙에 배치합니다17.

[Tool] 패널에서 [Type Tool]을 선택하고 작업화면의 중앙에 'S/S'라고 입력합니다18.

폰트는 [Font:Niagara] [Style:Light] [Size:145pt] [Kerning:Optical] [Tracking:100] [Paragraph:Align center]로 설정하고19 20, 색상은 로고 색에 맞추어 [C:30 M:10 K:15]로 설정합니다21.

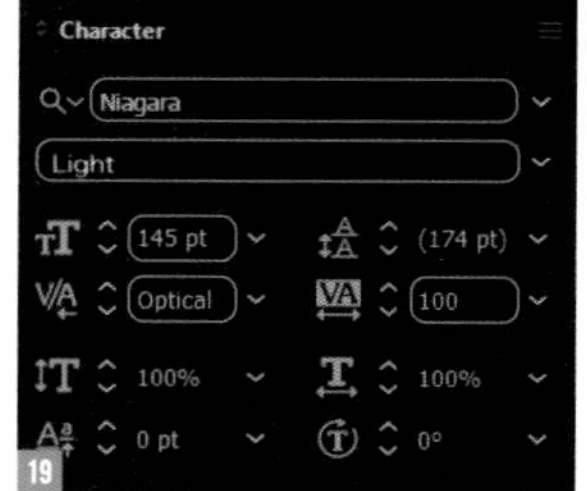

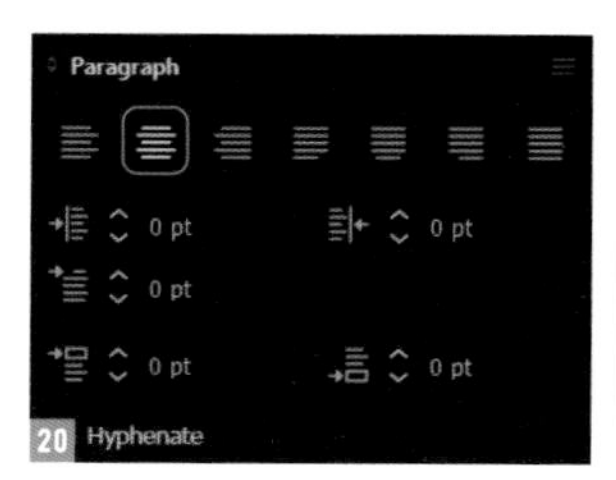

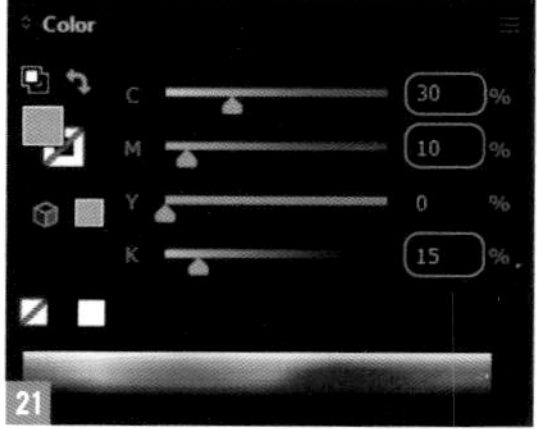

Point

'S/S'는 중심의 회색 직사각형을 사이에 두고 위는 흰색, 아래는 이미지를 배치함으로써 면에 포인트를 주어 전체가 단조롭게 되는 것을 방지했습니다. 또한 색상은 로고에 맞췄습니다.

05 회색 공간에 흰 문자를 레이아웃하기

중앙과 아래에 있는 회색 면에 흰색 문자를 배치해 이미지의 균형을 잡습니다.

[Tool] 패널에서 [Type Tool]을 선택해 '2021 SPRING/SUMMER NEW COLLECTION'이라고 입력합니다. 텍스트는 [텍스트.txt] 파일에서 가져와도 좋습니다.

문자는 [Font:Nobel] [Style:Bold] [Size:15pt] [Kerning:Optical] [Tracking:200] [Paragraph:Align center]로 설정하고, 색상은 흰색으로 하여 중앙의 회색 사각형에 배치합니다 22 23 24.

마찬가지로 아래 회색 사각형에 'clothes clothes.com'을 배치합니다 26.

연한 청색과 회색으로 깔끔하게 보이는 디자인이 완성됐습니다.

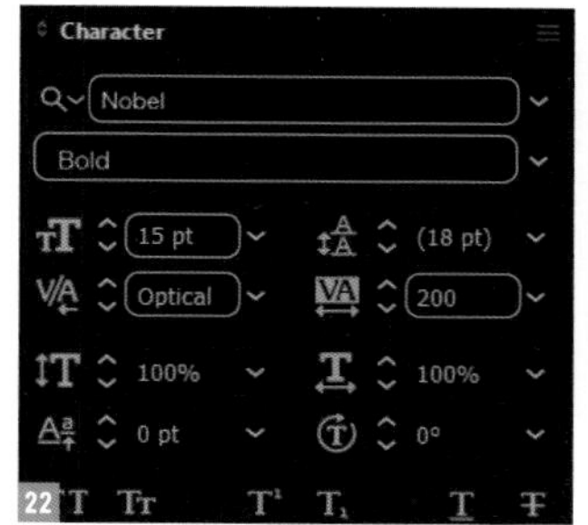

22

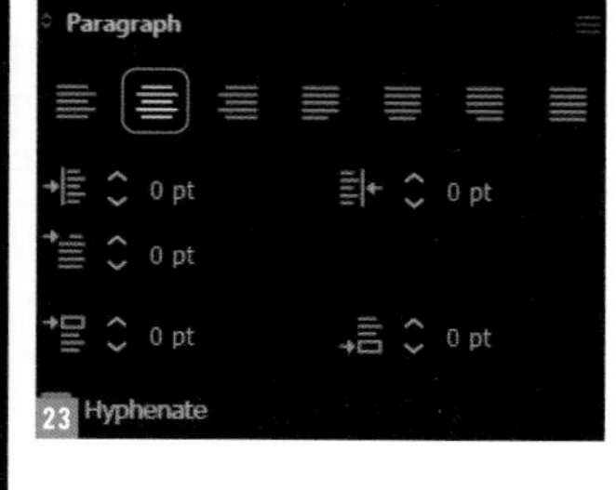

23

24

26

Point

전체의 콘트라스트가 옅기 때문에 검정 등의 진한 색을 배치하면 선명한 인상으로 전체 분위기가 무너져 버립니다 25. 배색을 생각하여 문자 색을 흰색으로 했습니다.

25

Column

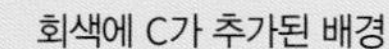

CMYK에서 사용할 수 있는 그레이 표현의 포인트

4색 인쇄에서 그레이를 배색으로 사용할 때, K뿐만 아니라 C, M, Y의 어느 한쪽의 색을 조금 더 추가해 봅시다.

특히 사진과 함께 사용할 때, 사진의 색감을 의식하여 추가해주면 전체의 통일감이 좋아집니다.

회색에 C가 추가된 배경

WHITE BLUE photo exhibition vol.01

Recipe

052 파란색과 흰색을 인상적으로 조합하기

엽서 등의 광고물을 디자인하여 2가지 색으로 통일한 이미지를 만듭니다. 포토샵의 가이드 사용법도 확인해 둡시다.

Design methods

01 파란색과 흰색의 면적을 의식해서 레이아웃하기

포토샵을 열고, [베이스.jpg] 파일을 불러옵니다. 미리 B5 사이즈(182mm × 257mm)의 작업화면을 만들었습니다 01. [풍경.jpg] 파일을 열고 배치합니다 02.
레이어 이름은 [풍경]으로 합니다.

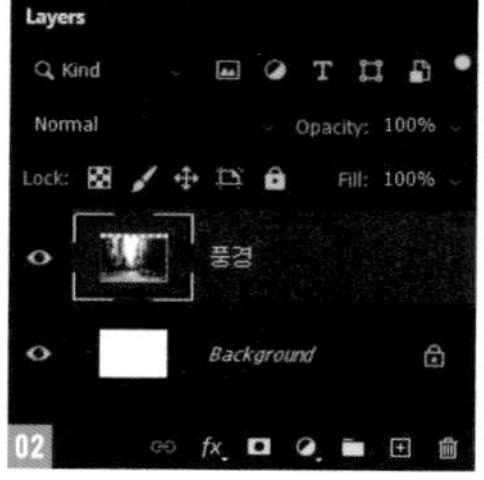

02 가이드를 사용해 사진을 트리밍 할 위치 정하기

작업화면의 위, 왼쪽, 오른쪽에서 안쪽으로 10mm, 아래에서 안쪽으로 20mm 위치에 가이드를 만듭니다.

[View]→[New Guide Layout]을 선택합니다 03.

[New Guide Layout] 창이 표시되면 04와 같이 [Margin]에 체크하고 [Top:10mm] [Left:10mm] [Bottom:20mm] [Right:10mm]으로 설정한 다음 [OK]를 선택합니다. 가이드가 표시됐습니다 05.

만약 가이드가 표시되지 않는 경우에는 [View]→[Show]→[Guides]를 선택합니다 06.

[View]→[Snap]에 체크하고 [View]→[Snap To]→[Guides]에도 체크가 돼 있는지 확인합니다 07.

[Tool] 패널에서 [Rectangular Marquee Tool]을 선택하고 08과 같이 가이드에 스냅을 적용해 중앙에 선택 범위를 만듭니다. 그대로 [풍경] 레이어를 선택하고 [Layer] 패널에서 [Add layer mask]를 선택합니다 09. 레이어 마스크의 링크(사슬마크)를 해제하여 위치를 미세하게 조정합니다 10.

03 그러데이션 맵을 사용해 사진을 파란색으로 통일하기

[풍경] 레이어를 선택하고 [Create new fill or adjustment layer]→[Gradient Map]을 선택합니다 11.

[Properties] 창이 표시되면 그러데이션을 선택해 12 [Gradient Editor] 창을 엽니다.

색상 분기점 왼쪽은 [#7bdafb], 그러데이션 바 위를 클릭해 중앙에 색상 분기점을 추가하고 [#2b54a7], 오른쪽은 [#7bdafb]로 설정합니다 13. 밝은 부분과 어두운 부분을 밝은 파랑으로 하고, 중간 부분을 어두운 파랑으로 했습니다 14.

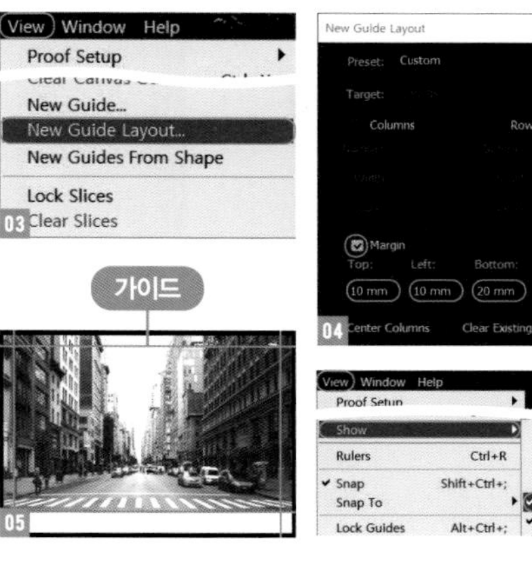

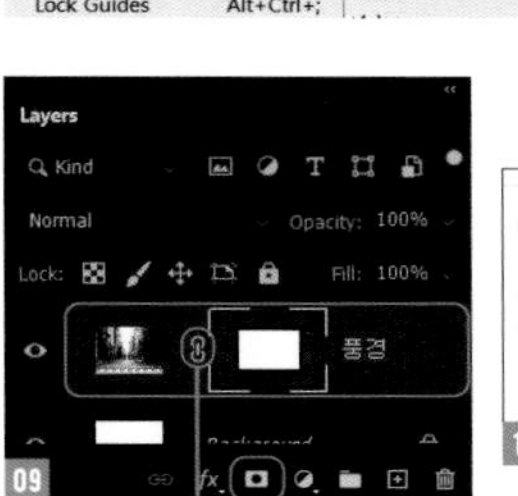

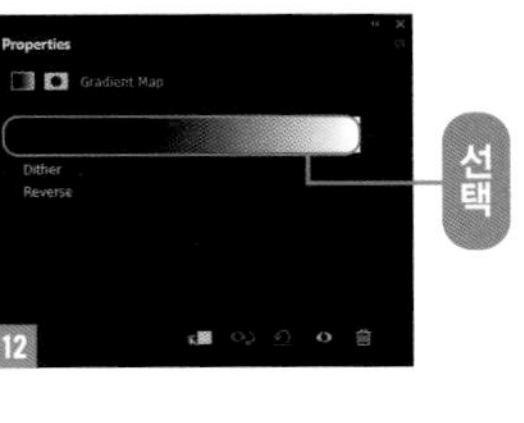

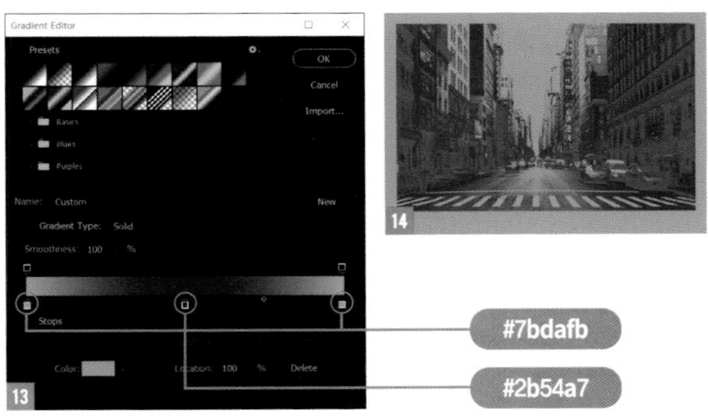

04 클리핑 마스크 만들기

사진에만 그러데이션 맵을 적용하고 싶으므로 조정 레이어 [Gradient Map 1]을 선택하고 15, [마우스 오른쪽 버튼 클릭]→[Create Clipping Mask]를 선택합니다 16. 클립핑 마스크가 적용돼 풍경 이미지 부분만 파란색이 됩니다 17 18. 파란색 배경이 완성됐습니다.

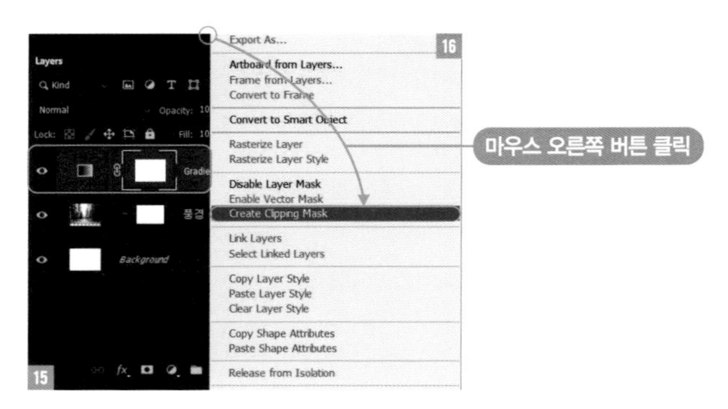

15 16

05 파란색과 흰색의 균형을 의식하며 텍스트를 레이아웃하기

[Tool] 패널에서 [Horizontal Type Tool]을 선택하고 [Font Color:#000000]을 사용해 텍스트를 배치합니다. 텍스트는 [텍스트.txt] 파일에서 복사해 사용합니다.

작업화면 위에 파란색과 흰색의 면적을 의식하여 배치합시다. 예제에서는 사진전의 광고를 디자인하는 것으로, 도시적이고 스마트한 느낌의 이미지로 파란색과 흰색을 같은 정도로 느끼게 배색하는 디자인으로 레이아웃 했습니다 19.

서체는 스마트한 느낌이 드는 [Futura PT]의 가느다란 폰트를 사용하고, 타이틀 'WHITE', 'BLUE'를 좌우에 배치합니다. 'photo exhibition vol.01' 문자를 사이에 끼워 움직임을 표현합니다. 이렇게 가느다란 폰트를 중앙에 사용해 흰색의 면적이 크게 느껴지도록 조정합니다.

그리고 작업화면 아래쪽에 작게 배치한 텍스트 'WHITE BLUE photo exhibition vol.01'의 색상은 [Tool] 패널에서 [Eyedropper Tool]을 선택하고 풍경의 파랑을 클릭해 [#2b62ae]를 불러와 사용합니다 20.

17

18

19

20

Macaroonia

미국에서 가장 인기 있는 마카롱 전문점이 드디어 서울에 첫 상륙!

HappySweets Macaroons!

겉이 바삭하고 속이 부드럽고 덜 단 마카롱입니다.

계절의 맛을 살린 컬러풀하고 바삭바삭한 식감의 신작도 준비되어 있습니다.

정성스럽게 마무리한 과자를 맛보셨으면 좋겠습니다.

Happy Sweets

Cute Sweets

Made in America since 1998

Recipe

053 파스텔 색상으로 귀여운 느낌 연출하기

밝고 연한 색상의 파스텔 핑크와 파랑을 사용해 귀여운 디자인으로 마무리합니다.

Design methods

01 바탕이 되는 배경 만들기

일러스트레이터를 열고, [File]→[New]를 선택합니다. 단위는 [Millimeters], Width:210mm] [Height:297mm]로 설정하고 [Create]를 클릭합니다. A4 사이즈의 광고를 가정하고 디자인을 제작합니다.

[Tool] 패널에서 [Rectangle Tool]을 선택합니다 01.

작업화면의 임의의 장소를 클릭해 [Width:135mm] [Height:148.5mm]로 설정하고 [Create]를 클릭합니다. 높이는 작업화면의 1/2 크기로 했습니다 02.

직사각형의 색상을 [C:50% Y:15%]의 파랑으로 적용하고 작업화면의 왼쪽 상단에 배치합니다. 직사각형을 alt 키를 누르면서 드래그해 복사한 후 [M:50%]의 핑크를 적용해 작업화면의 오른쪽 아래에 배치합니다 03.

그 위에 [Width:170mm] [Height:267mm]의 직사각형을 만들고 흰색으로 지정해 중앙에 배치합니다 04. 이 흰색은 나중에 불투명 마스크를 했을 때 배경으로 사용하는 오브젝트입니다. Clipping Mask 등으로 사용하지 말고 남겨 둡니다.

바탕이 되는 배경이 만들어졌습니다.

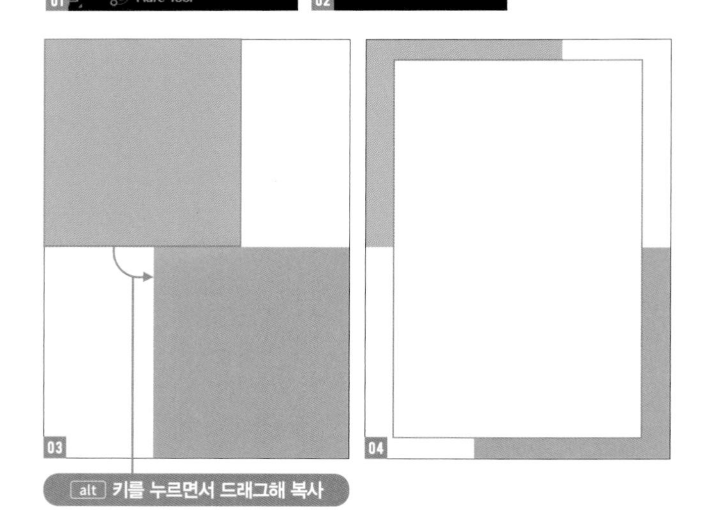

Point

[Tool] 패널의 열은 왼쪽 위에 있는 [>>] 버튼을 클릭하면 1열과 2열로 변경할 수 있습니다.

02 사진을 배치해 투과시키기

[File]→[Place]를 선택해 [마카롱.psd] 파일을 불러옵니다. 순서 01에서 만든 흰색의 직사각형과 같은 사각형을 다시 앞면에 만듭니다. [마카롱.psd]와 직사각형을 선택하고 [Object]→[Clipping Mask]→[Make]를 선택해 트리밍한 후 05 처음에 만든 흰색 직사각형 위에 맞춰 배치합니다 06.

꽃 사진 윗부분에 제목을 넣고 싶으므로 윗부분을 흰색으로 날리겠습니다.

다시 같은 크기의 직사각형을 만듭니다.

[Window]→[Gradient]를 선택하고 07, 08과 같이 흑백의 그러데이션을 작성합니다 09.

[Window]→[Transparency]를 선택하고 10, 사진과 흑백 그러데이션을 선택한 상태에서 [Make Opacity Mask]를 선택합니다 11. 전체가 밝아지고 그러데이션의 검은색이었던 곳에 제목을 넣을 공간이 생깁니다 12.

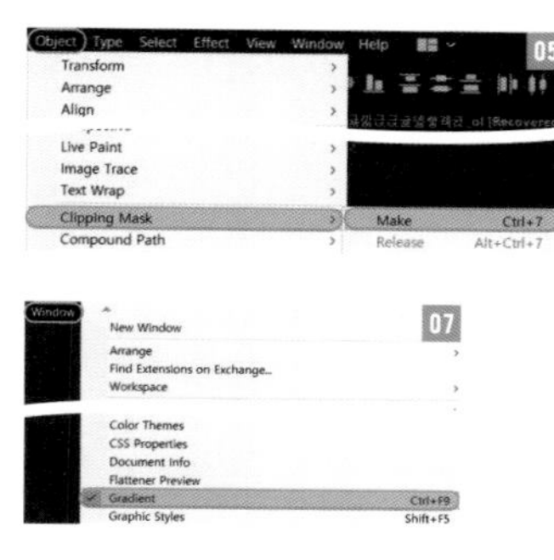

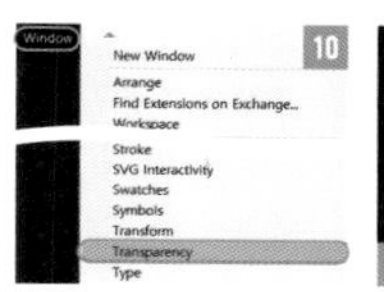
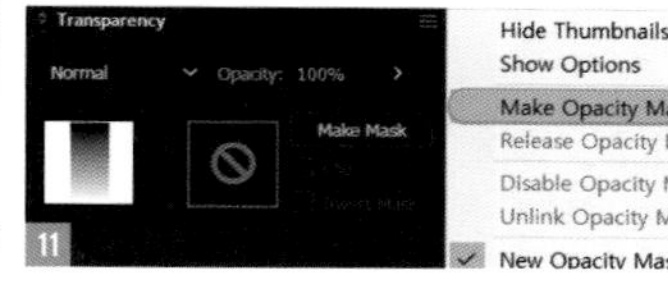
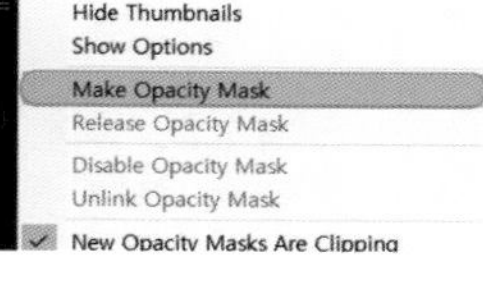

03 가장자리 디자인하기

[로고.ai] 파일을 열고, 복사 & 붙여넣기로 데이터를 가져옵니다. 오른쪽 상단에 배치합니다.

양쪽 가장자리, 오른쪽 하단에 카피를 배치해 갑니다. 문장은 [텍스트.txt] 파일에서 복사해 가져옵니다.

양쪽 가장자리의 폰트는 [Font:DIN 2014] [Style:Bold Italic]을 사용합니다 13. 이탤릭 서체로 하면 발랄한 느낌을 줍니다.

오른쪽 아래에도 카피를 넣습니다. 좌우 문자보다 조금 작게 만들어 전체를 정돈합니다 14. 가장자리 디자인이 완성됩니다 15.

Point

파스텔 컬러를 흰색과 조합하면 조금 더 귀여운 느낌을 줍니다. 바탕색 위에 겹쳐지는 문자에 흰색을 사용하면 인상을 강하게 할 수 있습니다. 이 디자인은 왼쪽은 파랑, 오른쪽은 핑크로 문자 색을 맞추고, 바탕색 위에 겹쳐있는 'Sweets'의 문자 색은 흰색으로 했습니다.

04 타이틀 문자를 배치하고 어피어런스로 선 만들기

[텍스트.txt] 파일에서 문장을 복사해 위 공백에 'Happy Sweets', 'Macaroons!'라는 문자를 넣습니다.

폰트는 [DIN 2014]의 [Bold Italic]을 사용합니다 16. 디자인 전체에서 폰트를 너무 많이 사용하지 않는 것이 요령입니다.

[Window]→[Appearance]를 선택하고 17, [Appearance] 패널에서 칠과 선을 지정해 갑니다.

칠은 [None], 선은 [Weight:0.5mm] [K:80%]로 설정합니다 18 19. [Window]→[Stroke]을 선택하고 [Cap:Round Cap] [Corner:Round Join]으로 설정합니다 20. 부드러운 느낌이 나도록 선의 끝이나 모서리를 둥글게 변경했습니다.

05 발랄하고 기억하기 쉬운 타이틀 만들기

지금 이대로라면 검은색 선만 있는 타이틀이라 밋밋하므로 21 색이 있는 그림자 문자를 만듭니다.

'Happy Sweets'를 선택합니다. [Window]→[Appearance]를 선택하고 왼쪽 아래의 [Add New Fill]을 클릭해 [Fill]을 추가합니다 22. 색상은 배경에서 사용한 핑크 [M:50%]로 적용합니다 23. 칠을 선 아래로 배치시키고 싶기 때문에 [Appearance] 패널에서 [Fill]을 드래그해 [Stroke] 아래로 이동합니다 24. 선 아래에 면이 있는 디자인이 됐습니다 25.

[Appearance] 패널에서 [Fill]을 선택하고 [Add New Effect]→[Distort & Transform]→[Transform]을 선택해 26 [Transform Effect] 창을 엽니다. [Move] 항목에서 [Horizontal: 1mm] [Vertical:1mm]로 설정합니다 27.

'Macaroons!'에 대해서도 같은 작업을 실시합니다. 다만, 색상은 파란색으로 적용합니다. 그림자가 들어간 발랄한 느낌의 타이틀을 만들었습니다 28.

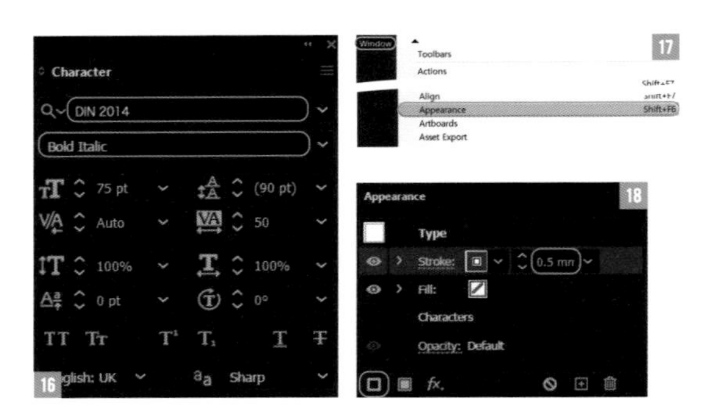

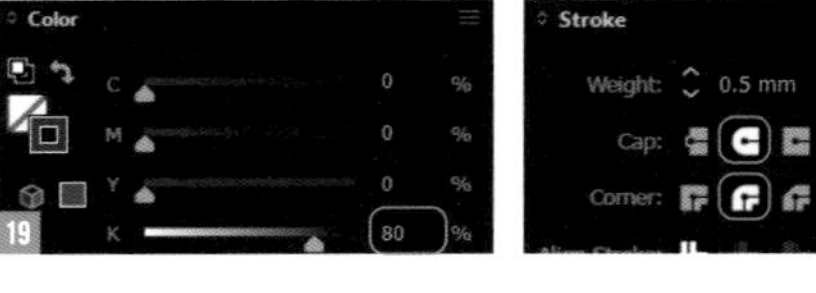

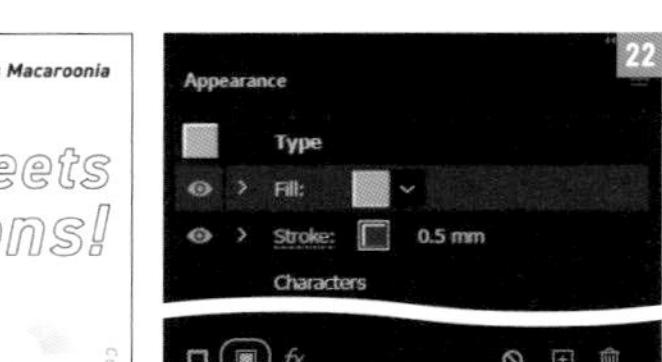

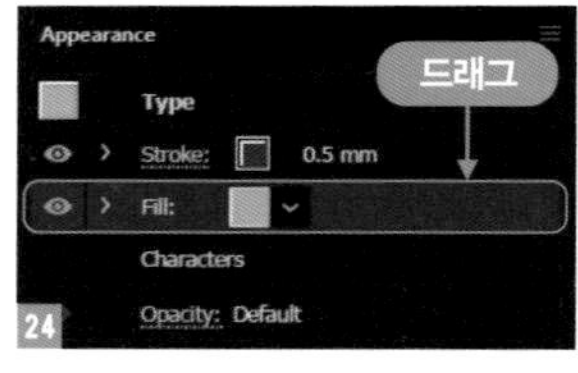

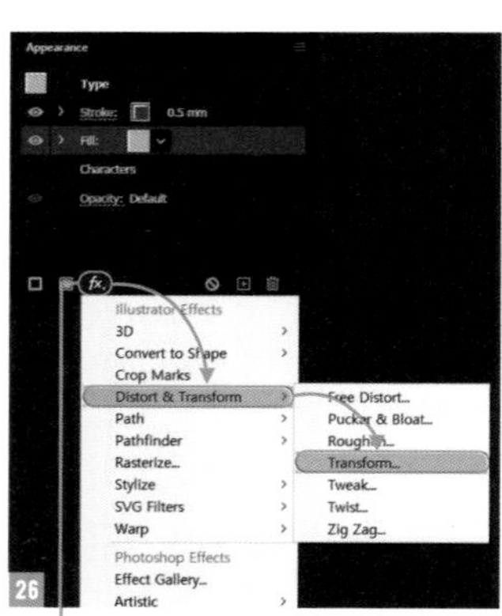

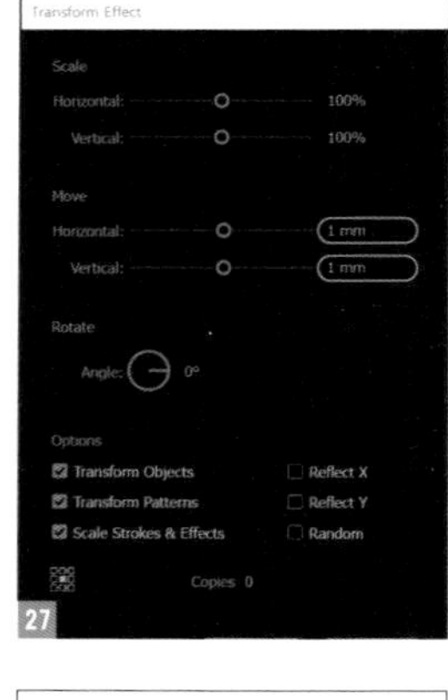

06 타이틀 위와 아래에 카피 넣기

[텍스트.txt] 파일에서 텍스트를 복사해 타이틀 위와 아래에 문자를 배치합니다. 점프율※을 의식하면서 위29와 아래30에서 위쪽을 조금 크게 했습니다. 폰트는 모두 [한길체]를 사용했습니다. 색상은 [K:80%]로 했습니다31.

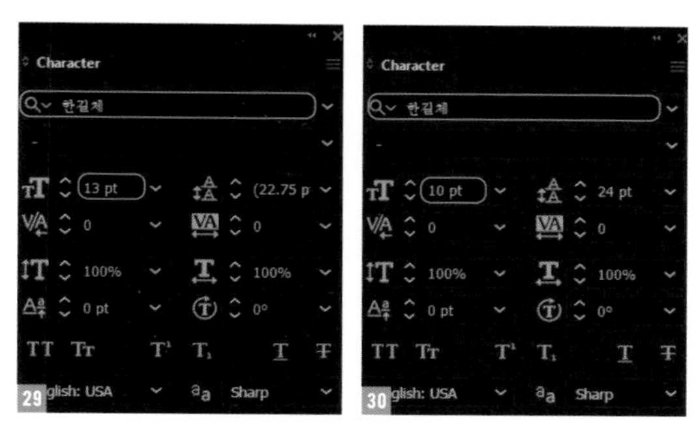

07 오픈 정보 입력하기

사진 왼쪽 아래에 넣는 'GRAND OPEN', '2021.6.28 mon', 'closed on Tuesday'도 [텍스트.txt] 파일에서 문자를 복사해 점프율을 신경 쓰면서 배치합니다. 폰트는 [DIN 2014]의 [Bold Italic]으로 통일합니다32.
'NEW' 부분만 악센트를 주기 위해 필기체 폰트인 [Elina Regular]를 사용합니다33 34.

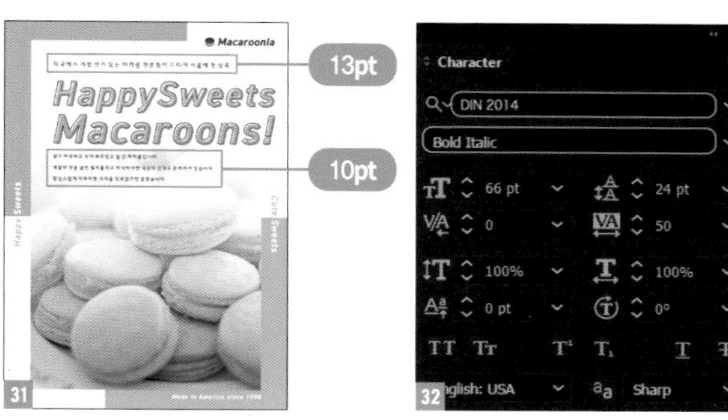

Point

배경 사진의 색이 옅을 경우에는 문자를 흰색으로 하면 읽기 힘들 수도 있습니다. 주의를 기울이면서 정리합니다.

Point

파스텔 색상을 사용해 디자인을 만들 때는 K100%로 하는 것이 아니라 K80%로 농도를 조금 낮춥니다. 이렇게 섬세하게 조정하면 전체의 인상을 해치지 않고 부드러운 인상으로 만들 수 있습니다.

08 도트를 추가하여 완성

마지막으로 파란색과 핑크색으로 도트를 만들어 흰색의 여백 부분에 균형을 생각하면서 흩뿌려 완성합니다35.

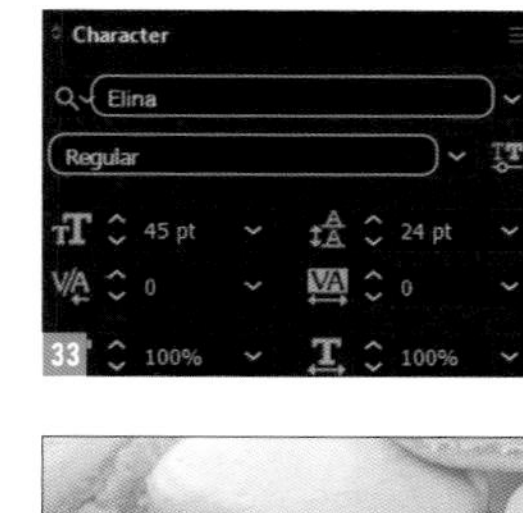

※점프율…본문의 문자 크기에 대한 제목의 문자 크기 비율을 말한다. 점프율이 높으면 활기차고, 점프율이 낮으면 침착한 인상이 된다.

Recipe

054

파스텔 톤 배색으로 정리하기

다양한 색상을 사용한 배색으로 디자인을 만듭니다. 색상의 수가 많아도 파스텔 톤으로 정리하여 부드러운 느낌의 디자인으로 만듭니다.

Design methods

01 테마에 따른 배색 정하기

카페 개업 공지 전단을 가정하여 디자인합니다. 일러스트레이터를 열고, [레이아웃.ai] 파일을 불러옵니다 01. 미리 곡선으로 잘라낸 부분까지 만들어 놓았습니다.

[Tool] 패널에서 [Selection Tool]을 선택하고 02, 각 면을 선택해 배색해 갑니다. 이번에는 오픈 시기인 봄을 주제로 7가지 색상을 사용해 배색합니다.

7가지 색상은 각각 [Y:40] [C:20 Y:55] [C:15] [M:20] [Y:70] [C:30 M:10 Y:15] [흰색]으로 합니다.

봄에 싹이 트는 느낌의 부드러운 색으로 선택했습니다.

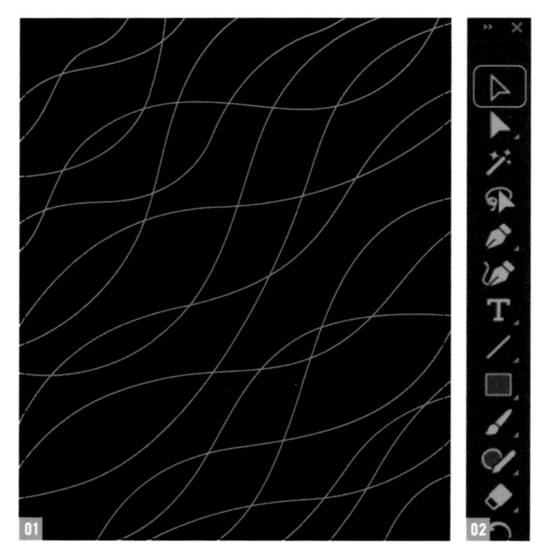

01 02

02 치우치지 않게 배색하고 그룹화하기

일단 모든 색을 흰색으로 하고, 각각의 색의 위치와 수가 치우치지 않도록 세심하게 배색합니다 03 04 05 06.

색의 면을 모두 선택하고 [Object]→ [Group]을 선택하여 그룹으로 지정합니다 07 08.

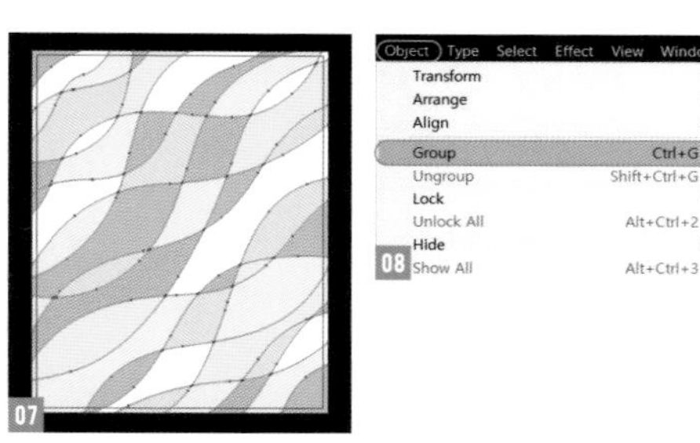

03 정보를 레이아웃하기

전단에 넣을 정보를 레이아웃 합니다.

[정보.ai] 파일을 불러옵니다. 카페의 로고와 개점 날짜, 메뉴가 있습니다 09. [Tool] 패널에서 [Selection Tool]을 선택하고 각 정보를 복사 & 붙여넣기해 배치합니다.

왼쪽 위에 로고, 아래에 날짜와 메뉴를 완성도와 같이 배치합니다 10. 디자인의 색조가 잘 어울리도록 하고, 문자 정보는 너무 크지 않고 상하로 요소를 나눈 레이아웃으로 했습니다.

04 색상 맞추기

배치한 [정보.ai] 파일의 색상은 [K:100]이지만, 그대로라면 전체의 연한 색조에 비해 글자 색이 강해 전체적인 인상이 무너져 버립니다.

그래서 이번에는 배치한 소재의 색상을 [K:80]으로 해 전체의 균형을 맞췄습니다 11. 레이아웃이 완성됐습니다 12.

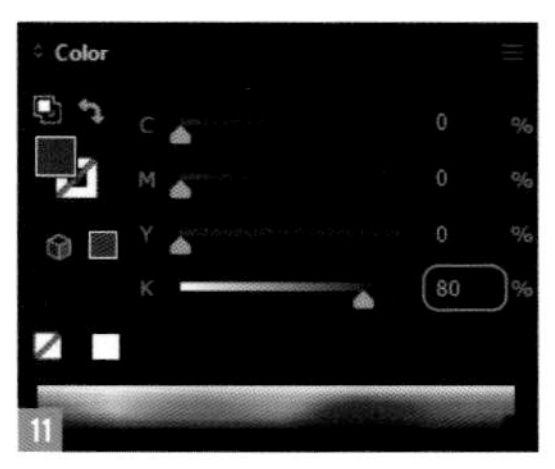

FIREWORKS

[花火]

Recipe

055

여러 가지 색을 사용한 디자인

여러 가지 색을 사용해 디자인을 만듭니다. 여기서는 다양한 색을 사용해 배색할 때 도움이 되는 기능도 소개합니다.

Design methods

01 동심원 만들기

일러스트레이터를 열고 [Tool] 패널에서 [Ellipse Tool]을 선택해 01 [Width:67mm Height:67mm]의 정원을 만듭니다 02 03. [Object]→[Path]→[Offset Path] 04 를 선택해 [Offset:4mm]의 동심원을 만듭니다 05 06. 완성된 원을 선택하고, 또 다시 [Offset Path]를 선택하여 [Offset:4mm]의 동심원을 만듭니다 07. 이것을 12회 반복하여 모두 13개의 원을 만듭니다 08 09.

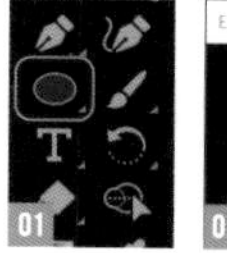
01

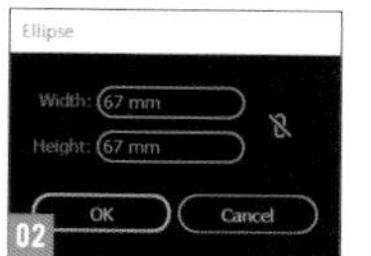

02

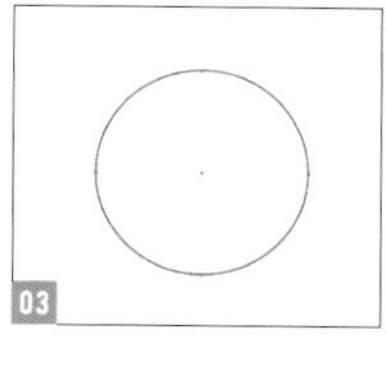
03

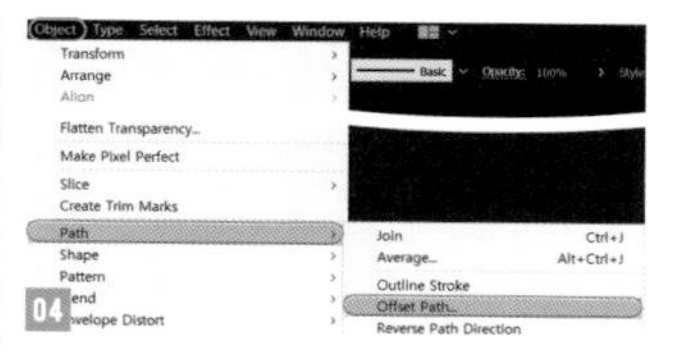

04

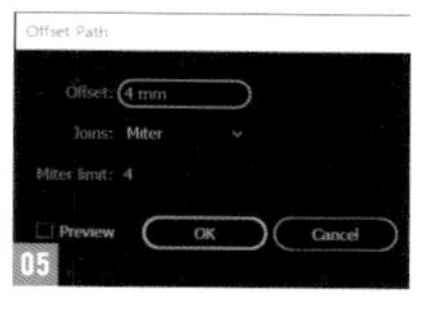

05

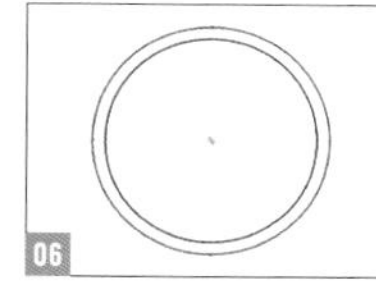
06

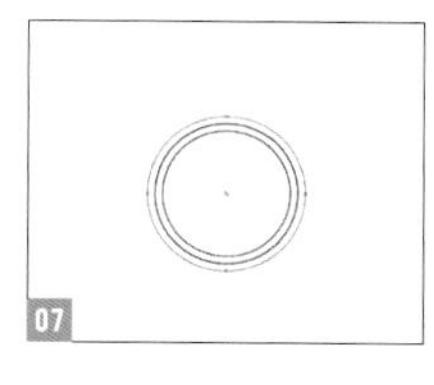
07

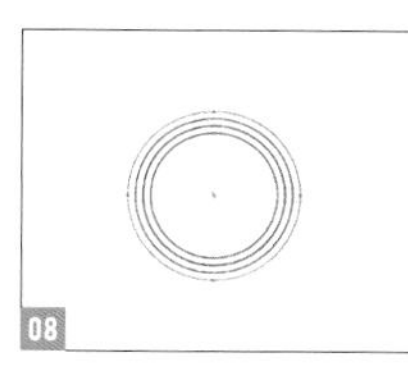
08

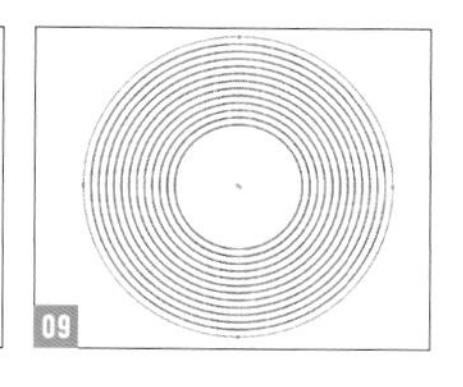
09

02 가이드 만들기

[Tool] 패널에서 [Line Segment Tool]을 선택하고 10, 작업화면을 클릭해 [Length:100mm Angle:90°]의 직선을 만듭니다 11. 직선의 가장자리를 동심원의 중심에 맞춥니다 12. [Tool] 패널에서 [Rotate Tool]을 선택하고 13, alt + 클릭해 회전축을 정합니다. 클릭하면 창이 나타나므로 [Angle:7.5°]로 입력하고 [Copy]를 선택합니다 14.

그러면 원래의 선을 남겨둔 채 왼쪽으로 7.5° 기울어진 선이 새롭게 생성됩니다 15. 그대로 ctrl + D 키를 누르면 직전의 동작이 반복되므로 7.5°씩 기울어진 선을 48개 작성합니다 16.

이것을 가이드로 활용할 것입니다.

10

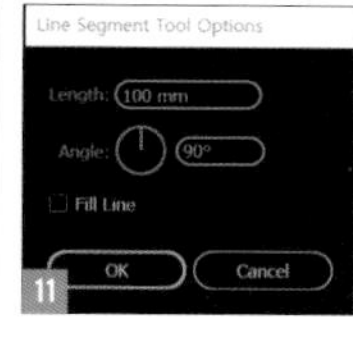

11

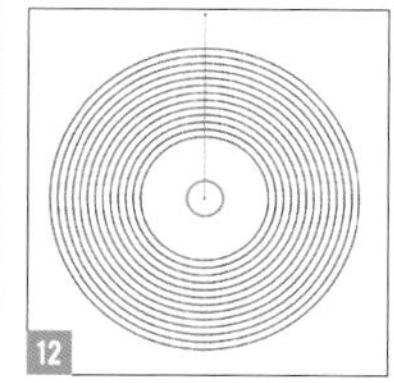
12

13

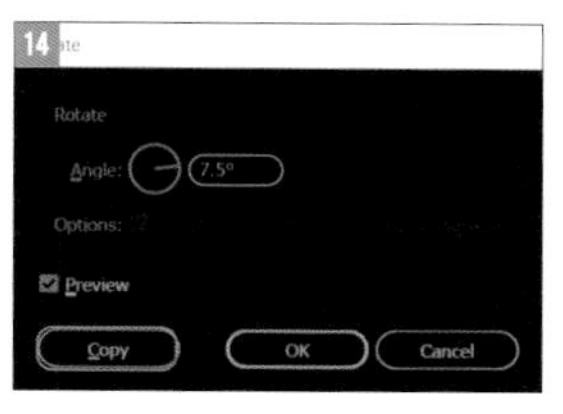

14

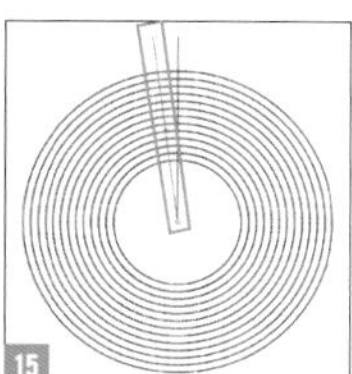
15

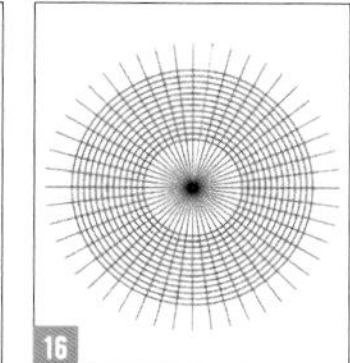
16

03 라이브 페인트 도구로 1칸씩 색 칠하기

조금 전에 작성한 가이드를 선택한 상태에서 17, [Tool] 패널에서 [Live Paint Bucket]을 선택합니다 18.

Point

[Live Paint Bucket]이 [Tool] 패널에 보이지 않는 경우에는 하단의 [Edit Toolbar] 버튼을 클릭한 다음 [All Tools]에서 찾아 [Tool] 패널에 드래그하면 됩니다 19.

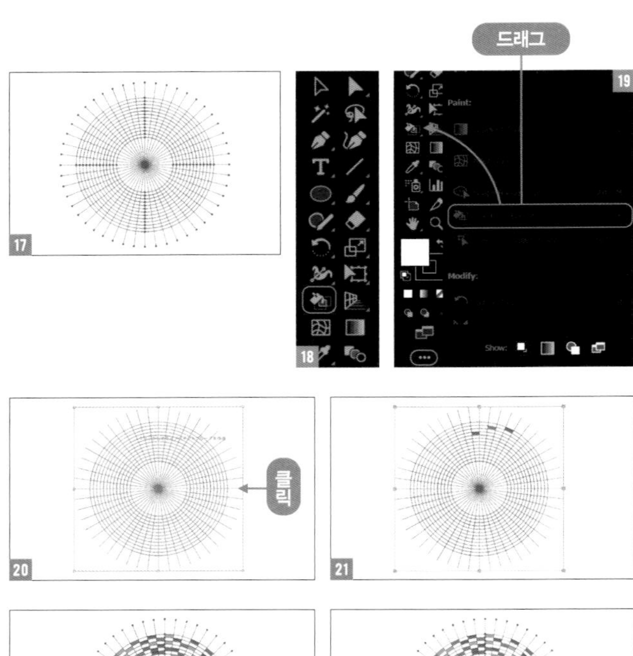

이 상태에서 클릭해 가이드를 [Live Paint Bucket Group]으로 지정합니다 20. [Live Paint Bucket Group]으로 지정하면 패스로 둘러싸인 면 하나하나를 선택해 색을 설정할 수 있으므로 4가지 색으로 칠해 갑니다 21. 포인트는 색의 톤을 맞춰 골고루 나누어 칠하고, 군데군데 칠하지 않는 면을 만드는 것입니다 22. 칠을 적용하면 선의 색을 [None]으로 설정하고 [Live Paint Bucket]으로 설정한 면만 칠합니다 23. 여러 가지 색으로 디자인 한 바탕이 하나 생겼습니다.

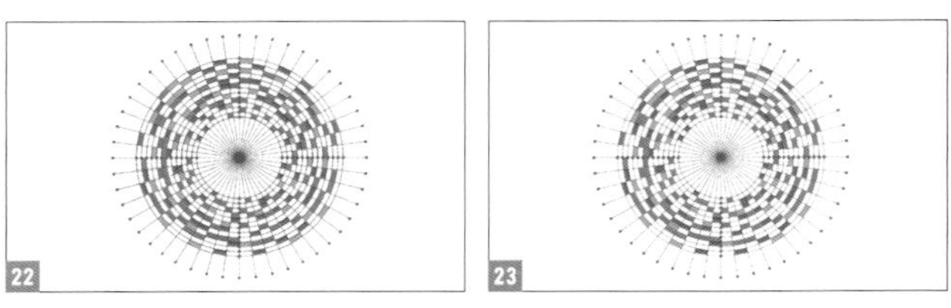

04 색상이 다른 원을 4개 더 만들기

[Edit]→[Edit Colors]→[Recolor Artwork]를 선택합니다 24. 표시된 컬러 차트에는 현재 선택된 오브젝트에 사용된 색상이 표시됩니다 25. 가장 큰 동그라미를 선택하여 위치를 이동하면 현재 색상과 동일한 위치 관계를 유지한 채 색상을 변경할 수 있습니다. 여러 가지 색의 디자인을 만들기 위해서는 같은 위치 관계로 하는 것이 중요한데 이 방법이라면 쉽게 색을 만들 수 있습니다.

색상을 재배색한 원을 4개 더 만듭니다 26 27 28 29 30 31 32 33.

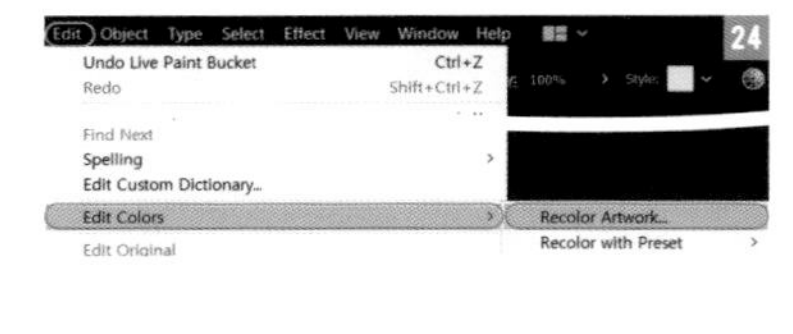

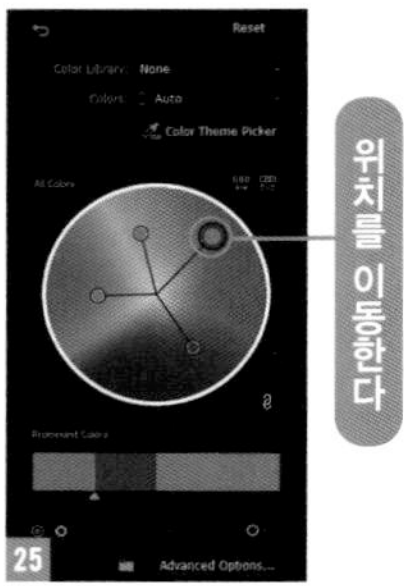

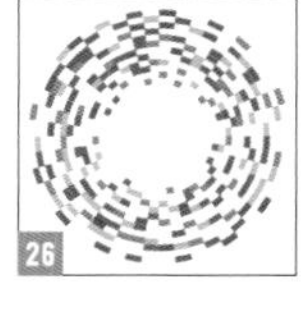

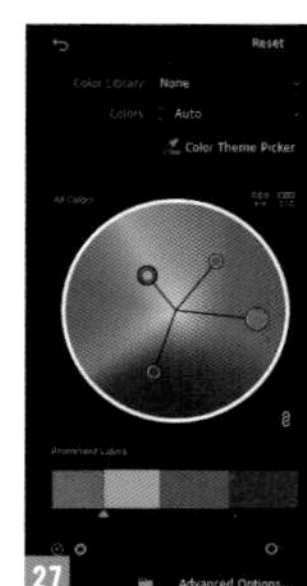

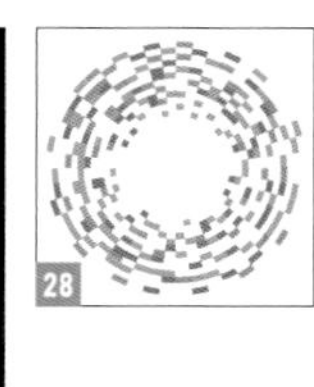

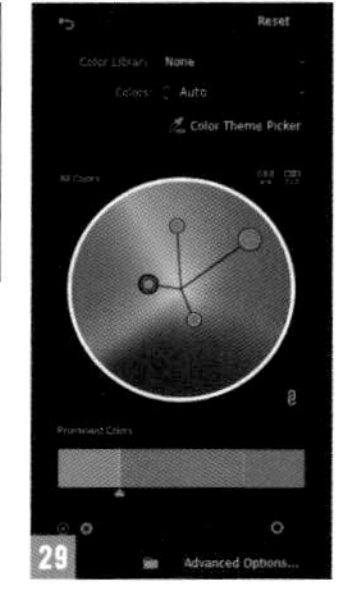

05 배경과 작업화면 중앙에 문자 배치하기

[Tool] 패널에서 [Type Tool]을 선택하고 'FIRE' 라고 입력합니다. 문자는 [Font:DIN Medium] [Style:Regular] [Size:260pt] 34 로 설정하고 문자 색은 [K:7%]로 설정합니다 35. 작업화면 위에 배치합니다 36.

문자의 크기 [Size:156pt] 37 이외에 같은 설정으로 작업화면 하단에 'WORKS'라고 입력하고, 아래에 배치합니다 38.

중앙의 텍스트는 [Size:22pt]로 설정하고 39. 한자는 [Size:12pt]로 40 설정해 배치합니다 41.

만든 디자인을 불꽃처럼 배치해 완성합니다 42.

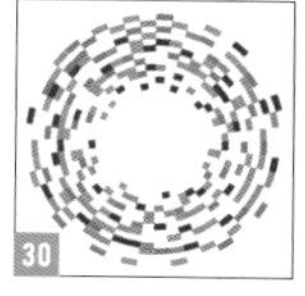
30

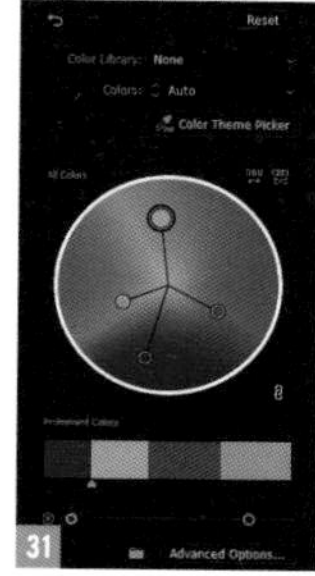

31

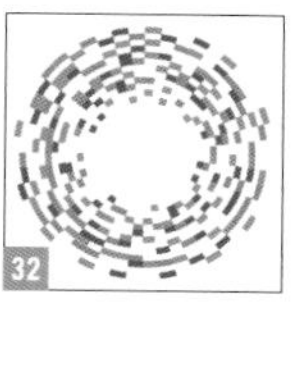
32

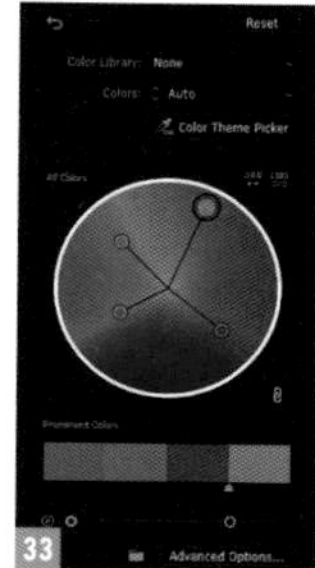

33

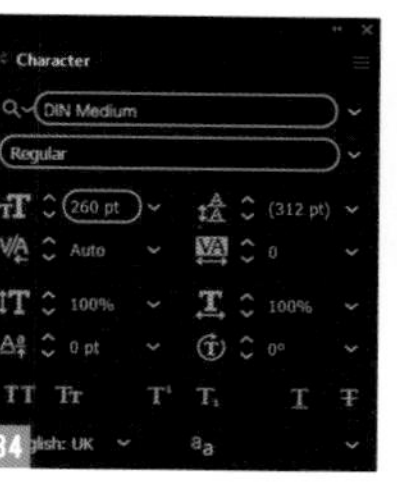

34

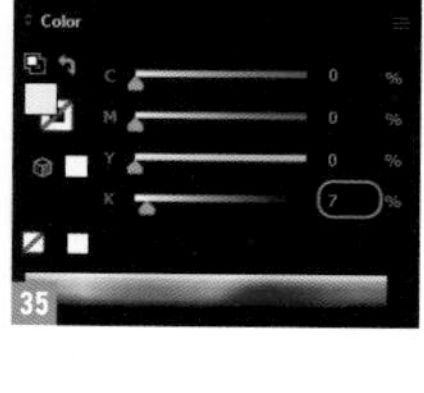

35

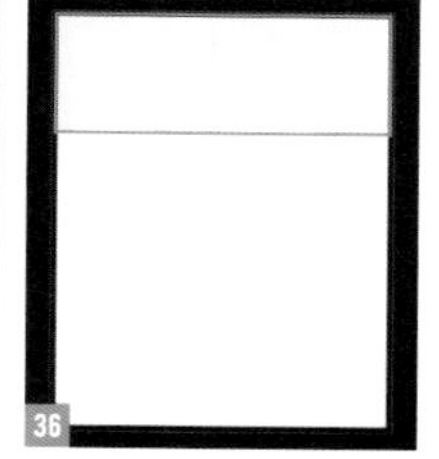
36

37

38

39

40

41

42

Column

여러 가지 색을 사용하는 디자인에 맞는 기본 색상

여러 가지 색을 사용해 디자인을 만들 때, 배경색 등 바탕이 되는 색은 오른쪽 그림과 같이 흰색, 검정 등의 무채색 또는 명도 · 채도가 낮은 수수한 색을 사용하면 하나로 인식하기 쉬워집니다.

반면 화려한 색을 바탕색으로 사용하면 색상이 너무 강해져 정리하기가 어렵습니다. 여러 가지 색을 사용하는 디자인을 만들 때 주의해야 합니다.

pleasure
2002
Mee
2020

Recipe

056

시크한 느낌의 흑백으로 작업하기

흑백사진은 고급스럽고 스타일리시한 인상을 나타냅니다. 분위기에 맞는 폰트 선택도 확인해 봅니다.

Design methods

01 Gradient Map을 사용해 흑백 이미지로 변환하기

포토샵을 열고, [물과 일체화된 드레스.jpg※] 파일을 불러옵니다.

[Image]→[Adjustments]→[Gradient Map]을 선택합니다 01.

프리셋에서 [Basics]→[Black, White]를 선택하고 [OK]를 클릭합니다 02.

컬러사진이 흑백이 됩니다 03 데이터를 저장합니다.

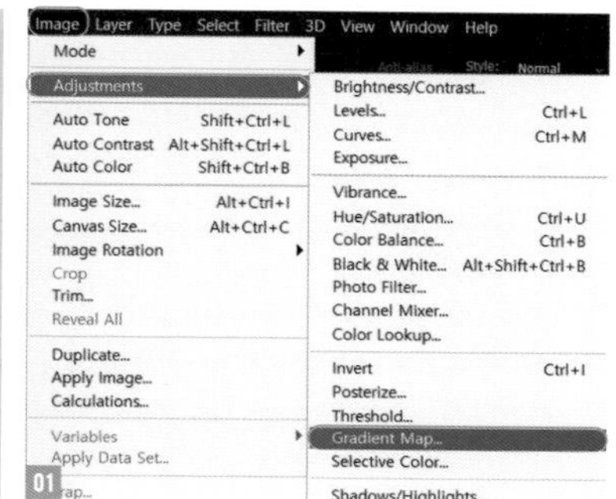

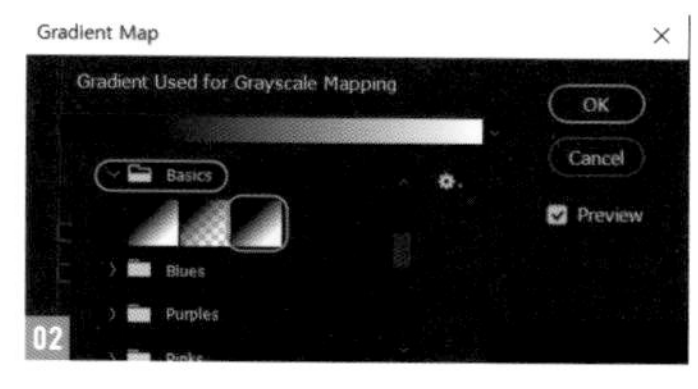

Point

흑백으로 변경하는 방법은 [Image]→[Mode]→[Grayscale]도 있지만 Gradient Map을 사용해 흑백으로 변환하면 보다 검정이 깊고, 강한 인상의 이미지로 변환할 수 있습니다.

Point

흑백사진을 잘 사용하면 디자인을 스타일리시 하게 보여줄 수 있습니다. 또, 한 가지 색만 사용해 인쇄할 때도 흑백은 사용할 수 있습니다.

※ 물과 일체화된 드레스.jpg…이 작품은 시리즈 책인 『포토샵 리터치 · 가공 아이디어 도감』에서 실제로 제작할 수 있는 작품 예입니다. 물보라와 드레스를 일체화시킨 것 같은 작품을 만들고 싶은 분은 리터치 · 가공 서적에서 제작 방법을 확인해 주세요.

02 분위기에 맞는 폰트를 선택해 작업하기

순서 01에서 만든 이미지를 미리 일러스트레이터로 배치해 레이아웃 합니다.
일러스트레이터를 열고, [화보집.ai] 파일을 불러와 작업합니다.
[Tool] 패널에서 [Type Tool]을 선택해 04 화보집의 타이틀명인 'pleasure'라는 문자를 입력합니다. [Tool] 패널에서 [Rotate Tool]을 더블 클릭해 05 [Angle:–90°]로 회전시킵니다 06.
이미지 왼쪽에 맞춰서 세로로 배치합니다. 여기에서는 스타일리시한 사진의 분위기에 맞추기 위해 폰트는 Century Gothic Regular를 선택해 쿨한 느낌으로 만들었습니다 07 08.
[Window]→[Transparency]를 선택해 [Opacity:50%]로 설정합니다 09. 문자가 사진에 자연스럽게 투과됩니다 10.

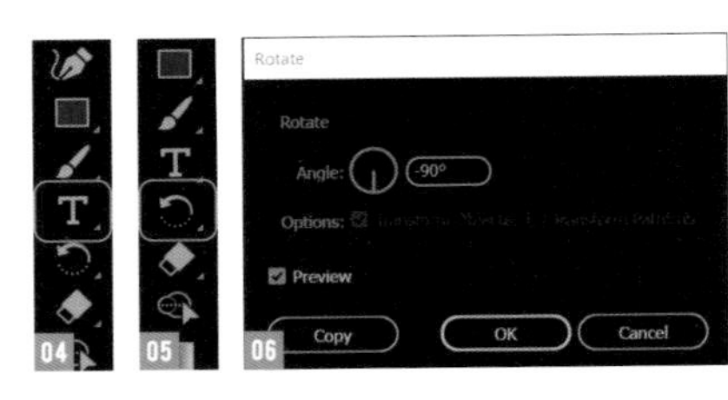

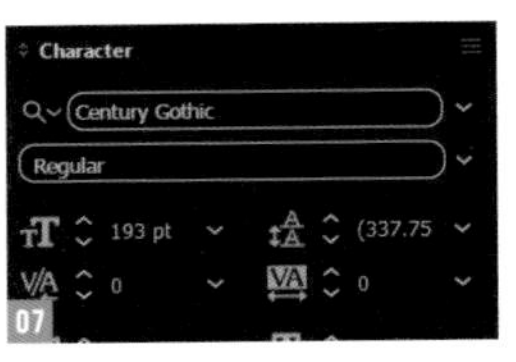

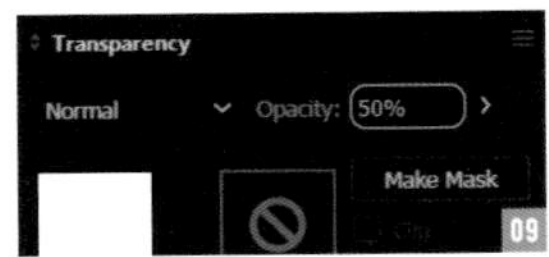

03 문자 배열하기

[Type]→[Create Outlines]를 선택해 'pleasure' 문자를 아웃라인으로 만듭니다 11.
'pleasure' 문자의 중심에 위치하는 'a'를 'Ω'(오메가) 문자로 보이도록 패스를 조정합니다. 조정은 [Tool] 패널에서 [Pen Tool]을 선택해 패스를 추가하고, [Direct Selection Tool]로 삭제, 또 패스를 연결해 나갑니다 12 13 14.
'Ω'로 보이게 만들었습니다 15.
예제에서는 'Mee(여배우의 이름)' 문자를 흰색으로 하여 눈에 띄도록 중심에 배치하고, 'Ω'※ 안에 활동 기록의 연도를 배치했습니다 16.
어필하고 싶은 흑백 이미지의 분위기와 폰트의 취향을 맞춰 스타일리시하고 정리된 이미지로 완성했습니다.

※ Ω(오메가)는 그리스 문자의 24번째 문자이자 마지막 수. 여배우 Mee가 은퇴할 때의 사진집이라는 의미를 담고 있다.

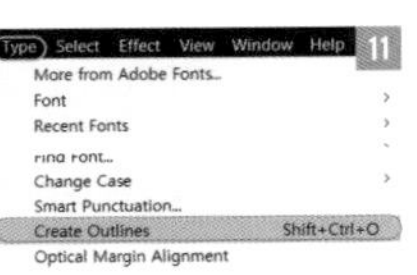

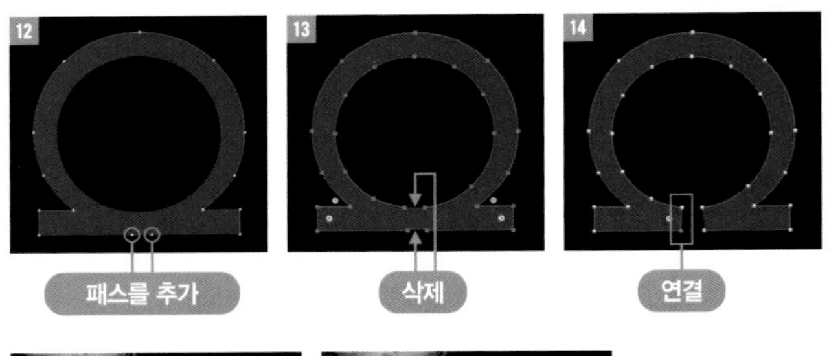

NIGHT PARTY

HIPHOP.80's.90's

EVERY FRIDAY!!!

2021.06-07 SCHEDULE

▶ EVERY FRIDAY 22:00-27:00

06.04 DJ.JYOSHI NISHIGUCHI
06.11 DJ.AKI KAWASAKI
06.18 DJ.DESIGN NESAN
06.25 DJ.HIKARU KATO
06.25 DJ.FUTOSHI

07.02 DJ.RYOMA
07.09 DJ.MAYUMI
07.16 DJ.YUKI
07.23 DJ.AMI
07.30 DJ.MI

DISCO BALLS

Tokyo Supervisor
Tsuka 3-chome 7-12
BOSS Building 3F
060-1234-****
(22:00~27:00)

OPEN 22:00 / CLOSE 27:00

M 2,000yen / F 1,500yen

※Please show your ID when you enter.
※Entrance under 20 years of age is not allowed.

Recipe

057 흑백 사진과 유채색 조합하기

흑백사진과 흑백 톤, 여기에 유채색을 조합해 탄력 있는 이미지를 만듭니다.

Design methods

01 베이스가 되는 배경 만들기

일러스트레이터를 열고, [File]→[New]를 선택해 A4 크기(Width:210mm Height:297mm)의 작업화면을 만듭니다 01.

[Tool] 패널에서 [Rectangle Tool]을 선택하고 작업화면을 상하로 2등분하는 직사각형(Width:210mm Height:148.5mm)을 만듭니다. 위는 검정 [K:100%], 아래는 [C:5% M:90%]로 설정합니다 02.

[File]→[Place]를 선택하고 [DJ.psd] 파일을 불러와 중심에 배치합니다. 작업화면 상하좌우로 10mm의 여백이 있는 이미지로 만들 수 있도록 [Tool] 패널에서 [Rectangle Tool]을 선택하고 [Width:190mm], [Height:277mm]의 직사각형을 만듭니다 03.

배치한 이미지와 직사각형을 선택하고 [Object]→[Clipping Mask]→[Make]를 선택해 트리밍을 실시합니다. 마스크를 적용한 직사각형과 같은 크기의 직사각형을 앞면에 다시 만들어 [Weight:1.5mm] [Align Stroke:Inside] [K:40%]로 설정합니다 04. 트리밍한 이미지에 회색 테두리 선이 생겼습니다 05.

02 타이틀과 출연자 넣기

배치한 DJ.psd 턴테이블의 빈 공간에 맞춰 타이틀과 세부사항을 넣습니다. 텍스트는 [텍스트.txt] 파일에서 차례차례 복사 & 붙여넣기합니다.

타이틀은 음악 이벤트의 분위기에 맞는 폰트 이미지로 조금 장난기 있는 [Pressio]를 사용했습니다 06.

출연자의 내용도 타이틀과 같은 폰트인 [Pressio]로 맞춰 이미지 전체에 통일감을 줍니다 07.

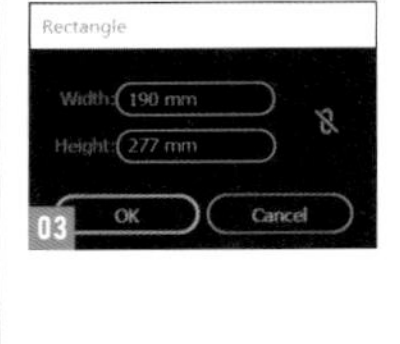

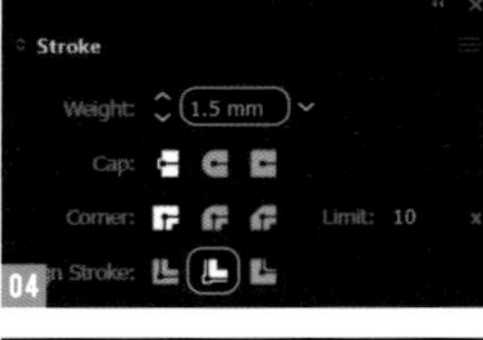

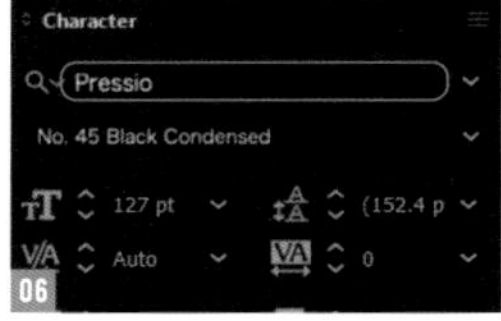

03 상세 내용 넣기

'HIPHOP.80's.90's' 부분만 띠를 넣어 눈에 띄게 하여 타이틀을 정리합니다08.
턴테이블의 바깥쪽 공간에는 로고, 지도, 주소, 시간이나 가격 등을 상세히 넣습니다09. 로고나 지도는 [로고, 지도.ai] 파일을 사용합니다. 주소 부분의 폰트는 [Arial]로 설정해 읽기 쉽게 합니다10.

04 턴테이블 위에 디스코 볼 만들기

턴테이블의 중심 부분에 디스코 볼이 보일 수 있도록 작업합니다.
마젠타 배경에 원형의 도트를 일정하게 배치한 오브젝트를 만듭니다11.
원형의 도트만 선택해 [Effect]→[Warp]→[Fisheye]를 선택합니다12. [Style:FishEye][Bend:70%]로 설정합니다13 14.
[Tool] 패널에서 [Ellipse Tool]을 선택하여 원을 만들고 원형으로 마스크하여 트리밍 합니다15.
[Window]→[Transparency]를 선택하고 [Blending mode:Multiply]로 설정합니다16.
턴테이블의 중심 부분에 집어넣습니다17.

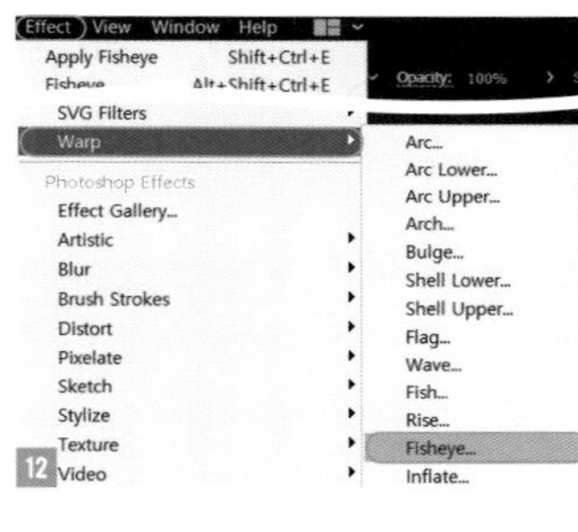

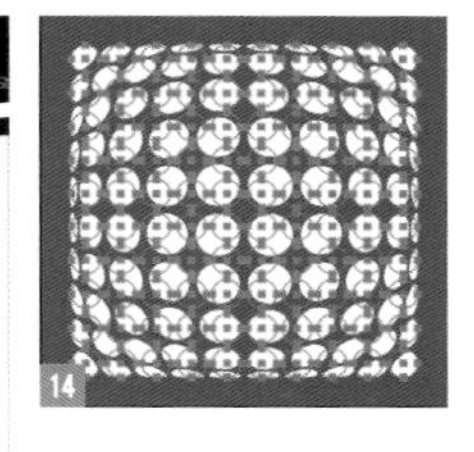

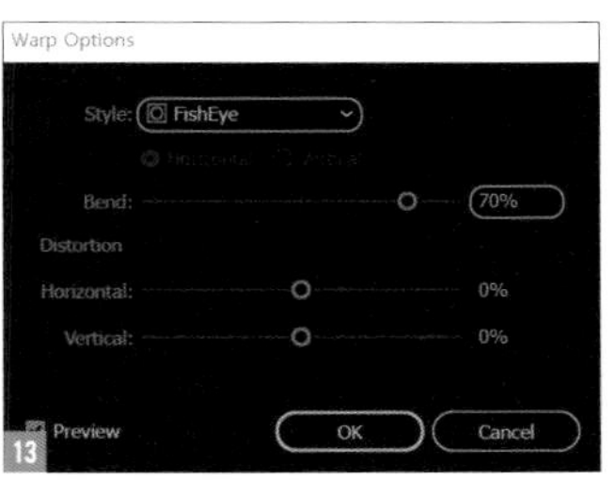

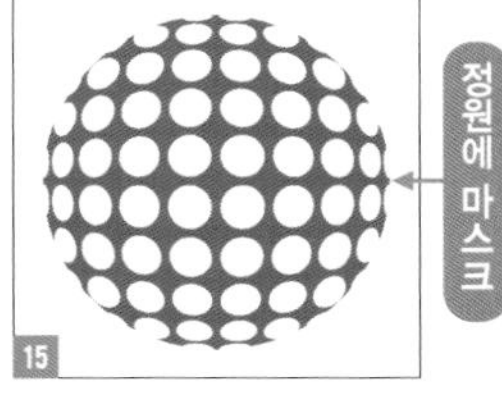

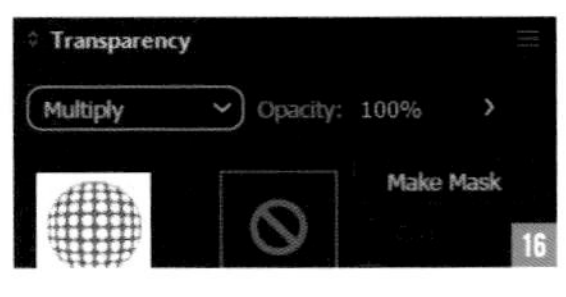

05 유채색을 의식적으로 배색해 완성하기

전체적으로 회색이 많고, 어두운 인상입니다. 포인트가 되는 부분을 유채색(C:5% M:90%)으로 변경해 밸런스와 강약을 의식하면서 배색합니다. 여기에서는 제목, 일시, 시간, 지도 등 중요한 정보를 포인트가 되도록 유채색으로 변경했습니다18.

Point

흑백사진+유채색으로 이미지를 디자인할 때는 흑백으로 작업하다가 마지막에 유채색을 추가하면 좋습니다. 배색으로 망설이는 일이 적어져 작업이 원활하게 됩니다.

Recipe

058

유채색에 모노톤 조합하기

컬러 사진을 유채색의 모노톤으로 바꿔 디자인을 만듭니다. 이전 Recipe의 흑백사진+유채색 작업과는 또 다른 느낌입니다.

Design methods

01 이미지의 컬러 생각하기

발레 교실의 광고 전단을 주제로 제작합니다. 이 발레 교실의 이미지 색상은 핑크와 청록색으로 정했습니다 01.

02 사진의 컬러 모드를 그레이스케일로 하기

컬러 사진을 모노톤으로 변환해 이미지의 전면 색상으로 합니다.

포토샵을 열고, [소재.psd] 파일을 불러옵니다 02.

[Image]→[Mode]→[Grayscale]을 선택해 그레이스케일 이미지로 변환합니다 03 04.

이미지가 희미하고 인상이 약하므로 강약이 있는 이미지로 조정합니다. [Image]→[Adjustments]→[Levels]를 선택해 05, Input Levels [shadow:30] [midtone:1.00] [highlight:250]으로 설정합니다 06 07. 이미지는 저장해 둡니다.

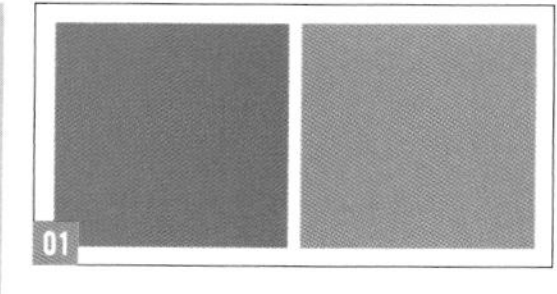

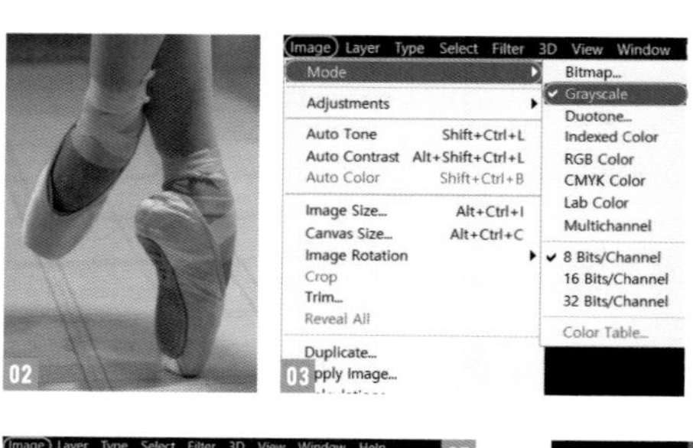

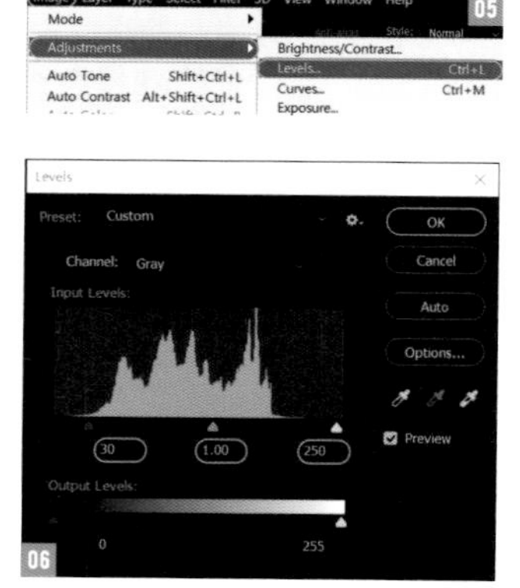

03 그레이스케일로 변환한 사진을 배치하고 채색하기

일러스트레이터를 열고, [레이아웃.ai] 파일을 불러옵니다. 여기에서는 미리 작업한 파일을 준비했습니다.
먼저 사진을 배치할 공간을 만듭니다.
[사진] 레이어를 선택합니다. [Tool] 패널에서 [Rectangle Tool]을 선택하고 [Width : 126mm] [Height : 192mm]로 설정해 08 직사각형을 만듭니다. 작업화면 윗면에 맞춰 오른쪽에서 [12mm] 띄어 배치합니다 09.
색상은 알기 쉽게 핑크색 [M : 60 Y : 20]으로 설정합니다 10.
[File]→[Place]를 선택해 조금 전 그레이스케일로 변환한 사진을 불러옵니다. 핑크의 직사각형을 뒤집어쓰도록 배치합니다 11. [Object]→[Arrange]→[Send to Back]을 선택해 12 직사각형 뒤로 이동시키고 사진과 직사각형을 선택한 후 [Object]→[Clipping Mask]→[Make]를 선택해 사진에 마스크를 적용합니다 13 14.
[Tool] 패널에서 [Direct Selection Tool]을 선택하고 그레이스케일 사진을 선택합니다 15.
색상을 발레 교실의 이미지 색상인 핑크 [M : 60 Y : 20]으로 설정합니다 16 17.

08

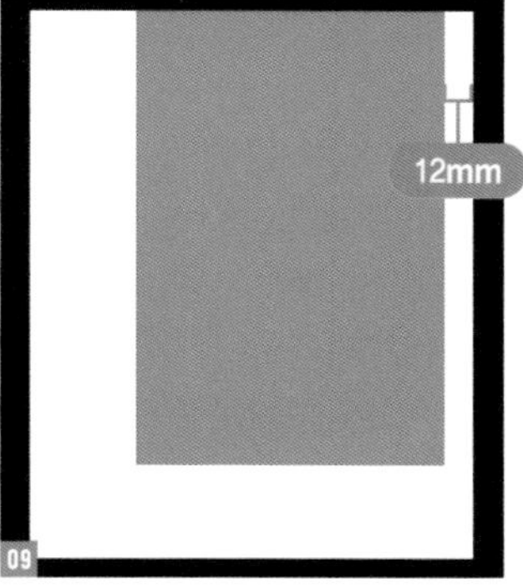

09

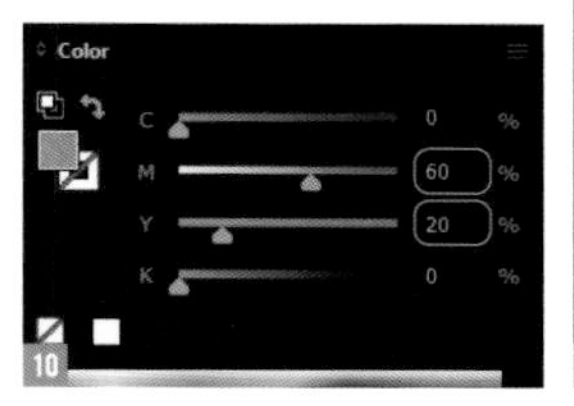

10

11

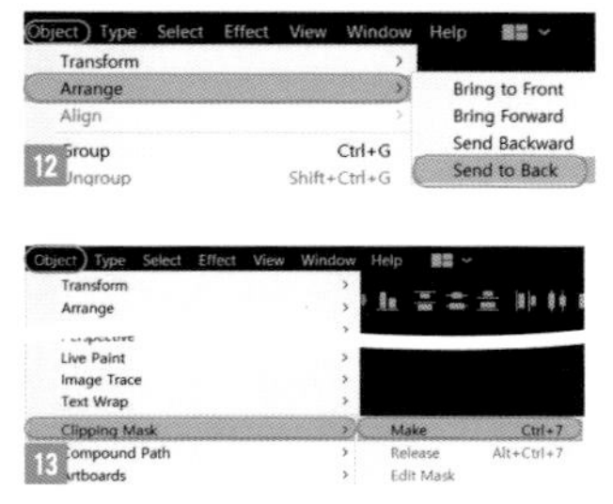

12

13

14

15

Point

이미지의 컬러 모드를 그레이스케일 또는 흑백으로 변환하면 일러스트레이터에서 배치했을 때 흰색, 검정, 인쇄 색상, 특별 색으로 채색할 수 있습니다.
포토샵에서 색상을 조정할 필요 없이 일러스트레이터에서 직접 이미지의 색상을 변경할 수 있어 빠르고 편리하게 사용할 수 있습니다.

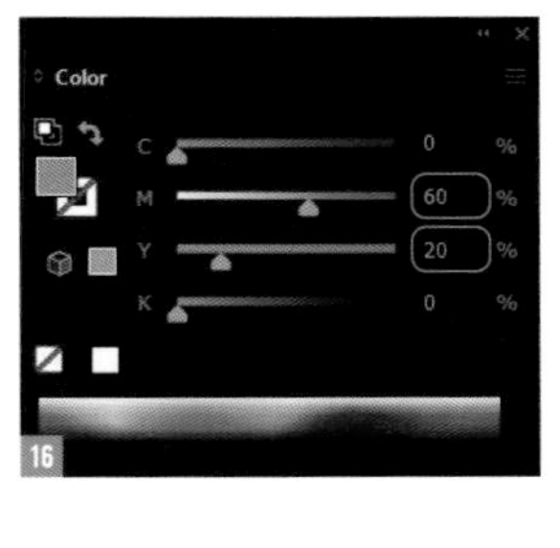

16

17

04 로고, 문자를 레이아웃하기

[레이아웃] 레이어를 선택합니다.
[로고.ai] 파일을 열고, 복사 & 붙여넣기해 가져옵니다. 작업화면 아래 부분의 이미지에 걸치도록 로고를 배치합니다18.
로고 아래 부분의 공간에 문자를 레이아웃합니다. 텍스트는 [텍스트.txt] 파일에서 복사 & 붙여넣기해 가져옵니다.
[Tool] 패널에서 [Type Tool]을 선택하고 'since 2000', 'TOKYO, OSAKA, NAGOYA, SENDAI, SAPPORO', 'Ballet Studio.com'이라고 입력합니다19.
문자는 'since 2000'은 20 21과 같이, 'TOKYO, OSAKA, NAGOYA, SENDAI, SAPPORO'는 22 23과 같이, 'Ballet Studio.com'은 24 25와 같이 설정합니다. 단락 설정은 모두 [Align center] 입니다26. 27과 같이 정리됐습니다.

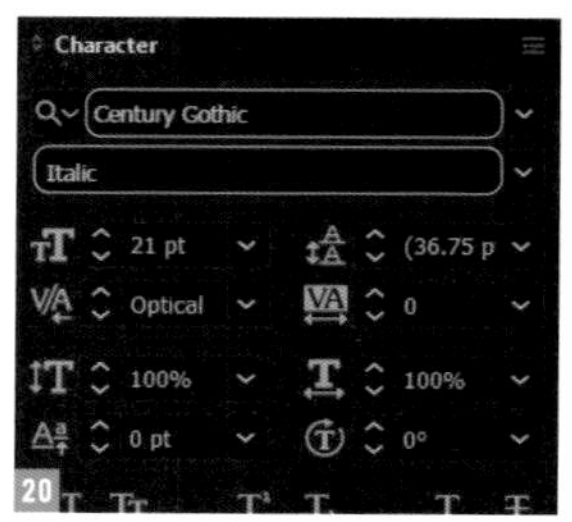

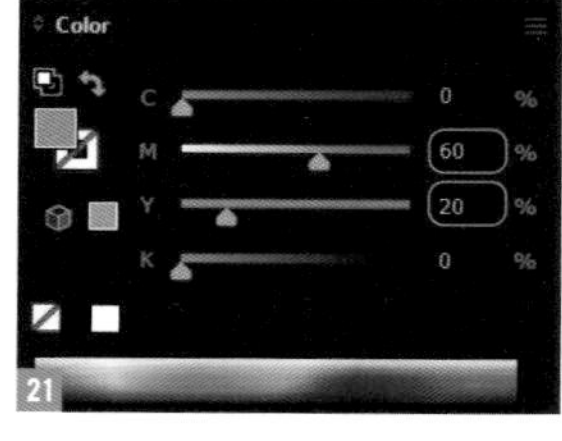

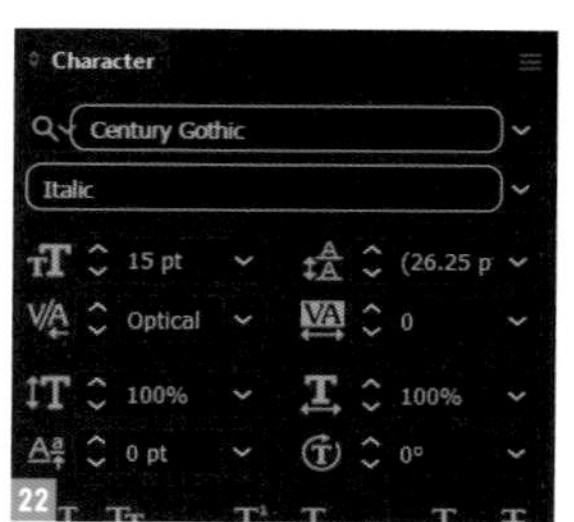

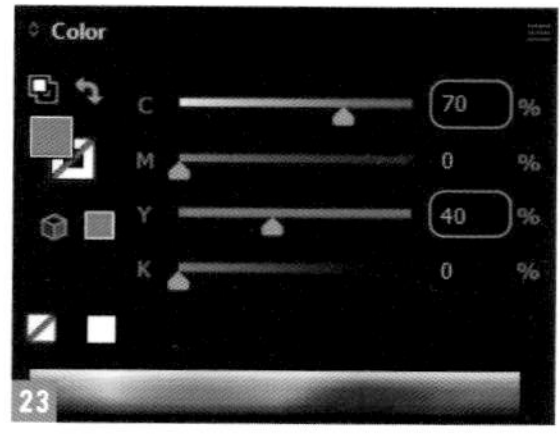

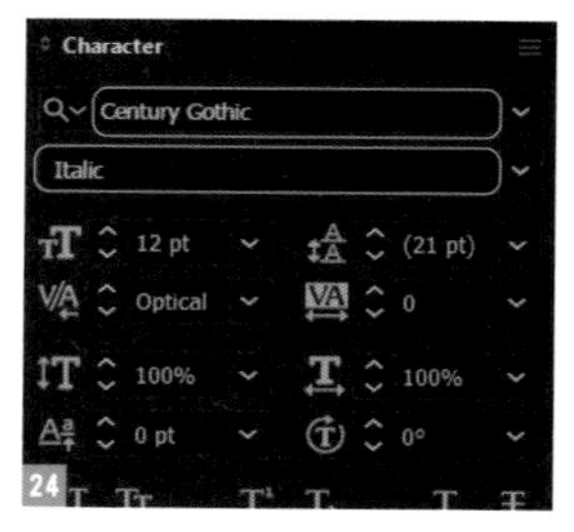

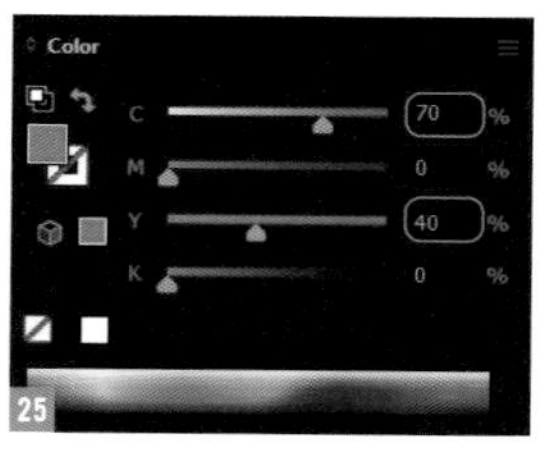

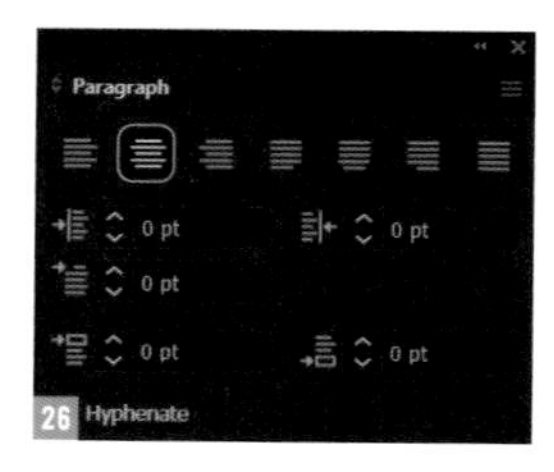

05 원과 시간을 레이아웃하기

이미지에 원을 배치해 리듬감을 연출합니다.
[Tool] 패널에서 [Ellipse Tool]을 선택하고 [Width:66mm Height:66mm]으로 설정해 정원을 만든 후 배치합니다 28 29.
중간 원, 작은 원을 더 추가해 리듬감을 만듭니다 30.
[Tool] 패널에서 [Type Tool]을 선택해 'OPEN/Tue.----------Sun. 10:00–20:00 CLOSED/Mon.'이라고 입력합니다 31. 문자는 32 33과 같이 설정합니다.
색상은 이미지 색상에 맞춰 'OPEN~20:00'은 [C:70 Y:40]으로 34, 'CLOSED/Mon.'은 [M:60 Y:20]으로 설정합니다 35.
'OPEN/Tue.----------Sun. 10:00–20:00 CLOSED/Mon.'을 선택하고 [Object]→[Transform]→[Rotate]를 선택합니다 36. [Angle: 270°]로 설정해 왼쪽 위에 배치합니다 37 38.

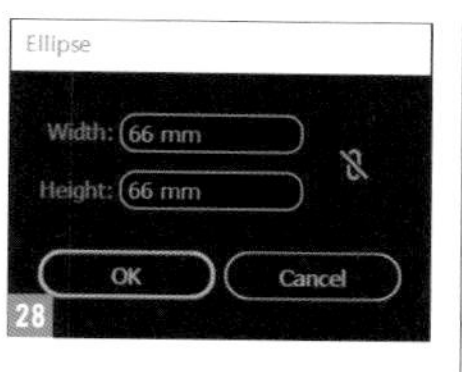

28

29

30

31

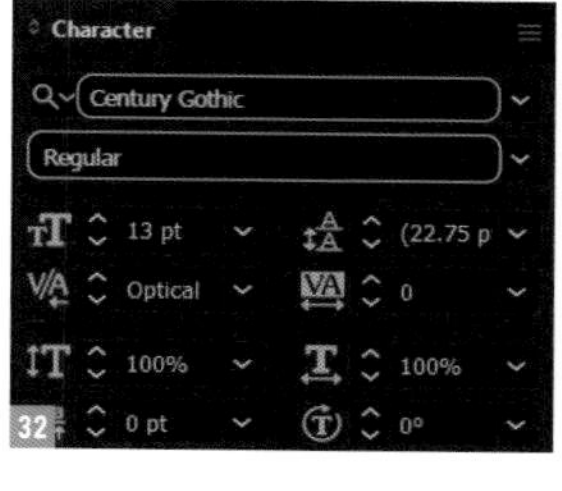

32

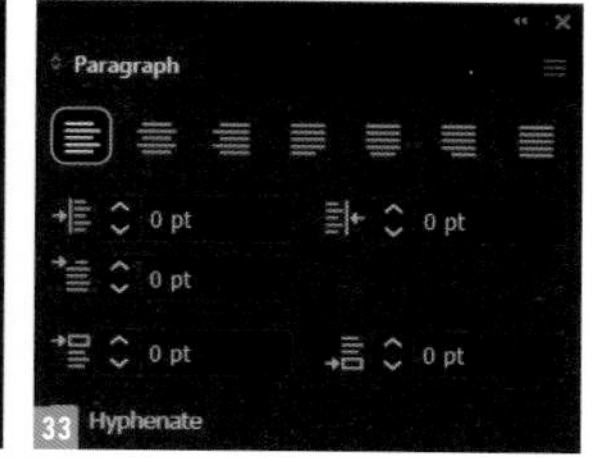

33

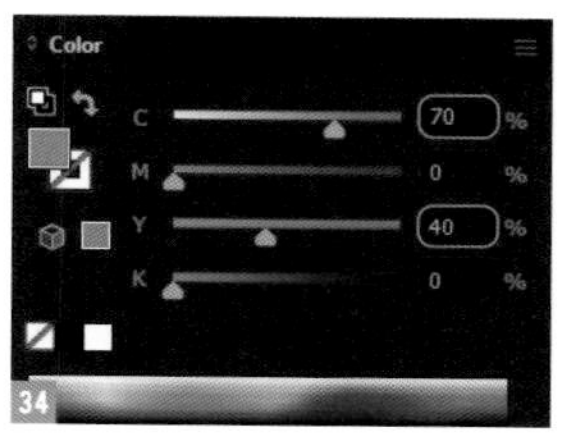

34

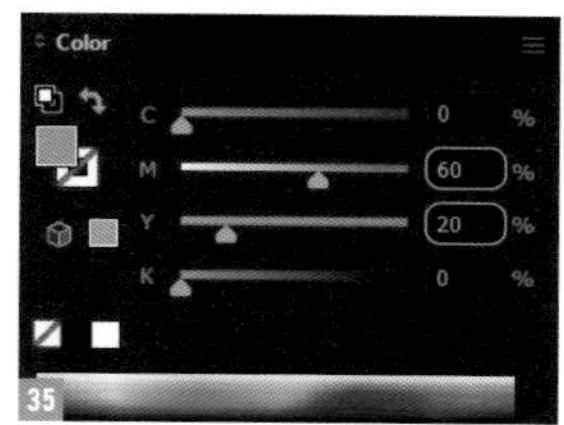

35

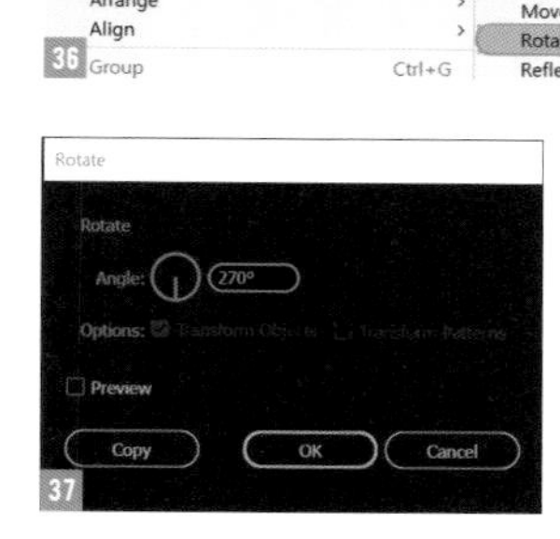

36
37

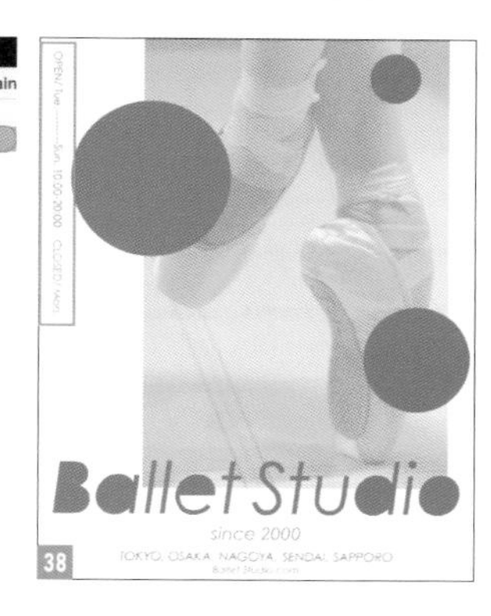

38

06 Multiply를 적용하고 원에 문자를 배치하기

로고와 원 3개에 Multiply를 적용합니다.

로고와 원 3개를 선택하고 39, [Window]→[Transparency]를 선택해 40 [Blending mode:Multiply]로 설정합니다 41. 투명하게 되어 사진이 비쳐집니다 42.

마지막으로 가장 큰 원 안에 문자를 배치합니다. 'From the heart. Let's dance!'라고 입력하고, 43과 같이 설정해 조정합니다 44. [font:Greetings]는 한 획 한 획이 정중하게 쓰여 진 손 글씨 느낌의 폰트입니다.

문자를 선택하고 [Object]→[Transform]→[Shear]를 선택한 다음 45 [Shear Angle:15°]로 설정하고 [Horizontal]에 체크합니다 46. 기울기가 생겨 이미지에 리듬감이 표현됩니다 47.

핑크의 모노톤 사진과 그 주위에 악센트가 되도록 배치한 청록색으로 리듬감 있는 디자인이 완성됐습니다.

Point

2가지 색상으로 색상 수는 적지만 그만큼 이미지 색상이 돋보이는 디자인이 됩니다. 핑크+청록 이외에도 파랑+빨강, 보라+오렌지, 하늘색+노랑, 연두+밝은 파랑 등 다양한 조합으로 사용할 수 있습니다. 여러 가지 시도를 해보세요.

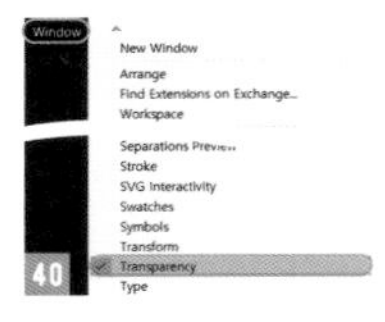

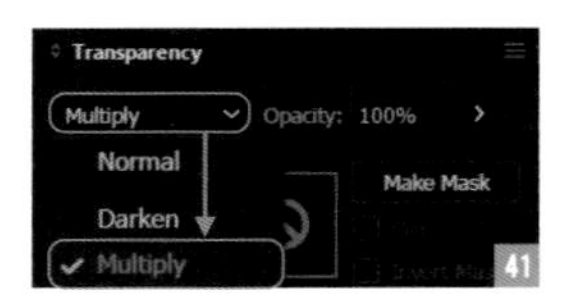

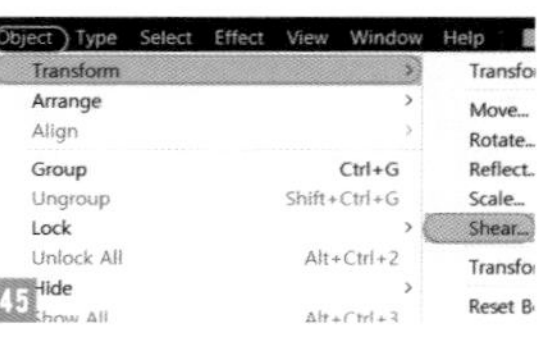

Column

인쇄 매체에 필요한 돔보

돔보(트림마크)란 인쇄를 할 때 종이의 재단 위치나 CMYK, 잉크의 인쇄 위치를 맞추는데 필요한 표식을 말합니다.
웹용으로 디자인을 할 때는 필요하지 않은 작업이지만, 그래픽용으로 디자인을 만들 때는 필요하기 때문에 기억하는 것이 좋습니다. 이 책에서는 종이 매체나 웹 매체에 관계 없이 디자인을 만들어 사용할 수 있도록 아트보드 크기로 디자인 작업을 하고 있어서 순서 설명에서는 돔보를 붙이지 않았습니다.

디자인의 코너나 센터에 있는 선이 돔보입니다.

돔보 만드는 법

일러스트레이터에서는 돔보를 쉽게 만들 수 있습니다. 디자인을 사용하는 용지 크기로 직사각형을 만들고 [Fill:None][Stroke:None]으로 설정합니다. 디자인을 인쇄하는 완성선에 직사각형을 맞춥니다(오른쪽 디자인에서 주황색 점선). 이 상태에서 [Object]→[Create Trim Marks]를 선택하면 돔보(트림마크)를 만들 수 있습니다.

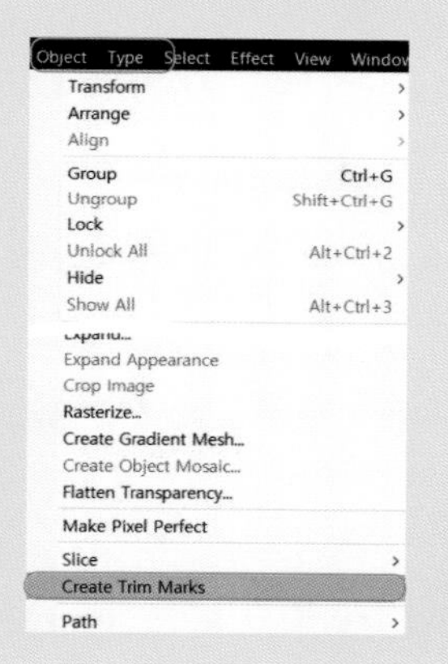

Column

도랑 · 덧칠(마름질)이란

인쇄는 한 번에 많은 종이를 겹쳐서 재단하기 때문에 아무래도 미묘한 위치의 차이가 생깁니다. 완성선 직전까지 데이터가 있을 경우, 인쇄하는 용지의 색이 나타날 가능성이 있습니다. 즉 완성선의 바깥쪽으로 3mm 정도의 여분으로 사진이나 색상의 폭을 넓혀 둘 필요가 있습니다. 이 폭을 도랑 또는 덧칠이라고 합니다. 도랑은 원칙적으로 잘라내는 부분을 말합니다. 도랑 지정은 완성 크기보다 상하좌우로 3mm씩, 합계 6mm 정도 바깥쪽으로 늘립니다. 위 Column에서 설명한 돔보로 만들 수 있습니다. 또한 재단은 안쪽에도 어긋날 수 있습니다. 완성선의 안쪽 3mm까지가 인쇄의 안전 영역이 됩니다. 인쇄물을 레이아웃 할 때는 오른쪽 그림의 연한 회색 영역에서 멈추고, 진한 회색의 영역에는 중요한 정보는 배치하지 않는 것이 좋습니다.

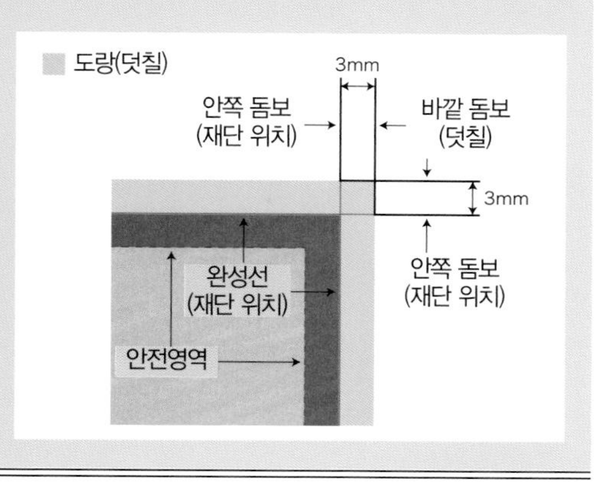

Recipe

059

시원함이 느껴지는 배색

사진의 색감을 살려 배색합니다. 파란색과 노란색의 비율을 조정해 튕기는 느낌의 상쾌한 배색을 만듭니다.

Design methods

01 새로운 파일 만들기

사진의 푸른 하늘을 살린 상쾌한 배색으로 스포츠 의류 브랜드의 광고 디자인을 가정하여 제작합니다.

일러스트레이터를 열고, [File]→[New]를 선택합니다. 단위를 [Millimeters]로 지정하고 [Width:232mm] [Height:182mm]로 설정한 후 [Create]를 클릭합니다01.

[Create New Layer]를 클릭해 레이어를 추가합니다02. 레이어 이름을 위에서부터 [레이아웃] [사진]으로 지정합니다03.

02 사진 배치하기

[사진] 레이어를 선택합니다.

먼저 사진을 배치할 위치와 영역을 만듭니다. [Tool] 패널에서 [Rectangle Tool]을 선택하고 [Width:214mm] [Height:138mm]로 설정해 직사각형을 만듭니다04. 작업화면 중앙, 위에서 [9mm]를 비워두고 배치합니다. 여기에서는 알기 쉽게 색상을 [C:100]으로 설정했습니다05.

[File]→[Place]를 선택해 [소재.psd] 파일을 불러옵니다. 아까 만든 직사각형을 덮도록 위에 배치합니다06.

03 사진의 구도 생각하기

사진에서 인물의 움직임(점프)을 살리기 위해 이미지를 회전하고 움직임을 추가합니다. [Object]→[Transform]→[Rotate]를07 선택하고 수치를 [Angle:7°]로 설정합니다08 09.

[Object]→[Arrange]→[Send to Back]을 선택해10 직사각형의 뒤로 이동시킵니다11. 사진과 직사각형을 선택하고 [Object]→[Clipping Mask]→[Make]를 선택해12 사진에 마스크를 적용합니다13.

사진을 전체적으로 사용하지 않고 상하좌우에 여백을 만들어 여백의 흰색과 푸른 하늘의 콘트라스트로 상쾌함을 연출합니다.

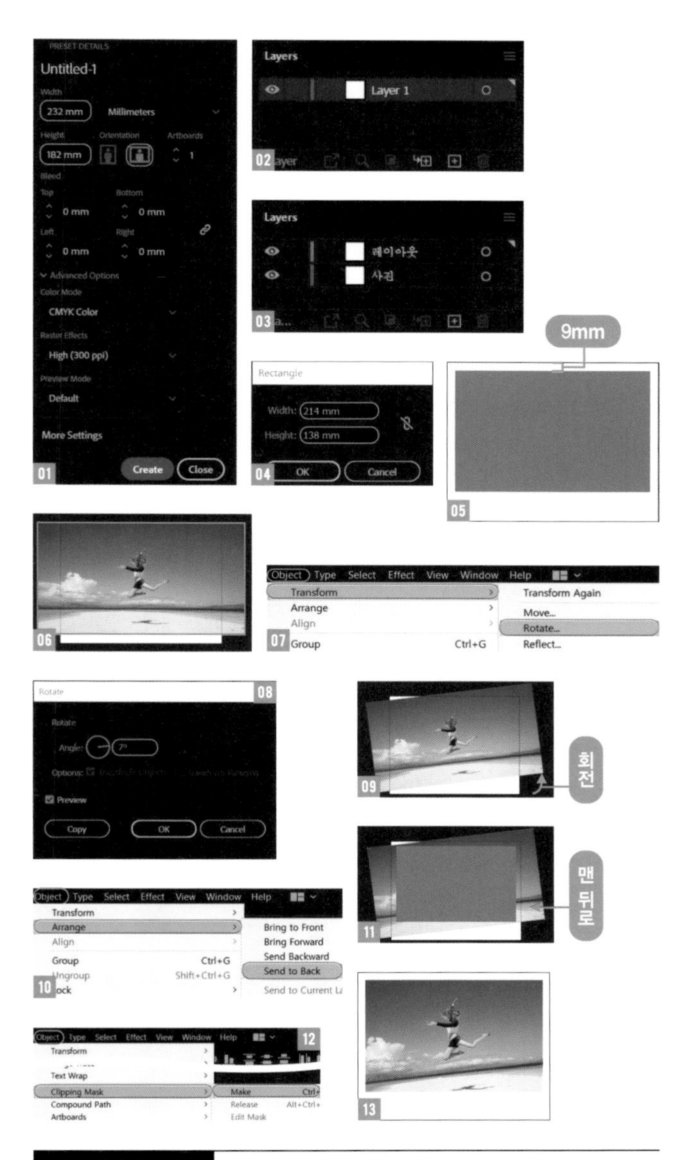

Point

이미지를 회전해 수평선을 비스듬하게 하면 이미지 전체에 생동감이 나타납니다.

회전하지 않은 상태. 수평선이 수평 라인으로 되어 있다.

회전한 상태. 수평선이 비스듬하게 올라가 생동감이 느껴진다.

04 문자와 로고를 레이아웃하기

[레이아웃] 레이어를 선택합니다. 사진 아래 공간에 문자를 레이아웃 합니다.
[Tool] 패널에서 [Type Tool]을 선택하고, [텍스트.txt] 파일에서 'BELIEVE YOURSELF'를 복사 & 붙여넣기로 가져옵니다. 문자는 [Font: DIN Condensed] [Style:Regular] [Size: 94pt] [Kerning:Optical] [Tracking:14] [Paragraph:Align left]로 설정합니다14 15.
문자 색은 사진의 푸른 하늘에 맞춰 [C:75 M:20]으로 설정합니다16.
사진의 기울기에 맞춰 사진의 화각 좌우 여백도 맞추고, 아트보드 아래로부터 [9mm] 위에 배치했습니다17.
[로고.ai] 파일을 불러옵니다18. 로고를 복사하고, 작업 중인 작업화면에 붙여넣기 해 오른쪽 상단에 배치합니다19.

05 색을 추가해 파란색을 강조하기

이대로도 상쾌하고 좋지만 파란색이 더 돋보이도록 파랑의 보색※인 노랑을 넣습니다.
[Tool] 패널에서 [Rectangle Tool]을 선택해 [Width:44mm] [Height:182mm]20의 직사각형을 만들고, 작업화면 왼쪽에 맞춰 사진과 문자에 겹치도록 배치합니다. 색상은 [Y:100]으로 설정합니다21 22.
[Window]→[Transparency]를 선택하고 [Transparency] 패널에서 [Blending mode: Multiply]을 선택합니다23 24.
노란색으로 활발한 느낌을 더해주고 톡톡 튀는 상쾌한 배색의 이미지가 완성됐습니다25.

※ 보색: 임의로 선택한 색에 대해 색상환의 반대에 위치하는 색.

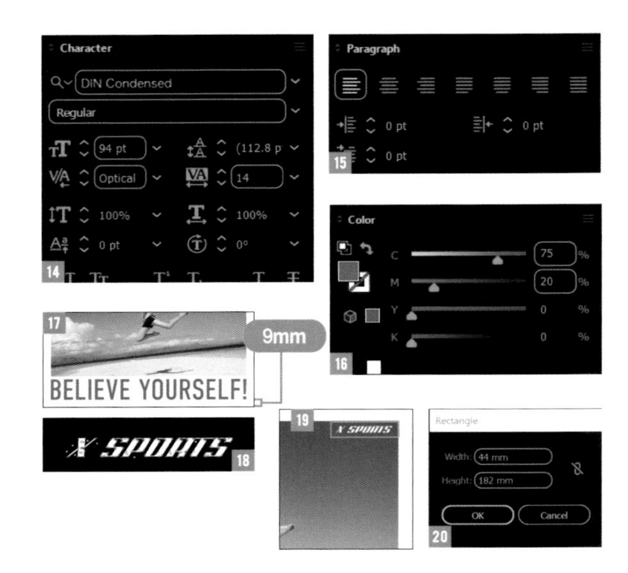

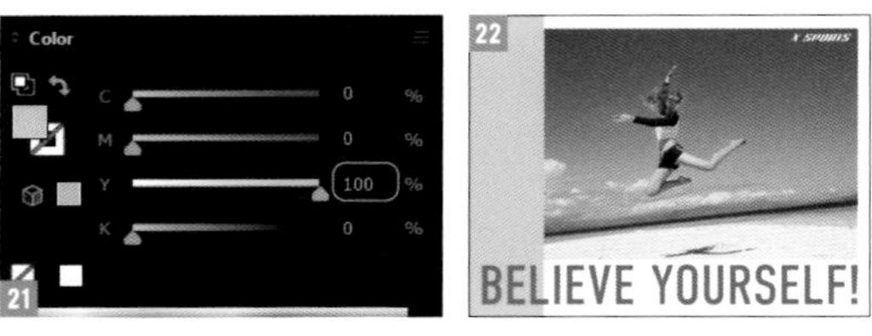

Point

예제에서는 노란색 범위의 폭을 넓히거나 좁혀가면서 보다 효과적으로 파란색과 흰색이 돋보이는 크기로 선택했습니다.
폭이 너무 좁으면 눈에 띄지 않아 크게 효과가 없고26, 폭이 너무 넓으면 상쾌함을 잃은 비주얼이 됩니다27.
디자인을 작업할 때는 이렇게 검증하고, 더 좋은 것을 찾아 완성해 나가세요.

Recipe

060

회색빛으로 앤티크한 디자인 만들기

밝은 회색빛의 사진과 일러스트를 모아 앤티크한 질감을 주어 평면적인 콜라주를 제작합니다.
각 요소의 색 조합 방법도 함께 확인해 봅니다.

Design methods

01 중심이 되는 소재 배치하기

포토샵을 열고, [베이스.jpg] 파일 01 을 불러옵니다.
배경 색상은 인물의 색상에 맞춰 연한 초록색 [#cce1d7]으로 채워져 있습니다.
여기에 미리 잘라낸 [소재집.psd] 파일 02 을 불러와 레이어를 이동시켜 레이아웃 합니다.
중심이 되는 소재인 [인물] 레이어를 이동시키고, 위에 [고양이 얼굴]을 03 과 같이 배치합니다.
[인물] 레이어의 아래에 [꽃다발 01] 레이어를 이동시킵니다 04 .

02 인물의 손이나 발밑에 겹쳐있는 꽃다발 부분을 마스크로 정리하기

[꽃다발 01] 레이어를 선택하고, [Layer] 패널에서 [Add layer mask]를 선택합니다 05 .
레이어 마스크 썸네일을 선택한 후, [Tool] 패널의 [Brush Tool]을 사용해 [오른발] [고양이의 뒤통수]에 겹쳐져 있는 꽃다발을 마스크 합니다 06 07 .

01

02

03

04

05

06 07

03 요소를 레이아웃하기

일러스트의 요소가 강한 인상이므로 사진을 조합해 밸런스를 잡습니다. [인물] 레이어 아래에 [시계] 레이어를 배치합니다 08. 앤티크한 질감의 시계로 일러스트 분위기와도 잘 어울립니다.
[시계] 레이어 아래에 [손] [꽃다발 02] 레이어를 배치합니다 09.
[고양이 얼굴] 레이어 위에 [찻잔] 레이어, 그 위에 [꽃다발 03] 레이어를 배치합니다 10.
[Tool] 패널에서 [Eraser Tool]을 선택해 [찻잔] 레이어의 엄지에 걸리는 빨간색 선 부분을 삭제합니다. 마찬가지로 [꽃다발 03] 레이어에서 컵 앞부분에 겹쳐 있는 빨간색 선 부분을 삭제합니다 11.

Point

레이아웃은 12와 같이 비스듬한 라인을 의식하고 있습니다.

04 발밑에 요소 추가하기

[Ellipse Tool]을 선택하고 13 [Option] 바에서 [Fill:#ad708d] [Stroke:None] 14으로 설정합니다.
15와 같이 발밑에 원을 만듭니다.
여기서 사용한 [Fill:#ad708d]는 배경의 그린 색상 [#cce1d7]의 보색※을 사용해 서로의 색을 두드러지게 만들고 있습니다.
[인물] 레이어보다 위에 [고양이] [새] 레이어를 배치합니다 16.
발밑에 볼륨을 추가해 무게중심이 안정되게 만들었습니다.

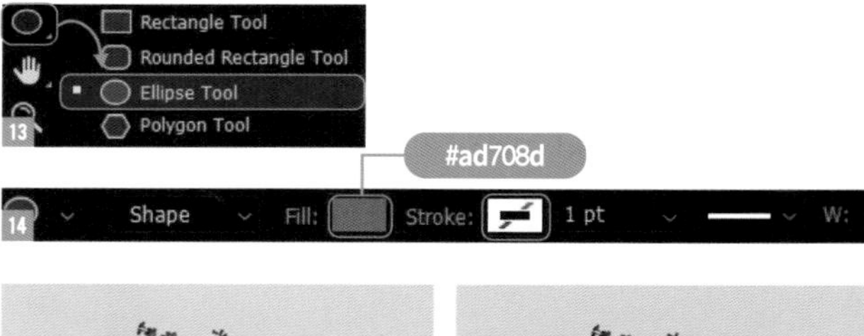

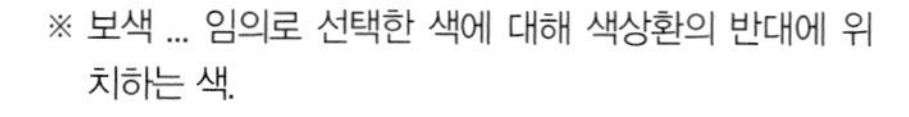
※ 보색 ... 임의로 선택한 색에 대해 색상환의 반대에 위치하는 색.

05 색상이 강한 요소를 추가해 전체적인 균형 잡기

[꽃] 레이어를 [시계] 레이어의 아래에 배치합니다17. 인물을 경계로 오른쪽 꽃다발의 선명함에 비해 왼쪽이 허전한 느낌이므로 색감이 강한 꽃을 배치해 균형을 잡아줍니다. 작은 요소라도 색상이 강하면 눈에 띕니다.

작업화면의 오른쪽 위에도 시선을 끌기 위해 [나비] 레이어를 배치합니다18. 여기도 크기는 작지만 색상이 강한 요소를 선택했습니다.

17

18

06 라인을 그어 레이아웃을 정돈하기

[Ellipse 1] 레이어 위에 라인을 추가합니다. [Tool] 패널에서 [Line Tool]을 선택하고19, [Option] 바를 20과 같이 [Fill:None] [Stroke:#ad708d] [Stroke width:1px]로 설정한 후, 21 과 같이 타원형의 왼쪽 아래에서 오른쪽 위 방향으로 라인을 추가합니다. 정해진 것은 없지만 가이드를 사용해 22와 같이 타원형의 가로 폭에 맞추면 안정됩니다.

순서 03의 Point에서 언급한 대각선 라인 12에 대해 반대로 교차되는 느낌을 줍니다.

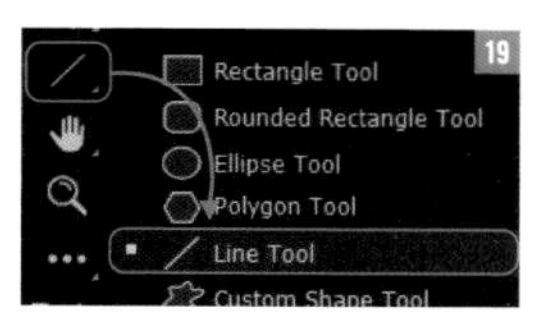

19

21

22

07 질감을 추가하고 텍스트를 배치해여 완성하기

[질감.jpg] 파일을 열고 맨 위에 배치합니다. [Blending Mode:Soft Light] [Opacity:80%]로 설정해 전체에 질감을 추가합니다23 24.

예제에서는 [Tool] 패널에서 [Horizontal Type Tool]을 선택하고 [Character] 패널에서 25와 같이 설정해 텍스트를 레이아웃 했습니다26.

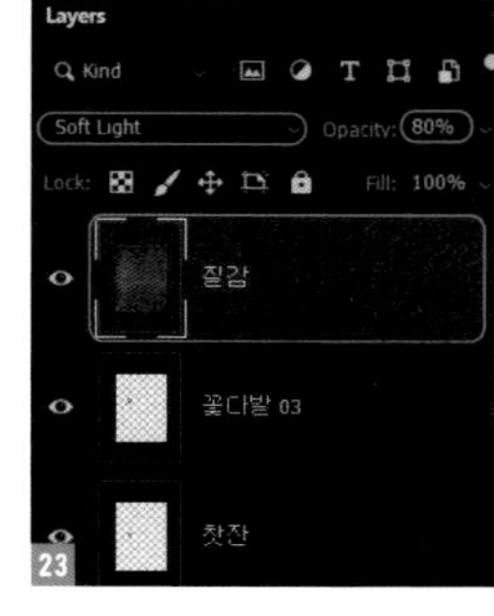

23

24

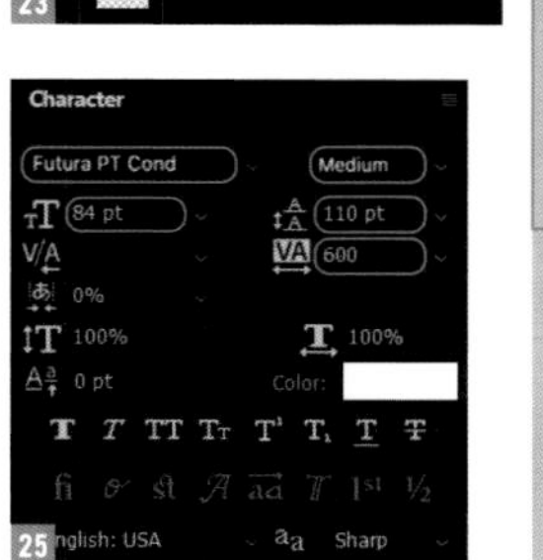

25

26

Recipe

061

미래적인 배색

여러 가지 색상을 조합해 사진을 미래적인 배색으로 보정합니다.

Design methods

01 Photo Filter를 사용해 이미지에 푸른색 추가하기

포토샵을 열고, [도시.jpg] 파일을 불러옵니다 01.
[Layer] 패널에서 [Create new fill or adjust ment layer]→[Photo Filter]를 선택합니다 02 03.
표시되는 [Properties] 패널에서 04와 같이 [Filter:Cooling Filter (80)] [Density:50%]로 설정해 이미지에 푸른색을 추가합니다 05.

02 이미지 아래 부분에 보라색 추가하기

[Layer] 패널에서 [Create new fill or adjust ment layer]→[Gradient]를 선택합니다 06.
[Gradient Fill] 패널에서 07과 같이 [Style: Linear] [Angle:90°]로 설정합니다.
그러데이션을 선택하고 [Gradient Editor]에서 [Presets]→[Basics]→[Foreground to Trans parent]로 설정하고, 좌우의 컬러 분기점을 [#d04bee]로 적용한 후 [OK]를 선택합니다 08 09.

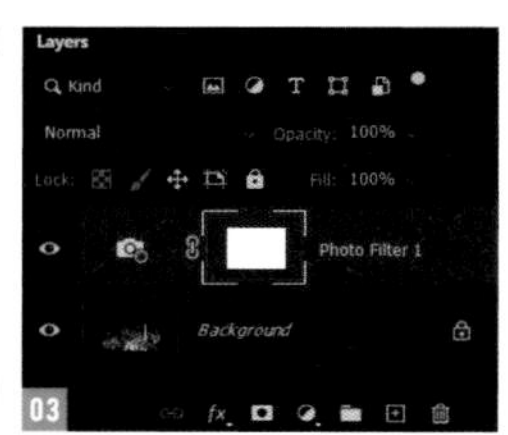

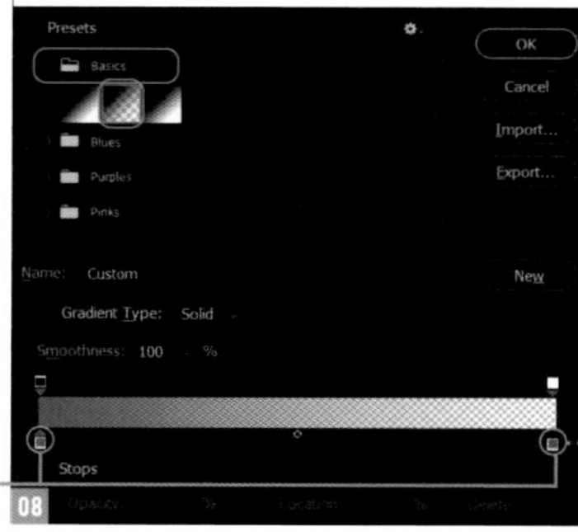

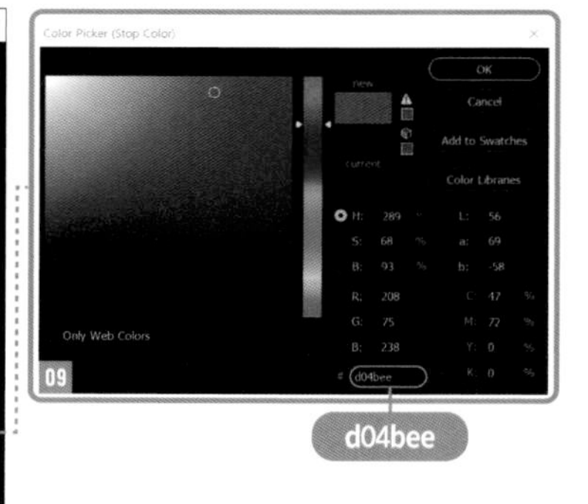

03 드래그해 위치 변경하기

[Gradient Fill] 패널이 표시된 상태에서 작업 화면을 드래그해 그러데이션의 위치를 변경할 수 있습니다. 10과 같이 그러데이션의 위치를 이동한 후 [OK]를 선택합니다.
조정 레이어 [Gradient Fill 1]을 [Blending Mode:Overlay]로 설정합니다 11.
이미지 아래 절반이 보라색으로 착색된 것처럼 변화됩니다 12.

10

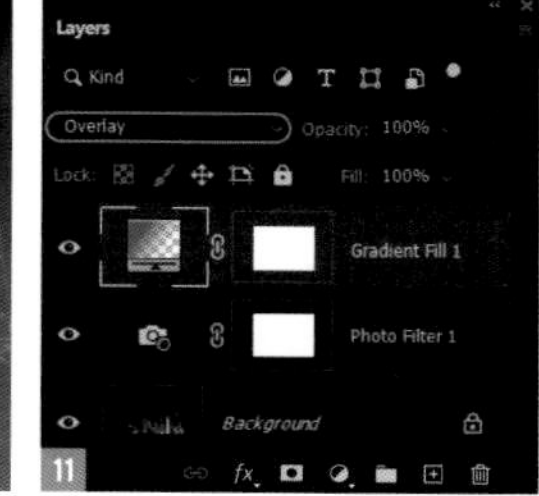

11

12

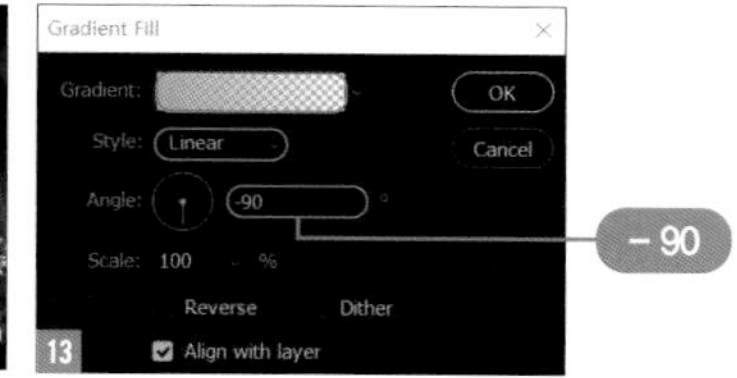

13

04 이미지 위 부분에 푸른색 추가하기

순서 02, 03과 같은 방법으로 상위에 [Create new fill or adjustment layer]→[Gradient]를 추가합니다.
[Gradient Fill] 패널을 13과 같이 설정합니다.
조금 전과는 반대로 위에서 아래로 그러데이션이 생성되도록 [Angle:-90°]로 설정합니다.
그러데이션을 선택하고 [Gradient Editor]에서 [Presets]→[Basics]→[Foreground to Transparent]로 설정합니다. 좌우의 컬러 분기점을 [#8ad2fd]로 적용한 후 [OK]를 선택합니다 14.
[Blending Mode:Overlay]로 바꿉니다 15 16.

14

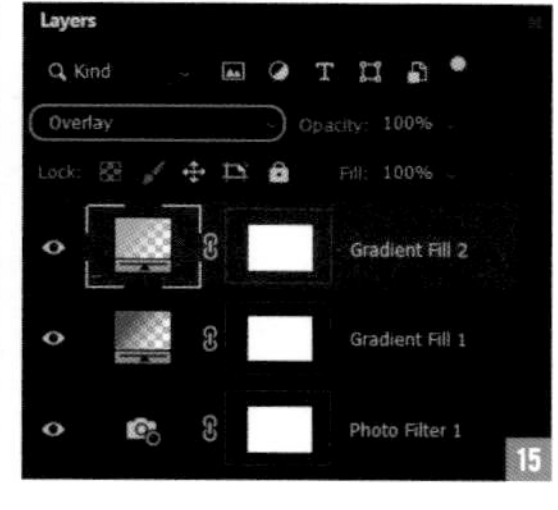

15

16

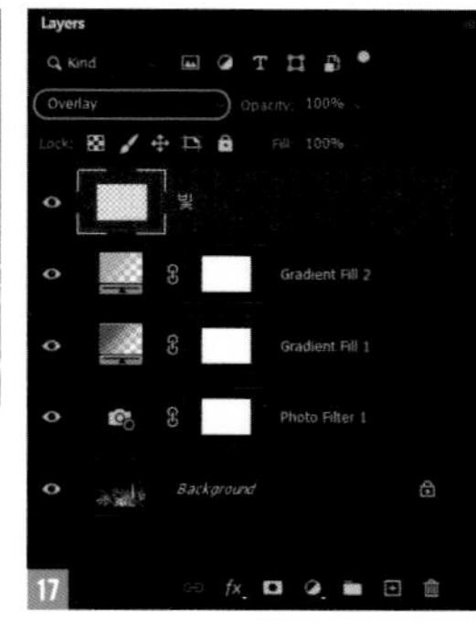

17

05 빛을 강조하기

맨 위에 신규 레이어 [빛]을 추가하고 [Blending Mode:Overlay]로 설정합니다 17.
[Tool] 패널에서 [Brush Tool]을 선택하고 [Foreground Color:#ffffff] [Soft Round] [Size:100px]로 설정해 도시의 풍경에서 빛이 강한 부분을 그려 빛을 더 강조합니다 18.
빌딩에서 나오는 빔이나 지상에 있는 가로등 불빛 등을 강조했습니다 19.
파란색 × 보라색 패턴은 완성입니다.

18

19

06 그 외의 패턴도 시도해 보기

순서 01의 [Photo Filter] 20, 순서 02, 03의 그러데이션 색상 [#5af5ff] 21, 순서 04의 그러데이션 색상 [#3254eb] 22로 설정해 전체를 파란색으로 통일한 패턴 23.

순서 01의 [Photo Filter] 24, 순서 02, 03의 그러데이션 색상 [#ed5a60] 25, 순서 04의 그러데이션 색상 [#5cc7f4] 26로 설정해 전체를 파랑과 빨강으로 한 패턴 27.

파란색을 바탕으로 보라색 계열의 색상과 조합하면 미래적인 느낌이 들고, 파란색 계열로 통일하면 보다 미래적인 느낌이 강조됩니다. 파랑과 빨강 계열의 색상과 조합하면 약간 포근하면서 환상적인 느낌이 듭니다.

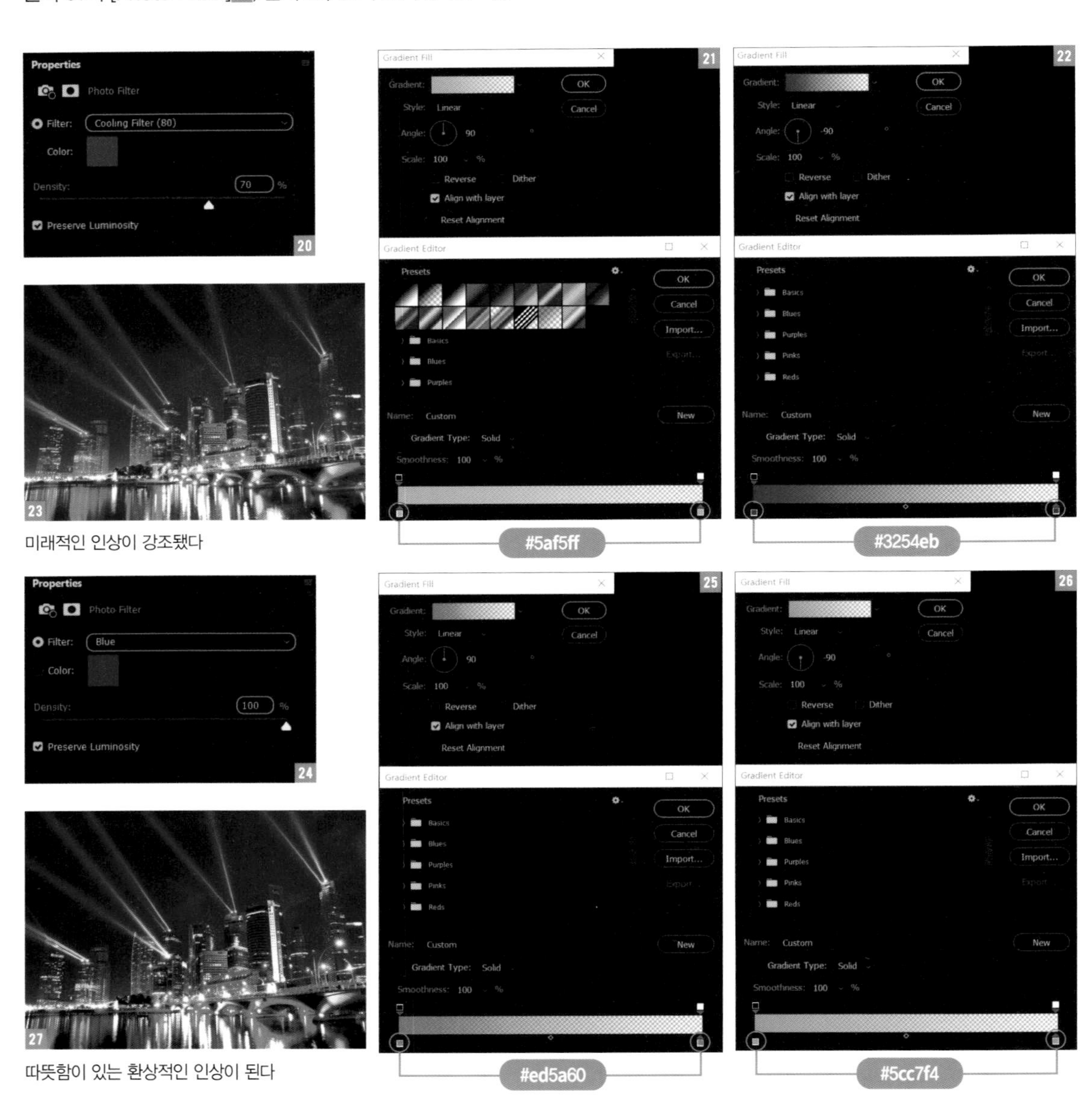

미래적인 인상이 강조됐다

따뜻함이 있는 환상적인 인상이 된다

Recipe

062 듀얼 라이팅 이펙트

모델에 두 가지 색깔의 스포트라이트를 비춘 것 같은 효과를 표현합니다.

Design methods

샘플

01 배경의 레벨 조정하기

포토샵을 열고, [인물.psd] 파일을 불러옵니다 01 02.

미리 배경 레이어와 인물만 오려낸 레이어를 준비했습니다.

[배경] 레이어를 선택합니다.

[Image]→[Adjustments]→[Levels]를 선택하고 03, 04와 같이 설정합니다.

배경이 너무 밝으면 다음 작업에서 그러데이션의 색을 표현하기 어렵기 때문에 Output Levels의 하이라이트를 [220]으로 조정해 전체를 어둡게 보정합니다 05.

01

02

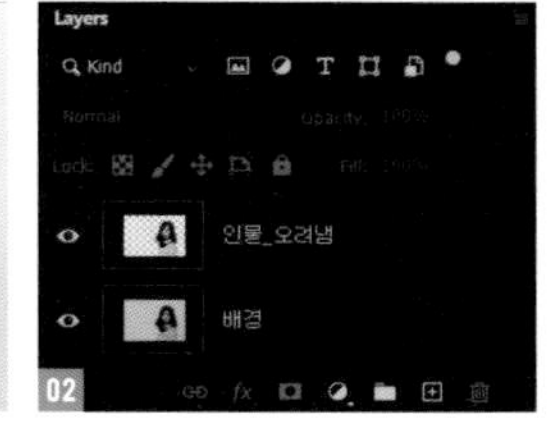

03

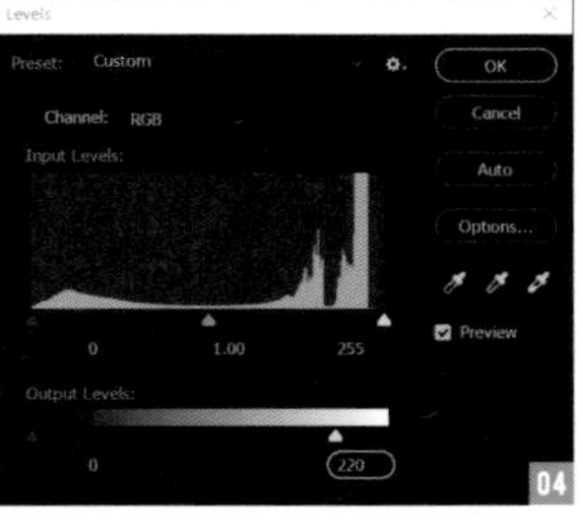

04

05

02 배경에 그러데이션 적용하기

[배경] 레이어를 선택하고, [Create new fill or adjustment layer]→[Gradient]를 선택합니다 06.

[Gradient Fill] 패널이 나타나면 07 [Gradient]를 선택합니다. [Gradient Editor]가 표시됩니다 08.

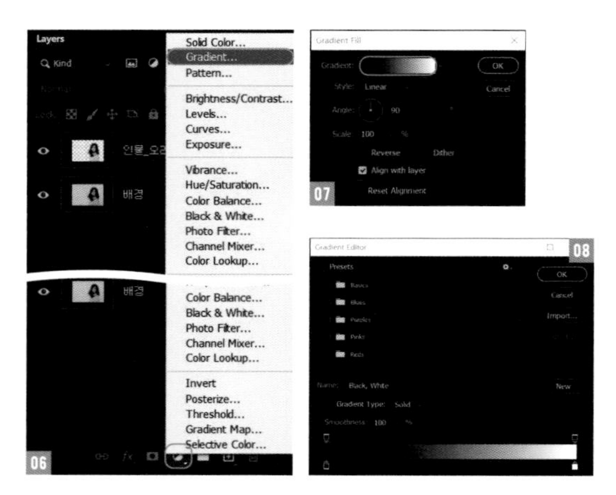

03 그러데이션 조정하기

그러데이션의 분기점을 09와 같이 조정합니다. 색상 분기점의 왼쪽은 [#0d86f6] 10, 중간 부분을 클릭해 색상 분기점을 추가한 다음 [#e85782] 11, 오른쪽을 [#a421ac] 12로 설정합니다. [OK]를 클릭하고 [Gradient Fill] 패널을 13과 같이 설정합니다. 각도를 [15°]로 해 그러데이션의 적용 범위를 비스듬히 합니다.

[Gradient Fill] 패널이 표시된 상태에서는 작업화면을 드래그해 그러데이션의 위치를 조정할 수 있습니다.

위치가 조정되면 [OK]를 선택해 적용합니다.

조정 레이어 [Gradient Fill 1]이 만들어지면 선택해 [Blending Mode:Color Burn]으로 적용합니다 14. 15 16과 같이 배경에 그러데이션이 적용됐습니다.

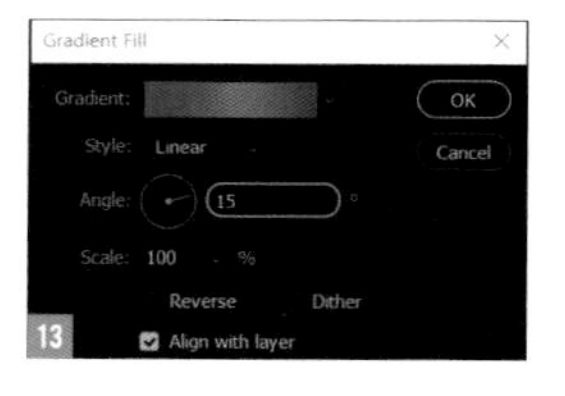

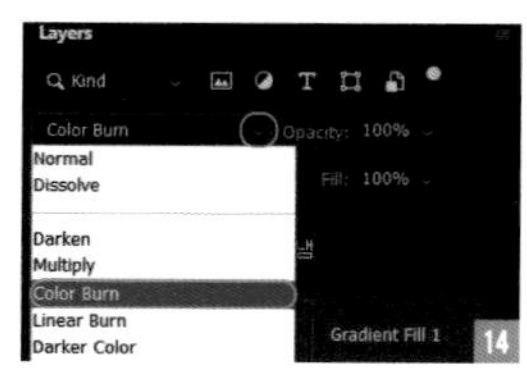

04 그러데이션을 복사해 오려낸 인물에만 적용하기

앞서 만든 조정 레이어 [Gradient Fill 1]을 선택하고 alt 키를 누르면서 [인물_오려냄] 레이어의 위로 드래그해 조정 레이어를 복사합니다 17 18.

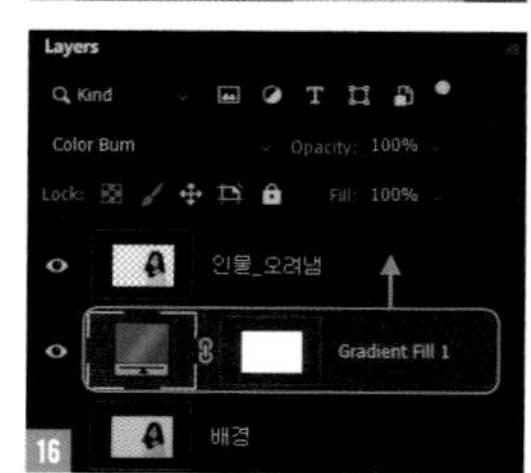

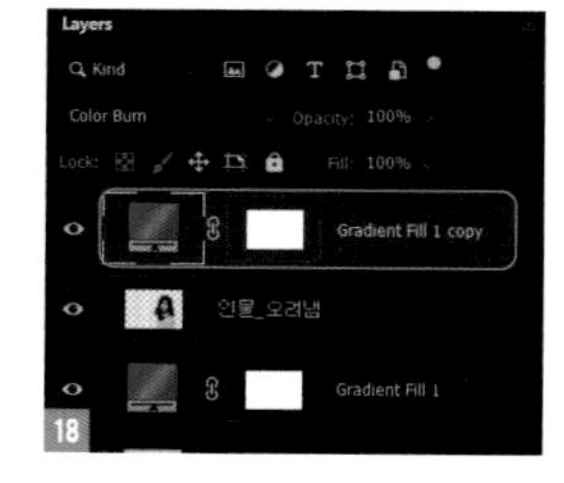

조정 레이어 [Gradient Fill 1 copy]를 선택하고, [마우스 오른쪽 버튼 클릭]→[Create Clipping Mask]를 선택합니다 19 20 21. 조정 레이어의 [Blending Mode:Color]로 설정합니다 22 23.

조정 레이어 [Gradient Fill 1 copy]의 섬네일을 더블클릭하여 [Gradient Fill] 패널을 열고 그러데이션의 색상은 그대로 두고 24와 같이 배경 그러데이션의 역방향인 [Angle:−165°] [Scale:25%]로 설정합니다.

작업화면 위에서 드래그하여 25와 같이 인물이 3색 그러데이션이 되도록 위치를 조정합니다. 텍스트를 배치하여 완성합니다.

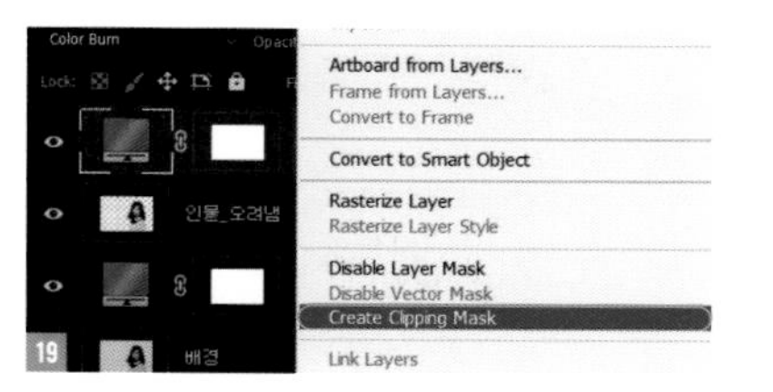

19

20

23

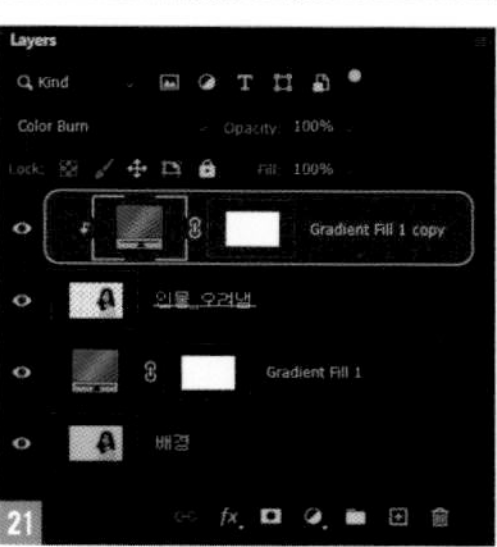

21

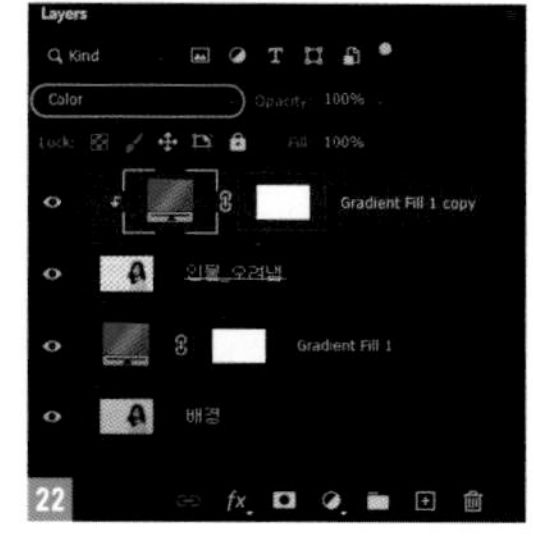

22

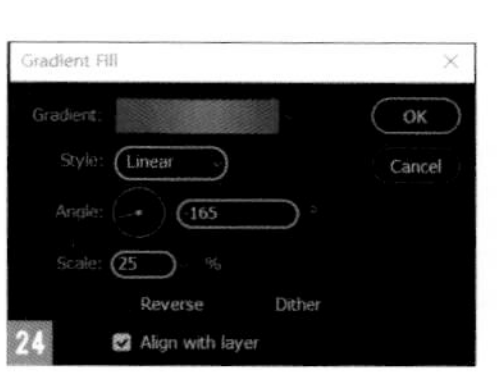

24

25

Point

그러데이션을 조정하면 원하는 분위기로 변경할 수 있습니다 26.

26

Column

그러데이션 저장하기

원하는 그러데이션을 만들고 [Gradient Editor]에서 [New]를 선택하면 프리셋에 보존돼 언제라도 불러올 수 있습니다.

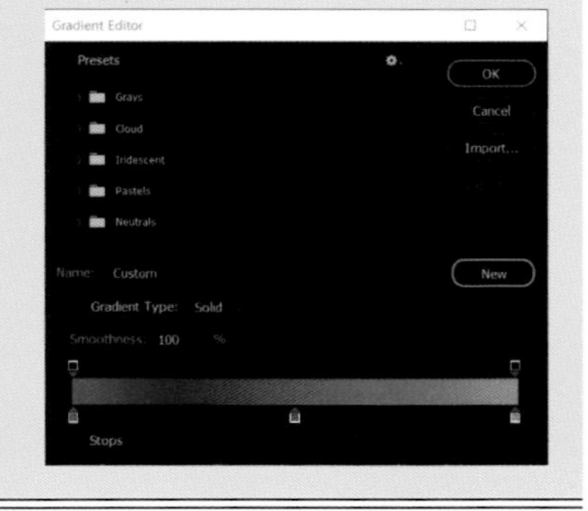

2021.12.01
building

Recipe

063

효과적인 그러데이션 사용법

색상의 그러데이션을 잘 이용하면 투명하고 화사한 느낌을 주는 디자인을 만들 수 있습니다.

Design methods

01 작업화면을 2분할하는 그러데이션 만들기

일러스트레이터를 열고 [File]→[New]를 선택해 [Width:182mm] [Height:232mm]의 작업화면을 만듭니다01. [Tool] 패널에서 [Rectangle Tool]을 선택하고 작업화면 임의의 장소를 클릭해 창이 표시되면 [Width:182mm] [Height:116mm]으로 설정합니다02.

색상은 그러데이션을 선택합니다03. [Angle:90°], 시작점인 왼쪽은 [흰색]04, 종점인 오른쪽은 [C:100% Y:30%]로 설정합니다05. 직사각형이 만들어지면 [Align] 패널에서 [Align to Artboard]를 선택한 상태로 [Horizontal Align Left] [Vertical Align Top]06을 선택해 작업화면 맨 위에 배치합니다07.

이번에는 alt+드래그로 직사각형을 복사하고 [Align] 패널에서 [Vertical Align Bottom]을 선택해 작업화면 아래에 배치합니다08 09.

02 빌딩 일러스트 추가하기

[빌딩.ai] 파일을 열고 복사 & 붙여넣기로 빌딩 일러스트 2개를 복사해 직사각형 사이에 좌우로 배치합니다10 11. 빌딩 일러스트의 색상은 그러데이션으로 설정하고 왼쪽 일러스트는 시작점을 [흰색], 종점을 [C:100% Y:30%]로 설정합니다12. 오른쪽 일러스트는 시작점을 [C:100% Y:30%], 종점을 [흰색]으로 설정합니다13.

03 달 이미지와 원 배치하기

[File]→[Place]를 선택해 [달.psd] 파일의 사진을 불러와 배치합니다14. 또한 [Tool] 패널에서 [Ellipse Tool]을 선택하고15, 원의 크기를 [Width:45mm] [Height:45mm]로 설정해 달과 같은 크기의 정원을 만듭니다16. 원의 [Stroke] 패널에서 [Weight:0.7pt]17로 설정하고, 선의 색상은 [흰색]18으로 설정합니다19.

04 작업화면 아래에 빌딩 이미지 배치하기

[File]→[Place]를 선택하고20, [빌딩-03.psd] 파일을 불러와 작업화면 아래 좌우에 배치합니다21. 중앙에 [빌딩-01.psd]를 불러와 배치합니다22. [빌딩-01.psd]의 이미지는 메인 비주얼이므로 레이어를 항상 맨 위에 위치시킵니다.

05 중앙에 그러데이션 정원과 빌딩 배치하기

[Tool] 패널에서 [Ellipse Tool]를 선택해 [Width:130mm] [Heigth:130mm]의 정원을 만듭니다.

정원의 그러데이션23은 시작점이 [흰색]24, 종점은 [C:100% Y:30%]25으로 적용합니다. 정원을 선택한 상태에서 [Align] 패널의 [Align to Artboard]를 선택하고 [Horizontal Align Center] [Vertical Align Center]를 선택해26 작업화면 중앙에 배치합니다27.

[빌딩-02.psd]를 불러와 배치합니다28. 방금 만든 그러데이션의 정원을 ctrl+C 키를 눌러 복사한 후 ctrl+F 키로 같은 위치에 붙여넣습니다29. 이를 마스크를 적용하기 위한 도형으로 사용해 28의 이미지에 마스크를 적용합니다30.

다시 ctrl+F 키를 눌러 복사한 정원을 같은 위

14

15

16

17

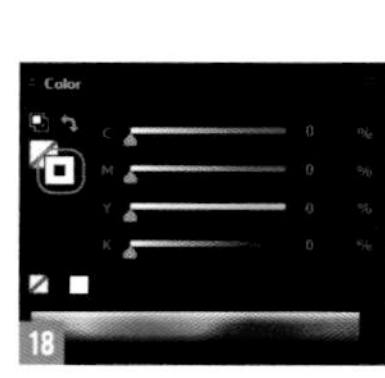

18

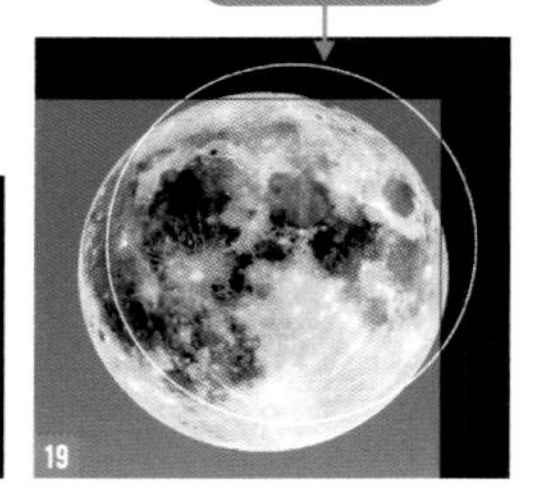

19

20

21

22

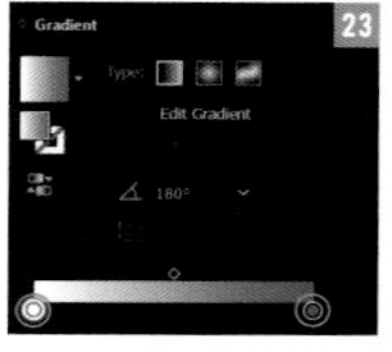

23

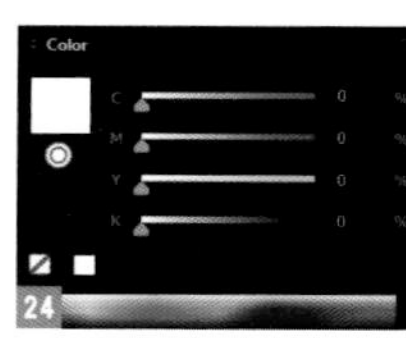

24

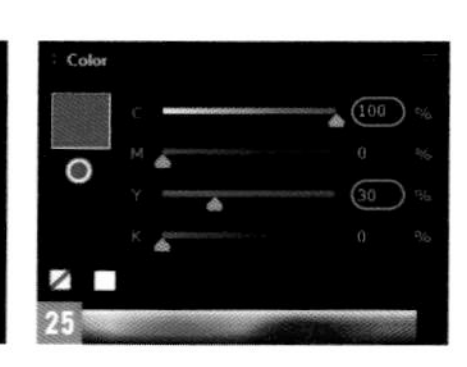

25

26

27

28

29

30

치에 붙여넣고, [Object]→[Transform]→[Move]를 선택합니다31. 위치를 [Horizontal:5mm] [Vertical:5mm]32으로 지정해 이동합니다33. 정원의 선의 색은 [흰색], 굵기는 [Weight: 0.7pt]로 지정하고, Fill은 None으로 설정합니다34.

06 비행기 일러스트 배치하기

[비행기.ai] 파일을 불러와 비행기 일러스트를 왼쪽 위에 3개, 크기가 다르게 배치합니다. 면의 그러데이션35은 시작점이 [M:100% Y:100%] 36 종점은 [M:20% Y:100%]37로 적용합니다. 그러데이션의 각도는 [Angle:0°]로 설정합니다 38.

비행기 일러스트를 선택한 상태로 [Effect]→[Stylize]→[Drop Shadow]를 선택합니다39. [Drop Shadow] 창이 표시되면 [Mode: Normal] [Opacity:100%] [X Offset:5mm] [Color:C:0% M:0% Y:0% K:0%]로 설정합니다40. 비행기의 오른쪽에 흰 그림자 비행기가 생깁니다41.

07 아치를 배치하기

비행기 일러스트 아래에 아치 3개를 준비합니다. [Tool] 패널에서 [Ellipse Tool]을 선택하고 shift +드래그해 정원을 그립니다.

여기에서는 대 [Weight:54pt], 중 [Weight: 16pt], 소 [Weight:16pt]의 3개의 정원을 그리고42, [Tool] 패널에서 [Direct Selection Tool]을 선택해 필요 없는 부분인 원 아래쪽의 앵커 포인트를 선택해 삭제합니다43. 아치가 생기면 선의 색을 그러데이션으로 적용합니다44. 그러데이션 시작점을 [M:20% Y:100%]45, 종점은 [M:100% Y:100%]46으로 설정합니다47.

파랑, 흰색, 오렌지로 색상을 정하고, 모든 곳에서 그러데이션을 사용합니다.

08 구름 배치하기

[File]→[Place]를 선택해 [구름.psd] 파일을 불러와 배치합니다48. [Window]→[Transparency]를 선택하고 [Blending mode:Screen]으로 설정합니다49. 구름이 배경에 자연스럽게 섞입니다50.

alt+드래그해 구름을 복제합니다. [Object]→[Transform]→[Reflect]를 선택하고51, [Reflect] 창이 표시되면 [Axis:vertical]로 지정해52 복사한 구름을 수평 방향으로 반전시킵니다53.

이번에는 원래의 구름과 복제한 구름을 선택하고 ctrl+G키를 눌러 그룹으로 지정합니다. [Object]→[Transform]→[Reflect]에서 수직 방향으로 반전시켜 작업화면 오른쪽에 배치합니다54.

48

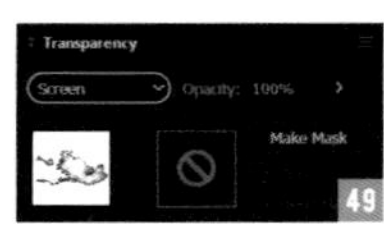

49

50

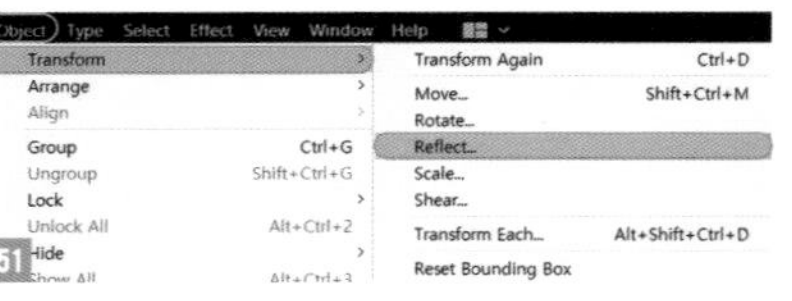

51

52

53

54

09 작업화면 위에 별 3개 배치하기

[Tool] 패널에서 [Ellipse Tool]을 선택하고 대 [Width:6mm] [Height:6mm], 중 [Width:3mm] [Height:3mm], 소 [Width:2mm] [Height:2mm] 3종류의 정원을 만듭니다 55. [Effect]→[Distort & Transform]→[Pucker & Bloat]을 선택합니다56. 창이 표시되면 [Pucker:-100%]로 설정합니다57. 별이 만들어졌습니다58.

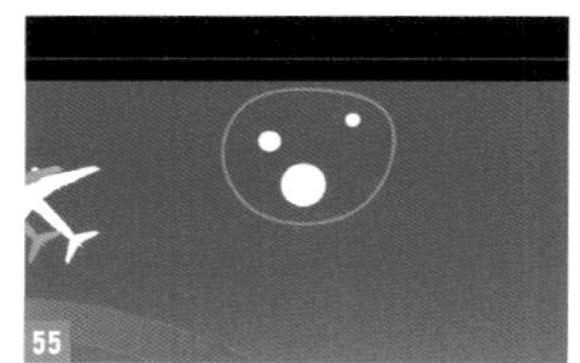
55

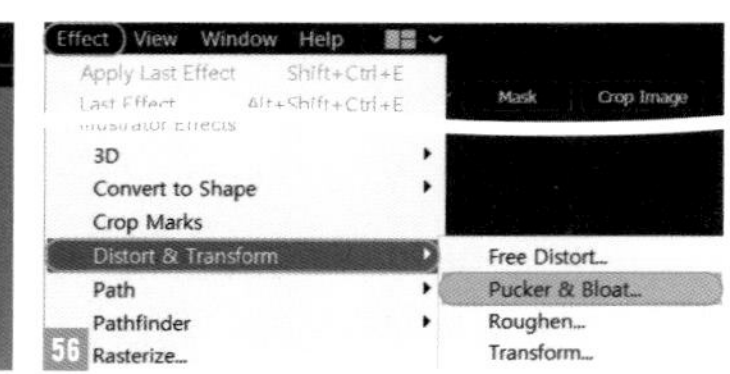

56

57

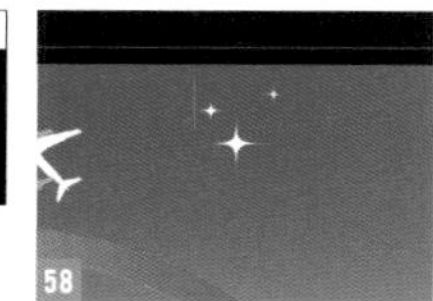
58

10 가운데 정원에 장식 추가하기

[정원처리.ai] 파일을 불러와 가운데의 정원 주위에 가져옵니다59.

색상은 그러데이션으로 설정합니다60. 시작점은 [C:100% Y:30%]61, 종점은 [C:0% M:0% Y:0% K:0%]62의 [흰색]으로 설정합니다. 그러데이션이 적용됩니다63. 위치를 조정해 이미지의 정원 둘레에 배치합니다64.

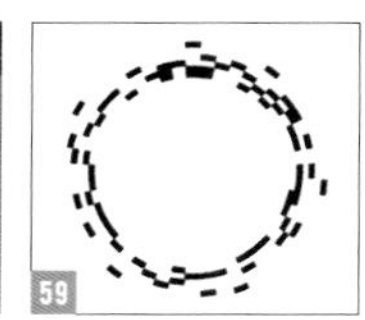
59

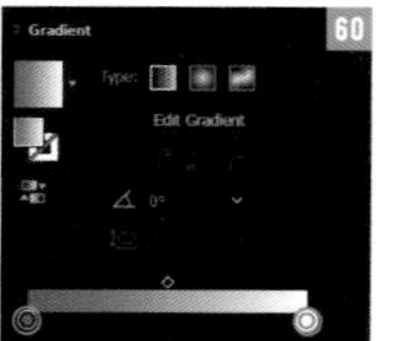

60

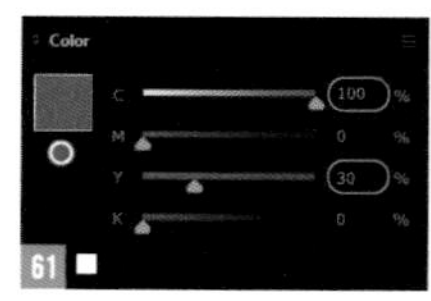

61

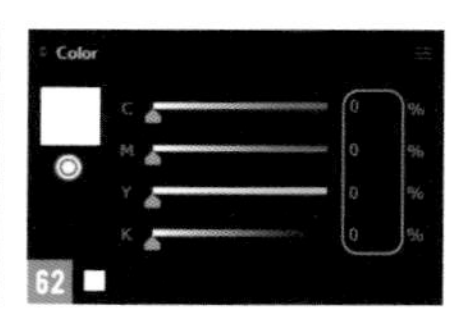

62

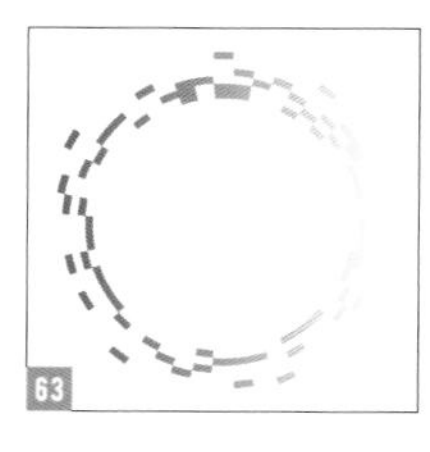
63

64

11 이미지 왼쪽 위와 아래에 텍스트 배치하기

마지막으로 이미지 왼쪽 위와 아래에 텍스트를 배치합니다. 왼쪽 위의 텍스트는 [Fill:None][Stroke C:0% M:0% Y:0% K:0%]의 [흰색]으로 설정하고, 선은 [Stroke] 패널에서 [Weight:0.7pt]로 설정합니다 65. 이미지가 완성됐습니다 66.

Column

소재의 준비 방법

이 Recipe에서는 달이나 빌딩 이미지의 보정이 이미 끝났기 때문에 독자는 즉시 레이아웃이나 배색에 활용할 수 있습니다. 단, 직접 디자인을 만들 때는 각 소재를 디자인에 맞게 조정해 사용해야 합니다.
소재 만드는 방법의 한 예를 소개합니다.

달 이미지 만드는 방법

포토샵에서 달 사진을 불러옵니다 01. [Tool] 패널에서 [Ellipse Tool] 02을 선택하고 [Tool Mode]는 [Shape] 03을 선택합니다. 달 레이어 아래에 타원형을 만듭니다 04.
타원형 오브젝트를 달 이미지 아래에 배치하고 05, 달 레이어를 선택한 상태에서 [마우스 오른쪽 버튼 클릭]→[Create Clipping Mask]를 선택합니다 06. 아래 타원형 오브젝트의 모양으로 달 이미지가 마스크 됩니다 07 08.
[Create new fill or adjustment layer]→[Levels]과 [Hue/Saturation] 09으로 콘트라스트를 올리고 10, [Saturation:0]으로 설정합니다 11.
이것으로 디자인에 잘 어울리는 모노톤의 달이 완성됐습니다. 예제에서는 이 이미지를 [달.psd]로 저장해 사용하고 있습니다 12.

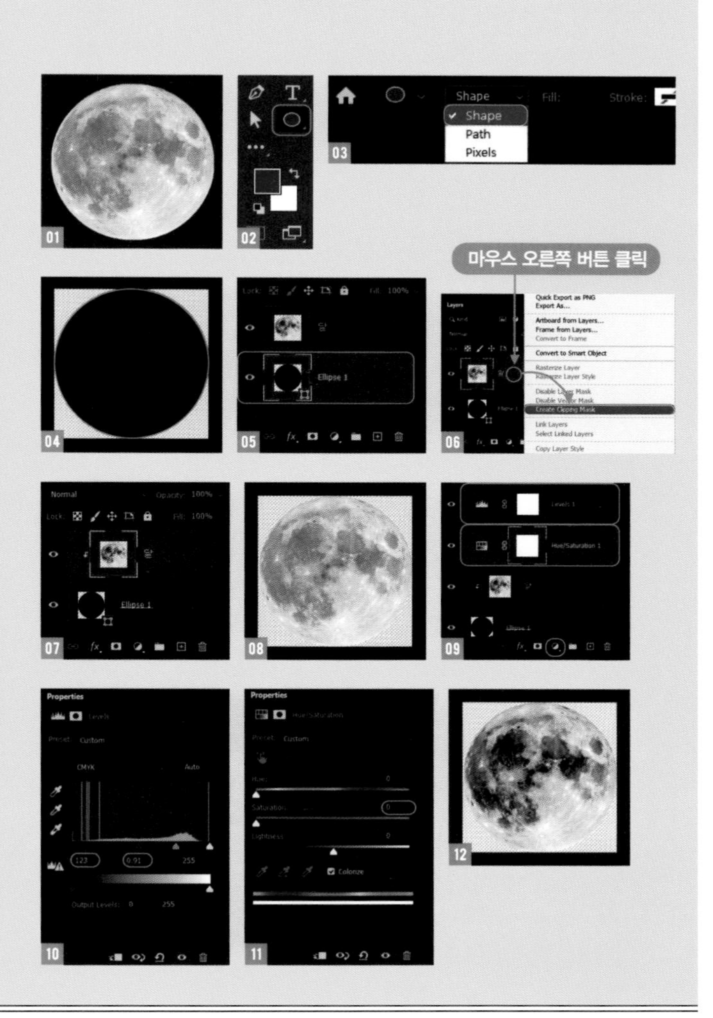

집도 좋지만
밖도 좋지!
緑川公園
MIDORIKAWA
Park

Recipe

064 내추럴 하모니의 배색을 의식하기

내추럴 하모니의 배색을 사용해 부드러운 디자인을 만듭니다.

Design methods

01 내추럴 하모니의 배색이란

우리가 사는 자연계의 색이 보이는 방향을 잘 관찰하면 빛이 드는 밝은 부분은 노란빛을 띠는 것으로 보이고, 그림자 부분은 푸른빛을 띠는 것으로 보인다고 합니다. 이것을 이용한 배색 방법이 내추럴 하모니 배색입니다. 디자인에 있어서도 밝게 보이고 싶은 장소를 노란색에 가까운 따뜻한 색 계열의 색으로, 어둡게 보이고 싶은 장소를 청자색에 가까운 한색 계열의 색으로 하면 자연스럽고 차분한 인상으로 정리됩니다 01 02.

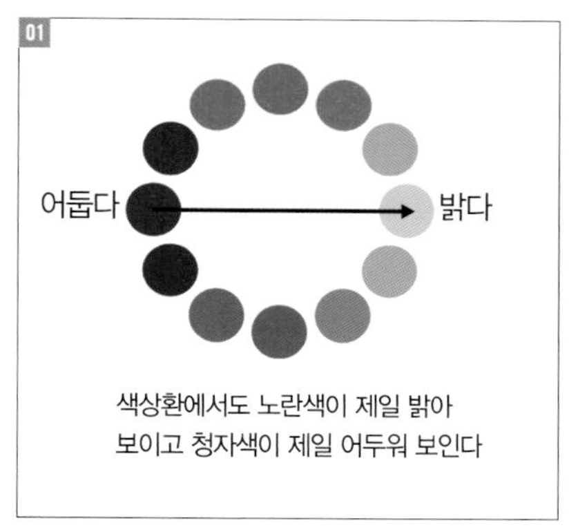

색상환에서도 노란색이 제일 밝아 보이고 청자색이 제일 어두워 보인다

잎의 밝은 곳은 노란색에 가깝고 어두운 곳은 파란색에 가깝게 보인다

02 작업화면과 바탕 만들기

일러스트레이터를 열고, [File]→[New]를 선택해 [Width:182mm] [Height:232mm]의 작업화면을 만듭니다 03.
[Tool] 패널에서 [Rectangle Tool]을 선택하고, [Width:182mm] [Height:232mm]로 입력해 04, 작업화면과 같은 크기의 직사각형을 만듭니다. 직사각형의 색상은 [C:80% M:20% Y:90%]의 녹색으로 적용합니다 05. 색을 파랑에 가까운 녹색으로 하여 식물의 그림자와 같은 이미지가 되도록 합니다. 초록색 배경이 만들어졌습니다 06.

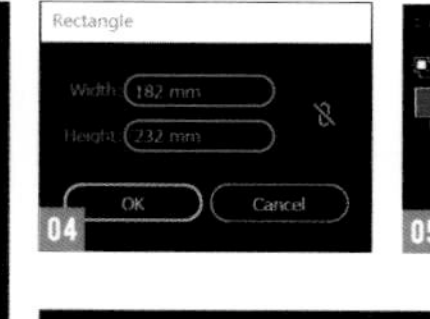

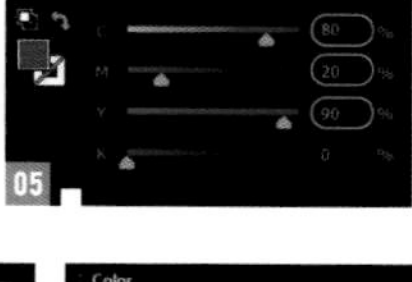

03 선으로 그려진 나뭇잎을 배경에 배치하기

[나뭇잎.ai] 파일을 열고 복사 & 붙여넣기로 가져와 선으로 작업된 나뭇잎 오브젝트를 배치합니다. 나뭇잎의 색상은 흰색으로 설정합니다 07. [Window]→[Transparency]를 선택해 [Opacity: 10%]로 설정합니다 08. 녹색 나뭇잎 배경이 만들어졌습니다 09.

04 곡선을 만들어 사진을 클리핑 마스크 하기

[Tool] 패널에서 [Pen Tool]을 선택합니다. [Pen Tool]로 10과 같은 곡선의 오브젝트를 만듭니다. 작업화면에 들어가는 부분은 부드러운 곡선을 그리도록 의식하고 작업화면 바깥 부분은 어느 정도 대충 만들어도 문제가 없습니다. 다만 이후에 마스크를 적용하므로 패스를 잘 그리도록 합니다. 곡선이 일그러진 경우에는 [Tool] 패널에서 [Direct Selection Tool]11을 선택한 다음 앵커 포인트와 핸들의 위치를 조정해 정리합니다12. 선이 그려지면 선 안에 들어가는 사진을 배치합니다. [File]→[Place]를 선택하고, [의자.psd] [개.psd] [기본.psd] [아이.psd] [숲길.psd]를 각각 배치합니다13. 사진이 배치되면 먼저 그린 선을 선택하고 [마우스 오른쪽 버튼 클릭]→[Arrange]→[Send to Front]를 선택해 선을 사진보다 위에 배치합니다. 각각 조합하는 사진과 선을 동시에 선택하고 [마우스 오른쪽 버튼 클릭]→[Make Clipping Mask]를 선택해14 사진을 각각의 선으로 마스크 합니다15.

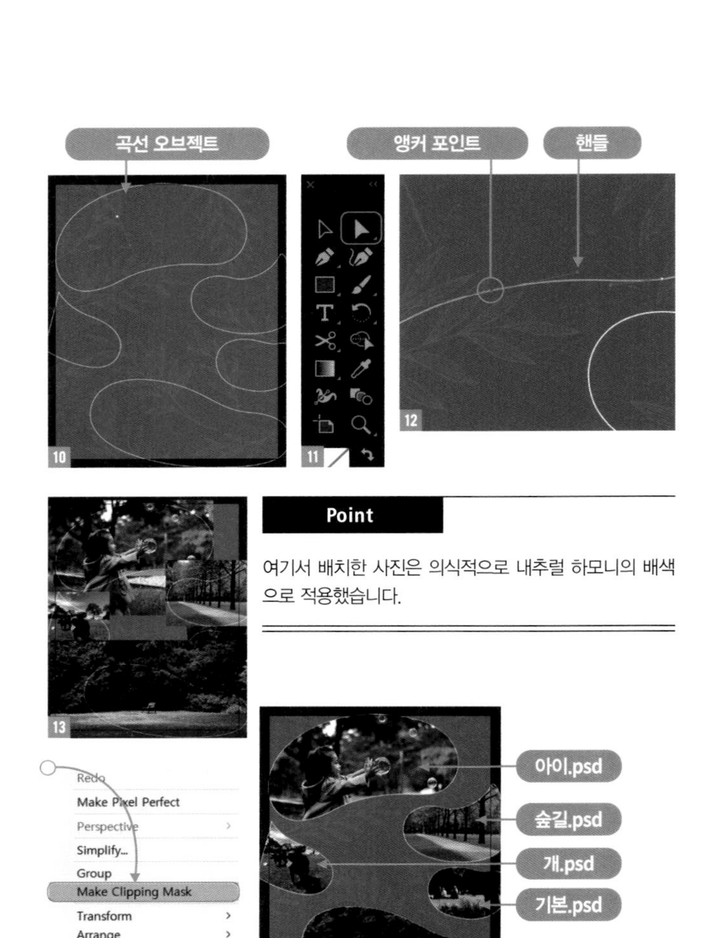

Point

여기서 배치한 사진은 의식적으로 내추럴 하모니의 배색으로 적용했습니다.

05 마스크한 사진에 손으로 그린 듯한 흰 선을 추가하기

마스크를 하면 선이 사라져 버리므로 다시 클리핑 마스크한 사진을 선택하고 선의 색을 흰색으로 설정합니다. 선폭은 1pt로 지정합니다16. 선에 손으로 그린 듯한 드로잉 느낌을 추가하기 위해 [Effect]→[Distort & Transform]→[Roughen]을 선택합니다. [Roughen] 창이 표시되면 [Size:0.05%] [Detail:100/inch] [Points:Corner]로 설정합니다17. 1pt의 흰 선에 작은 들쭉날쭉함이 적용되어 손으로 그린 느낌이 표현됩니다18.

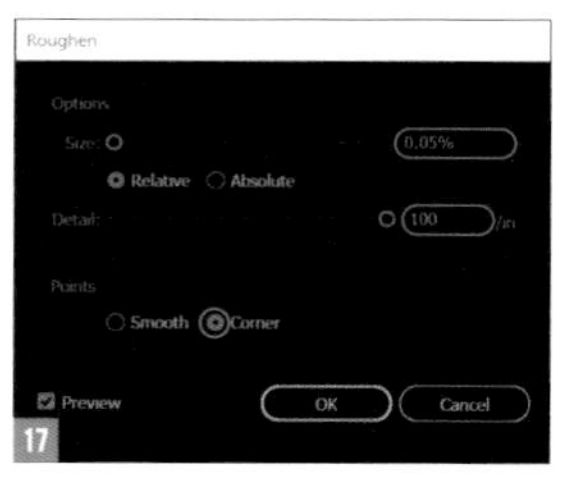

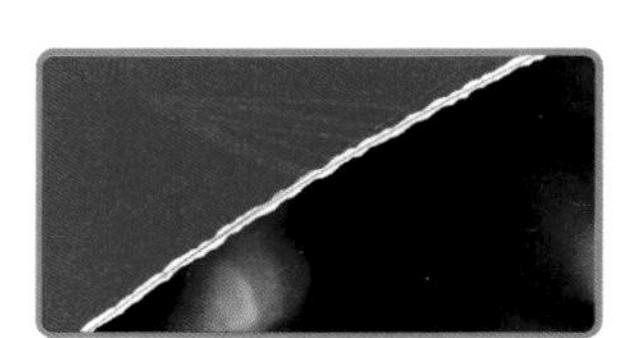

06 손 글씨 느낌의 하얀색 곡선 장식 추가하기

[Tool] 패널에서 [Pen Tool]을 선택해 곡선 장식을 추가해 갑니다. [Weight:1pt], 선의 색상은 [흰색]으로 지정해 이미지 선에 평행이 되는 선을 그려 나갑니다. [Pen Tool]로 시작점을 클릭한 후19 선의 끝부분을 다시 클릭하고, 마우스를 누른 채로 선을 커브하고 싶은 방향으로 핸들을 드래그합니다.

그러면 곡선을 만들 수 있습니다 20.
같은 방법으로 다른 장소에도 선을 추가해 갑니다. 작은 면은 [Ellipse Tool]로 작성합니다. 또 사진의 테두리선과 같이 [Roughen]도 추가합니다 21 22.

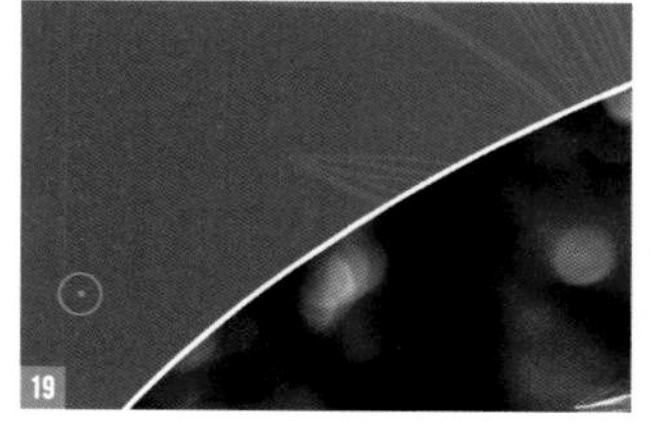
19

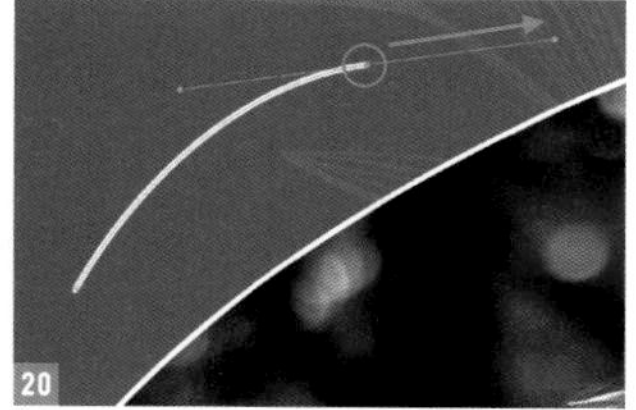
20

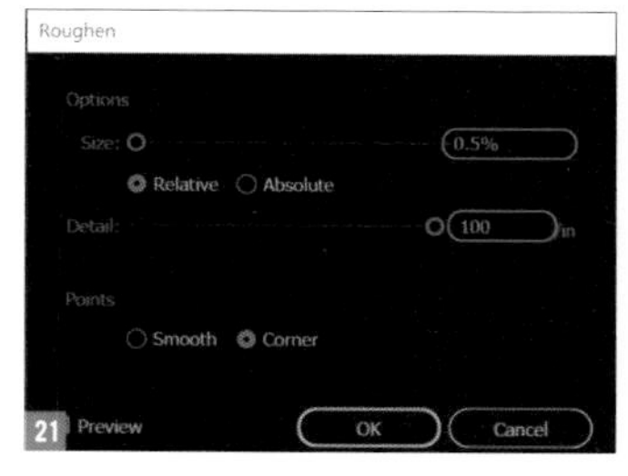

21

22

07 카피 추가하기

[텍스트.txt] 파일에서 작업화면의 중앙에 카피가 되는 텍스트를 추가합니다. 카피는 패스로 만드는 곡선에 맞춰 배치하기 위해 [Tool] 패널에서 [Pen Tool]을 사용해 배치의 기준이 되는 패스를 작업합니다 23. 패스를 만든 후 [Tool] 패널에서 [Vertical Type Tool]을 선택하고 패스 위를 클릭해 입력합니다 24. 그런 다음 텍스트의 시작점, 중간점, 끝점의 포인트를 조정해 패스 위의 텍스트 위치를 정합니다 25.
타이틀을 작업화면 하단에 추가합니다. 26과 같이 됐습니다.

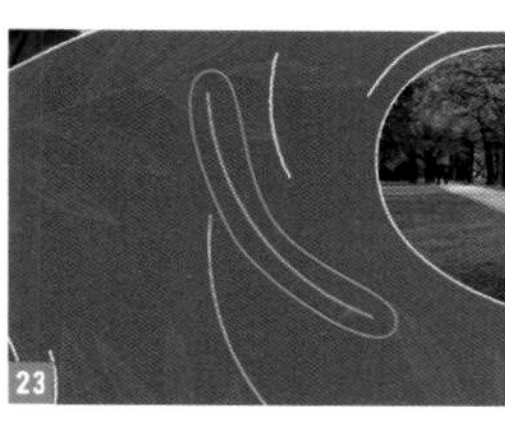
23

24

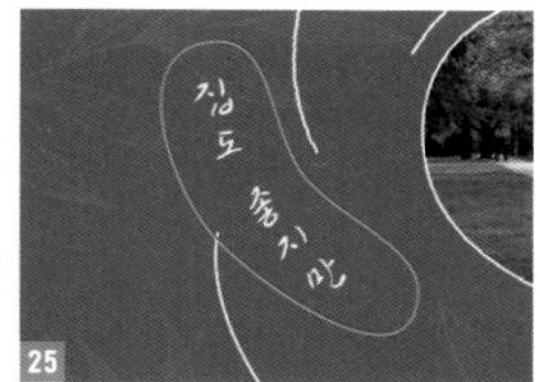
25

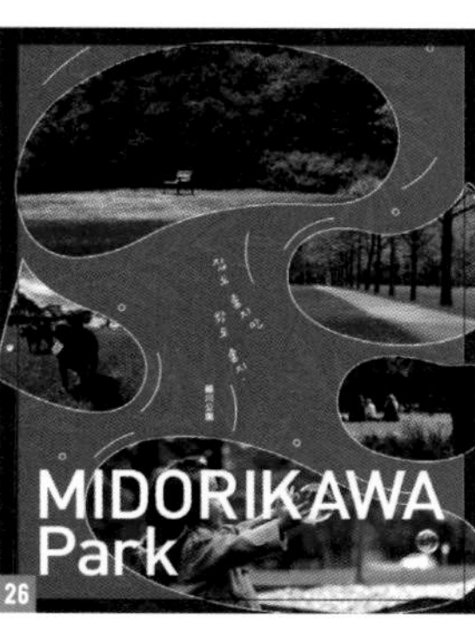

26

27

08 흰색 테두리 추가하기

[Tool] 패널에서 [Rectangle Tool]을 선택하고 작업화면을 클릭해 [Width:182mm] [Height:232mm]의 직사각형을 만듭니다. 직사각형은 [Align] 패널에서 [Align to Artboard]로 설정한 상태에서 [Horizontal Align Left] [Vertical Align Top]를 선택해 작업화면과 직사각형을 겹치게 합니다 27.
[마우스 오른쪽 버튼 클릭]→[Arrange]→[Send to Front]를 선택해 직사각형을 제일 앞의 레이어에 배치합니다 28. 직사각형의 선 색상을 흰색으로 하고 [Stroke] 패널에서 [Weight:20pt]로 설정하면 디자인 전체를 굵은 선으로 둘러싸게 됩니다 29. 전체가 밝고 잘 보이는 디자인으로 완성됐습니다.

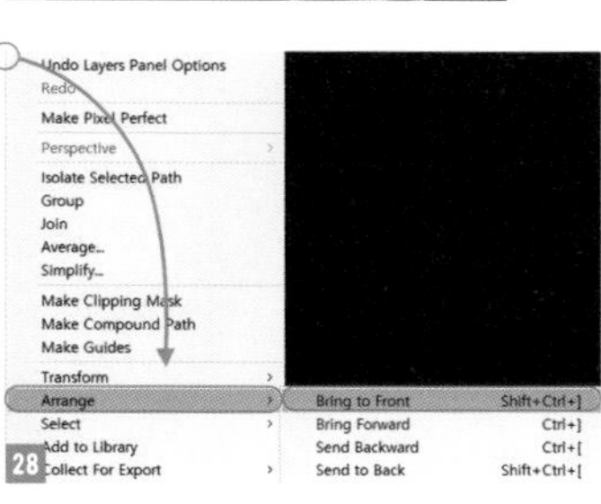

28

29

Recipe

065 콤플렉스 하모니의 배색 의식하기

콤플렉스 하모니의 배색을 사용해 일부러 조화롭지 않은 디자인을 만들어 눈에 띄게 합니다.

Design methods

샘플의 일부

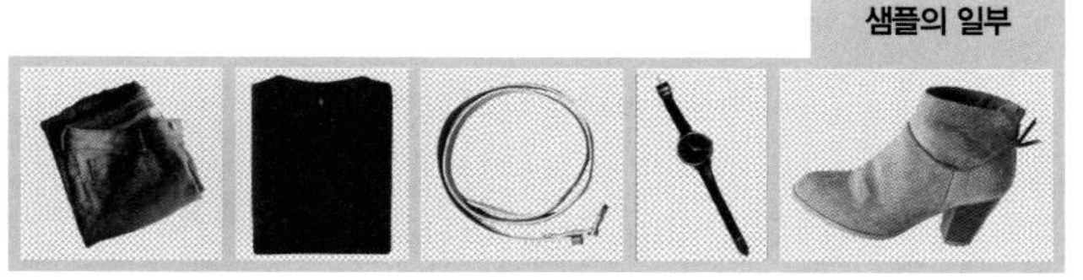

01 콤플렉스 하모니 배색이란

내추럴 하모니와는 반대의 의미로 자연계의 색이 보이는 것에 반한 배색입니다. 구체적으로는 노란색에 가까운 따뜻한 계열의 색을 어둡게, 청보라에 가까운 차가운 계열의 색을 밝게한다는 의미입니다 01.

자연계에서는 익숙하지 않은 배색이므로 부조화의 배색이라고도 합니다. 의외로 신선한 느낌을 주는 배색을 만들 수 있습니다. 또한 여기서 말하는 콤플렉스는 복잡한이라는 뜻입니다.

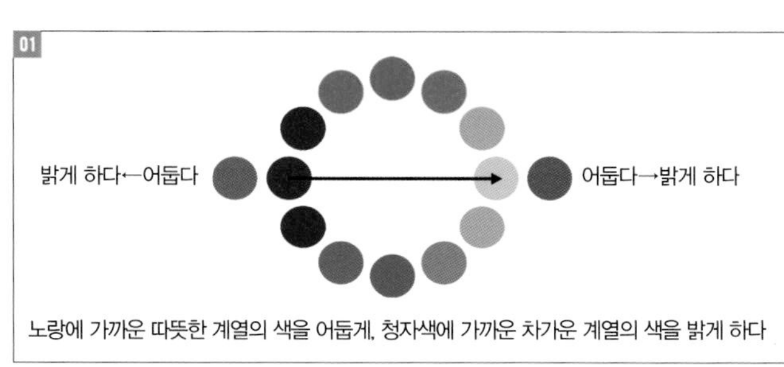

노랑에 가까운 따뜻한 계열의 색을 어둡게, 청자색에 가까운 차가운 계열의 색을 밝게 하다

02 옷과 신발 사진 오려내기

옷과 신발 사진을 오려내는 작업은 포토샵으로 진행합니다. 포토샵을 열고, [구두1-칼라.psd] 파일을 불러옵니다 02. [Tool] 패널에서 [Pen Tool]을 선택하고 03, 화면에 있는 [Options] 바의 [Tool Mode]를 [Path]로 지정합니다 04. 신발의 윤곽을 따라 패스를 그려 시작점과 끝점을 연결합니다 05.

[Window]→[Paths]를 선택하고 지금 만든 [Work Path]를 선택합니다 06. 그 상태에서 [Layer]→[Vector Mask]→[Current Path]를 선택합니다 07. [Path]에서 선택한 작업용 패스로 이미지가 마스크 됩니다 08.

벡터 마스크를 작성해 만들어진 투명 부분은 [Image]→[Trim]을 선택합니다 09. [Trim] 창에서 [Based On:Transparent Pixels]을 선택하면 10 투명하지 않은 부분에 맞춰 이미지가 자동으로 트리밍됩니다 11.

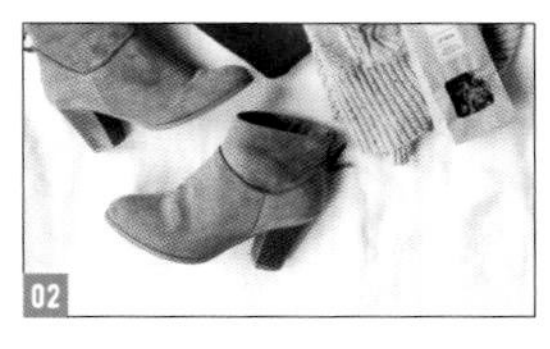

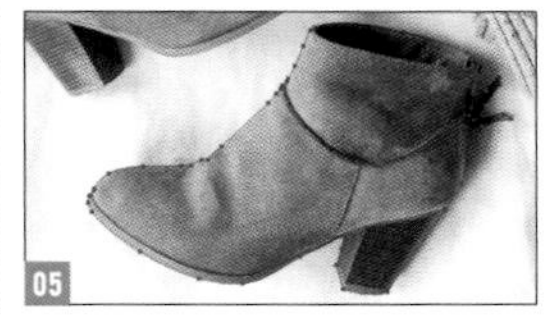

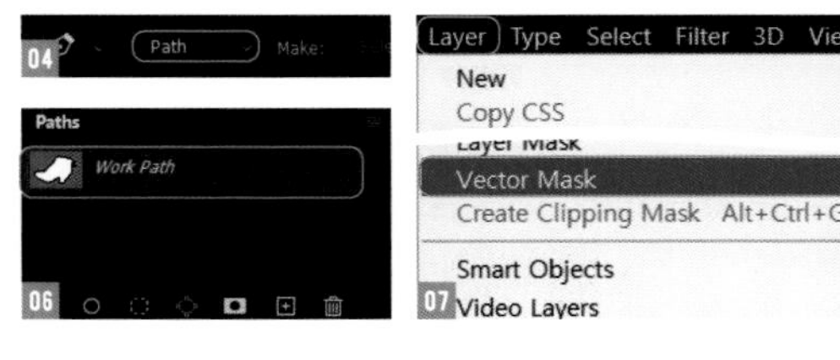

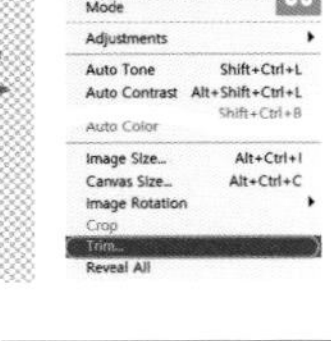

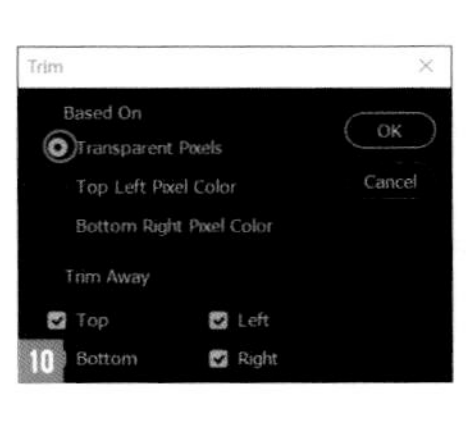

03 이미지를 듀오톤으로 만들기

듀오톤(1도)이란 블랙 이외의 단색 잉크로 프린트된 그레이스케일 이미지를 말합니다. 듀오톤으로 설정하려면 먼저 [Image]→[Mode]→[Grayscale]을 선택해 그레이스케일 이미지로 바꿉니다 12 13.

[Image]→[Mode]→[Doutone]을 선택합니다 14. [Doutone Options] 패널이 표시되면 [Ink 1]을 선택합니다 15. 표시된 [Color Picker] 패널 16에서 [Color Libraries] 버튼을 클릭합니다. [Color Libraries] 패널에서 임의의 색상을 선택합니다. 지금은 [PANTONE 2757 C]를 선택했습니다 17 18. 사진이 약간 밝은 푸른색이 되도록 설정했습니다.

[OK]를 클릭하면 듀오톤 이미지로 변환됩니다 19. 같은 방법으로 다른 파일도 적용합니다.

이 책에서는 [청바지.psd] [트레이너.psd] [벨트.psd] [신발2.psd] [신발3.psd] [시계.psd] 파일의 오려내기와 듀오톤 작업을 적용한 이미지가 '듀오톤 작업 파일' 폴더에 준비돼 있습니다.

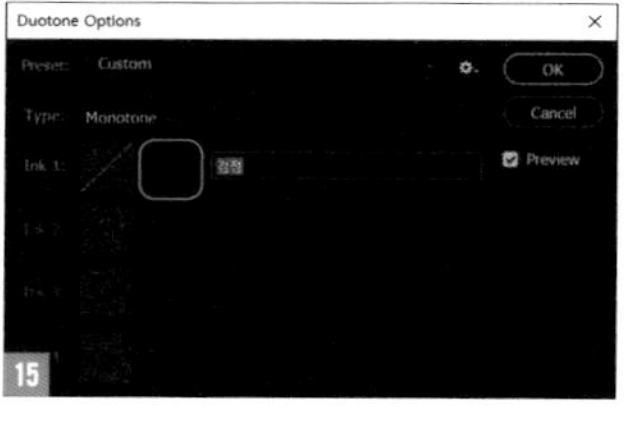

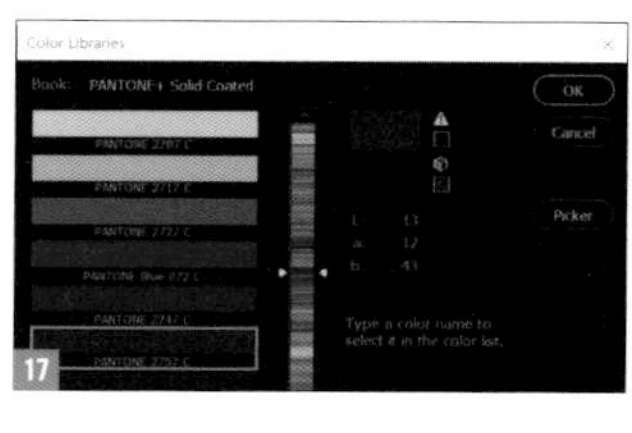

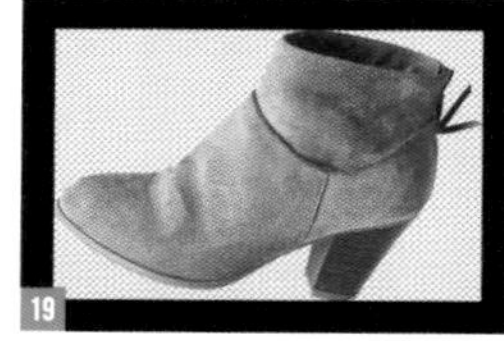

04 일러스트레이터로 베이스 만들기

이 디자인에서는 영어 문자와 이미지가 원을 그리는 흐름으로 레이아웃합니다 20.

일러스트레이터를 열고, [File]→[New]를 선택해 [Width : 182mm] [Height : 232mm]의 작업화면을 만듭니다 21. [Tool] 패널에서 [Rectangle Tool]을 선택해 [Width : 182mm] [Height : 232mm]의 직사각형을 만듭니다 22. 작업화면과 같은 크기입니다.

직사각형의 면의 색상은 [Swatches] 패널에서 [Open Swatch Library]→[Color Books]→[PANTONE + Solid Coated]를 선택하고, 표시된 패널에서 [PANTONE 2757 C]를 선택합니다. 검색 창에서 '2757'을 입력해 찾으면 편리합니다 23 24. 방금 만든 직사각형에 색상이 적용됩니다 25.

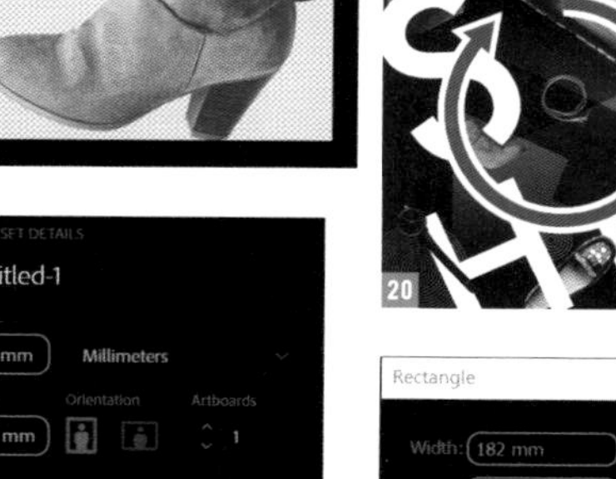

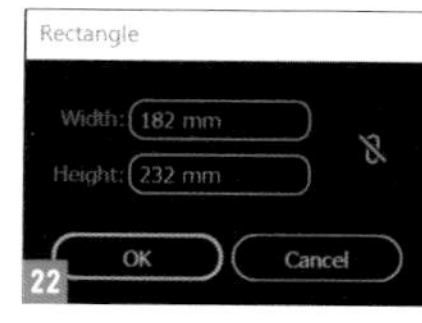

05 문자와 이미지 레이아웃하기

영어 문자와 이미지를 레이아웃합니다. 문자는 [Tool] 패널에서 [Rotate Tool]을 더블 클릭 하고 [Rotate] 창에서 [Angle:25%]로 적용해 문자를 25° 왼쪽으로 기울인 상태로 레이아웃합니다 26. 문자는 서로 다른 크기로 불균형하게 만들어 디자인에 강약을 줍니다 27.

[File]→[Place]를 선택해 [청바지.psd] [트레이너.psd] [벨트.psd] [신발1.psd] [신발2.psd] [신발3.psd] [시계.psd]를 배치합니다. 각도, 크기, 겹치는 순서에 불균형을 주어 디자인에 움직임을 줍니다 28.

06 노란색 원을 만들어 배치하기

[Tool] 패널에서 [Ellipse Tool]을 선택합니다 29. 작업화면을 클릭해 [Width:4mm] [Height:4mm]로 설정합니다 30. 선 색상은 [Swatches] 패널→[Open Swatch Library]→[Color Books]→[PANTONE + Solid Coated] 31에서 [PANTONE 389 C]를 선택했습니다 32 33. 콤플렉스 하모니의 배색이 되도록 어두운 노란색을 선택했습니다.

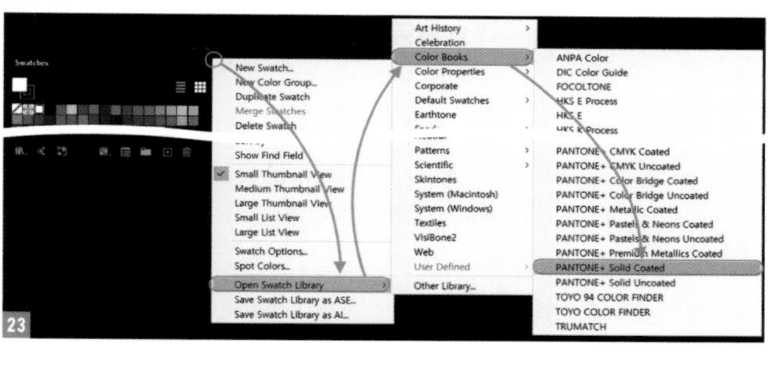

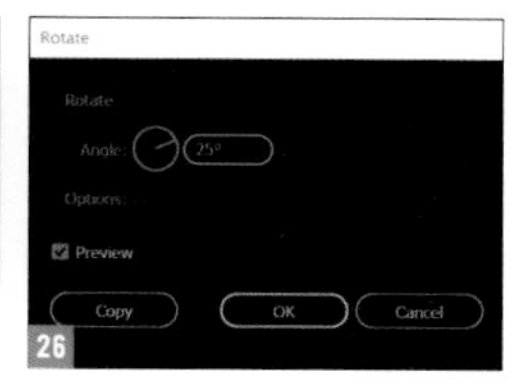

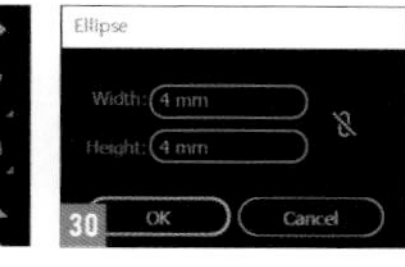

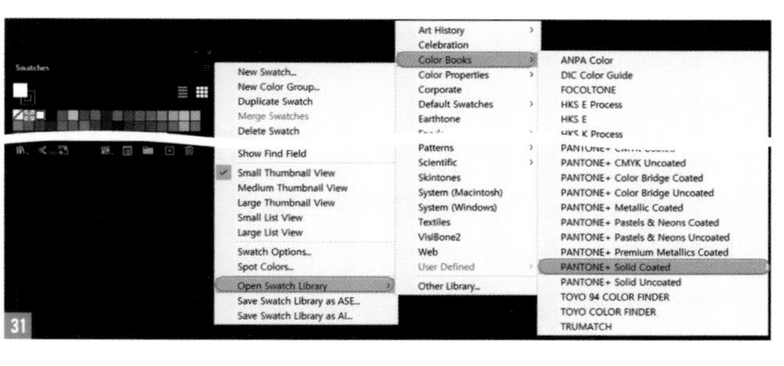

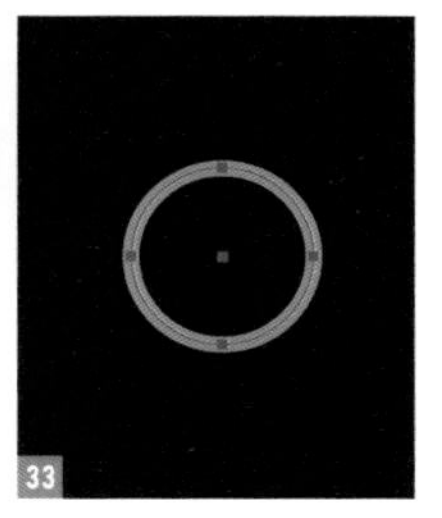

07 원을 같은 간격으로 늘어놓기

원을 선택한 상태에서 [Object]→[Path]→[Offset Path]를 선택합니다34. 옵션 패널이 표시되면 [Offset:1.5mm] [Joins:Miter] [Miter limit:4]로 설정합니다35.

처음 만든 원의 바깥쪽에 반경 3mm의 큰 원이 만들어집니다. 이번에는 새로 만든 바깥 원을 선택하고, 같은 방법으로 [Offset:1.5mm] [Joins:Miter] [Miter limit:4]를 적용해 더 큰 원을 만듭니다36. 이것을 몇 번 반복해 같은 간격으로 원을 만듭니다37. 이러한 원을 여러 개 만들어 레이아웃합니다38.

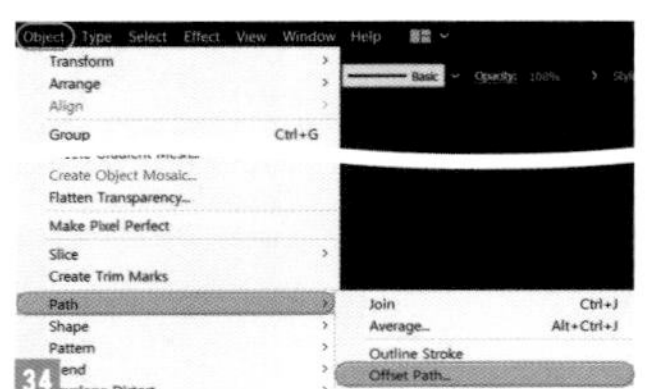

34

35

36

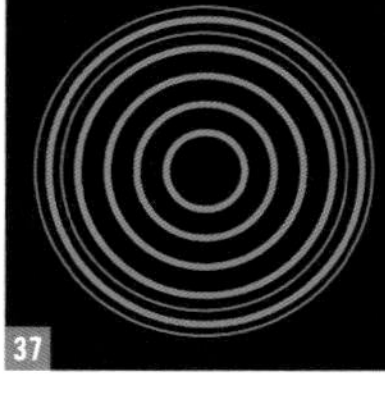
37

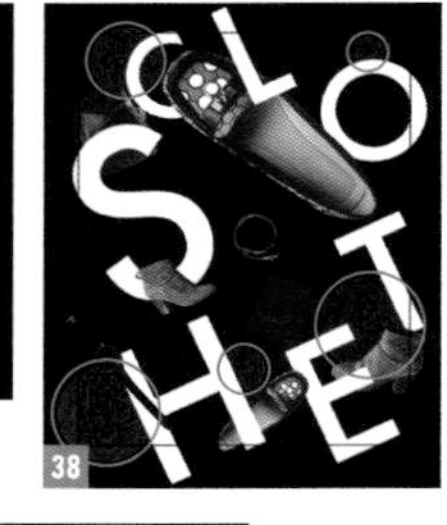
38

08 배경에 노란색 그러데이션이 적용된 오브젝트 추가하기

[Tool] 패널에서 [Pen Tool]을 선택해39 사다리꼴 형태를 만듭니다40. 사다리꼴 오브젝트에 그러데이션을 적용합니다. 그러데이션의 시작점과 종점의 색상은 [PANTONE 389 C]41로 설정합니다.

이 상태에서 시작점을 [Opacity:0%]로 설정하면42 투명~PANTONE 389 C의 그러데이션을 만들 수 있습니다.

또한 오브젝트 전체의 불투명도를 [Transparency] 패널에서 [Opacity:50%]로 설정합니다4344. 같은 방법으로 2개의 사다리꼴 형태를 더 만들어 조합합니다45. 노랑에 가까운 따뜻한 계열의 색을 어둡게 하고, 청보라에 가까운 차가운 계열의 색을 밝게 하는 것을 의식해 작업했습니다. 자연계에서는 볼 수 없는 배색으로 디자인한 이미지가 완성됐습니다46.

39

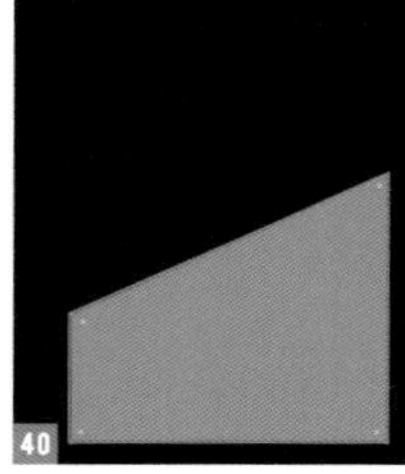
40

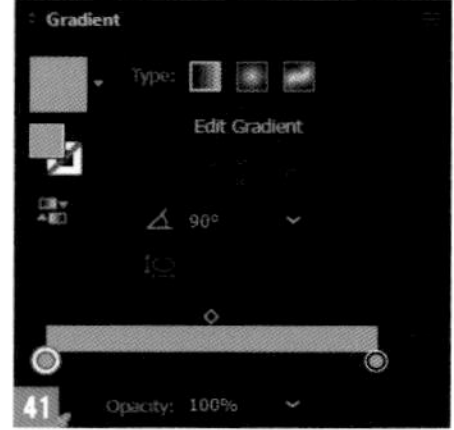

41

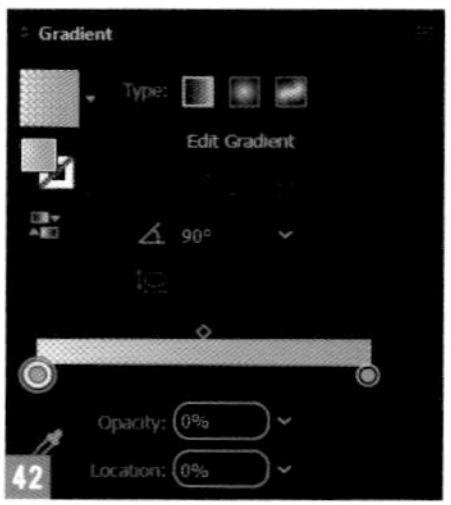

42

44

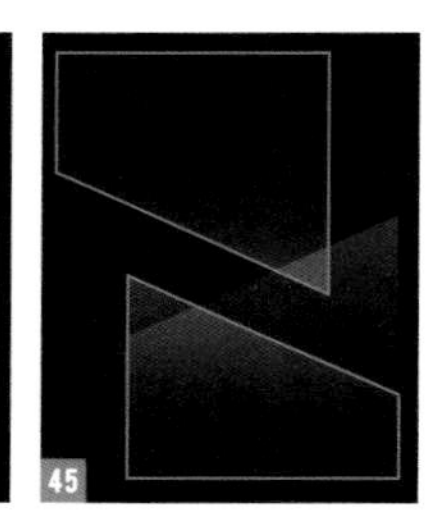
45

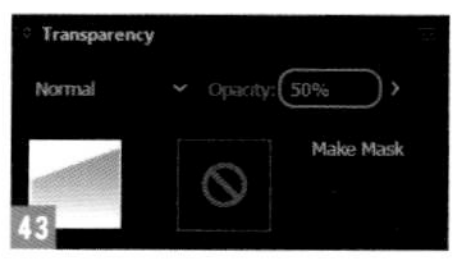

43

46

Chapter 05

타이포그래피

'타이포그래피(타이포)'는 정보 전달의 속도를 높이는 중요한 요소입니다. 문자를 다루는 디자이너라면 한 번쯤 배워두면 좋을 것입니다.
문자에 디자인을 추가해 정보를 전달할 뿐만 아니라 정보의 이미지를 가시화할 수 있습니다.
예제를 통해 효과적인 이미지를 만드는 방법을 알아봅니다.

Typography

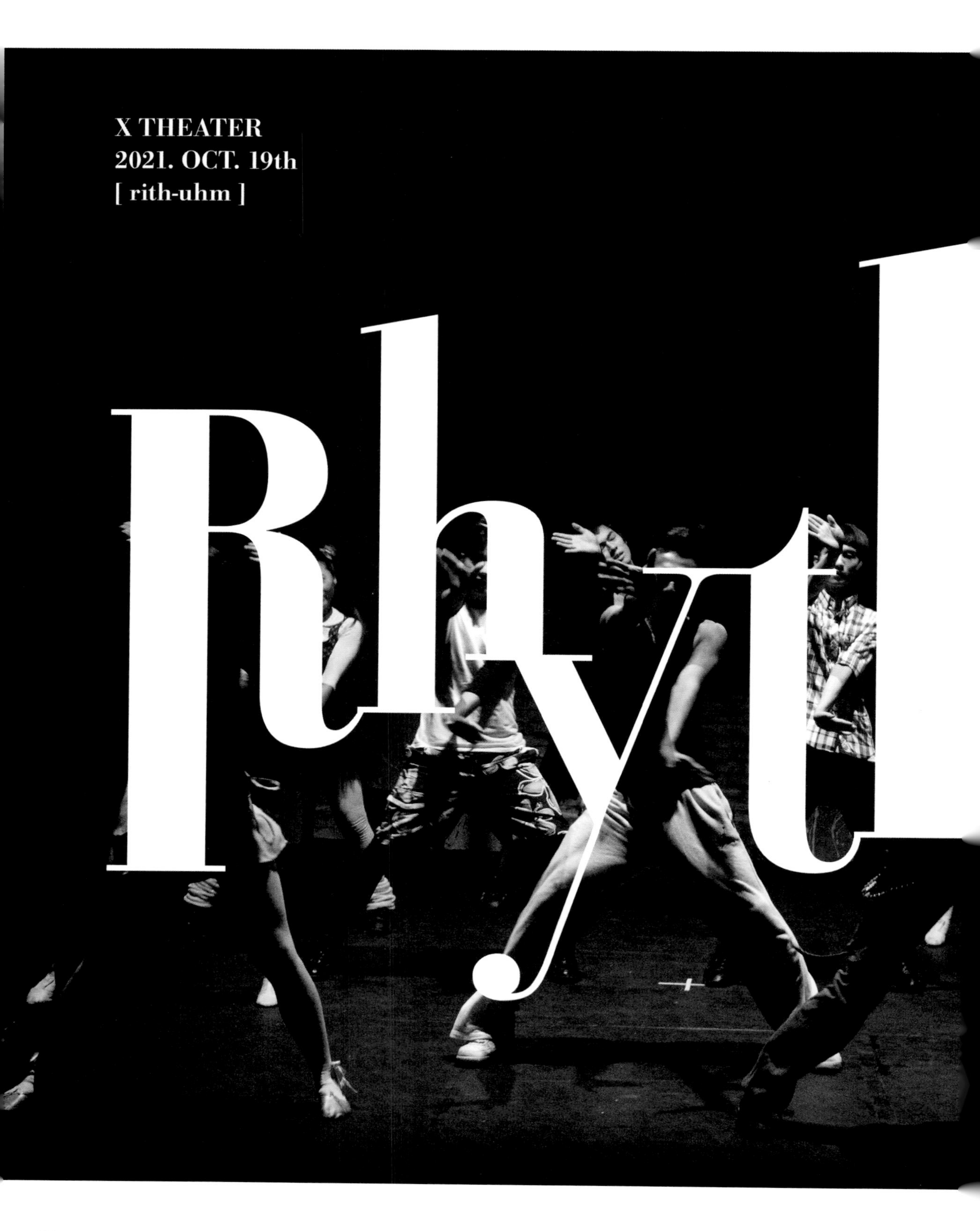
X THEATER
2021. OCT. 19th
[rith-uhm]
Rhyt

Recipe

066

타이포를 변형해 비주얼 만들기

타이포그래피(타이포)를 테마에 어울리게 변형해 메인 비주얼로 사용하는 방법을 소개합니다.

Design methods

01 테마에 따라 폰트 정하기

댄스 퍼포머(performer)의 공연 제목을 'Rhythm'으로 가정하고 공연 포스터 디자인을 제작합니다. 댄스의 힘찬 움직임과 음악의 이퀄라이저(equalizer) 비주얼 01 에서 오는 이미지를 부풀리기 위해 [Font:BodoniFLF] [Style:Bold]를 선택했습니다 02 . 세로와 가로 라인의 굵기에 차이가 크기 때문에 이퀄라이저의 세로의 움직임을 이미지화하기에 좋다고 생각했습니다.

02 대범하게 타이포에 변화 주기

일러스트레이터를 열고, 미리 아웃라인 작업을 해 둔 [타이포그래피.ai] 파일을 불러옵니다. [Tool] 패널에서 [Direct Selection Tool]을 선택하고 타이포 03 의 앵커 포인트를 개별적으로 선택해 변형합니다.

[Direct Selection Tool]로 선택해 드래그하면 드래그 한 범위의 앵커 포인트를 선택해 움직일 수 있습니다 04 05 . 크게 움직이면서 밸런스를 맞춰줍니다.

또한 06 과 같이 문자를 직선 방향으로 움직여 균형을 잡아줍니다 07 .

움직임이 표현된 만큼 결속이 약하게 느껴지므로 문자끼리 끝을 연결해 일체감을 표현합니다 08 .

전체적으로 다음과 같이 조정했습니다 09 . 나중에 크기를 크게 변경하는 것은 이미지가 굳어져서 움직이기 어렵습니다. 일체감을 의식하면서 작업해 나가면 좋습니다.

03 미세하게 밸런스 조정하기

상하 움직임에 비해 세로 라인의 정렬이 조금 단조로워 보이므로 10 과 같이 세로 라인의 폭에 변화를 주어 움직임을 표현합니다 11 .

또한 12 와 같이 세세한 부분을 조정합니다. 움직임이 표현될 수 있도록 되도록 상하의 끝이 수평으로 연결되지 않도록 조정합니다. 완성입니다 13 .

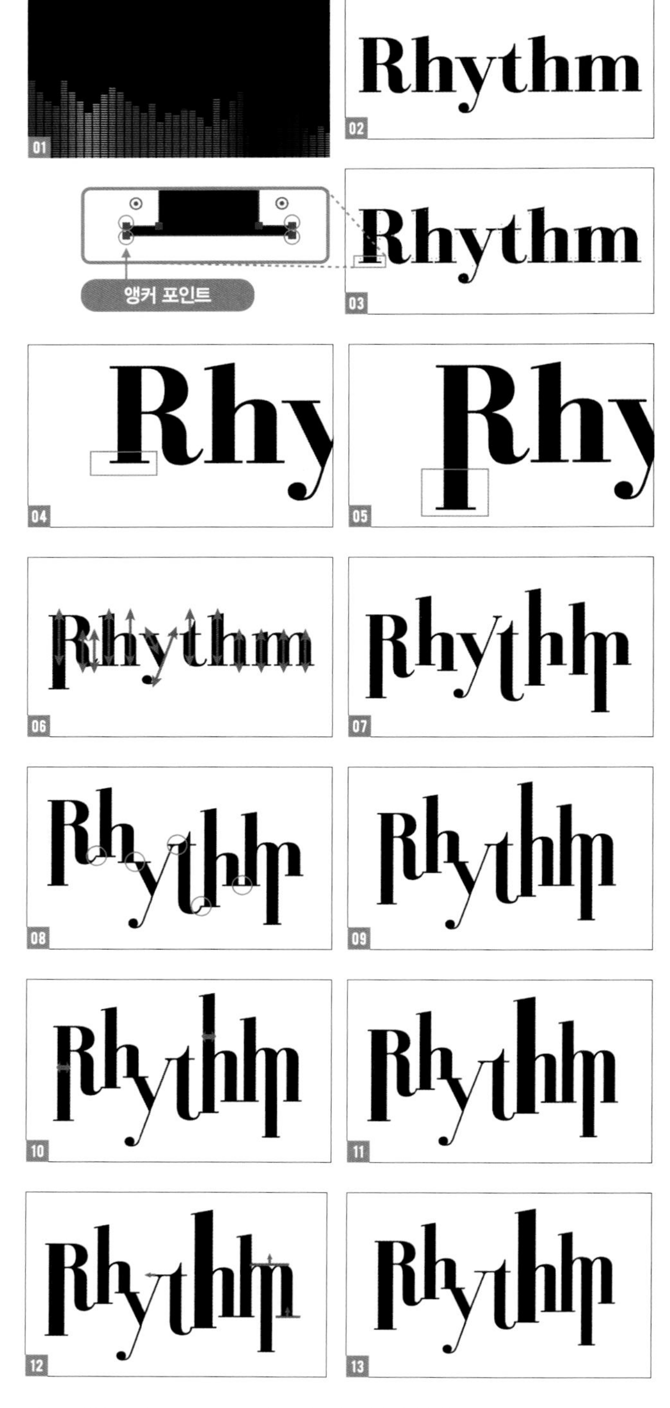

예제에서는 흰색 문자로 바꾸고, 댄스 이미지에 맞춰 레이아웃을 만들었습니다. 댄스의 역동적인 분위기에 어울리는 글자가 만들어졌습니다.

Recipe

067

손으로 쓴 듯한 폰트 사용하기

손으로 쓴 서체를 사용하면 그것만으로도 디자인 전체에 포근하고 부드러운 분위기를 만들 수 있습니다.

Design methods

01 새로운 파일 만들기

일러스트레이터를 열고, [File]→[New]를 선택해 [Width:232mm] [Height:182mm]의 작업화면을 만듭니다 01. [File]→[Place]를 선택해 [bg.psd]를 배치합니다 02.

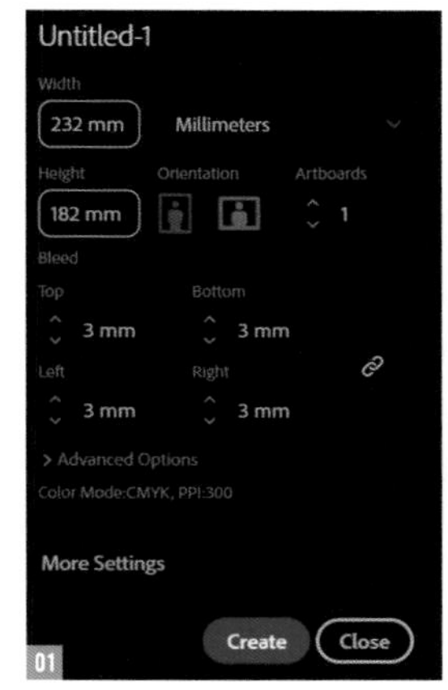

02 제목 텍스트 배치하기

[Tool] 패널에서 [Type Tool]을 선택하고 'tomato', 'restaurant'의 문구를 입력합니다.
밝은 인상의 사진에 어울리도록 밝고 경쾌한 느낌의 서체를 찾습니다.
여기에서는 'tomato'는 [Duos Brush Pro Regular] [114pt] 03, 'restaurant'는 [Duos Brush Pro Black] [25pt] 04로 선택해 손 글씨 느낌의 폰트로 설정했습니다. 문자 색상은 두 개 모두 [흰색]으로 설정합니다 05 06.
문자를 선택하고 [Tool] 패널에서 [Rotate Tool] 07을 더블클릭합니다. [Rotate] 창이 나타나면 [Angle:15°] 08로 입력해 타이틀을 15° 기울입니다 09.

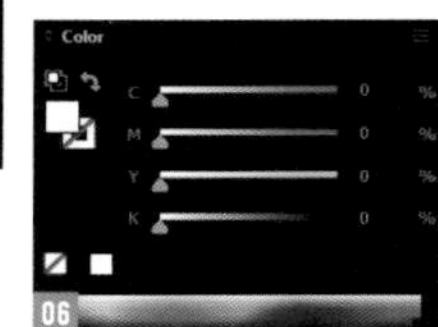

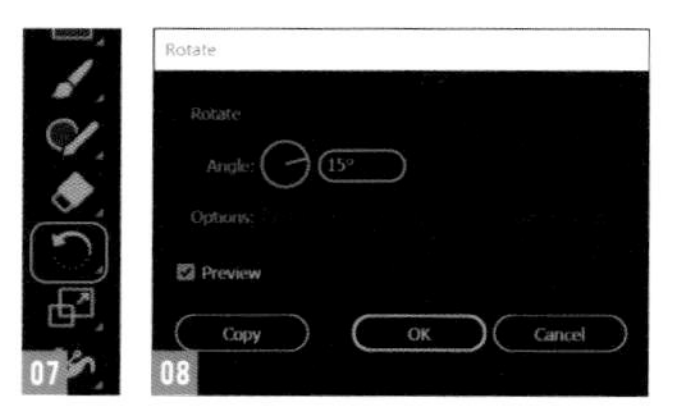

Point

손 글씨 서체는 문자와 문자 사이의 간격인 [Kerning]을 조정 의도적으로 연결 불균형 없이 깨끗하게 배치할 수 있습니다 10.
[Kerning]은 조정하고 싶은 곳에 마우스 커서를 alt + ← 또는 → 키로 20씩 단계적으로 조정할 수 있습니다. ctrl + alt + ← 또는 → 키로는 100씩 단계적으로 자간을 조정할 수 있습니다.

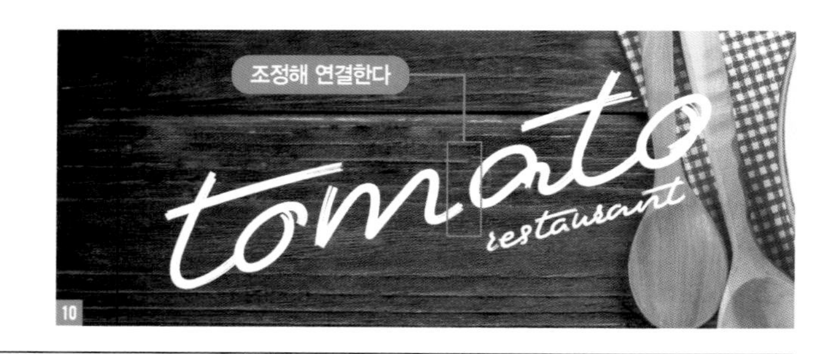

03 정원을 부품으로 사용하기

[Tool] 패널에서 [Ellipse Tool]을 선택하고 작업화면을 클릭해 [Width:90mm] [Height:90mm]의 정원을 만듭니다 11. [Window]→[Stroke]을 선택하고 [Weight:10pt] [Cap:Round Cap]으로 설정합니다 12 13.
[Tool] 패널에서 [Pen Tool]을 선택하고 14 임의의 장소에 앵커 포인트를 추가합니다 15.
여기서는 아래에 2개의 포인트를 추가했습니다. 아래 원호만 남길 예정이므로 위쪽 원에 걸린 앵커 포인트를 선택하고 delete 키를 눌러 삭제합니다 16.

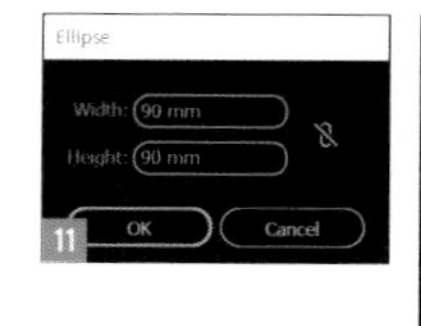

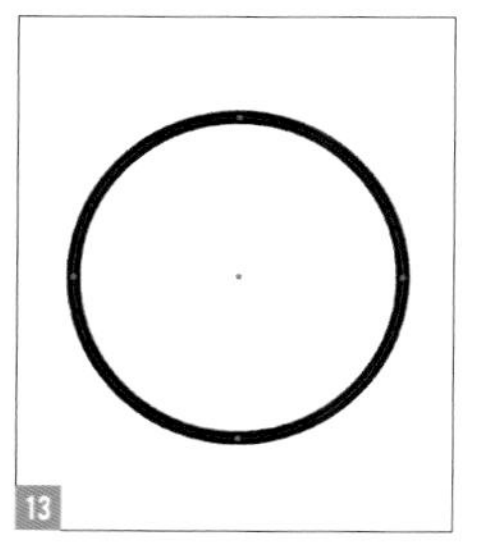

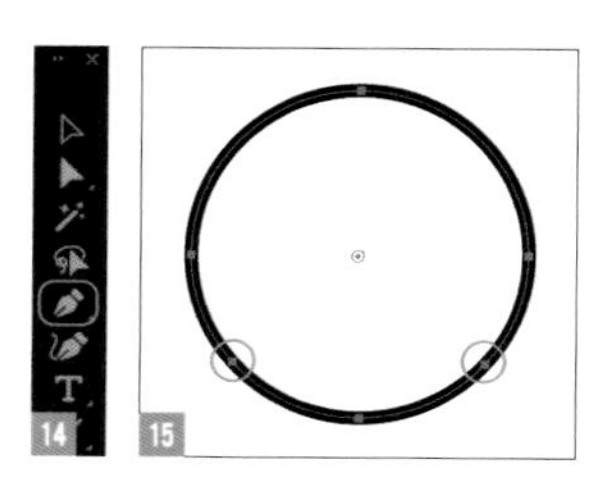

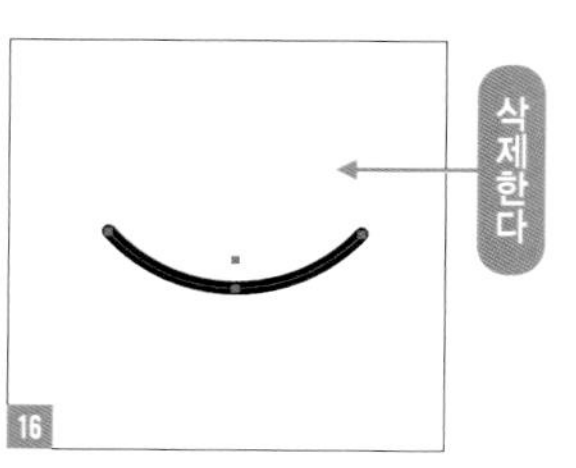

04 손 글씨의 문자에 맞는 부드러운 선 만들기

[Object]→[Path]→[Outline Stroke]17를 선택해 아웃라인으로 만듭니다18. 아웃라인화한 선은 [Stroke] 패널에서 [Weight:1.2pt] [Cap:Round Cap]으로 설정합니다19. 손 글씨에 맞춰 선도 둥글게 하고 부드럽게 가지런히 합니다. 20과 같이 됐습니다.

오른쪽 끝의 앵커 포인트 2개를 삭제하고21, 오른쪽 선 끝을 조금 짧게 하기 위해 [Tool] 패널에서 [Pen Tool]을 선택해 오른쪽 끝에 앵커 포인트를 추가합니다22. 제일 오른쪽 선 끝의 앵커 포인트를 삭제합니다23.

이 선은 복사한 다음 [Tool] 패널의 [Rotate Tool]로 [Angle:180°] 회전시켜, 수직으로 대칭시킵니다24. 선의 색상을 [흰색]으로 하고, 문자의 상하에 배치합니다25.

선을 만든 것처럼 [Pen Tool]로 각종 아이콘을 만듭니다26. 선을 둥글고 부드럽게 만듭니다. 완성된 아이콘은 선의 색상을 [흰색]으로 설정해 문자 주위에 배치합니다27.

05 토마토의 귀여운 모티브를 만들어 타이틀 주변 정리하기

[Tool] 패널에서 [Ellipse Tool]을 선택하고 shift + 드래그 해 정원을 만듭니다. 색상은 [M:100% Y:100%]28으로 설정합니다29.

꼭지 부분은 [Tool] 패널에서 [Star Tool]을 선택해30, 별 형태의 오브젝트를 만듭니다.

꼭지 색상은 [초록색(C:100% M:60% Y:100%)] 31으로 설정합니다32. 그리고 가운데에 작은 정원을 만들어 토마토의 모티브를 완성합니다33. 조금 전에 만든 선과 아이콘과 함께 타이틀을 정리합니다34.

예제에서는 이 밖에 주소와 지도 등도 손 글씨에 맞게 아기자기하게 제작해 디자인을 완성했습니다.

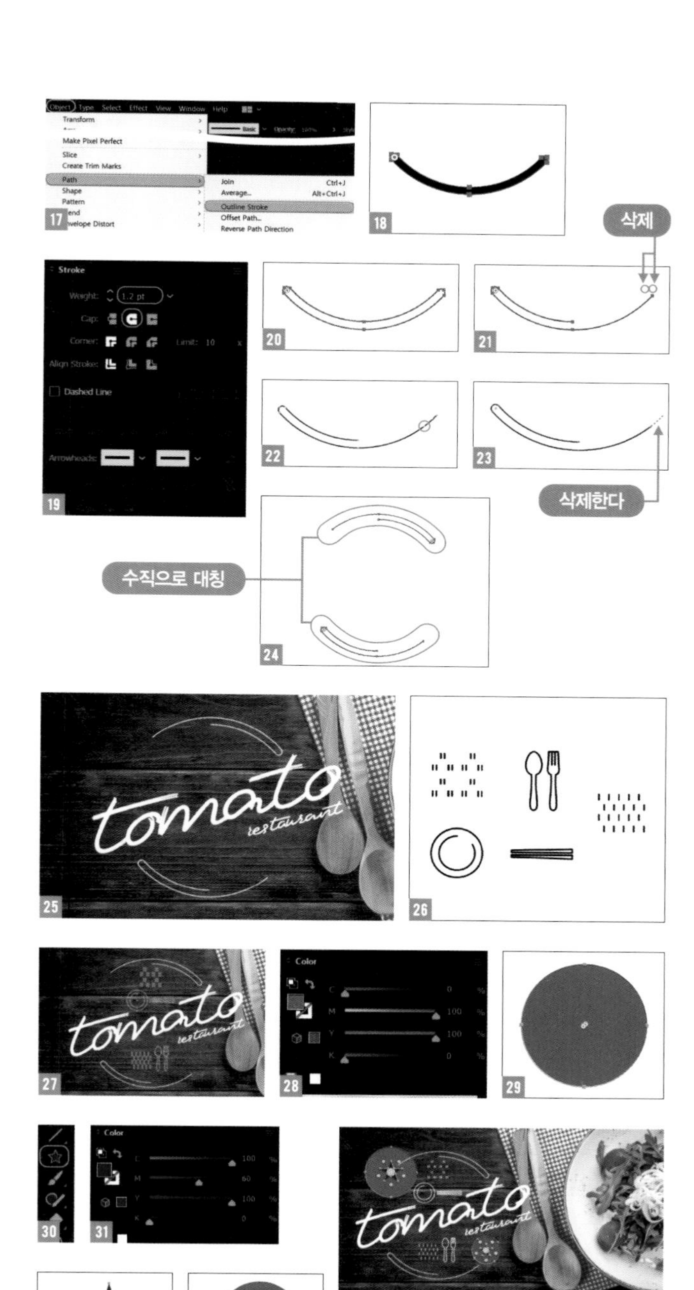

BEAUTIFUL

ALL SEASONS

FLOWERS

Recipe

068 타이포를 흩뿌려 놓은 디자인 만들기

글자 수가 적은 타이틀인 경우에는 일부러 타이포그래피를 흩뿌려 디자인을 만듭니다.

Design methods

꽃잎을 찍은 섬세한 사진을 크게 사용하고, 화면 전체에 타이포를 흩뿌려 사진을 넓게 보이게 합니다.

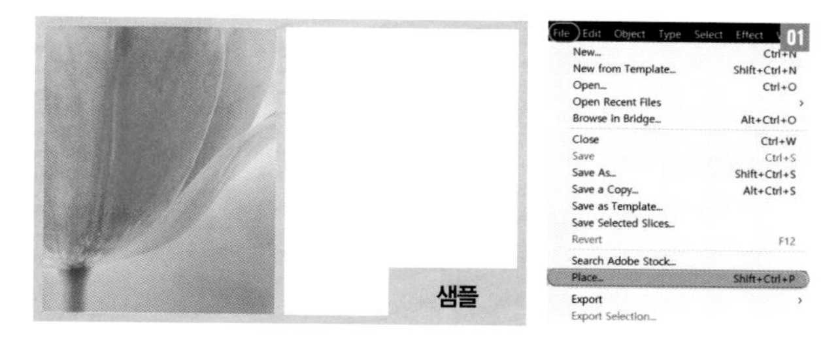

01 사진 배치하기

꽃을 소재로 한 서적의 표지를 가정해 디자인을 제작합니다.

일러스트레이터를 열고, [레이아웃.ai] 파일을 불러옵니다. 미리 작업화면이 만들어져있습니다.

[사진] 레이어를 선택합니다. [File]→[Place]를 선택하고 01, [소재.psd]를 선택합니다. 작업화면 중앙에 배치합니다 02.

계속해서 [Tool] 패널에서 [Rectangle Tool]을 선택하고 작업화면을 클릭해 [Width:182mm] [Height:232mm]로 직사각형을 만들어 작업화면 중앙에 배치합니다 03 04.

[Tool] 패널에서 [Selection Tool]을 선택하고 조금 전에 배치한 [직사각형]과 [소재.psd]를 선택하고 05, [Object]→[Clipping Mask]→[Make]를 선택합니다 06. 사진의 배치가 완성됐습니다 07.

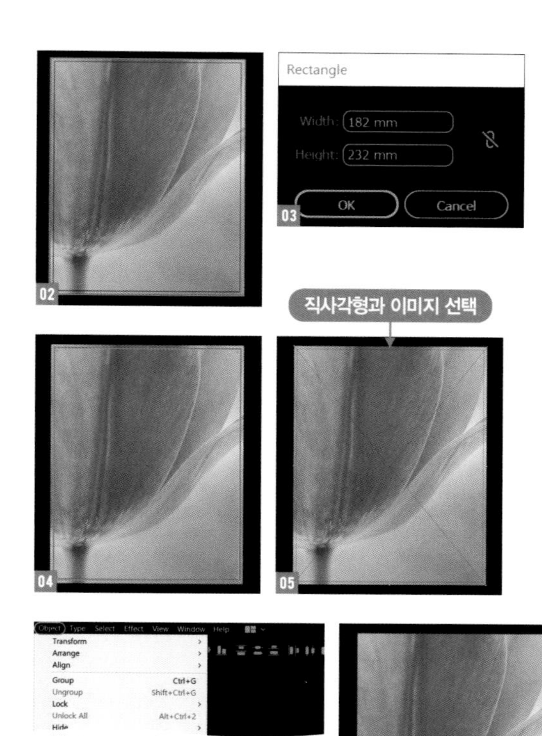

02 문자 레이아웃하기

[Tool] 패널에서 [Type Tool]을 선택한 다음 'BEAUTIFUL'이라고 입력하고 08, [Font:Baskerville URW] [Style:Regular] [Size:70pt], 색상을 [흰색]으로 설정합니다 09 10.

이번에는 늠름한 꽃의 인상을 위해 무질서하게 글자를 배치하지 않고 11 과 같이 격자모양의 그리드를 따라 배치해 규칙성을 갖게 합니다.

08

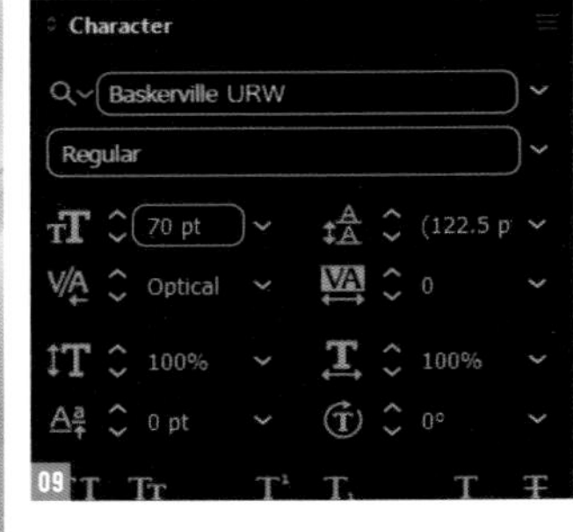

09

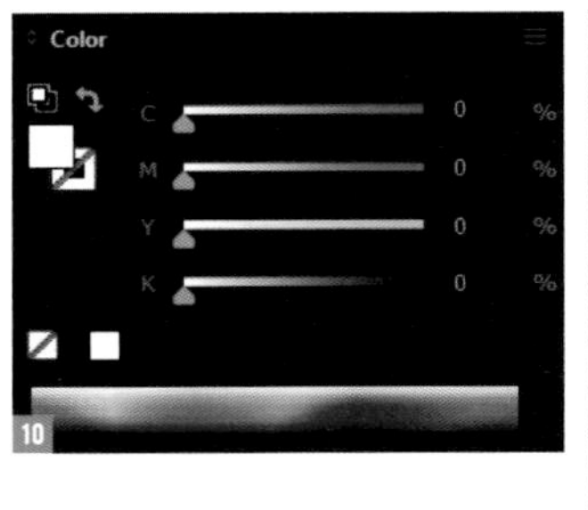

10

11

Point

'BEAUTIFUL' 문자는 한 글자 한 글자 간격을 띄우기 위해 한 글자씩 나누어 입력하거나 [Type]→[Create Outlines]를 선택해 아웃라인화하고 한 글자씩 움직여서 배치하면 좋습니다 12.

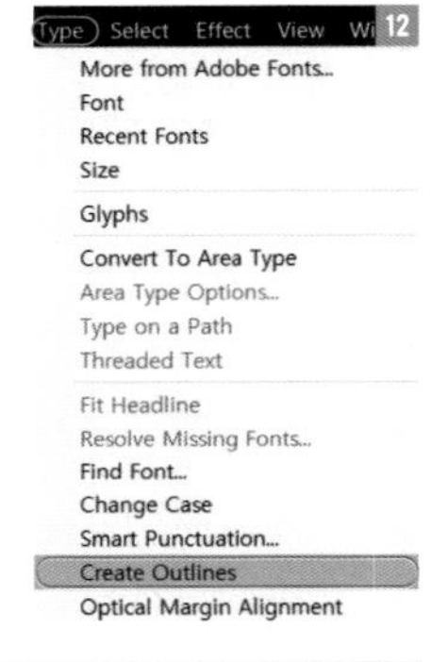

12

작업의 진행 방법은 위에서부터 3글자씩 그리드를 따라 배치해 나가면 됩니다 13 14 15.

추가로 'FLOWERS'라고 입력하고 그리드에 맞춰 배치합니다 16.

전체적인 균형을 맞추기 위해 17 과 같이 문자의 빈 간격을 맞춰 배치합니다.

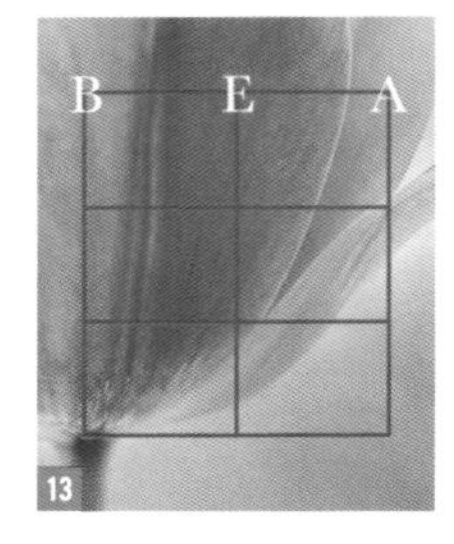

13

14

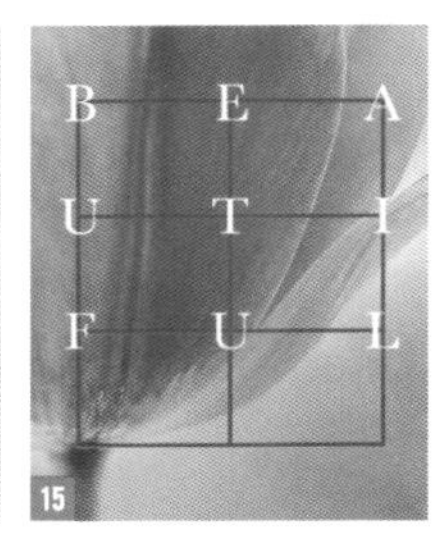

15

16

17

03 중심에 띠가 있는 문자 배치하기

마지막으로 작업화면 중앙에 문자를 배치합니다. 문자를 강조하기 위해 흰색 띠를 배경에 넣고 문자를 배치합니다.

[Tool] 패널에서 [Rectangle Tool]을 선택하고 [Width:47mm] [Height:5mm]로 설정해 [흰색]의 가로로 긴 사각형을 배치합니다 18 19.

[Tool] 패널에서 [Type Tool]을 선택하고 'ALL SEASONS'라고 입력합니다 20. 문자는 [Font:Baskerville URW] [Style:Regular] [Size:14.5pt] [Kerning:Optical] [Tracking:240] [Paragraph:Align center]로 설정합니다 21 22.

문자의 색상을 꽃의 색에 맞춰 [M:70 Y:10]으로 설정해 띠 위에 배치합니다 23.

디자인이 완성됐습니다.

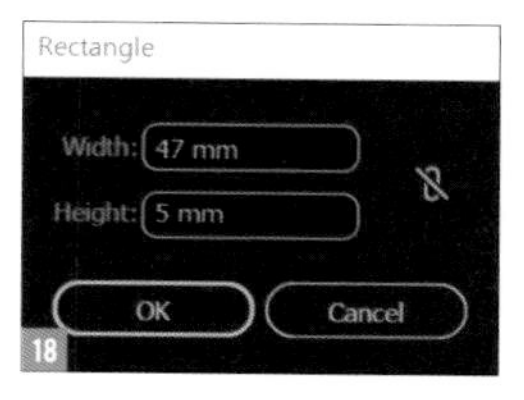

18

19

20

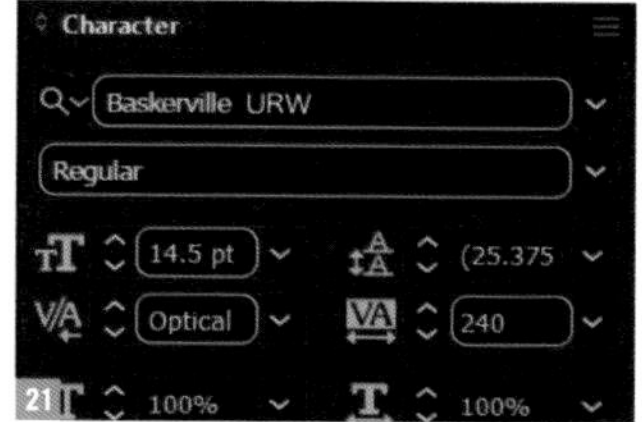

21

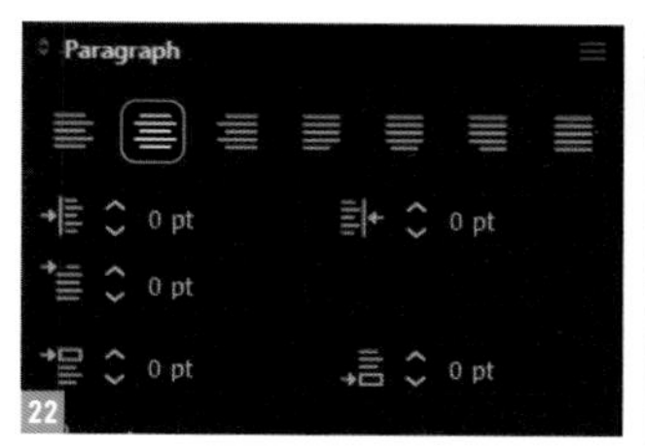

22

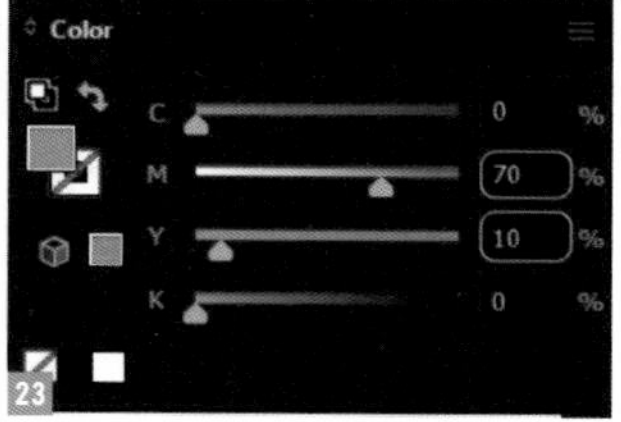

23

Column

문자 크기에 차이를 두다

[BEAUTIFUL]>[FLOWERS]>[ALL SEASONS] 3단계로 문자 크기에 차이를 뒀습니다.

문자의 크기에 차이를 주면 이미지에 강약을 만들 수 있습니다.

만약 차이를 주지 않고 배치하면 오른쪽 그림과 같이 어중간한 이미지가 돼 버립니다. 타이포그래피를 보여주는 디자인은 이미지 전체의 균형에 주의를 기울이면서 문자의 크기, 간격을 조정하여 결정해 나갑니다.

Recipe

069 서로 다른 폰트 겹치기

연관성 있는 단어를 서로 다른 폰트로 겹치게 디자인하여 테마에 깊이를 줍니다.

Design methods

01 바탕이 되는 폰트 선택하기

발렌타인데이 캠페인의 광고 전단을 디자인해 제작합니다.

일러스트레이터를 열고, [레이아웃.ai] 파일을 불러옵니다 01. 미리 [소재.psd]와 갈색 그라디언트로 배경을 만들었습니다.

[Layer] 패널에서 [레이아웃] 레이어를 선택하고 문자를 작업합니다.

[Tool] 패널에서 [Type Tool]을 선택하고, 'EXTRA CHOCOLATE'라고 입력한 다음 'EXTRA'에서 줄 바꿈을 합니다 02. 문자는 [텍스트.txt] 파일에서 적절히 복사해 사용해도 좋습니다.

01

02

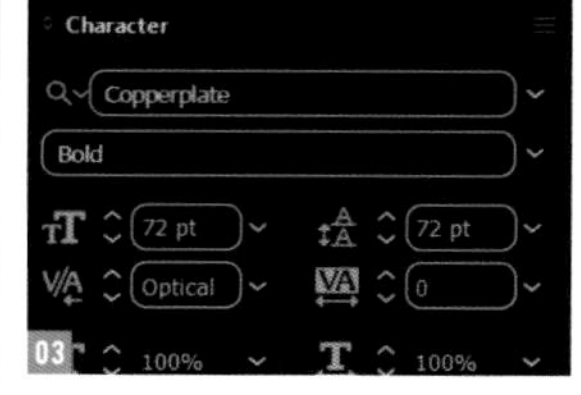

03

문자를 [Font:Copperplate] [Style:Bold] [Size:72pt] [Kerning:Optical] [Tracking:0] [Paragraph:Align center]로 설정합니다 03 04. 색상은 [C:20 M:40 Y:60]으로 설정합니다 05.

폰트와 색상은 'EXTRA CHOCOLATE' 이미지와 어울리도록 시인성이 높고 품위 있는 폰트와 차분한 금색을 선택했습니다.

02 겹칠 폰트 선택하기

방금 레이아웃한 'Copperplate'의 폰트에 맞는 겹칠 폰트를 선택합니다.

[Tool] 패널에서 [Type Tool]을 선택해 'Happy Valentine'이라고 입력합니다. 입력한 문자를 'EXTRA'와 'CHOCOLATE' 사이에 배치합니다 06. [Font:Gautreaux] [Style:Bold] [Size:47pt] [Kerning:Optical [Tracking:0] [Paragraph:Align center]로 설정합니다 07 08. 색상은 [M:100 Y:100 K:15]로 설정합니다 09. 제품과 손 글씨 느낌의 서체로 따뜻함을 표현하고 붉은색의 초콜렛에 맞춰 조금 더 안정감이 있는 붉은 색을 사용했습니다.

03 회전시켜 완성

겹친 폰트가 옆으로 약간 묻혀 버렸기 때문에 조금 회전시켜 눈에 띄게 합니다.

'Happy Valentine'을 선택하고 [Object]→[Transform]→[Rotate]를 선택합니다 10. [Angle:5°]로 설정합니다. 11과 같이 'EXTRA CHOCOLATE'에 겹쳐서 배치합니다. 발렌타인 느낌이 나는 특별함이 있는 디자인이 완성됐습니다. 겹치는 문자에 대해서는 P.251의 Column도 참조해 주세요.

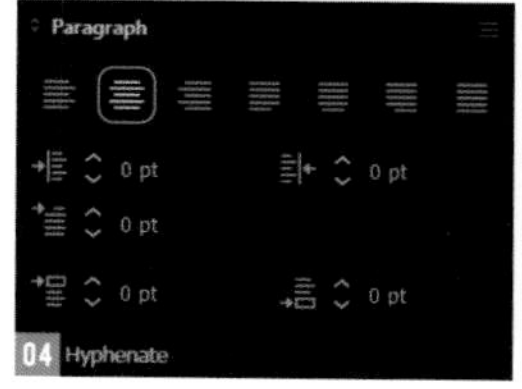

04

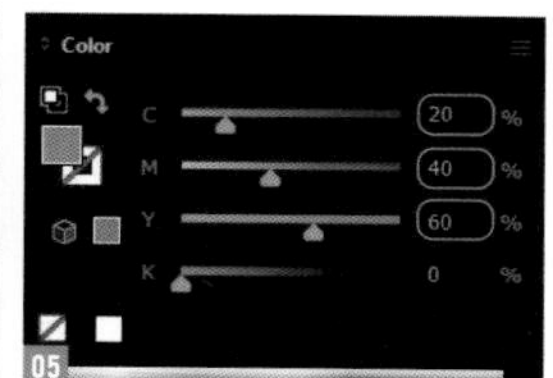

05

Point

겹치는 폰트 선택 방법

폰트가 겹치는 디자인을 할 때는 폰트 선택이 중요합니다.
주제에 맞는 폰트 안에서 가능한 한 글꼴의 특징, 스타일, 굵기 등 외형의 차이가 뚜렷한 폰트를 선택합니다.

06

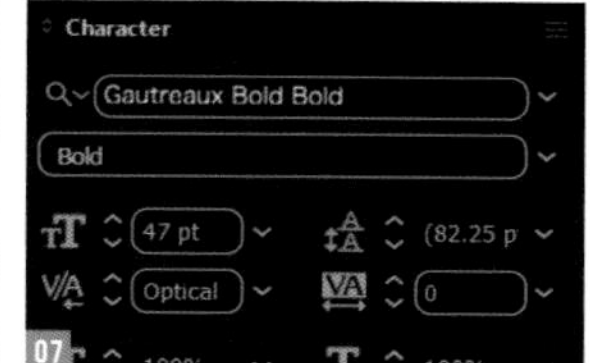

07

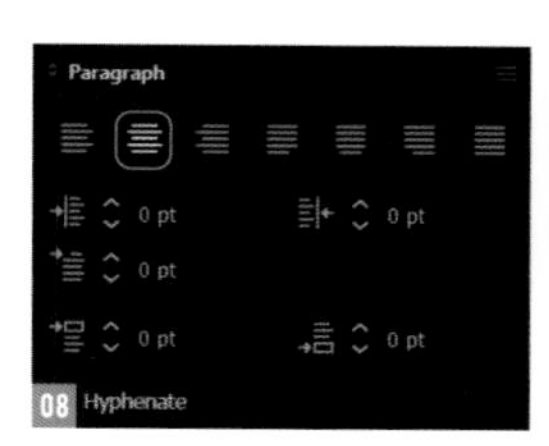

08

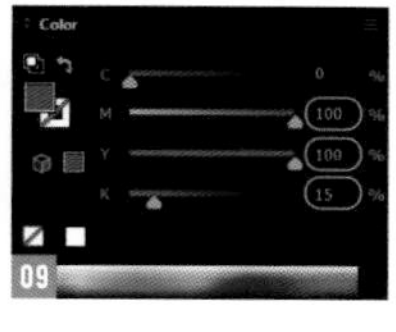

09

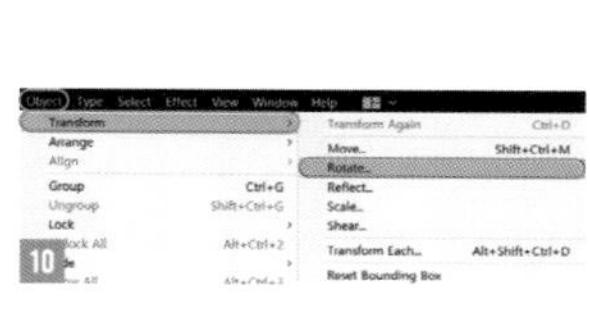

10

11

Recipe

070

강약의 변화를 준 문자 조합

카피 문자의 크기에 강약이 있는 변화를 주고 조합하여 매력적인 카피를 만듭니다.

Design methods

이번에는 고양이 화보집의 발매를 홍보하기 위한 광고 디자인을 가정해 제작합니다.
캐치 카피 '나는 고양이다.'에 변화를 주어 매력적인 레이아웃을 만듭니다.

01 문자를 변형해 한 문자씩 변화 주기

[아웃라인.ai] 파일을 불러옵니다.
미리 '나는 고양이다.'를 아웃라인으로 작업했습니다 01.
폰트는 [헤움솔개142]를 사용했습니다 02.
첫 번째로 원하는 글자를 선택해 적당히 크고 작은 차이를 둡니다. 여기에서는 '고양이'와 '나'를 선택했습니다 03. 04와 같이 크고 작은 차이를 두어 강약을 표현합니다.

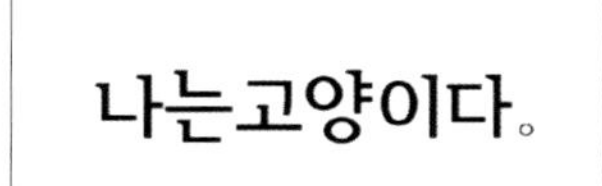

나는고양이다。
03

나 는 고양이 다 。
04

02 문자의 배치를 바꿔 강약 주기

일렬로 늘어선 문자를 한 글자씩 이동해 한 덩어리로 보이도록 조정합니다.
05→06과 같이 변화를 줍니다.
이때 07과 같이 변화를 너무 많이 줘서 가독성이 떨어지지 않도록 주의합니다. 이번에는 06의 방법으로 진행합니다.

03 한 문자씩 조정하기

06은 문자의 굵기가 달라서 흩어져 보이고, 정리가 안 돼 보입니다. 한 덩어리로 보이도록 각 문자에 괘선을 쳐서 같은 굵기로 보이도록 조정합니다. '양' 문자가 가장 크고 굵게 보이므로 '양'을 기준으로 하여 괘선의 굵기를 맞춰갑니다.
'나' 문자를 선택합니다08. [Window]→[Stroke]을 선택하고09, [Weight:1pt] [Corner: Round Join]으로 설정해 문자를 조정합니다10.
마찬가지로 다른 문자도 강약을 주어 선을 조정합니다. '는'은 [0.8pt], '고'는 [1pt], '양'은 [0.1pt], '이'는 [0.8pt], '다'는 [1pt], '.'은 [0.5pt]로 설정해 각각 선을 조정합니다. 세밀한 작업이 계속되지만, 완성도를 높이는 작업이므로 최대한 정성스럽게 진행합니다.
11과 같이 비교해 보면 완성도의 차이를 알 수 있습니다.
밸런스가 흐트러지지 않도록 괘선을 아웃라인으로 만듭니다. [Object]→[Path]→[Outline Stroke]를 선택합니다12 13. 계속해서 [Window]→[Pathfinder]를 선택해 체크하고14 표시된 [Pathfinder] 패널에서 [Unite]를 선택해 패스를 합쳐 정리합니다15 16. 강약이 있으면서 일체감이 느껴지는 문자 그룹이 완성됐습니다.
예제에서는 띠의 디자인에 맞춰 [M:100]으로 하고, 고양이의 이미지 위에 레이아웃 했습니다.

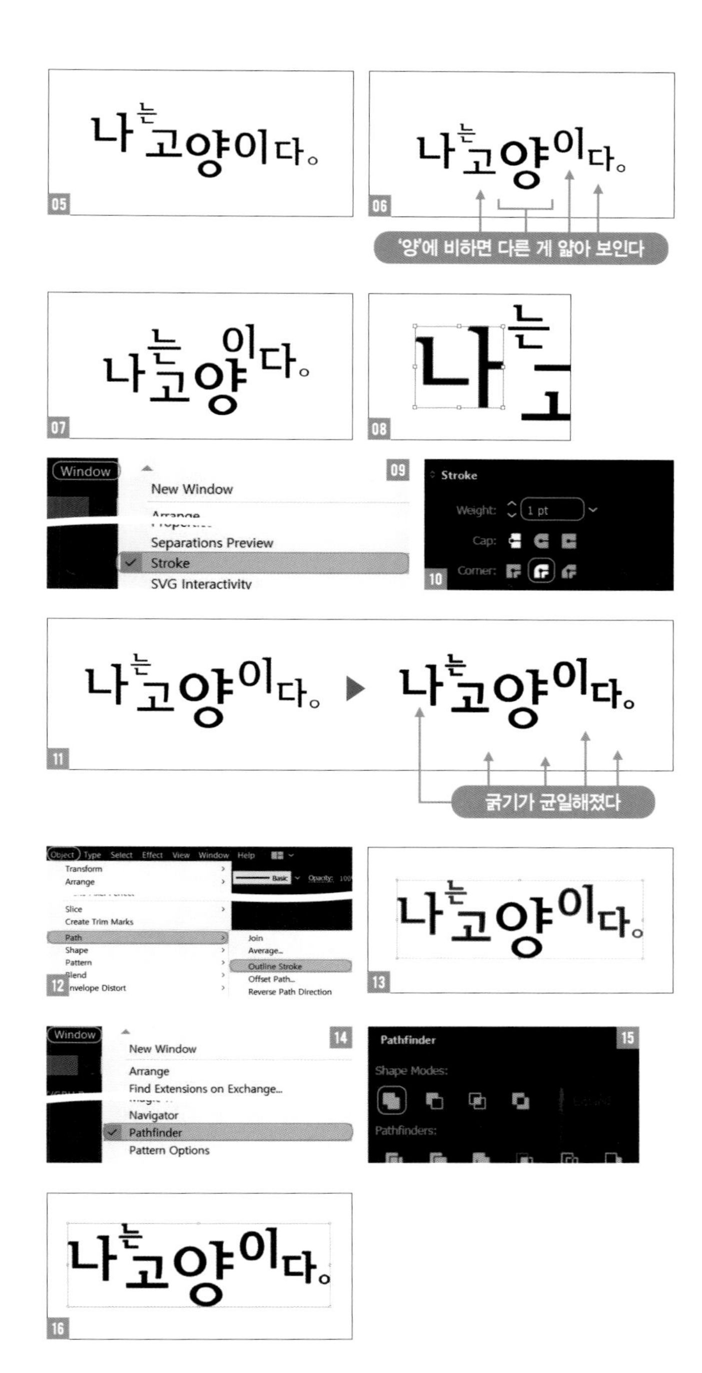

Recipe

071 타이포 형태로 사진을 트리밍하기

사진에 타이포그래피(타이포) 형태로 마스크를 적용하는 것으로, 문자의 의미도 겹쳐 볼 만한 비주얼이 완성됩니다.

Design methods

01 타이포그래피 배치하기

해양 스포츠 브랜드의 광고를 가정해 디자인을 제작합니다.
일러스트레이터를 열고, [레이아웃.ai] 파일을 불러옵니다. 미리 사진까지 배치했습니다.

[Layer] 패널에서 [레이아웃] 레이어를 선택합니다.
배치된 이미지 위에 카피 문자를 레이아웃 합니다. [Tool] 패널에서 [Type Tool]을 선택하고 'THE GLOW OF SUNRISE'라고 입력해 작업화면 중앙에 배치합니다. 'THE'와 'OF'에서 줄 바꿈을 합니다 01.
문자의 설정은 [Font:Impact] [Style:Regular] [Size:173pt] [Kerning:Optical] [Leading:146pt] [Paragraph:Align left]로 설정합니다 02 03※.
색상은 알기 쉽게 [흰색]으로 합니다.
'GLOW OF'와 'SUNRISE'의 폭이 같아지도록 자간을 조정합니다. 'GLOW OF'는 [Tracking:−8], 'SUNRISE'는 [Tracking:8]로 조정합니다 04 05.

Point

타이포그래피를 주제로 하는 디자인을 만드는 경우에는 문자의 자간이나 행간을 특별히 주의해서 조정하는 것이 좋습니다.

02 타이포그래피로 마스크 적용하기

'THE GLOW OF SUNRISE'의 문자를 선택하고 [Type]→[Create Outlines]를 선택해 문자를 아웃라인으로 만듭니다 06 07.
[Object]→[Compound Path]→[Make]를 선택합니다 08. 오브젝트의 색이 사라지므로 색상을 [흰색]으로 설정합니다.
[File]→[Place]를 선택한 후 [소재02.psd]를 선택합니다. 작업화면 중앙에 배치합니다 09.
[Object]→[Arrange]→[Send to Back]를 선택하고 10, 'THE GROW OF SUNRISE'의 타이포 뒤로 이동합니다 11.
일러스트레이터 버전에 따라서는 아웃라인으로 만들지 않은 문자로도 마스크를 적용할 수 있습니다. 상황에 맞게 사용하세요.

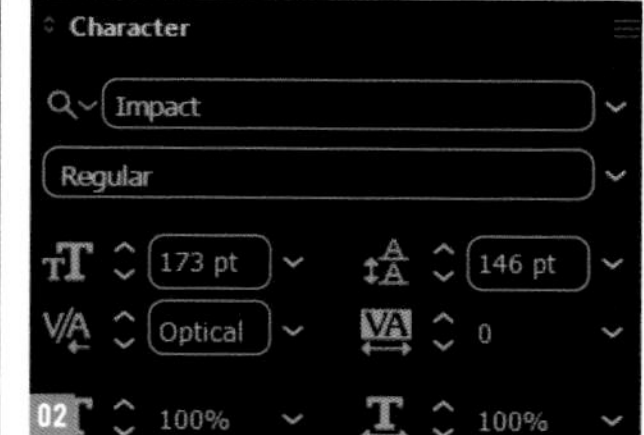

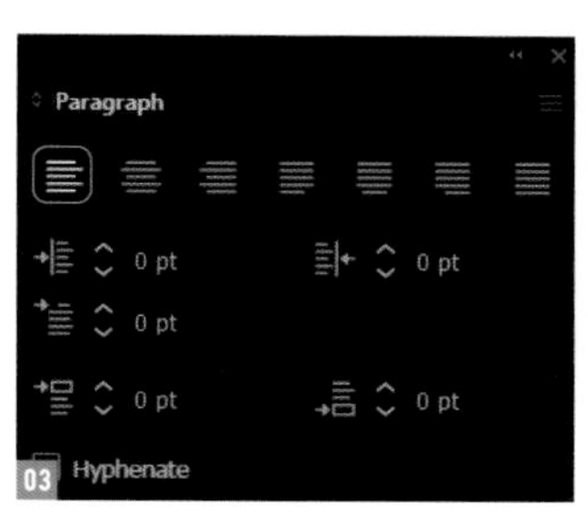

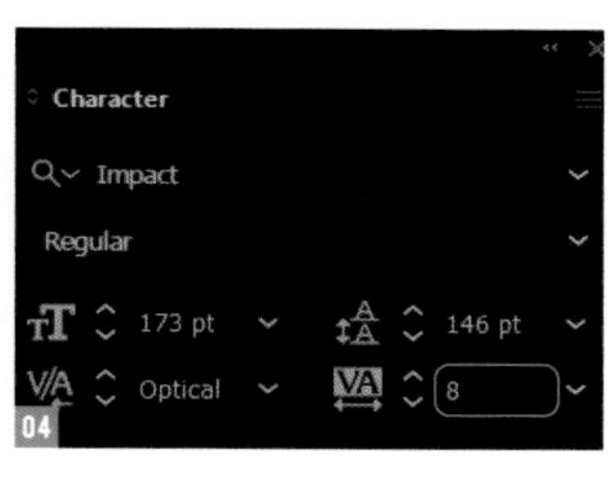

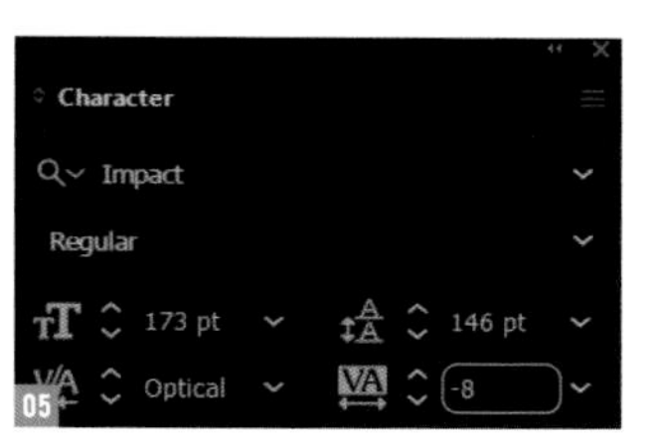

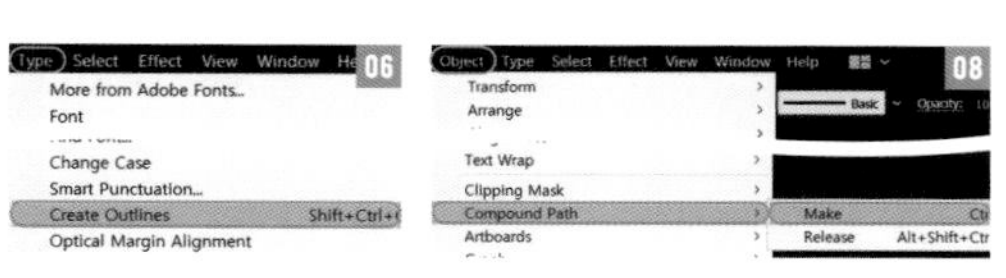

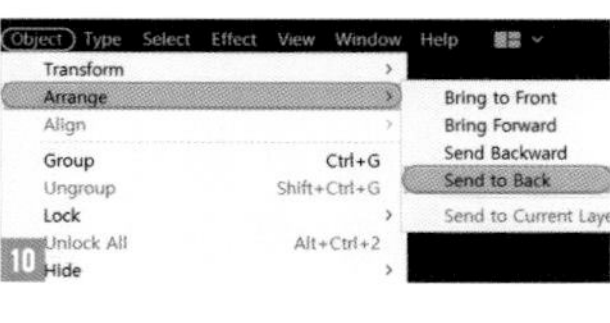

※ 만약 폰트가 없는 경우에는 [소재03.ai]에 아웃라인 작업한 데이터를 준비했습니다. 소재를 복사해 사용하세요.

[소재02.psd]와 타이포를 선택하고12, [Object] →[Clipping Mask]→[Make]를 선택합니다. 마스크가 적용된 비주얼이 완성됐습니다13.

12

13

14

Point

트리밍은 [소재02.psd]에 있는 여성의 실루엣과 얼굴, 손에 든 서핑 보드의 형태가 예쁘게 보이도록 위치를 이동하여 작업했습니다13.

Column

타이포그래피 선택 방법

이 Recipe에서 사용하는 타이포그래피는 되도록 굵은 폰트를 선택합니다.
마스크를 적용했을 때 가는 폰트를 사용하면 사진의 내용이나 경계가 알기 어려워집니다(오른쪽 위 그림).
이번에 사용한 폰트 이외에도 다른 폰트에 마스크를 적용해 보세요.
폰트의 차이로 분위기도 바뀌기 때문에 여러 가지 시도해 보면 좋을 것입니다(오른쪽 아래 그림).

Column

사용할 소재 선택의 포인트

이 디자인의 Recipe는 타이포그래피로 마스크를 적용한 사진을 겹쳐 놓기 때문에 복잡해지기 쉽습니다. 따라서 사용할 사진은 되도록 심플한 것을 선택하는 것이 좋습니다.

또한 사용하는 2장의 사진은 가능한 한 색상, 명도, 채도에 차이가 나는 사진을 선택하는 것이 좋습니다. 마스크를 적용했을 때 콘트라스트가 생기기 쉽고, 문자의 가독성이 좋아집니다.

Recipe

072

배경색을 살려서 파낸 문자 사용하기

컬러풀한 배경에 흰색 바탕의 오려진 문자를 배치합니다. 이 방법이라면 배치하기 어려운 소재라도 타이포를 매력적으로 보이게 할 수 있습니다.

Design methods

01 컬러풀한 이미지와 문자의 조합 방법 생각하기

컬러풀한 이미지는 색상이 많기 때문에 이미지 위에 문자를 배치하기 어렵습니다. 한 방법으로 01과 같이 문자의 배치 공간을 만들어 이미지와 문자를 나누는 레이아웃 방법도 있지만, 여기에서는 일부러 이미지 위에 문자를 배치해 컬러풀함을 살리면서 타이포그래피도 주목이 되는 디자인을 만들어 갑니다.

01

02 타이포그래피 배치하기

미술 전람회의 광고 전단을 가정해 디자인을 제작합니다.

일러스트레이터를 열고, [레이아웃.ai] 파일을 불러 옵니다. 미리 사진까지 배치해 두었습니다.

[Layer] 패널에서 [레이아웃] 레이어를 선택합니다. 먼저 배치한 [소재] 이미지 위에 타이포그래피를 레이아웃 합니다.

[Tool] 패널에서 [Type Tool]을 선택하고 타이틀인 'ART WORKS EXHIBITION'을 입력해 작업화면 중앙에 배치합니다02. 텍스트는 [텍스트.txt] 파일에서 복사해 와도 좋습니다.

[Font:DIN Condensed] [Style:Regular] [Size:95pt] [Leading:73pt] [Kerning:Optical] [Paragraph:Align left]로 설정합니다03 04. 색상은 알기 쉽게 [검정]으로 설정합니다05.

자간을 조정해 'ART WORKS'와 'EXHIBITION'의 폭이 같도록 조정합니다06.

'ART WORKS'는 [Tracking:−16], 'EXHIBITION'은 [Tracking:12]로 하고 'A'가 약간 'E'보다 왼쪽으로 어긋나 있으므로07, 'A'의 첫 번째 자간을 [Kerning:48]로 설정합니다08. 문자의 위아래가 가지런해졌습니다09.

02

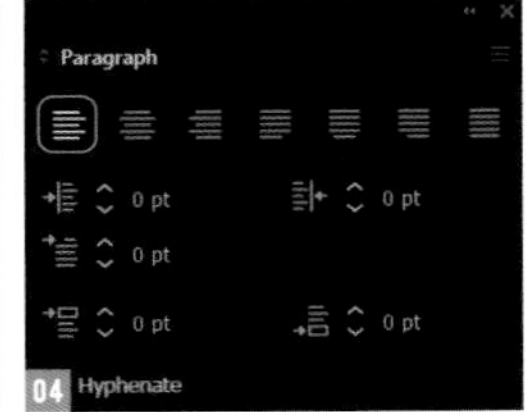

04

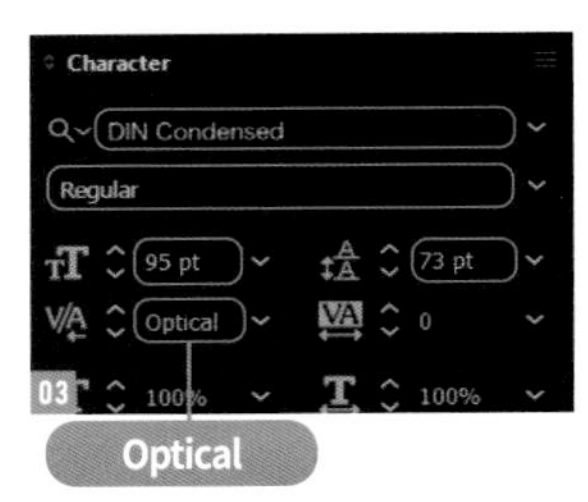

03

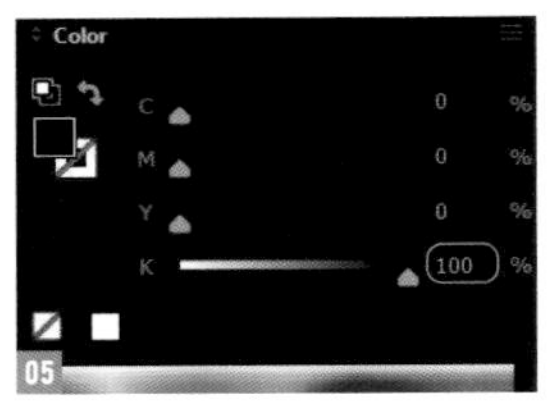

05

06

07

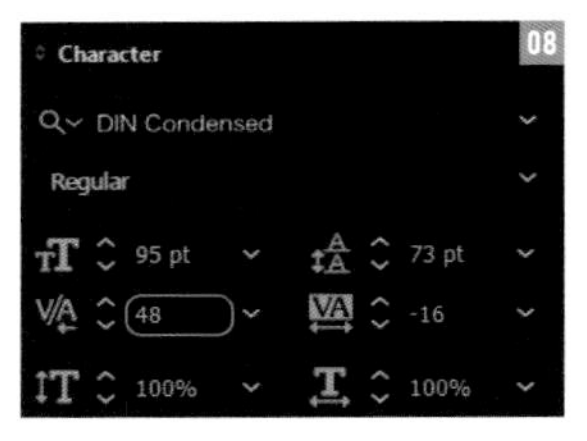

08

09

Point

타이포그래피를 깨끗하게 보이려면 이런 세세한 부분에도 주의를 기울여 작성하는 것이 중요합니다.

03 오려진 문자의 공간을 레이아웃하기

[Tool] 패널에서 [Pen Tool]을 선택하고10, 'ART WORKS EXHIBITION'을 둘러싸듯이 다각형을 그립니다11. 색상은 [흰색]으로 설정합니다.

배경의 유기적인 형태와 대비할 수 있도록 직선의 각진 형태로 만듭니다.

다각형을 선택한 상태에서 [Object]→[Arrange]→[Send to Back]을 선택합니다12. 'ART WORKS EXHIBITION'의 뒷면으로 이동해 문자가 앞에 나타났습니다13.

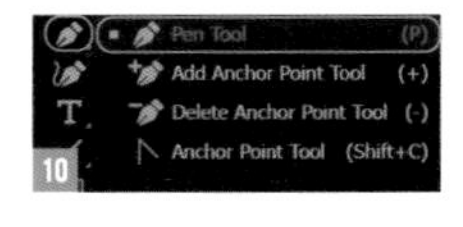

10

11

13

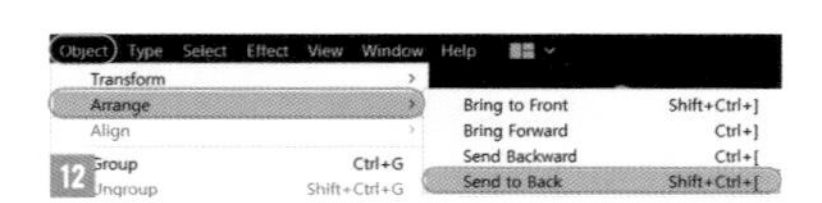

12

04 오려진 문자 만들기

'ART WORKS EXHIBITION'을 선택하고 [Type]→[Create Outlines]를 선택합니다 14 15.
계속해서 [Object]→[Compound Path]→[Make]를 선택합니다 16. 다각형과 'ART WORKS EXHIBITION'을 선택하고 17, 한 번 더 [Object]→[Compound Path]→[Make]을 선택합니다.
다각형에 오려진 문자가 만들어졌습니다 18.
마지막으로 '2021.7.1.–31'과 'AZ ART MUSEUM'을 입력하고 19와 같이 다각형 형태를 따라 레이아웃 합니다.
문자의 설정은 [Font:DIN Condensed] [Style:Regular] [Size:37pt] [Kerning:Optical] [Tracking:−16] 20, [Paragraph:Align left] 21로 합니다. 폰트도 전체적으로 정돈됐습니다.
컬러풀한 배경에 흰색 바탕의 파낸 문자를 중심으로 한 디자인이 완성됐습니다.

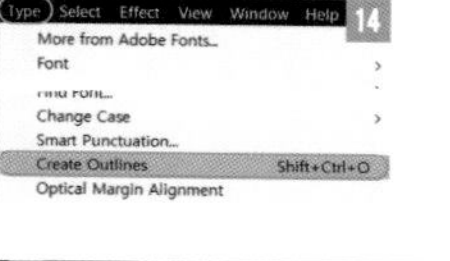

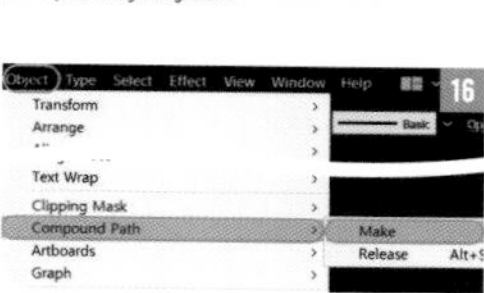

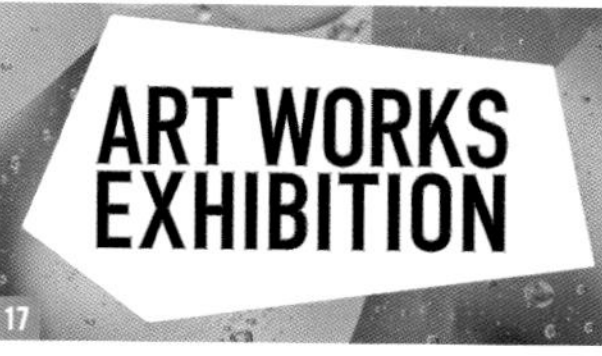

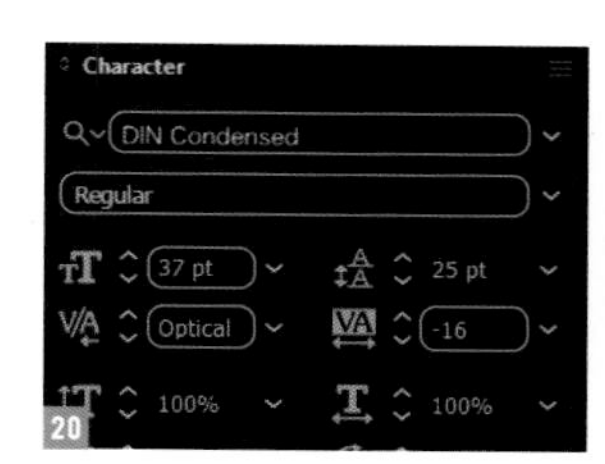

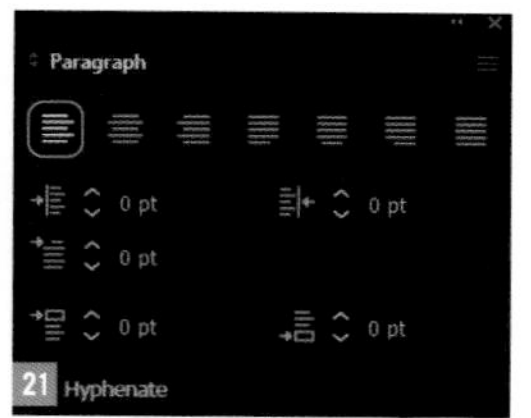

Column

겹치는 문자의 크기에 주의하기

오른쪽에 있는 그림 중 왼쪽 그림과 같이 극단적으로 작게 하거나 오른쪽 그림과 같이 너무 큰 조합은 덩어리가 약해 디자인의 목적을 알기 어렵습니다.
문자와 문자를 조합해 하나로 뭉쳐 보이는 절묘한 밸런스를 찾아봅시다.
또한 폰트 디자인에 따라서도 밸런스가 달라집니다. 다양한 폰트로 확인해 보세요.

VANILLA
ORANGE
EXTRA
Perfume
debut!
PEACH
CORIANDER

Recipe

073

여러 개의 타이포를 사용한 비주얼

연관성이 있는 단어를 모아 서로 다른 폰트를 사용해 랜덤으로 배치합니다. 타이포그래피의 비주얼을 마음껏 사용한 볼 만한 배경을 만듭니다.

Design methods

샘플

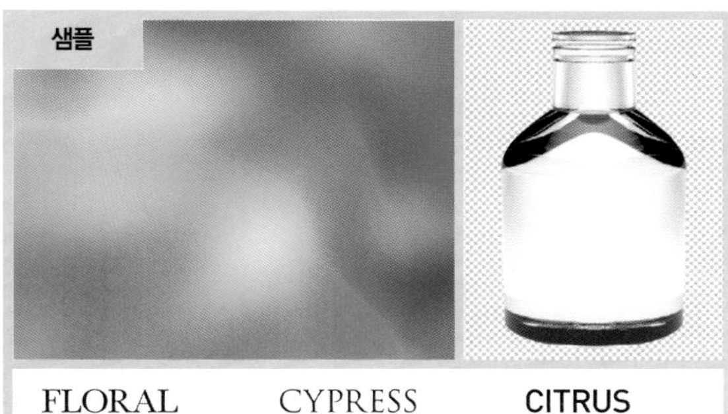

FLORAL	CYPRESS	**CITRUS**
BERGAMOT	CARDAMOM	**LAUREL**
LAVENDER	**FREESIA**	**BERGAMOT**
VANILLA	*ORANGE*	**ILANG-ILANG**
ORIENTAL	*ROSE*	**HERBAL**
ROSE	*CHAMOMILE*	**LIME**
PEACH	*GRAPEFRUIT*	**MUSK**
VANILLA	*PEACH*	**WOODY**
LEMON	*CITRUS*	**MARJORAM**
CORIANDER	*MINT*	**BERGAMOT**
WOODY	MANDARIN	**VANILLA**
ROSEMARY	JASMINE	**PATCHOULI**
VETIVER	PATCHOULI	**BASIL**
	CARAMEL	**EUCALYPTUS**

01 타이포의 줄을 대충 정하기

신상품 향수를 알리는 광고 디자인을 가정해 제작합니다.

일러스트레이터를 열고, [아웃라인.ai] 파일을 불러옵니다 01. 작업화면과 이미지 배치까지 준비돼 있습니다.

작업화면은 [Width:232mm] [Height:182mm] 크기의 화면이 2개 있습니다. 왼쪽 작업화면에는 향기를 나타내는 단어를 선별하고 여러 폰트를 사용해 아웃라인 작업까지 마친 문자들이 모여 있습니다. 이 왼쪽 작업화면의 문자들을 사용해 오른쪽 작업화면에 광고 디자인을 제작해 갑니다.

먼저 기준이 되는 단어 하나를 선택합니다 02. 여기에서는 왼쪽 열의 위에서 다섯 번째 'ORIENTAL'을 중앙에 배치했습니다. 'ORIENTAL'을 기점으로 03~04와 같이 다양한 장소에서 네 모서리를 향해 다른 단어를 배치해 나갑니다.

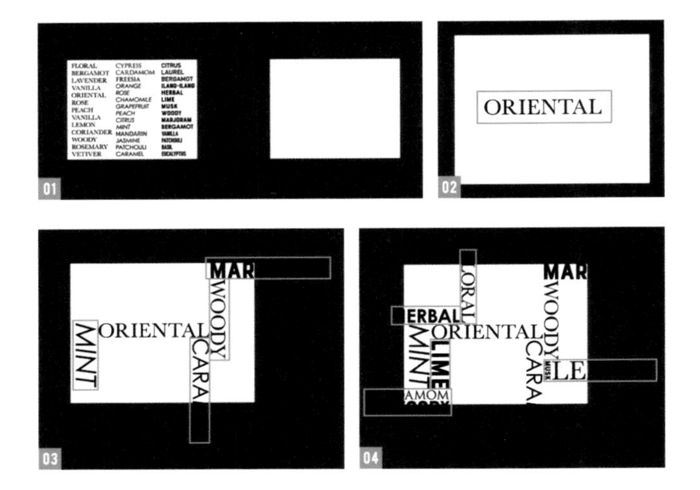

Point

단어를 배치할 때 여러 곳에서 시작하면서도 05의 빨간 줄처럼 단어끼리 상하좌우의 끝을 가지런히 하도록 배치합니다. 또 단어의 크기를 바꾸어 더 복잡한 느낌으로 만들어갑니다.

주의할 점은 출발점에서부터 끝을 가지런히 할 생각만으로 범위를 넓혀간다면 규칙적으로 되기 쉬워 06~08과 같이 단조로운 비주얼이 됩니다.
화면을 넓게 사용해 04와 같이 화면의 움직임을 만들고 나서, 빈 공간을 메꿔 나가는 것이 좋습니다.

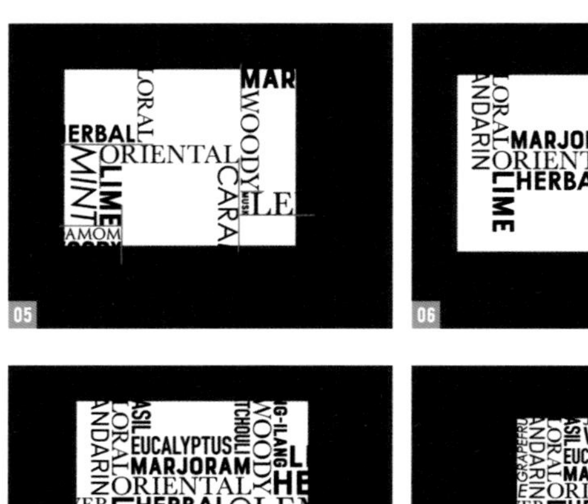

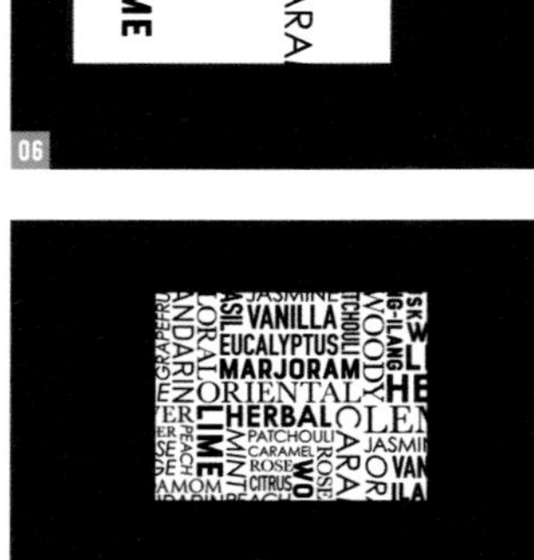

02 공간에 맞게 단어를 배치해 복합 패스 만들기

대충 정해서 빈 공간에 단어들을 배치합니다. 가급적 단어들 간의 크기 차이와 서로 이웃하는 단어의 폰트가 비슷하지 않도록 주의해 배치합니다.

여기에서는 09(핑크)→10(하늘색)→11(연두색) 순서로 배치했습니다. 이해하기 쉽게 책에서는 문자에 색을 넣어 설명했으니 참고해 주세요.

12와 같이 배치했습니다.

배치한 단어 모두를 선택합니다13.

[Object]→[Compound Path]→[Make]를 선택해 단어 모두를 1개의 복합 패스로 설정해 둡니다14.

단어 배치가 완성됐습니다.

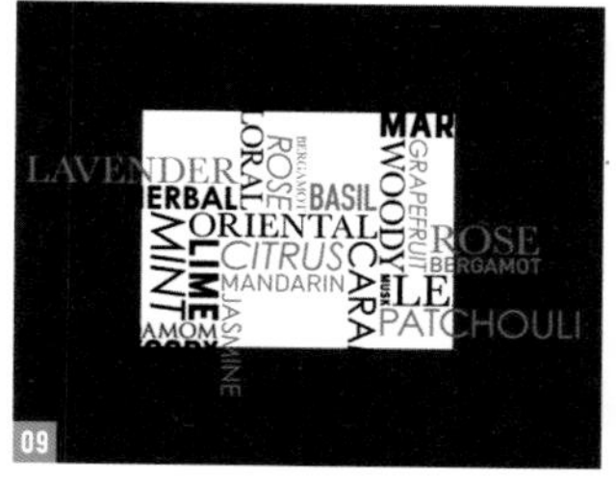

09

10

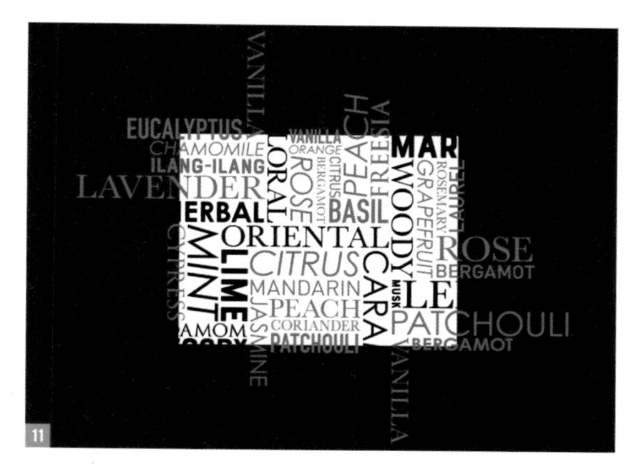

11

12

13

14

03 배경을 만들고 단어에 색 입히기

[Layer] 패널에서 [배경] 레이어를 선택합니다. [File]→[Place]를 선택하고 15, [소재01.psd] 파일을 선택합니다. [소재01.psd]를 작업화면 중앙에 배치합니다 16. [Object]→[Arrange]→[Send to Back]을 선택해 17, [소재01.psd]를 문자의 맨 뒤로 이동합니다 18.

문자와 [소재01.psd]를 선택하고 19, [Object]→[Clipping Mask]→[Make]을 선택합니다 20. 문자에 그러데이션의 색이 적용됐습니다 21.

[Tool] 패널에서 [Rectangle Tool]을 선택합니다. 작업화면을 클릭해 [Width:232mm] [Height:182mm]의 직사각형을 만들고 작업화면 중앙에 배치합니다 22 23.

직사각형과 색이 칠해진 문자를 선택하고 [Object]→[Clipping Mask]→[Make]을 선택해 직사각형의 마스크를 적용합니다 24. 작업화면에 맞는 마스크가 적용된 배경 이미지가 완성됐습니다.

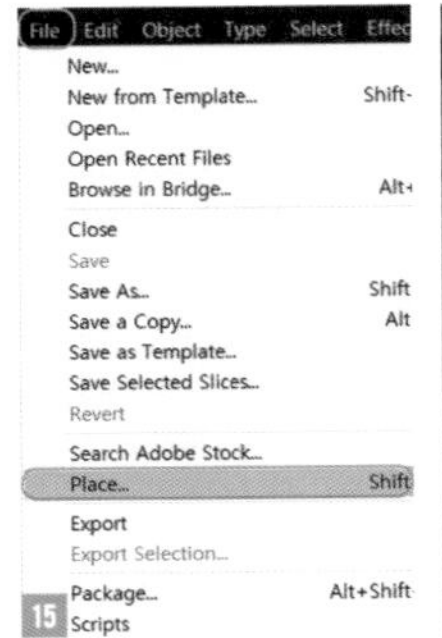

15

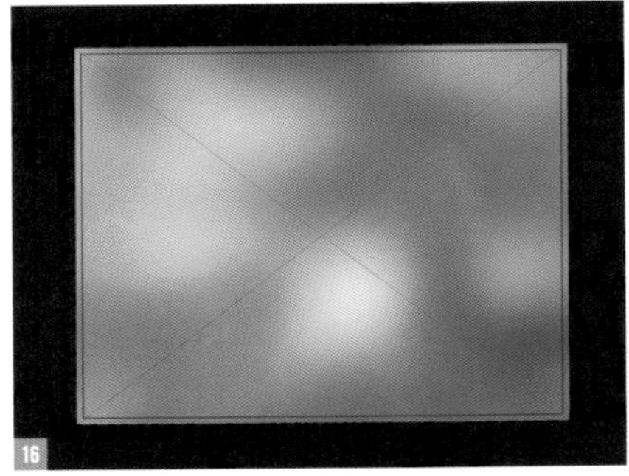
16

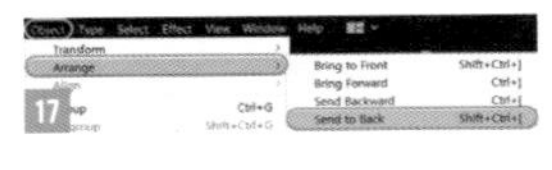
17

18

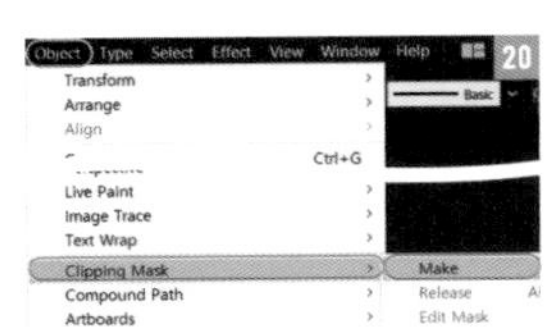

20

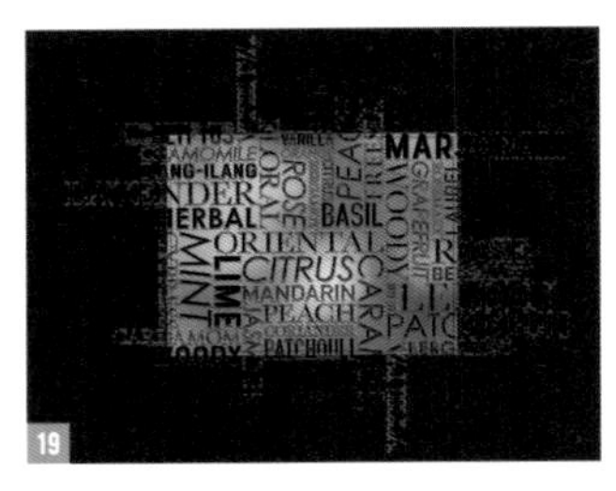
19

21

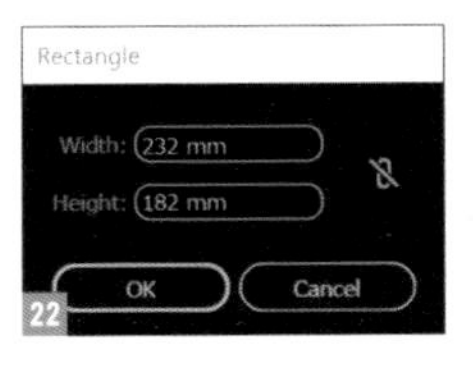

22

23

24

04 다른 요소를 레이아웃하기

[File]→[Place]를 선택하고 [소재02.psd] 파일을 선택해 작업화면 중앙에 배치합니다25.

[Tool] 패널에서 [Type Tool]을 선택하고 'EXTRA', 'Perfume', 'debut!'라고 입력합니다26. 텍스트는 [텍스트.txt] 파일에서 적절히 복사해도 좋습니다.

'EXTRA'는 [Font:Bodoni URW] [Style:Medium] [Size:25pt] [Kerning:Optical] [Tracking:0] 27, 'Perfume'은 [Font:Bodoni URW] [Style:Medium Oblique] [Size:52pt] [Kerning:Optical] [Tracking:0]28, 'debut!'는 [Font:Bodoni URW] [Style:Regular] [Size:25pt] [Kerning:Optical] [Tracking:50]으로 하고29, 모두 [Paragraph:Align center]로 설정합니다30. 폰트는 Bodoni 폰트 패밀리에 있습니다.

색상은 전체적인 톤에 맞춰 [M:100]으로 설정합니다31.

32와 같이 배치해 완성합니다.

25

26

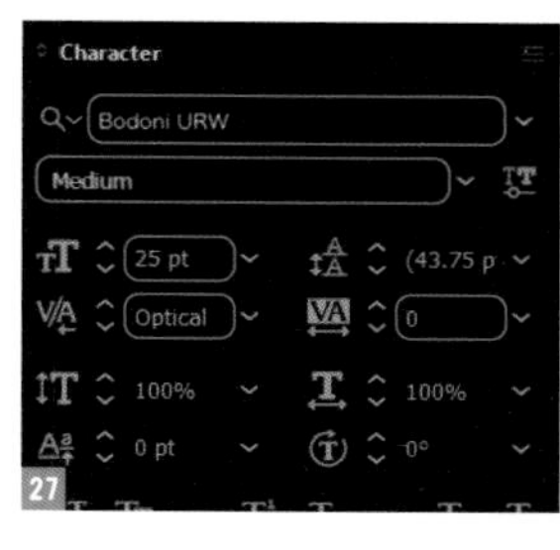

27

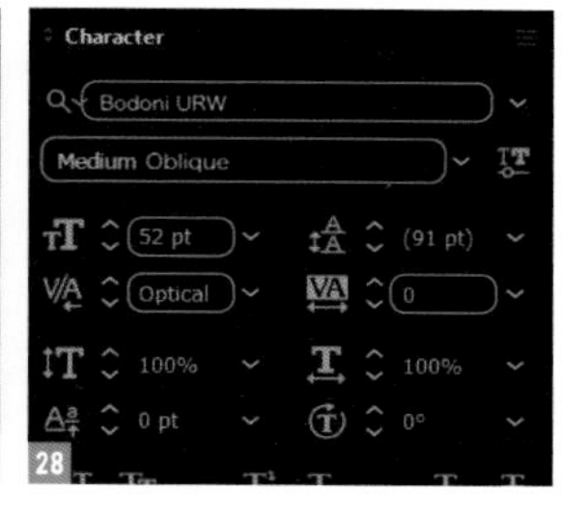

28

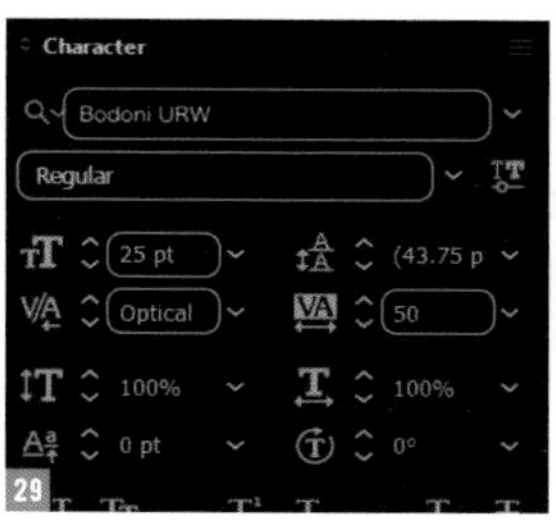

29

30

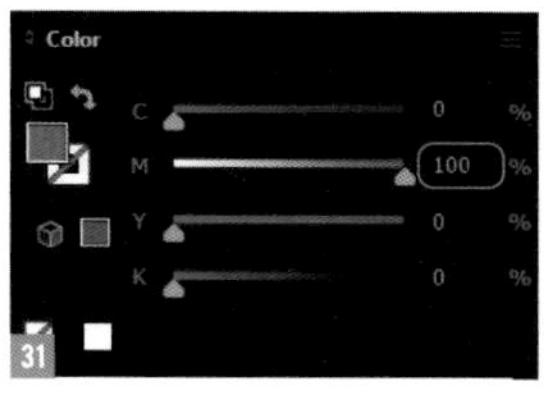

31

32

Column

종류가 다양한 소재에 적합한 디자인

이 Recipe에서 소개하고 있는 디자인은 '향수'를 소재로 하고 있지만, 이 방법은 그 밖에도 종류가 풍부한 소재를 다룰 때 사용할 수 있는 표현입니다.

'음식', '자동차', '도시 이름' 등 여러 가지 소재에 활용할 수 있습니다. 주제에 따라 사용하는 폰트의 종류도 바꾸면 좋을 것 같습니다. 자신만의 디자인을 만들 때 시도해 보세요.

Recipe

074 문자로 모티브 표현하기

모노톤의 이미지를 바탕으로 문자를 배치합니다. 배치의 크기나 밀도, 변형으로 모노톤 이미지의 윤곽을 재현합니다.

Design methods

샘플

BEAGLE
PAPILLON
SHIHTZU
CORGI
AKITA
PUG
BOSTON
SHIBA
SIBERIAN HUSKY
GOLDEN RETRIEVER
AKITA
TERRIER
SCHNAUZER

DACHSHUND
CHOW CHOW
SHIH TZU
COLLIE
BOSTON
DALMATIAN
BORZOI
COLLIE
SHEPHERD
SHIBA
POODLE
DOBERMAN
CHIHUAHUA
CHOW CHOW
AKITA

01 소재 확인하기

이번에는 애견 숍 광고를 가정해 디자인합니다. 또, '견종'의 문자로 개의 이미지를 만들어 갑니다. 일러스트레이터를 열고, [레이아웃.ai] 파일과 [타이포.ai] 파일을 불러옵니다.

[레이아웃.ai] 파일에는 미리 배경을 준비했습니다 01. [타이포.ai] 파일에는 예제에서 사용한 견종을 준비했습니다. 견종을 작성한 문자는 다양한 종류의 폰트를 사용하고, 아웃라인 작업을 마쳤습니다 02.

또 [견종.txt] 파일에는 견종의 이름이 실려 있습니다. 필요에 따라 사용하면 좋습니다. 이 파일들을 활용해 디자인을 제작합니다.

01

02

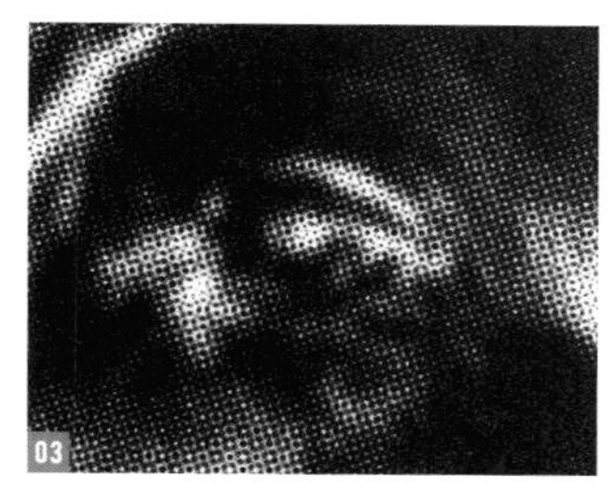

03

04

05

02 보여줄 장면 연출하기

[레이아웃.ai] 파일에서 [타이포] 레이어를 선택합니다.

아래에 잠겨 있는 [배경] 레이어에서 개 이미지의 색상 부분에 문자를 겹쳐 배치해 나갑니다.

먼저, 보여줄 부분을 정합니다.

이번에는 03의 '개의 눈' 을 보여주기로 했습니다. 눈은 생물에게 특히 주목하는 곳이기 때문입니다.

[타이포.ai] 파일에서 아웃라인 작업한 문자를 차례차례 복사해 사용합니다. 또, [견종.txt] 파일에서 문자를 복사해 사용해도 좋습니다. 문자의 크기를 조정하면서 진행합니다.

04 05와 같이 문자를 세세하게 배치해 가급적 아래 이미지의 색상 부분에 배치합니다.

문자의 색을 보기 쉽게 하기 위해 여기에서는 [C:100]으로 했습니다 06.

그 다음 개의 특징인 코 부분 07을 앞의 눈과 마찬가지로 세세하게 배치합니다 08 09.

전체 균형을 보고 눈 주위도 정해갑니다 10 11.

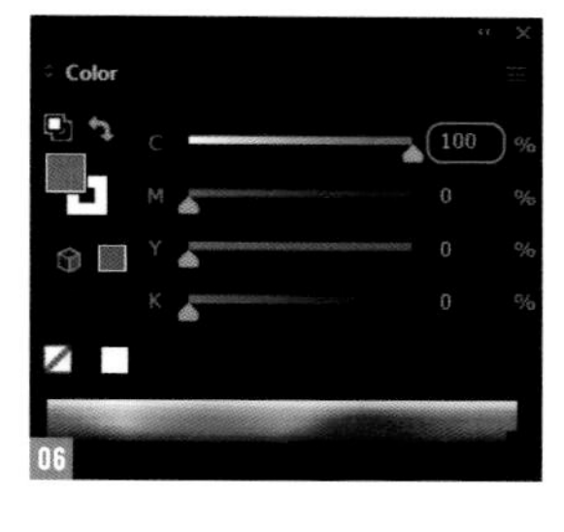

06

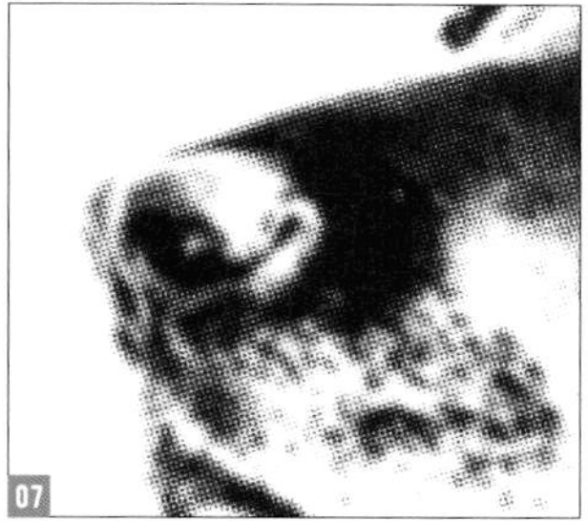

07

08

09

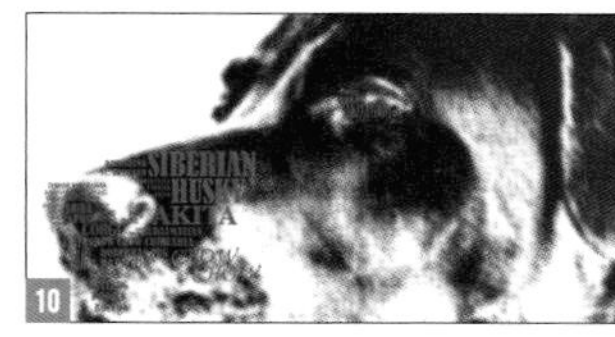

10

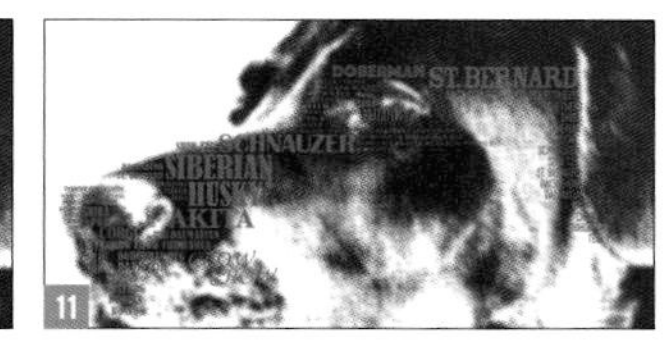

11

문자를 배치하면서 때때로 아래의 [배경] 레이어를 숨기고, 형태나 밸런스를 확인합니다 12 13.

03 강아지 실루엣에 맞춰 전체적으로 문자 배치하기

전체적으로 움직임이 표현될 수 있게 문자 크기의 차이를 크게 하여 문자를 배치합니다.
14 15의 노란색 문자와 같이 개 이미지의 색 부분이 넓은 장소는 큰 글자를 배치하기 쉬우므로 먼저 작업합니다 16.
계속해서 더 작은 문자를 배치해 나갑니다 17.
17에서 새로 추가한 노란색 문자 부분을 참조합니다.
모든 문자를 [C:100]으로 설정하면 18 19와 같이 되어, 개의 윤곽이 어렴풋이 보이기 시작합니다. 전체에 문자 크기의 강약도 생깁니다.
남아있는 부분을 더 작은 문자로 채워나갑니다.
이번에는 20 21 22와 같이 채웠습니다.
[배경] 레이어를 숨기고 확인하면 23과 같이 됩니다.

Point

문자 배치의 포인트 정리

끝에서부터 문자를 배치하지 않고 눈에 띄는 곳부터 시작합니다.
이미지에 강약을 주기 위해 문자의 크기에 변화를 주고, 전체적인 균형을 보면서 배치합니다.
문자는 회전하지 않고, 가로로만 하여 겹치지 않게 주의합니다.
장체, 평체는 되도록 사용하지 않고 문자 사이를 조정합니다.
사용하는 견종의 이름, 폰트는 중복돼도 됩니다. 단, 눈에 띄는 부분은 중복되지 않도록 합니다.

12

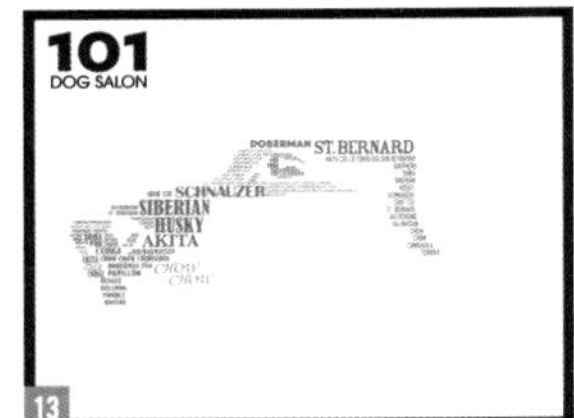

13

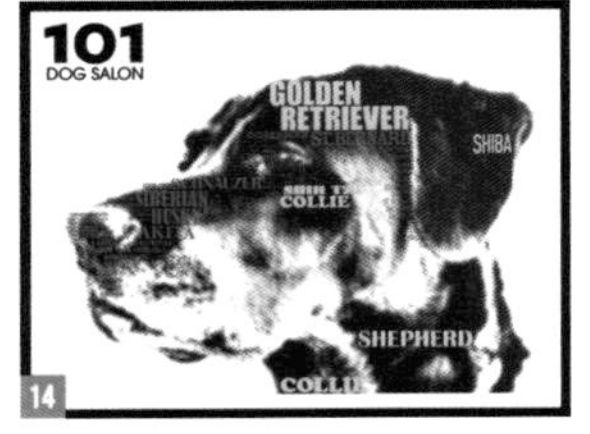

14

15

16

17

18

19

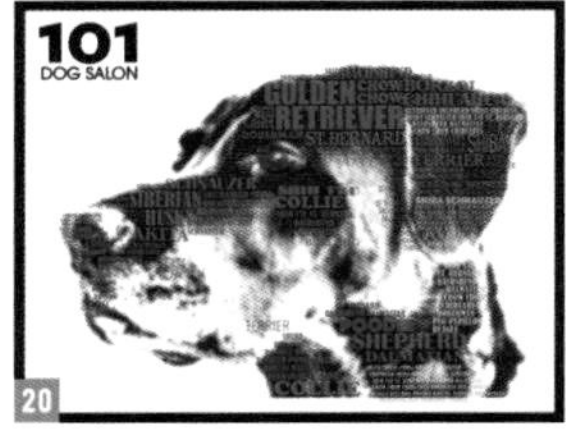

20

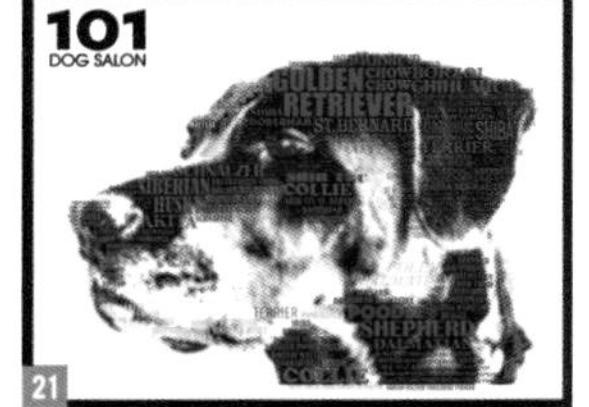

21

22

23

04 배경 이미지를 사용해 비주얼을 보기 쉽게 정리하기

배치한 문자를 모두 선택합니다. 문자에 아웃라인이 되어 있지 않은 것이 있으면 [Type]→[Create Outlines]를 선택해 아웃라인을 작업해 둡니다24.
[Object]→[Compound Path]→[Make]를 선택합니다25.
[레이아웃.ai]에서 [배경] 레이어의 잠금을 해제하고 이미지를 선택합니다26.
[Edit]→[Copy]를 선택하고27, [Edit]→[Paste in Front]를 선택해28 개의 이미지를 같은 위치에 복사합니다. 복사된 이미지를 선택하고 [타이포] 레이어를 선택합니다29.
[Object]→[Arrange]→[Send to Current Layer]를 선택하고30 [타이포] 레이어로 이동합니다.
복합 패스로 만든 문자와 이미지를 선택하고 [Object]→[Clipping Mask]→[Make]를 선택합니다31 32. [배경] 레이어를 숨기면 33과 같이 됩니다.
마지막으로 [배경] 레이어를 표시하고 개의 이미지를 선택합니다. [Window]→[Transparency]를 선택해34 [Transparency] 패널을 표시합니다35.
[Transparency] 패널에서 [Opacity:40%]로 설정합니다36.
디자인이 완성됐습니다.

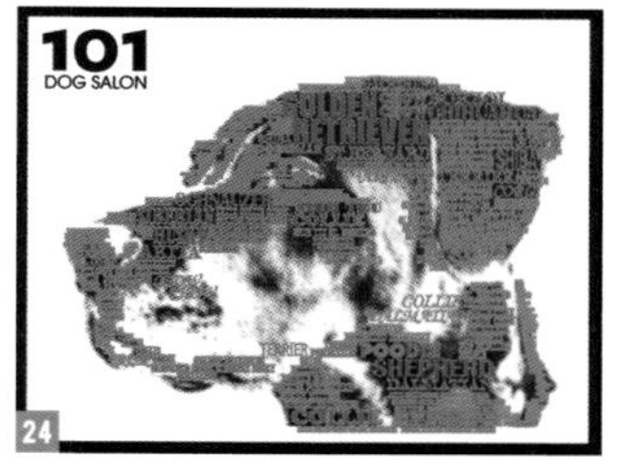

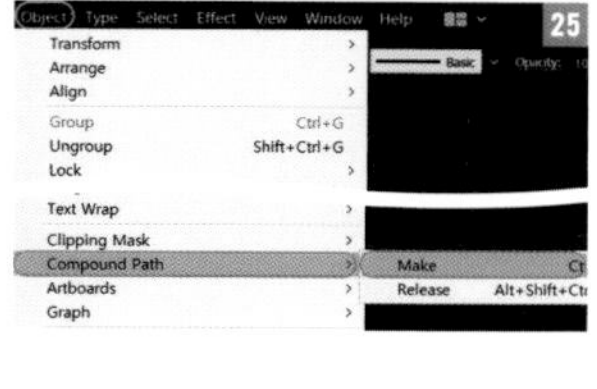

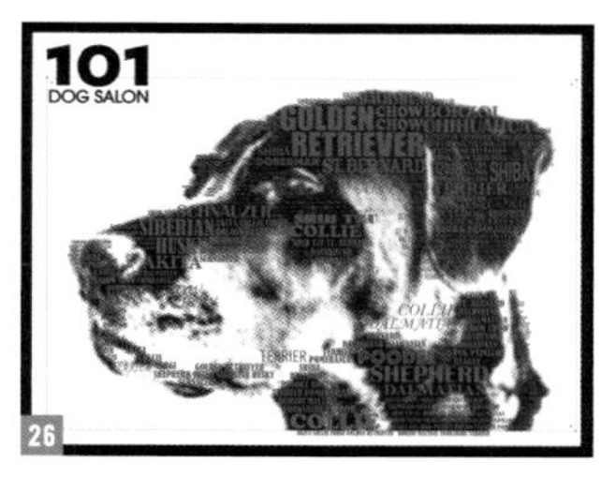

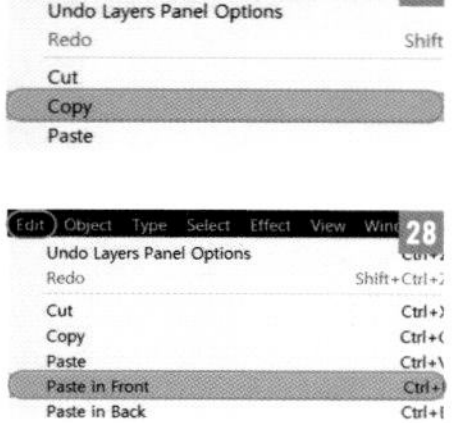

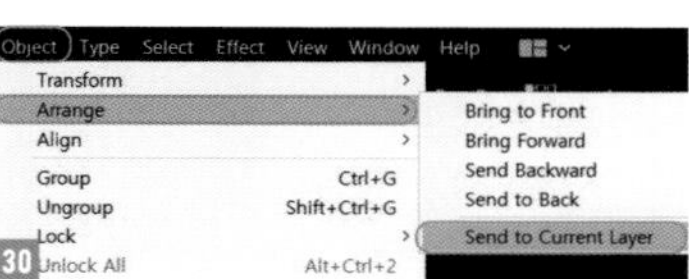

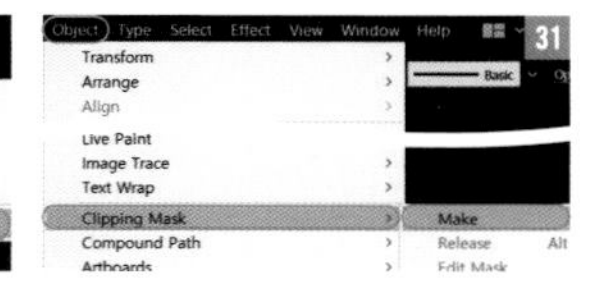

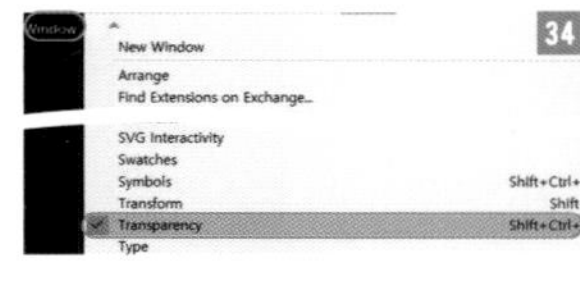

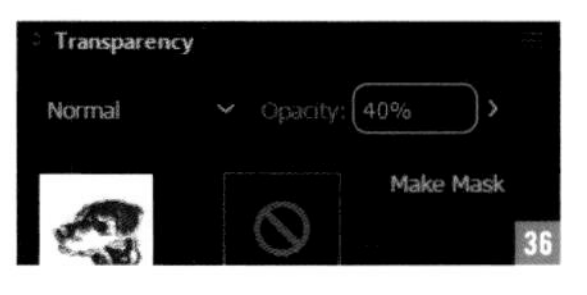

Recipe

075

문자를 3D로 만들기

포토샵 기능을 사용해 문자를 3D로 만들고, 문자마다 움직임을 추가합니다.

Design methods

01 소재 열기

포토샵을 열고, [배경.jpg] 파일을 불러옵니다. 3D로 만든 소재를 배치하기 쉽도록 미리 앞쪽 중앙 이외의 부분을 흐리게 했습니다 01.
[Tool] 패널에서 [Horizontal Type Tool]을 선택하고 'PS'라고 입력합니다 02.
이 예제에서는 폰트를 3D로 만들었을 때의 효과를 알기 쉽도록 굵은 폰트를 선택했습니다.
[Font:Franklin Gothic Demi cond] [Style:Regular]를 선택합니다. [Color:#000000]로 문자를 입력합니다. 문자 크기는 3D로 만든 후에 조정하기 때문에 우선은 02를 참고해 입력해 주세요.

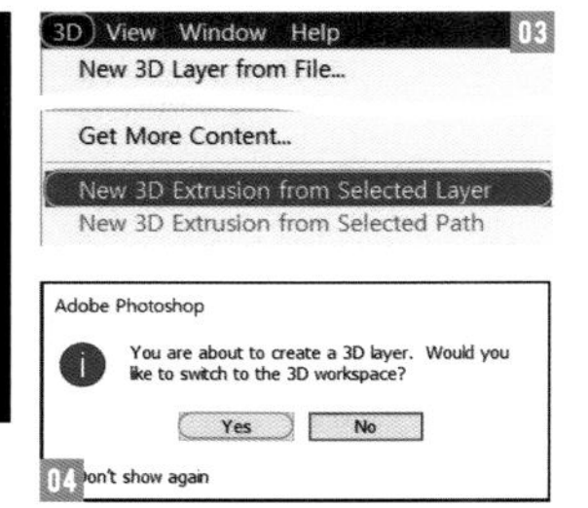

02 문자를 3D로 만들기

[PS] 레이어를 선택하고 [3D]→[New 3D Extrusion from Selected Layer]를 선택합니다 03※. 04와 같은 창이 표시되면 [Yes]를 선택합니다.
05와 같이 자동으로 인터페이스가 변경됩니다.
3D 편집 화면에서는 [Layer] 패널과는 별도로 [3D] 패널에서 대상을 선택해 작업합니다.

※ 3D 기능을 사용하려면 그래픽보드가 필요합니다. 512MB 미만의 RAM에서는 3D 기능이 비활성화 되어 관련된 항목을 선택할 수 없습니다. 또, 컴퓨터 스펙에 따라서는 부드럽게 작동하지 않는 경우가 있습니다.

[Tool] 패널에서 [Move Tool]을 선택한 상태로 [3D] 패널→[Current View]를 선택하고 06, 작업화면에서 드래그해 입체감을 정돈합니다. 07 을 참고해 배경의 입체감과 문자의 입체감이 맞도록 위치를 조정합니다.

Point

[Move Tool]을 선택한 상태로 작업화면에서 [PS] 이외의 부분을 선택하면 작업화면의 네 모서리에 황색의 테두리가 표시됩니다. 이것으로 [3D] 패널에 있는 [Current View](카메라의 앵글)를 편집할 수 있습니다.
또, 작업화면에서 [PS]를 선택하면 [3D] 패널→[PS]가 선택돼 [PS]의 문자만 확대 · 회전하는 편집을 할 수 있습니다 08.

03 문자의 색상과 광택감을 변경하기

[3D] 패널→ [PS]를 선택하여 전개합니다.
[PS Front Inflation Material]~[PS Back Inflation Material]까지 5개를 모두 선택합니다 09.
선택하면 [Properties] 패널의 표시가 바뀌므로 10과 같이 설정합니다.
포인트는 풍경을 반사시키기 위해 메탈릭(Metallic)으로 가공을 한다는 점입니다. 디폴트에서 [Metallic:100%] [Roughness:0%]로 변경합니다. [Base Color]는 색상 부분을 선택하면 표시되는 창에서 11과 같이 설정합니다. 12 와 같이 됐습니다.

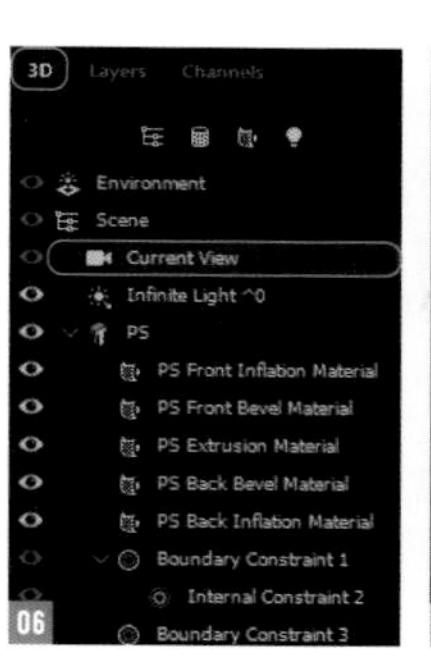

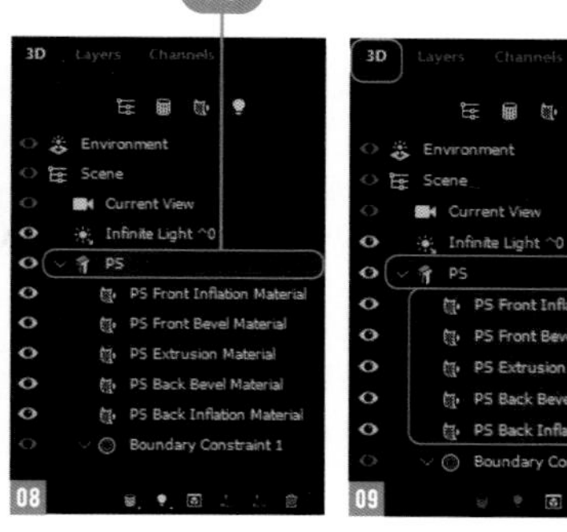

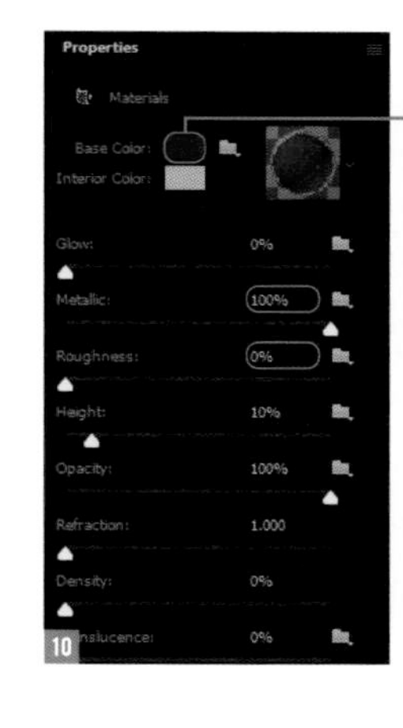

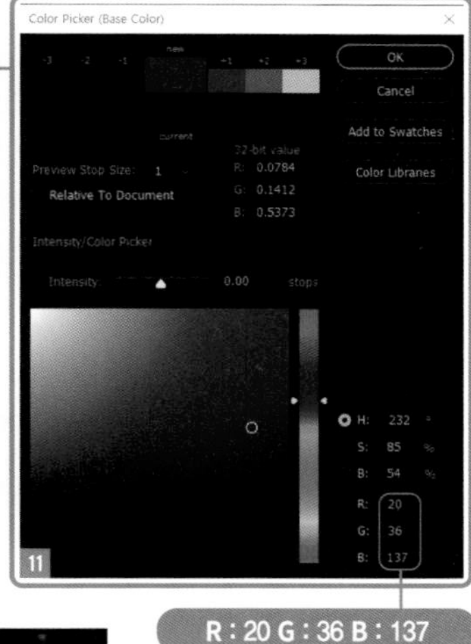

04 셰이프와 라이팅 변경하기

[3D] 패널→[PS]를 선택하고 [Properties] 패널→[Shape Preset]을 선택합니다 13.
Shape Preset이 미리 준비돼 있습니다 14. 선택만 하면 지정한 셰이프가 반영됩니다. 여기에서는 [Inflate] 15 를 선택합니다.
[Extrusion Depth:200px]로 하여 3D의 두께를 조정합니다 15 16.
[3D] 패널→[Infinite Light ^0]을 선택합니다 17. 작업화면 위에 전용 툴이 표시되므로 드래그해 라이팅을 변경합니다.
예제에서는 배경 화면의 안쪽에 광원이 있으므로 역광이 되도록 드래그 합니다 18.

05 문자를 개별로 편집하기

[3D] 패널→[PS]를 선택한 상태로 메뉴에서 [3D]→[Split Extrusion]을 선택합니다 19. 20 과 같은 경고 창이 나오면 [OK]를 선택합니다.
[3D] 패널→[PS]를 확인하면 [S]와 [P] 2개로 나누어져 있는 것을 확인할 수 있습니다 21.
[Move Tool]을 선택한 상태로 [P]를 선택하고 작업화면에서 드래그해 위치를 변경합니다.
이미지를 이동하는 요령과는 다르기 때문에 당황할지도 모르지만 [P]를 선택하면 22 와 같이 나타나는 [빨강] [초록] [파랑]의 3개의 핸들을 사용해 이동시킵니다. 각각의 핸들은 화살표 모양의 핸들이 [Move On XYZ Axis], 호를 그리고 있는 핸들이 [Rotate Around XYZ Axis], 사각 핸들이 [Scale Along XYZ]를 의미합니다. 중심의 흰 사각 핸들은 [Scale Unifomly]할 수 있습니다.
핸들 이외의 부분을 드래그하면 그 자리에서 360° 자유롭게 회전할 수 있습니다.
원하는 대로 조작하려면 익숙해져야 하지만, 23 을 참고해 [P] [S] 2개의 요소를 레이아웃 해 봅시다.

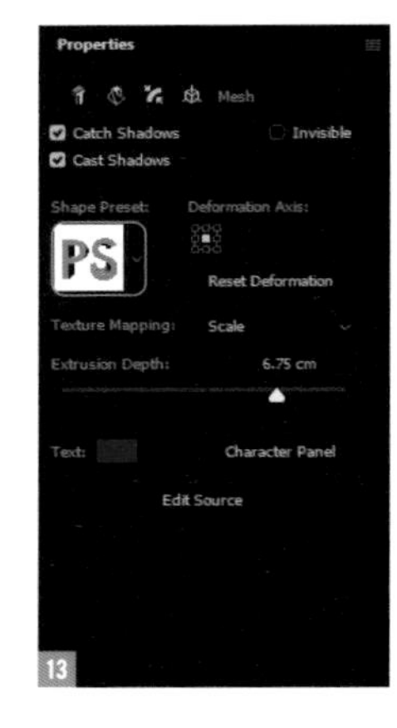

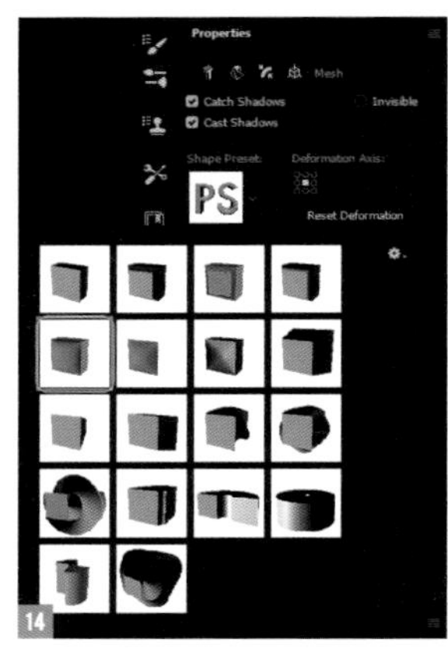

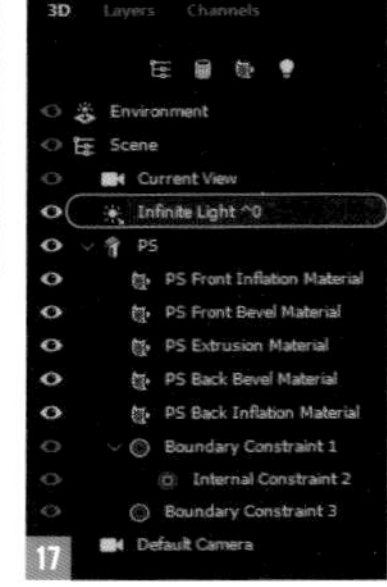

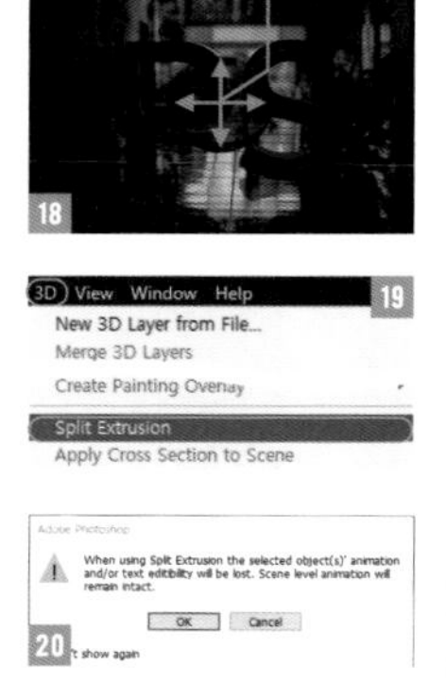

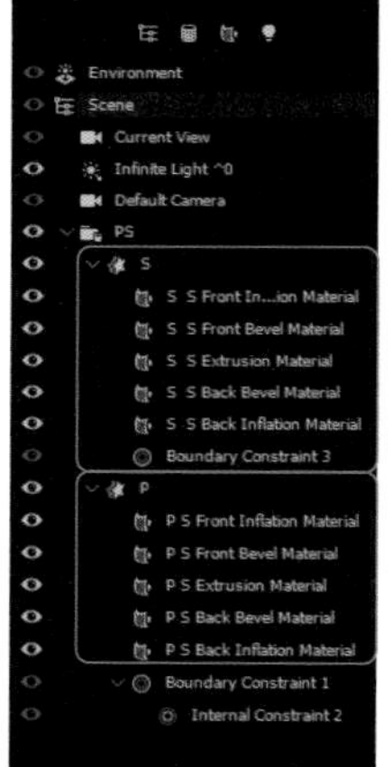

문자를 3D로 만들었습니다.
포토샵 기능만으로 만들 수 있으므로 원 포인트로 3D 문자를 디자인에 사용하고 싶은 경우에 이용해 보면 좋습니다.

Recipe

076

3D 문자에 텍스처 주기

앞의 Recipe에서 만든 3D 문자를 메탈 느낌으로 설정해 배경이 반사되는 질감을 만들어 줍니다.

Design methods

01 3D에 배경이 비치게 하기

포토샵을 열고, [3D문자.psd] 파일을 불러옵니다. 이 데이터는 이전 Recipe에서 만든 디자인과 동일합니다.
[Window]→[3D]를 선택해 [3D] 패널을 표시합니다. [3D] 패널에서 작업해 갈 것입니다.
[3D] 패널→[Environment]를 선택합니다 01.
[Properties] 패널→[IBL]을 선택하고 [Replace Texture]를 선택합니다 02.

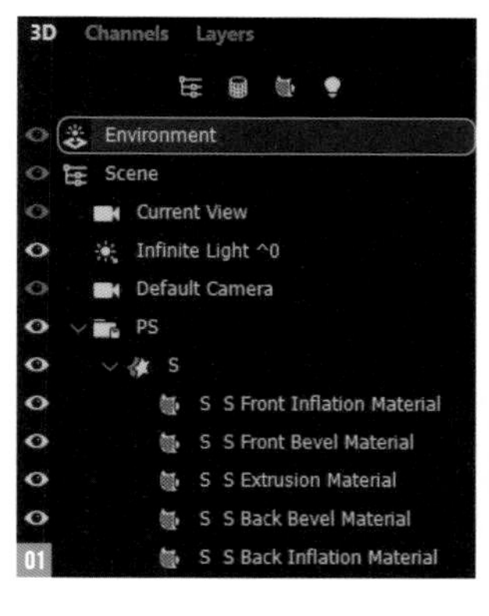

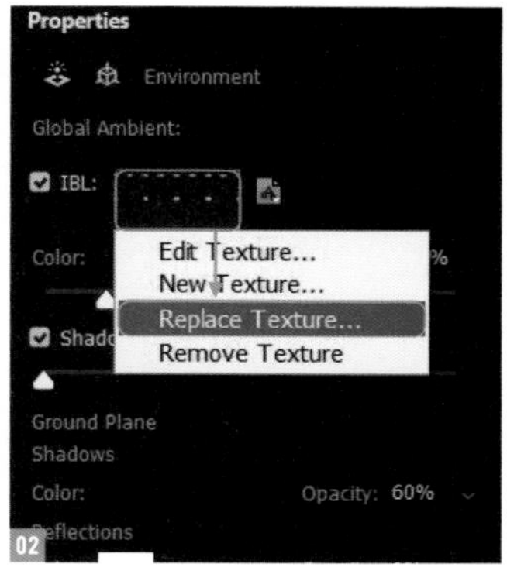

창이 표시되면 [풍경.jpg] 파일을 선택합니다. 03과 같이 [PS]의 문자에 텍스처가 반영되어 중심에 조금 전에 선택한 이미지가 구가 되어 표시됩니다.
작업화면에서 드래그하면 3D에 대해 텍스처를 어떤 상태로 적용할지 조정할 수 있습니다.
위치가 정해지면 [Properties]→[Ground Plane Shadows Color]에서 [Opacity:50%]로 설정합니다.
이것으로 [PS]의 문자에서 떨어지는 그림자의 농도를 조정할 수 있습니다. 다음으로 [Reflections Color]의 [Opacity:50%] [Roughness:10%]로 설정합니다04. [Opacity]로 지면에 반사하는 농도를 조정합니다. 지면이 아스팔트 같은 소재이므로 [Roughness]를 [10%]로 설정해 조금 까슬까슬한 느낌이 나게 합니다. 금속이나 파도가 없는 수면에 반사시키는 경우는 [Roughness:0%]로 합니다. 3D에 배경을 담아냈습니다05.

02 렌더링 하여 완성 확인하기

[PS] 레이어를 선택한 상태에서 [Properties]의 오른쪽 아래에 있는 [Render]06를 선택하거나 [Layer] 패널의 [PS] 레이어에서 마우스 오른쪽 버튼을 클릭한 다음 [Render 3D Layer]07를 선택해 렌더링을 시작합니다. 3D 문자에 텍스처를 적용했습니다08.
예제에서는 테두리와 텍스트를 얹어 디자인을 정리했습니다.

Point

이 Recipe에서는 포토샵의 기능만 사용해 만들 수 있는 간단한 3D 문자를 만들었습니다. 알아두면 디자이너의 아이디어를 이끌어 낼 때 언젠가 도움이 될지도 모릅니다. 단, 3D 제작은 어렵고 전용 스튜디오도 있습니다. 디자이너가 모든 소재를 만들 필요는 없습니다. 복잡한 3D 부분은 업체에 제작을 의뢰하는 것도 한 방법입니다.

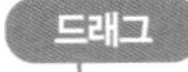

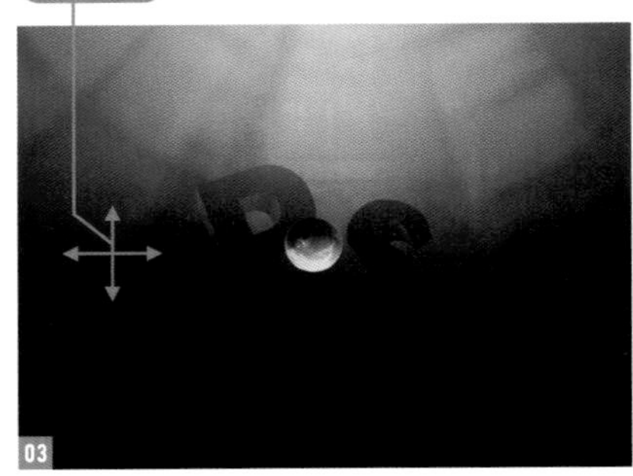
03

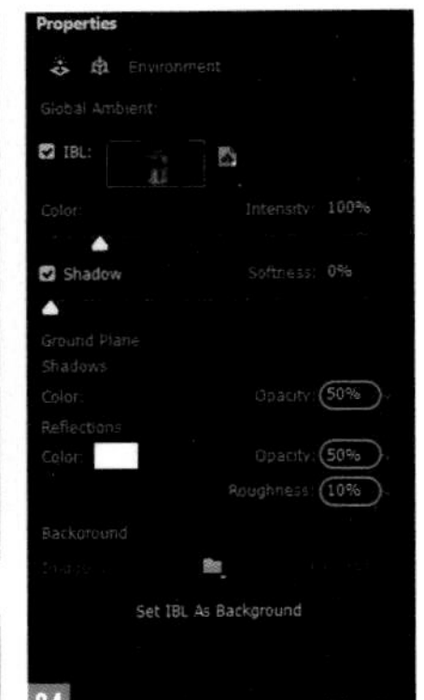

04

05

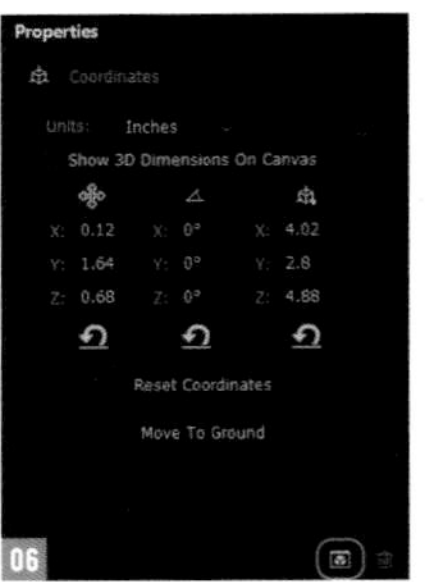

06

07

08

Chapter 06

로고, 일러스트

로고는 회사나 상점, 상품, 서비스 등의 이미지를 응축해 기호화한 것입니다. 디자인 안건에서도 자주 등장하는 요소이므로 실제로 만드는 방법을 배워두면 좋을 것입니다. 이 장에서는 간단한 일러스트 제작 방법도 배울 수 있습니다.

Design Elements

샘플

FIRE
BALL

Recipe

077

곡선의 형태에 맞춘 로고

문자를 곡선에 맞게 변형시켜 다양한 형태의 로고를 만들 수 있습니다.

Design methods

01 바탕이 되는 텍스트 배치하기

일러스트레이터를 열고, [소재.ai] 파일을 불러옵니다 01. 미리 아웃라인으로 작업한 문자가 준비돼 있습니다. 만약 폰트를 가지고 있다면 [Tool] 패널에서 [Type Tool]을 선택한 다음 02와 같이 설정해 'FIRE' 'BALL'이라고 입력합니다.

02 바탕이 되는 오브젝트 만들기

[Tool] 패널에서 [Ellipse Tool]을 선택하고 작업화면을 클릭해 [Width:60mm] [Height:60mm]의 정원을 만듭니다 03 04.

정원을 분할하기 위해 [Tool] 패널에서 [Rectangle Tool]을 선택하고 [Width:80mm] [Height:8mm]로 입력해 직사각형을 만듭니다 05 06.

직사각형과 정원을 선택한 상태에서 [Window]→[Align]을 선택하고 [Horizontal Align Center] [Vertical Align Center]를 선택해 07 정원을 중심으로 하여 직사각형을 중앙에 배치합니다 08.

01

02

03

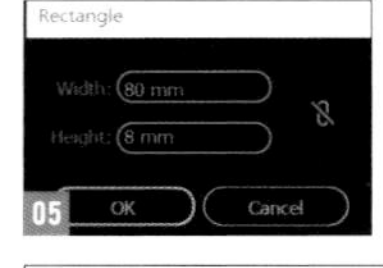

05

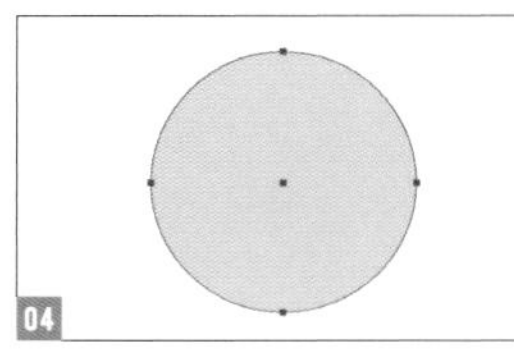
04

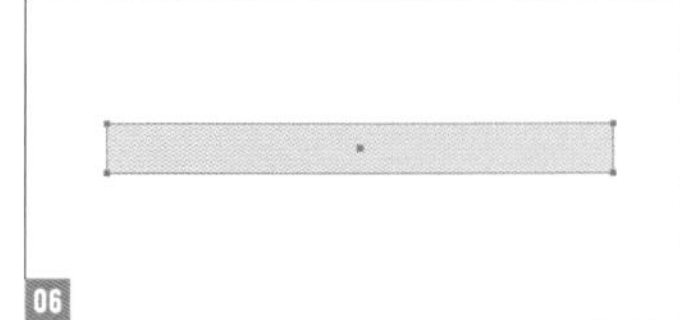
06

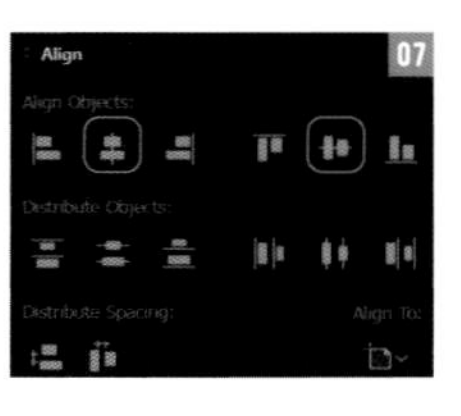

07

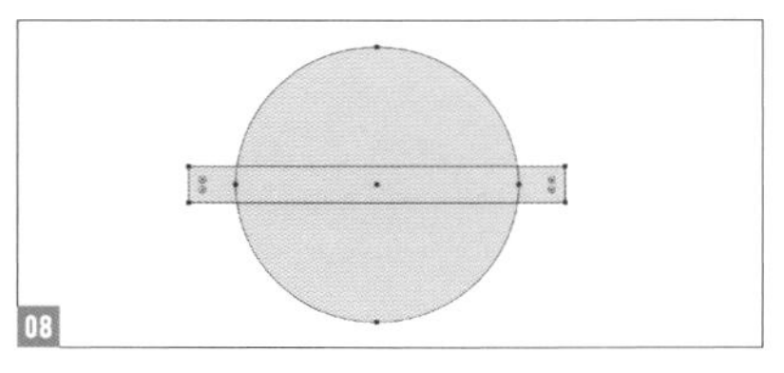
08

03 정원을 상하로 분할하기

[Window]→[Pathfinder]를 선택하고, [Minus Front]09를 선택해 정원을 상하 2개로 분할합니다10. 이 2개의 정원은 그룹화 된 상태이므로 [마우스 오른쪽 버튼 클릭]→[Ungroup]을 선택합니다11.

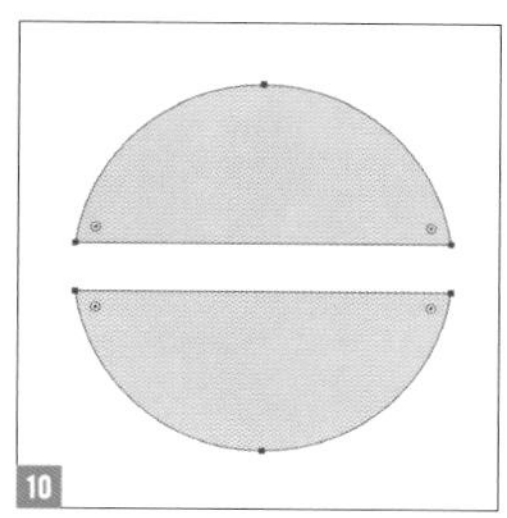

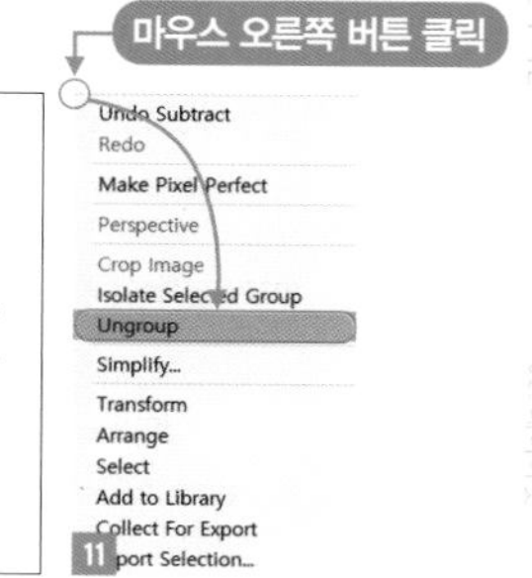

04 Envelop Distort를 사용해 문자를 반원으로 변형하기

문자 'FIRE' 위에 조금 전에 만든 위에 있는 반원을 배치합니다12. 문자와 위에 있는 반원을 선택한 상태에서 [Object]→[Envelope Distort]→[Make with Top Object]를 선택해13 위에 있는 반원의 형태로 변형된 문자를 만듭니다14. 같은 방법으로 문자 'BALL'도 [Envelope Distort]를 적용해 아래에 있는 반원의 형태로 변형합니다15 16.

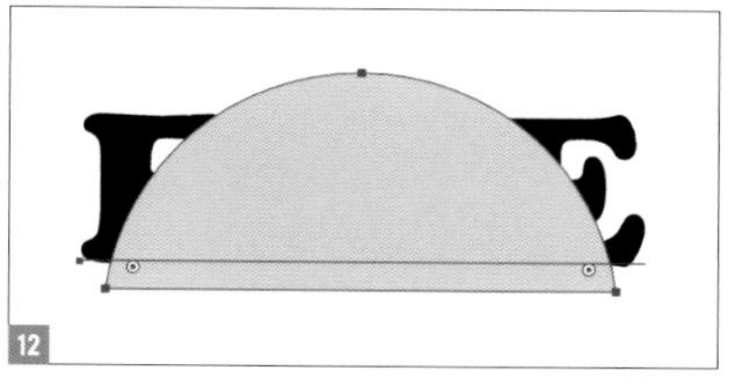

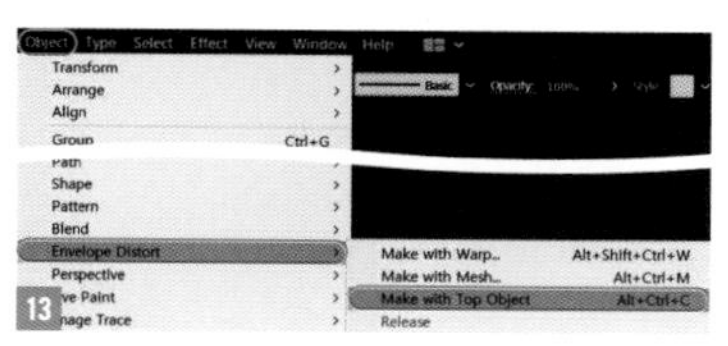

05 문자 'FIRE'와 'BALL' 사이에 새로운 문자 배치하기

'FIRE'와 'BALL' 사이에 17과 같이 설정해 문자 'Exceed The Limit'을 입력합니다. 곡선에 맞춘 로고가 완성됐습니다18.

예제에서는 배경에 불덩어리 모양의 오브젝트와 멋있는 이미지를 배치해 디자인을 마무리했습니다.

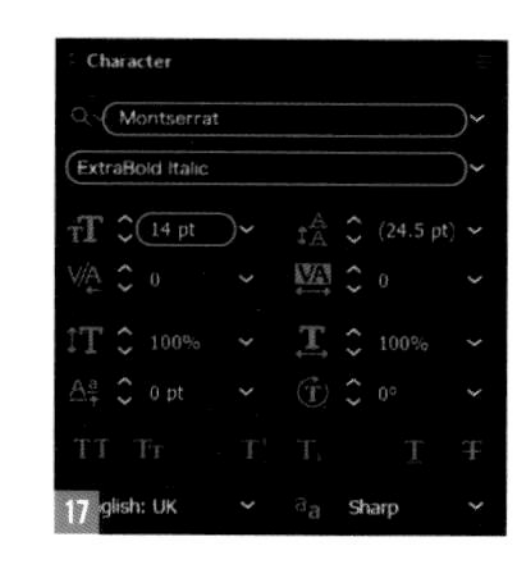

Recipe

078

로고에 질감 추가하기

포토샵 필터 효과를 추가해 거울의 질감이 있는 시원한 느낌의 로고를 만듭니다.

Design methods

01 바탕 만들기

포토샵을 열고, [소재.psd] 파일을 불러옵니다 01. 미리 배경과 로고용 문자를 준비했습니다. 이 'SOUND' 문자를 바탕으로 작업을 합니다. 'SOUND'의 폰트는 [DIN 2014] [style: Extra Bold]를 사용합니다.

[로고] 레이어를 선택합니다. [Layer] 패널에서 [Menu]→[Duplicate Layer]를 선택하고 02, 이름을 [로고2]로 한 후 [OK]를 클릭합니다 03. [로고] 레이어가 복제됩니다 04.

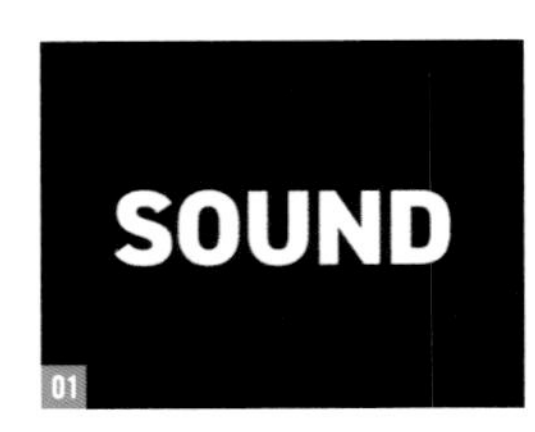

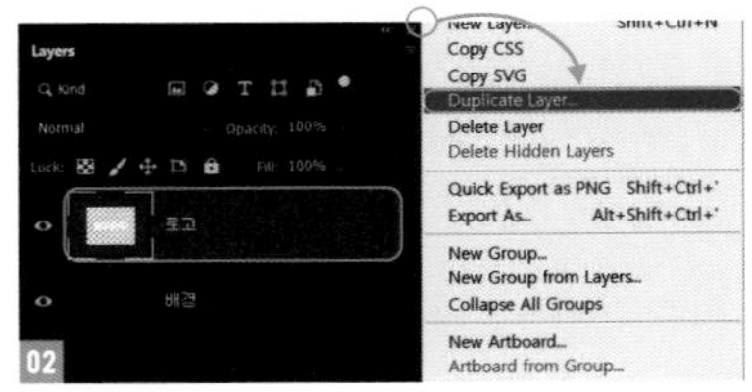

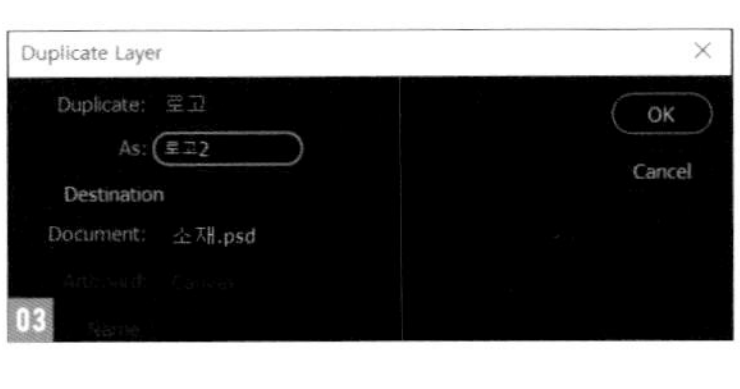

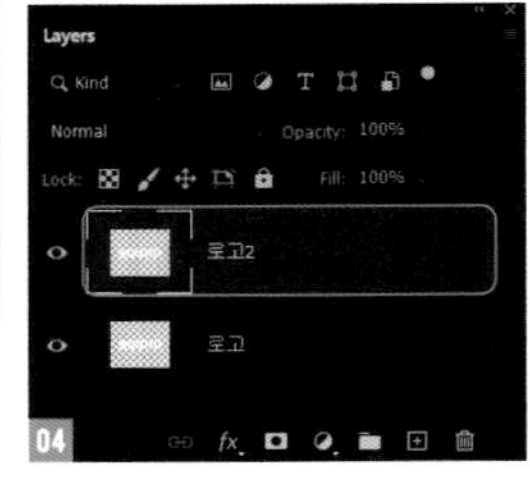

02 문자 주위에 5pixels의 선 만들기

[Image]→[Adjustments]→[Invert]를 선택합니다 05 06.
[Layer] 패널에서 [로고2] 레이어의 [레이어 썸네일] 07 을 ctrl 키를 누르면서 클릭합니다.
선택한 레이어의 문자 부분이 선택됩니다 08.
[Select]→[Modify]→[Contract]를 선택하고 09, [Contract By: 5pixels]로 설정합니다 10 11.
[Select]→[Inverse]를 선택하고 12 13, [Delete] 키를 눌러 선택 범위를 삭제합니다 14.

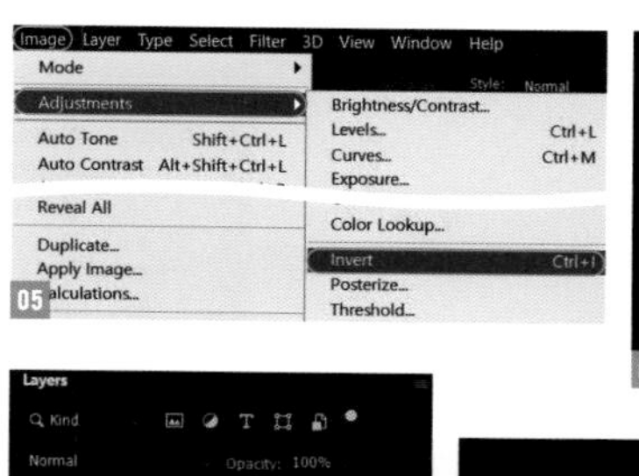

05

06

07

08

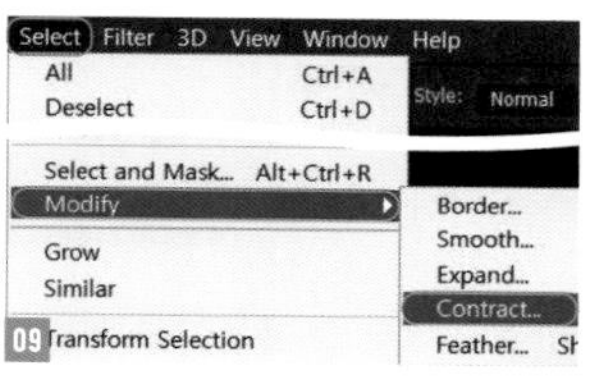

09

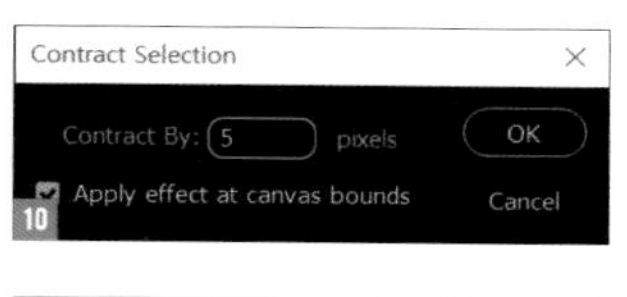

10

11

03 레이어 효과 사용하기

레이어 효과를 사용해 질감과 입체감을 추가합니다.
[로고2] 레이어를 선택하고 [Add a layer style]→[Blending Options]를 선택합니다 15. [Layer Style] 패널이 표시됩니다.
먼저 [Bevel & Emboss]를 체크합니다.
Structure에서 [Style:Outer Bevel] [Technique:Chisel Hard] [Depth:100%] [Direction:Up] [Size:7px] [Soften:12px], Shading에서 [Angle:–170˚] [Altitude:25˚] [Gloss Contour:Cone] [Highlight Mode:Overlay, Color:#ffffff] [Opacity:100%] [Shadow Mode:Multiply, Color:#000000] [Opacity:100%]로 설정합니다 16.

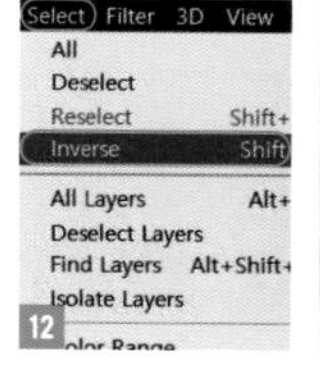

12

13

14

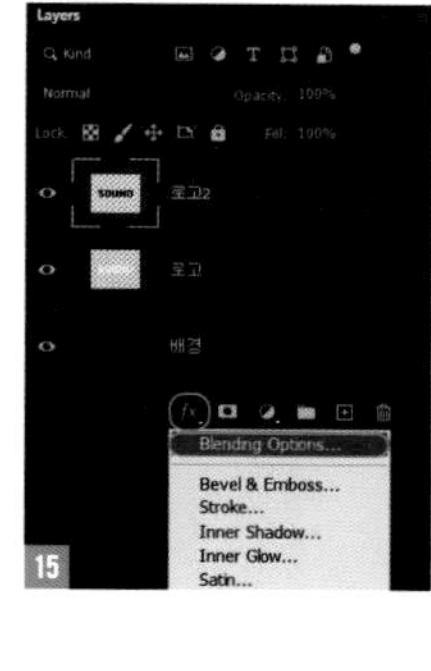

15

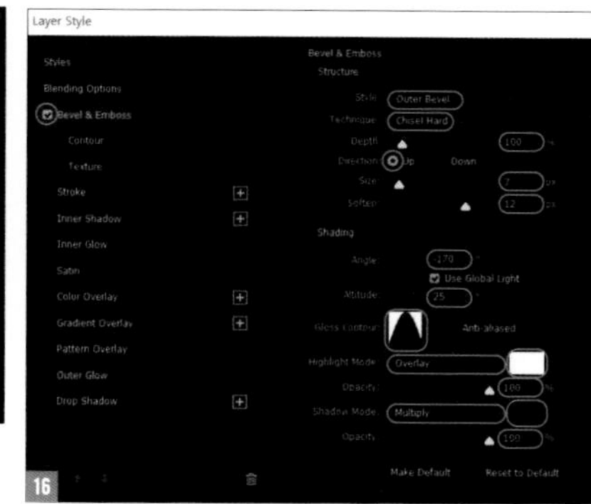

16

04 드롭 섀도 설정하기

[Drop Shadow]를 체크합니다. Structure에서 [Blend Mode:Multiply, Color:#000000] [Opacity:90%] [Angle:90°] [Distance:12px] [Spread:10%] [Size:21px], Quality에서 [Contour:Gaussian] [Anti-aliased:체크] [Noise:0%]로 설정합니다 17. 로고에 입체감과 광택이 추가됐습니다 18.

05 그러데이션으로 질감 추가하기

거울 질감을 추가합니다.
[로고2] 레이어를 선택하고 [Create a new layer]를 클릭합니다. 추가된 레이어 이름을 [거울1]로 설정합니다 19.
[Tool] 패널에서 [Gradient Tool]을 선택합니다 20. [Window]→[Options]에 체크합니다 21.
[Options] 바에서 [Opacity:100%]가 되어 있는지 확인하고 [Click to edit the gradient]를 클릭해 22 [Gradient Editor]를 엽니다 23.
[Gradient type:Solid] [Smoothness:100%]로 설정합니다. 그러데이션 왼쪽 끝의 색을 [R:160 G:160 B:160(#a0a0a0)] 24 으로 설정하고 오른쪽 끝의 색을 [#ffffff]로 설정한 후 [OK]를 클릭합니다 25.
[로고2] 레이어의 썸네일을 ctrl 키를 누르면서 클릭해 26 선택 범위를 표시합니다 27.

선택 범위의 아래에서 위로 드래그해 28 선택 범위에 그러데이션을 적용합니다 29. [Select]→[Deselect]를 선택합니다 30.
[Create a new layer]를 선택해 레이어를 추가하고, 레이어 이름을 [거울2]로 설정합니다 31.
다시 [Gradient Editor]를 열고 그러데이션의 색을 왼쪽부터 [#000000], [R:60 G:60 B:60(#3c3c3c)]로 설정합니다 32 33.
[거울2] 레이어를 선택하고 34 와 같이 'SOUND'의 중간에서 아래로 드래그해 그러데이션을 적용합니다 35.

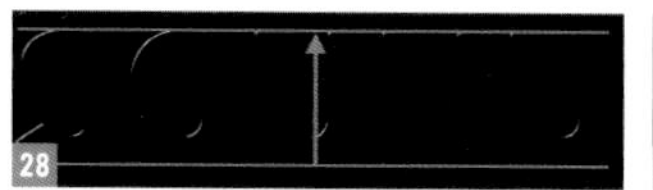

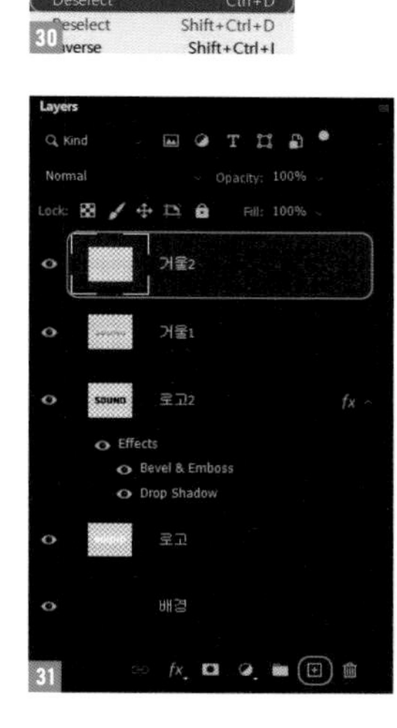

06 클리핑 마스크 추가하기

[Layer] 패널→[Menu]→[Create Clipping Mask]를 선택하고 36, 아래 부분의 [거울1] 레이어의 작업 범위에 클리핑 마스크를 만듭니다 37.
[거울2] 레이어를 선택하고 [Add layer mask]를 클릭해 [거울2] 레이어에 레이어 마스크를 추가합니다 38.

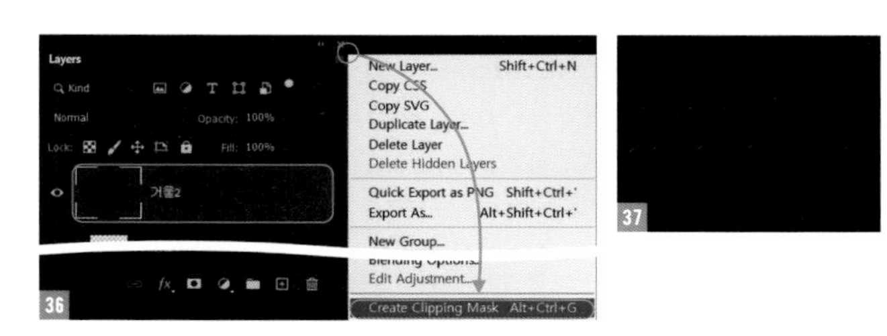

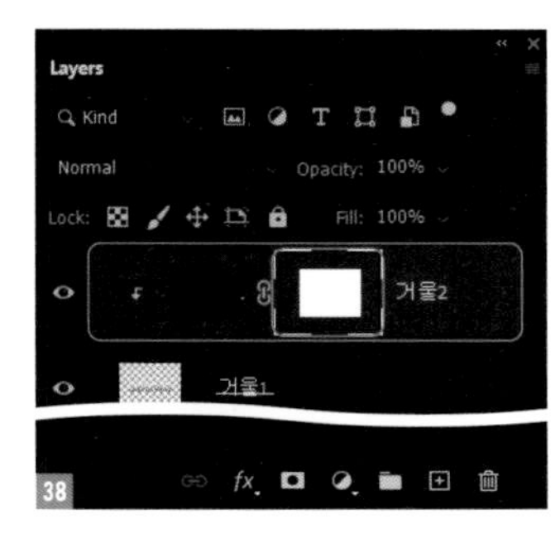

07 레이어 마스크의 윗부분 반을 채색하기

[Tool] 패널에서 [Rectanglar Maquee Tool]을 선택하고 39와 같이 윗부분 반을 선택합니다.
[Edit]→[Fill]을 선택하고 40. [Contents:Black] [Blending Mode:Normal] [Opacity:100%]로 설정합니다 41 42.
[Deselect]로 선택 범위를 해제하고 [Filter]→[Blur]→[Gaussian Blur]를 선택해 43 [Radius:3.0Pixels]로 설정합니다 44. 거울의 질감이 표현됐습니다 45.

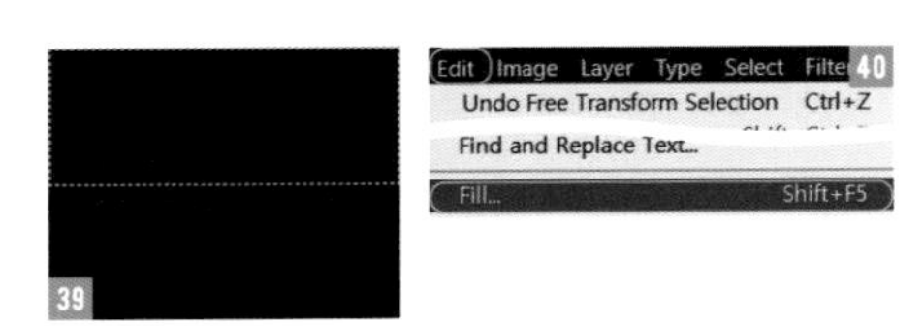

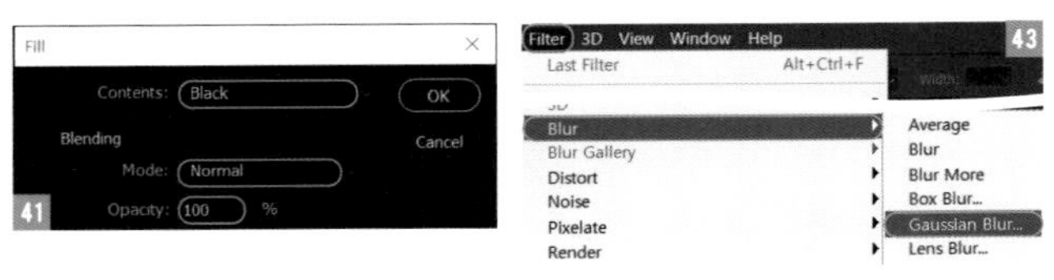

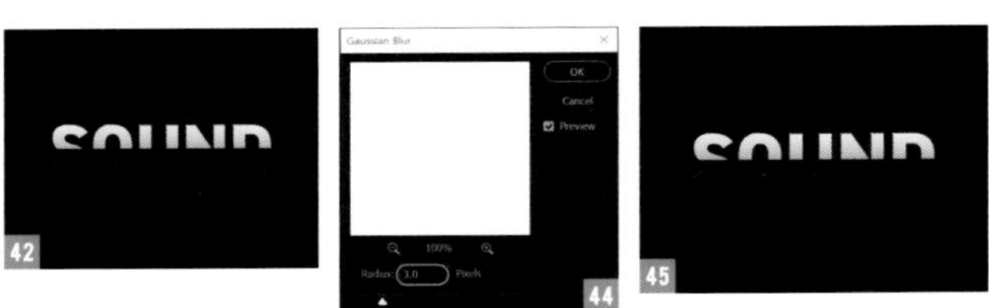

08 윤곽을 뚜렷하게 하기

전체적으로 좀 밋밋해 보이기 때문에 'SOUND' 하단에 밝은 부분을 추가해 입체감을 높여줍니다.
[로고2] 레이어 위에 [Create a new layer]로 레이어를 만들고 레이어 이름을 [반사광]으로 설정합니다 46.
지금까지와 같은 방법으로 [Tool] 패널에서 [Gradient Tool]을 선택합니다. [Gradient Editor]를 열고 그러데이션의 색을 왼쪽부터 [#000000], [#ffffff]로 설정합니다 47. 48과 같이 'SOUND'의 위에서 아래로 드래그해 그러데이션을 적용합니다 49.
[반사광] 레이어를 선택하고 [로고] 레이어의 썸네일을 ctrl 키를 누르면서 클릭해 선택 범위를 표시합니다 50.
[Add layer mask]를 클릭해 마스크를 적용합니다 51.
[반사광] 레이어를 선택하고 [Blending Mode:Screen] [Opacity:30%]로 설정합니다 52 53.
'SOUND'의 윤곽이 뚜렷해졌습니다.

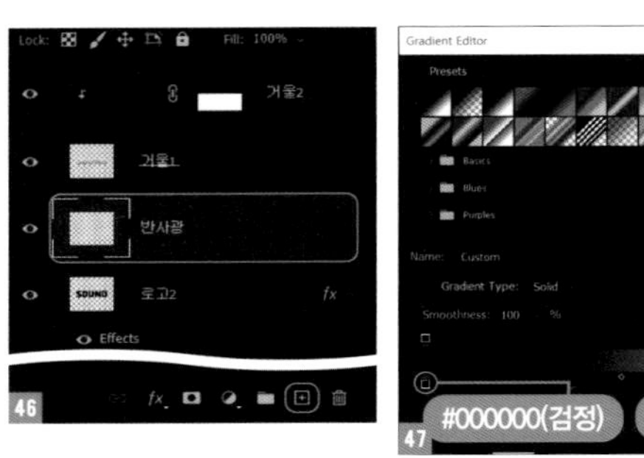

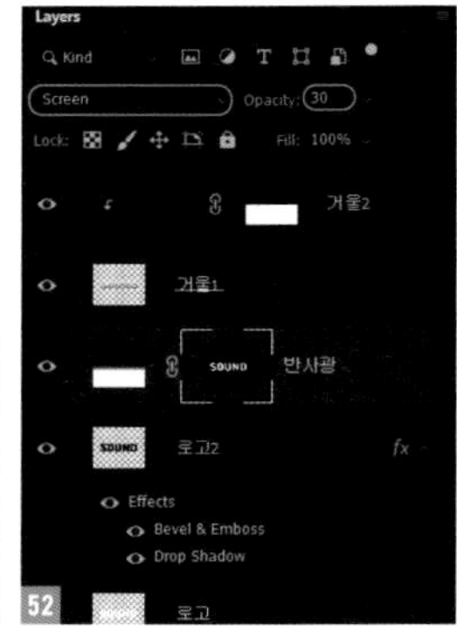

09 세부적으로 조정하기

배경과 'SOUND'의 관계를 확실히 하기 위해 Drop Shadow를 적용합니다.
[로고] 레이어를 선택하고 [Add a layer style]를 클릭한 후 [Drop Shadow]를 선택합니다 54.
[Drop Shadow] 패널의 Structure에서 [Blend Mode:Multiply] [Opacity:70%] [Angle:135˚] [Distance:25px] [Spread:10%] [Size:5px], Quality의 [Contour:Gaussian] [Anti-aliased:체크] [Noise:0%]로 설정합니다 55 56.
마지막으로 시원한 느낌을 강하게 하기 위해 전체적으로 약간 푸른빛을 띠는 색으로 조정합니다. 제일 위의 [거울2] 레이어를 선택하고 [Create new fill or adjustment layer]→[Color Balance]를 선택합니다 57 58.
[Color Balance] 패널에서 [Tone:Highlights]를 선택하고 위부터 [-5] [0] [+5]로 설정합니다 59. 로고가 완성됐습니다.

예제에서는 음향 회사 광고 이미지로 완성했습니다.

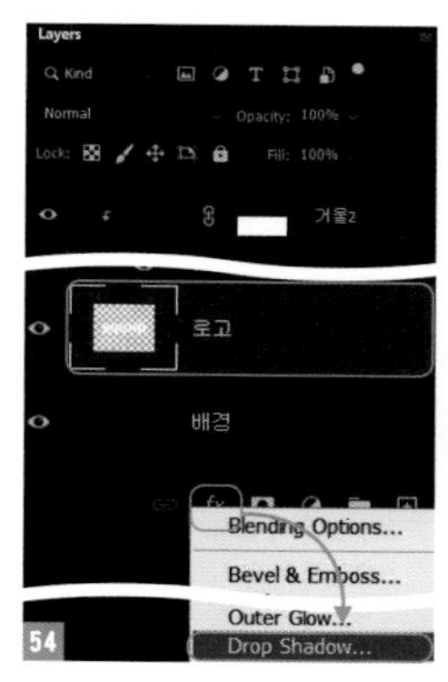

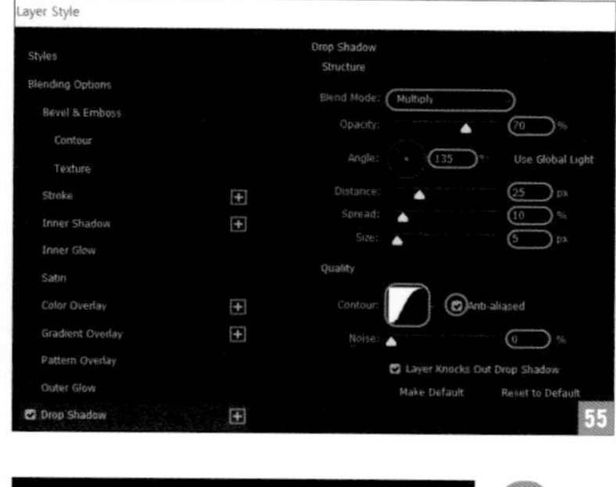

56

Drop Shadow 적용

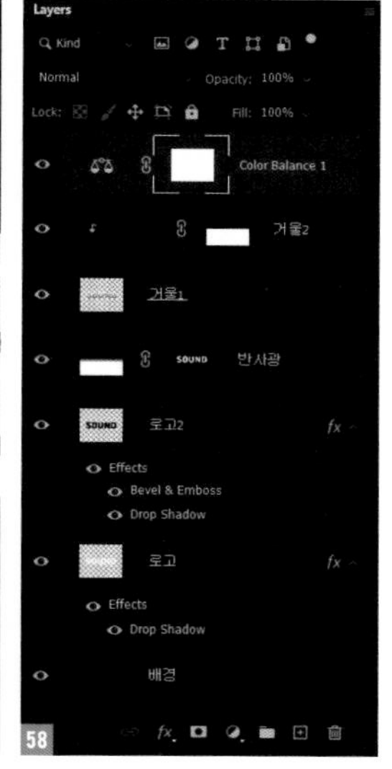

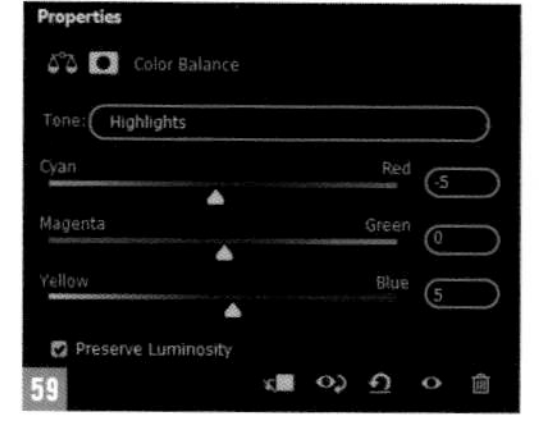

Column

Bevel & Emboss와의 차이점

입체감 있고 질감 있는 로고를 만들 때 포토샵 레이어 효과로 [Bevel & Emboss]를 사용하면 비교적 쉽게 질감을 표현할 수 있습니다.
다만 [Bevel & Emboss]에서의 효과는 컴퓨터로 만든 느낌이 강하여 외형이 아름답게 표현되지 않습니다. 이번 Recipe에서 소개한 것처럼 레이어 효과뿐만 아니라 그러데이션이나 마스크 등을 사용해 세심하게 만들면 금속의 거울 느낌이 나는 로고를 만들 수 있습니다.

[Bevel & Emboss]로 만든 로고

Recipe

079

캘리그래피 장식을 넣은 로고

문자에 장식을 넣어 만년필로 쓴 것 같은 로고를 만들 수 있습니다.

Design methods

01 바탕이 되는 텍스트 준비하기

일러스트레이터를 열고, [소재.ai] 파일을 불러옵니다01. 미리 아웃라인으로 작업한 문자가 준비돼 있습니다. 만약 폰트가 있다면 [Type Tool]을 선택해 02의 설정으로 'Design book'이라고 입력한 다음 아웃라인을 적용해도 됩니다.

02 'g' 문자를 조정하기

[Tool] 패널에서 [Pen Tool]을 선택합니다.
'g' 문자 하단의 앵커 포인트에 마우스를 클릭해 포인트를 삭제해 나갑니다. 'g'자를 짧게 만듭니다03.

03 'g' 아래에 긴 라인과 교차하는 라인 추가하기

[Window]→[Stroke]를 선택해 [Weight:0.2pt]로 지정하고04, [Pen Tool]로 'g'에서 연결되는 라인을 추가해 갑니다.
이때 [Window]→[Brushes]로 [5pt.Flat]※을 선택하면05 좀 더 만년필로 쓴 것 같은 선이 됩니다06. 그리고 라인에 교차하는 짧은 라인을 추가합니다07.

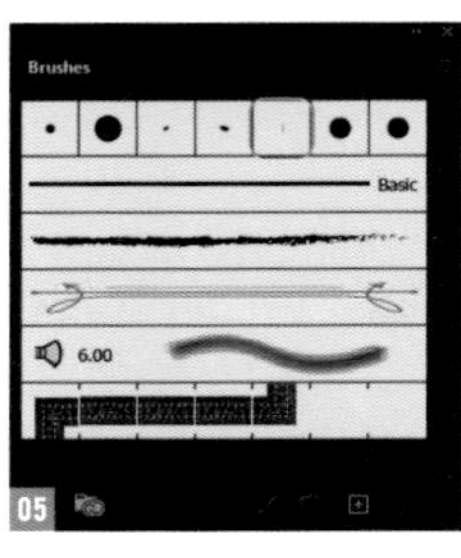

※ [5pt.Flat]의 브러시는 일러스트레이터에 기본으로 들어가 있는 브러시지만 버전 등에 따라 없는 경우도 있습니다. 만약 사용하는 일러스트레이터에 해당하는 내용이면 [Brushes] 패널→[오른쪽 위의 메뉴]→[Open Brush Library]→[Other Library]를 선택해 소재로 제공되는 '5pt.Flat.ai'의 데이터를 불러와 사용해 주세요.

04 'D'에 배치할 원 만들기

[Tool] 패널에서 [Ellipse Tool]을 선택하고 작업 화면을 클릭해 [Width:10mm] [Height:10mm]의 원을 만듭니다08. 조금 전과 같이 선을 [Weight:0.2pt] [5pt.Flat]로 설정합니다. 원이 만들어집니다09.

[Pen Tool]을 선택하고 원의 선상에서 앵커 포인트의 [추가/삭제]를 실시해10 선의 일부를 삭제합니다11.

05 추가한 선을 아웃라인으로 만들고 패스파인더로 합치기

추가한 선을 모두 선택하고 [Object]→[Path]→[Outline Stroke]12을 선택해 선을 아웃라인으로 만듭니다13 14.

원의 각도를 바꾸면서 D 문자의 선에 연결되도록 배치합니다15. 매끄럽지 않은 부분은 [Pen Tool]로 앵커 포인트를 조정해 정리합니다16 17.

문자와 선을 선택하고 [Window]→[Pathfinder]를 선택한 후 [Unite]를 선택해 1개의 오브젝트로 만듭니다18 19.

06 먹물덩이 만들기

문자를 ctrl+C 키를 눌러 복사하고 ctrl+F 키를 눌러 맨 앞으로 붙여넣기 합니다. 맨 앞의 문자는 [Fill:None]으로 설정합니다20.

선은 [Stroke] 패널에서 [Weight:0.2pt, Corner:Round Join, Align Stroke:Align Stroke to Center]로 설정21하고 [Object]→[Path]→[Outline Stroke]22를 선택해 패스를 아웃라인으로 만듭니다. 아웃라인으로 만든 후 [Pathfinder]→[Minus Front]23를 선택합니다. 그러면 예리한 모서리가 둥그스름해져서 먹물덩이를 만들 수 있습니다24 25. 로고가 완성됐습니다.

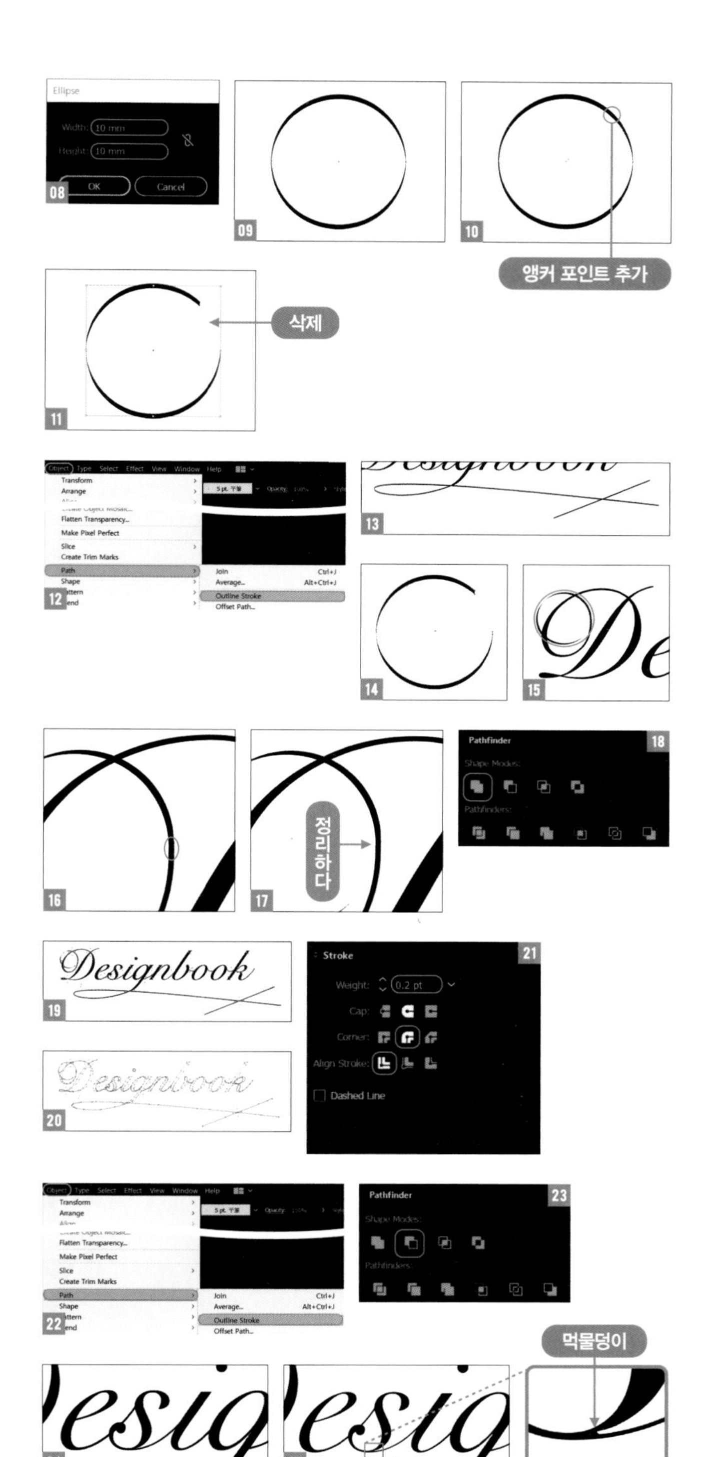

디자인 도감

Recipe

080

문자의 일부를 분리하는 로고

샘플

디자인 도감

로고의 일부를 분리해 분리된 부분을 포인트로 하거나 배색으로 변화를 주는 로고를 만듭니다.

Design methods

01 바탕이 되는 문자 만들기

일러스트레이터를 열고, [소재.ai] 파일을 불러옵니다01. 미리 아웃라인으로 만든 문자를 준비했습니다. 만약 폰트를 가지고 있다면 '디자인'은 [Size:90pt]02, '도감'은 [Size:150pt]로 설정한 다음03 아웃라인으로 만들어 진행해도 좋습니다.

02 단어의 그룹과 복합 패스를 해제하기

'디자인'을 선택한 상태에서 [마우스 오른쪽 버튼 클릭]→[Ungroup]를 선택해04 단어에 설정된 그룹을 해제하여 한 개의 문자 단위로 만듭니다. 마찬가지로 '도감'도 그룹을 해제합니다.
각각의 문자를 선택한 상태에서 [마우스 오른쪽 버튼 클릭]→[Release Compound Path]를 선택합니다05. 문자에 설정된 그룹을 해제해 분리되게 합니다06.
[Release Compound Path]로 해제되지 않은 부분07 08을 선택한 상태에서 다시 [마우스 오른쪽 버튼 클릭]→[Make Compound Path]를 선택해 복합 패스로 설정합니다10. 이렇게 하면 각 문자마다 분리됩니다11.

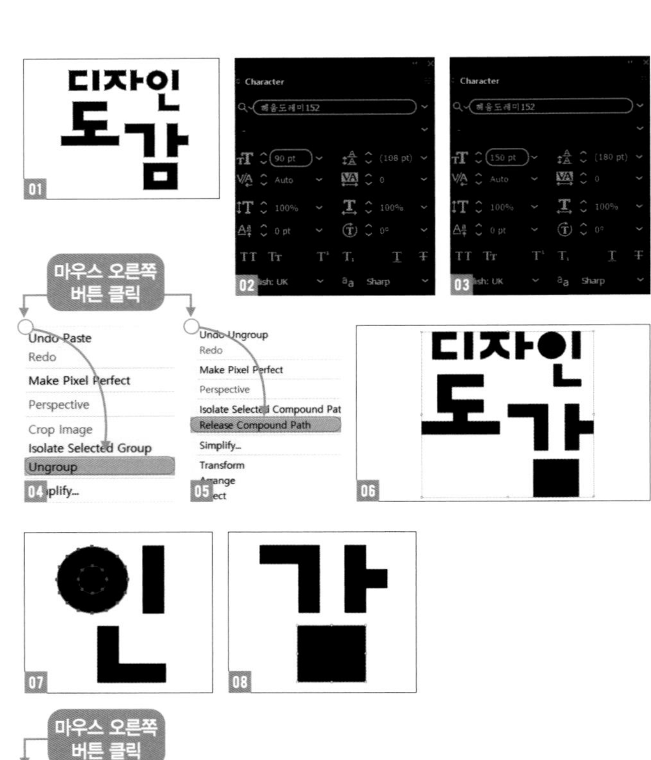

03 문자의 토막 만들기

'디자인' 문자에서 [Weight:2pt] 12 로 설정한 선을 문자의 끊어진 부분을 만들고 싶은 장소에 만듭니다 13. 여기에서는 알기 쉽도록 빨간색 선으로 했습니다.
'인'의 'o' 커브는 선을 그리고 [Tool] 패널에서 [Anchor Point Tool]을 선택한 다음 14 포인트를 드래그해 핸들을 만들어 곡선으로 만듭니다 15. 핸들의 길이에 따라 패스의 곡선이 결정되므로 원하는 만큼 드래그합니다 16.
선을 모두 선택하고 [Object]→[Path]→[Outline Stroke] 17 로 설정합니다 18. 문자의 오브젝트와 아웃라인으로 만든 선을 선택한 다음 [Window]→[Pathfinder]를 선택하고 [Minus Front]로 문자의 자른 부분을 만듭니다 19. 20 과 같이 됐습니다.

04 문자의 일부를 삭제, 추가해 배색하기

'도'와 '감'에서 삭제하고 싶은 부분의 높이에 맞춰 [Tool] 패널의 [Rectangle Tool]로 직사각형을 만들고 21, 조금 전과 같이 [Pathfinder] 패널에서 [Minus Front]를 선택해 삭제합니다 22. 빼기에 의해 여분으로 만들어진 앵커 포인트는 [Tool] 패널의 [Pen Tool]을 선택하고 해당 앵커 포인트 근처에 마우스를 가지고 가서 '−' 아이콘이 나오면 클릭해 삭제할 수 있습니다 23.
정원으로 바꿀 부분의 오브젝트는 [Selection Tool]로 선택해 삭제합니다 24. 또, 튀어 나온 요소의 일부 25 는 [Direct Selection Tool]로 튀어 나온 앵커 포인트를 이동해 위치를 정돈합니다 26.
[Tool] 패널에서 [Ellipse Tool] 27 을 선택하고 임의의 장소에서 클릭해 [Width:5mm] [Height:5mm] 28 의 정원을 만듭니다. alt + 드래그로 복사한 후 삭제한 부분에 배치합니다 29. '디자인'의 '자' 30 부분에는 [Width:3mm]

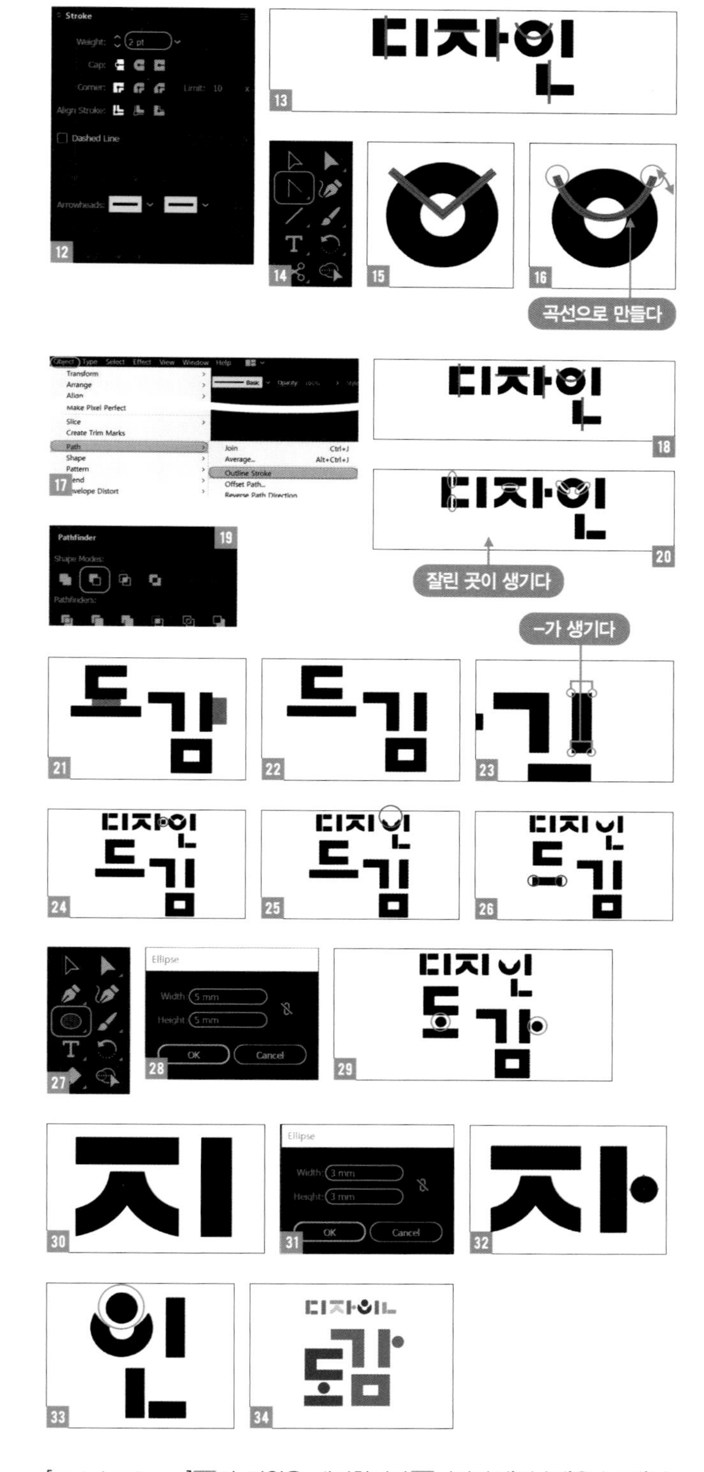

[Height:3mm] 31 의 정원을 배치합니다 32. '디자인'의 '인'은 '도감'의 원을 복사해 배치합니다 33.
마지막으로 동그랗고 귀여운 로고를 살리듯이 컬러풀하게 배색해주면 완성입니다 34.

Recipe

081

문자 배치를 바꾸는 로고

문자의 일부를 분리해 배치를 바꾸는 것으로 재미있는 로고를 만들 수 있습니다.

Design methods

01 바탕이 되는 문자 만들기

일러스트레이터를 열고, [소재.ai] 파일을 불러옵니다 01. 미리 아웃라인으로 작업한 문자를 준비했습니다. 만약 폰트가 있다면 '디자인'은 02, '도감'은 03의 설정으로 문자를 입력하고 아웃라인으로 만들어 진행해도 됩니다.

02 단어의 그룹과 복합 패스 해제하기

'디자인'을 선택한 상태에서 [마우스 오른쪽 버튼 클릭]→[Ungroup] 04을 선택해 단어로 설정된 그룹을 한 개의 문자 단위로 해제합니다. 마찬가지로 '도감'도 그룹을 해제합니다.

각각의 문자를 선택한 상태에서 [마우스 오른쪽 버튼 클릭]→[Release Compound Path] 05를 선택해 문자로 설정된 그룹을 해제하여 분할합니다 06.

[Release Compound Path]로 막힌 문자는 07 08을 선택한 상태로 다시 [마우스 오른쪽 버튼 클릭]→[Make Compound Path]를 선택해 복합 패스로 설정합니다 10. 이렇게 하면 각 문자마다 각각 흩어지게 됩니다 11.

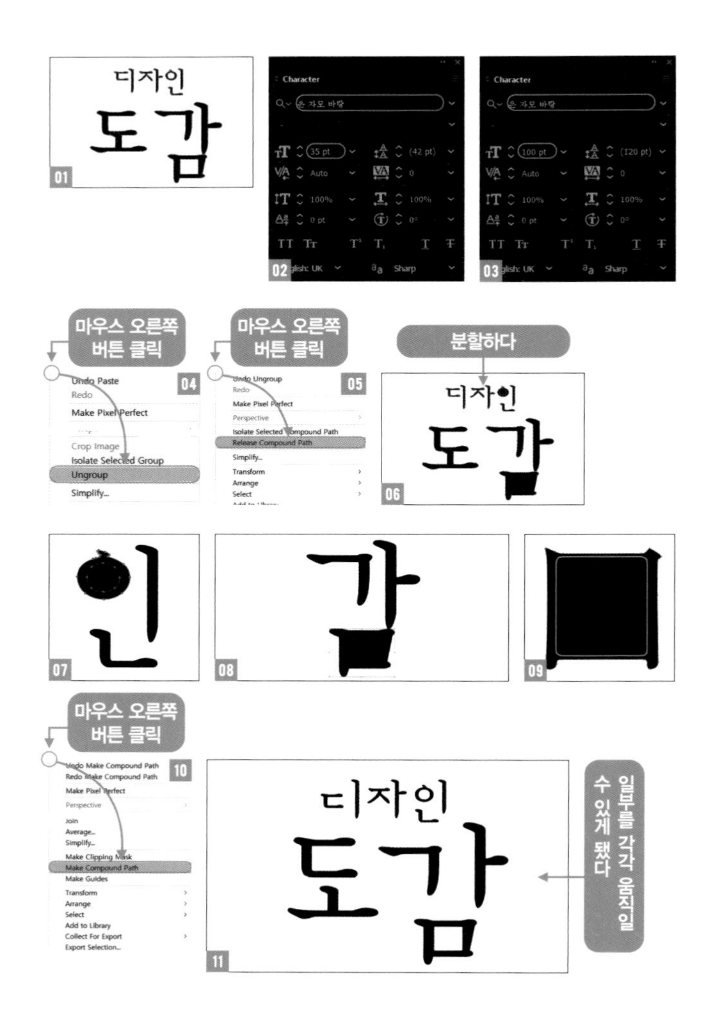

03 문자 일부의 위치를 조정, 여백을 만들어 밸런스 맞추기

문자 요소의 위치를 이동하면서 위, 아래 미세하게 조정해 단어에 움직임과 리듬을 갖게 합니다 12. '도'에서 'ㅗ'의 위치를 이동해 모양에 변화를 줍니다.

04 문자 일부 절단하기

[Window]→[Stroke]을 선택하고 [Weight: 4pt]의 선을 13과 같이 끊어질 부분에 빨간색으로 만듭니다. 모든 선을 선택한 상태에서 [Object]→[Path]→[Outline Stroke]로 아웃라인화 합니다 14. 문자의 요소와 면이 된 선을 선택한 후, [Window]→[Pathfinder]에서 [Minus Front]를 적용해 끊어지는 부분을 만듭니다 15 16.

05 절단된 일부를 자연스러운 형태로 만들기

[Stroke] 패널에서 [Weight:1pt, Align Stroke: Align Stroke]으로 설정하여 17, 18과 같이 나타납니다. 문자의 절단된 부분의 포인트를 [Direct Selection Tool]로 선택하면 [Corner Widget]이 나타납니다 19. [Corner Widget]를 안쪽으로 드래그해 부드럽게 수정합니다 20.
문자의 절단된 면이 자연스럽게 되어 먹물덩이를 표현할 수 있습니다.
예제에서는 로고가 가지는 손 글씨 형태가 있으면서도 자연스러운 수채화 느낌의 배경과 잘 어울리고 있습니다 21.

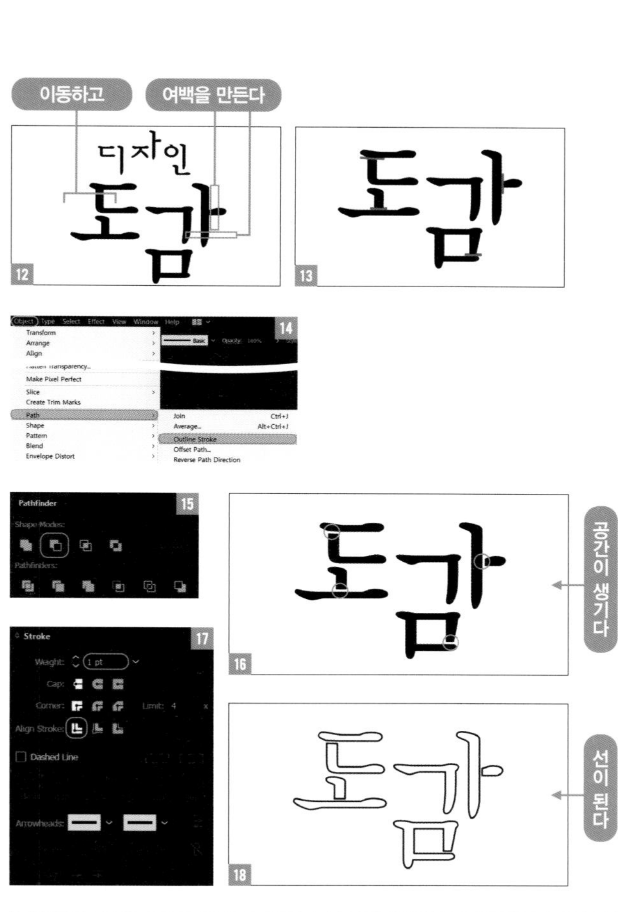

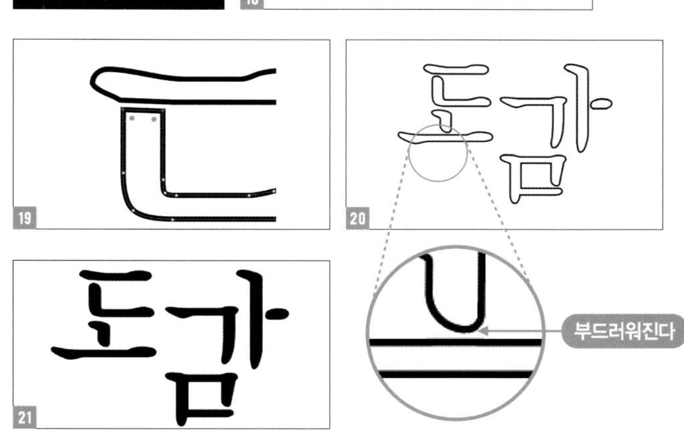

Recipe

082

일부를 연결하는 로고

문자와 문자의 파트를 연결해 붓으로 쓴 것 같은 로고를 만들 수 있습니다.

Design methods

샘플

01 바탕이 되는 텍스트 준비하기

일러스트레이터를 열고, [소재.ai] 파일을 불러옵니다 01. 미리 아웃라인으로 작업한 문자를 준비했습니다. 만약 폰트가 있다면 02의 설정으로 'Design Book'이라고 문자를 입력하고 아웃라인화해서 진행해도 좋습니다.

02 문자 그룹을 해제하고 파트 연결하기

아웃라인화한 문자의 오브젝트를 선택한 상태에서 [마우스 오른쪽 버튼 클릭]→[Ungroup]을 선택합니다 03. [Tool] 패널에서 [Pen Tool]을 선택하고, 각 문자 파트를 연결하는 오브젝트를 만듭니다 04 05.

03 먹물덩이 만들기

P.277과 같은 방법으로 먹물덩이를 만듭니다. 단, 여기에서는 [Weight:0.5pt, Corner:Round Join, Align Stroke:Align Stroke to Center]로 설정해 먹물덩이 이미지처럼 만듭니다 06. 선에만 설정 07, 패스를 아웃라인화 08, 면 문자에서 선 문자를 빼기 위해 [Pathfinder]→[Minus Front]를 적용해 완성합니다 09.

Recipe

083

그러데이션을 사용한 로고

그러데이션을 사용해 형태의 연결을 강조한 컬러풀한 색상의 로고를 만듭니다.

Design methods

01 기본 형태 만들기

동영상 전송 서비스의 로고를 가정해 로고를 제작합니다. 이번 예제와 같이 규칙성 있는 로고를 만들 때는 가이드를 만들어 그에 맞게 제작해 갑니다.
[소재.ai] 파일을 불러옵니다.
미리 정삼각형을 격자 모양으로 작업한 가이드를 준비했습니다 01. 이 가이드를 바탕으로 로고의 형태를 만들어갑니다.

[Layer] 패널에서 [로고] 레이어를 선택하고 [Tool] 패널에서 [Pen Tool]을 선택합니다.
먼저 02와 같이 노란색 형태를 만듭니다. 색상은 알기 쉽게 [Y:100]으로 합니다. 계속해서 03(청색 [C:100]), 04(핑크색 [M:100])의 형태를 만듭니다.
기본 형태가 만들어졌습니다.

01

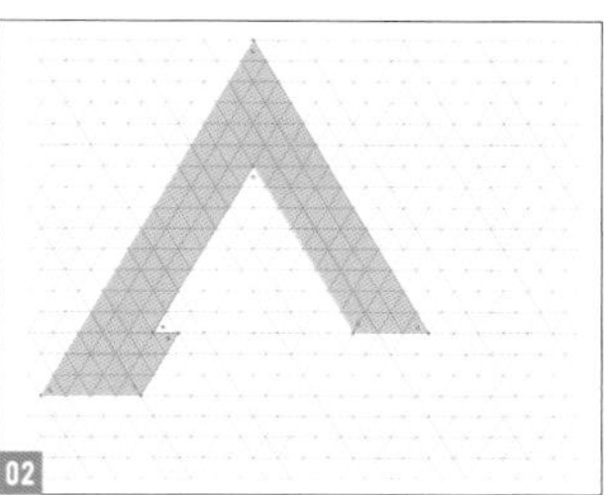
02

03

04

Point

[View]→[Smart Guides]에 체크하면 가이드나 오브젝트에 스냅이 적용돼 정확히 맞추기 쉬워집니다.

02 형태의 디테일 만들기

[Layer] 패널에서 [가이드] 레이어의 눈 아이콘을 클릭해 숨깁니다 05 06.

[Tool] 패널에서 [Direct Selection Tool]을 선택합니다. 노란색 오브젝트 위의 앵커 포인트 한 점 07 을 클릭합니다. 모서리의 안쪽에 표시된 [Corner Widget] 08 을 더블 클릭 합니다([Corner Widget]이 표시되지 않을 때는 [View]→[Show Corner Widget] 09 을 선택해 표시합니다). [Corners] 패널이 표시되면 [Corner:Round] [Radius:2mm] [Rounding:Absolute]로 설정합니다 10.

선택한 앵커 포인트 한 점에 둥근모서리가 적용됐습니다 11.

Point

오브젝트 전체를 선택하고 [Corner Widget]을 설정하면 모든 모서리에 둥근모서리가 적용되므로 주의합니다.

마찬가지로 나머지 바깥쪽 각에 있는 12 5개의 점도 같은 설정으로 모서리를 둥글게 합니다. 로고의 형태가 만들어졌습니다 13.

모서리를 둥글게 하여 겹쳐진 3개의 삼각형이 1개의 라인으로 그려진 도형처럼 보입니다 14.

03 오브젝트 선택하기

14 의 흐름이 더욱 두드러져 보이도록 그러데이션을 적용합니다.

그러데이션을 적용하는 방법은 여러 가지가 있지만, 이번에는 그러데이션의 흐름을 만들기 쉬운 'Freeform Gradient'를 사용합니다.

[가이드] 레이어의 눈 아이콘 부분을 클릭해 가이드를 표시합니다 15 16.

[Direct Selection Tool]로 노란색 오브젝트의 중심을 클릭하여 노란색 오브젝트 전체를 선택합니다 17.

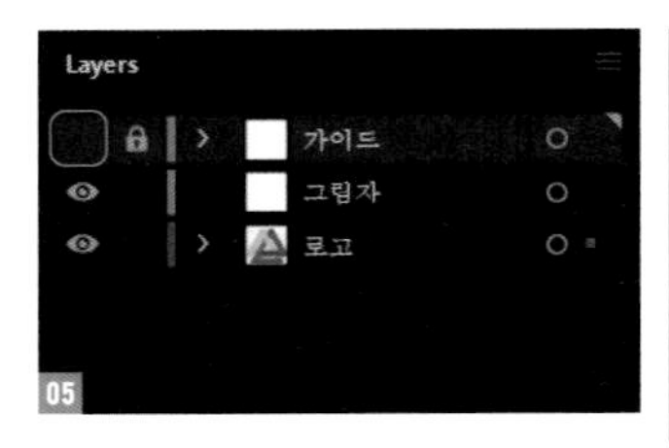

05

06

07

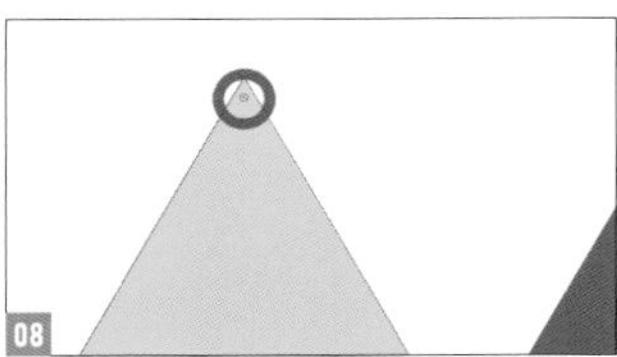
08

09

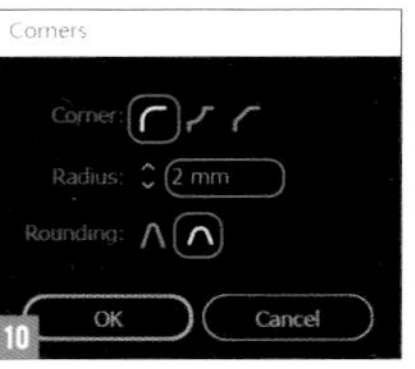

10

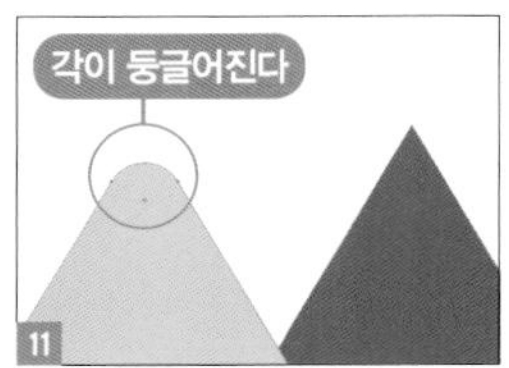

11

12

13

14

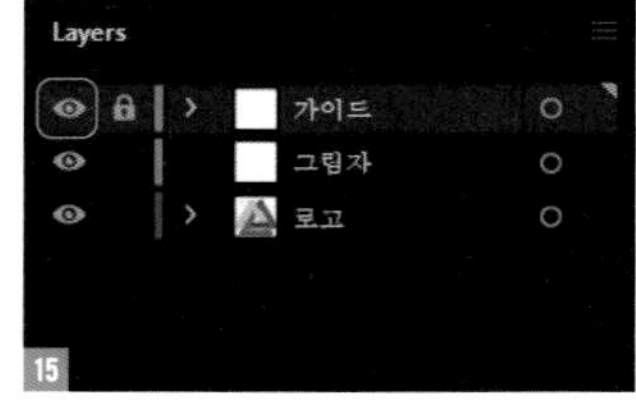

15

16

17

04 Freeform Gradient로 그러데이션 만들기

[Window]→[Gradient]를 선택하고 18, [Type:Freeform Gradient] [Draw:Lines]에 체크해 그러데이션을 설정합니다 19 20.(여기서 완성되는 그러데이션 색상은 환경의 설정에 따라 다릅니다).

21 과 같이 선택한 오브젝트의 오른쪽 아래에 표시된 포인트를 클릭해 선택합니다. 선택한 포인트를 드래그하여 22 와 같이 핑크 오브젝트와의 경계로 이동합니다.

다시 같은 포인트를 클릭해 커서를 이동하면 포인트부터 커서에 이르기까지 라인이 표시됩니다 23.

24 의 커서 위치에서 클릭해 포인트를 줍니다. 계속해서 25 26 의 포인트를 줍니다.

만든 라인을 따라 포인트마다 색을 다르게 해 그러데이션을 줄 수 있게 됐습니다.

끝점이 되는 포인트를 만들면 esc 키를 눌러 라인을 닫습니다.

05 그러데이션에 색 적용하기

그러데이션 최초의 기점 포인트를 더블클릭합니다 27. [Color] 패널이 표시되면 [C:50 Y:100]으로 설정하고 Enter 키를 누릅니다 28.

계속해서 라인 상태의 포인트에서 [Color] 패널을 차례로 표시해 [Y:100] 29, [M:100 Y:30] 30, [M:100] 31 으로 설정합니다.

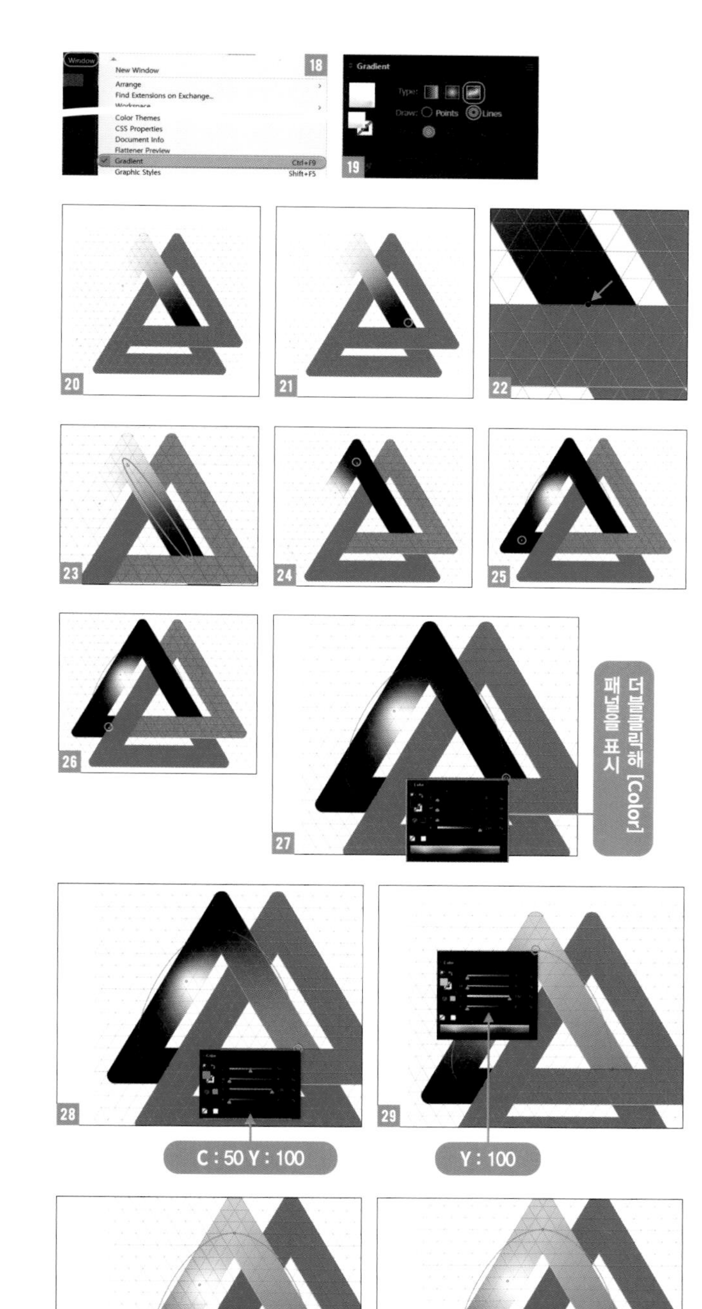

Point

32 와 같이 라인 형태의 그라데이션과 관계 없는 포인트가 있으면 포인트를 클릭하고 delete 키를 눌러 삭제합니다.

오른쪽 하단의 파란색과 노란색이 섞인 색상에서 노란색이 되고, 핑크와 섞여서 흐르는 듯한 그러데이션이 만들어졌습니다 33.

Point

다른 [Tool] 패널 등을 선택해 그러데이션의 Lines나 Points가 안 보일 때는 [Gradient] 패널에서 [Edit Gradient]를 클릭합니다. Draw의 Lines나 Points가 보이게 됩니다.

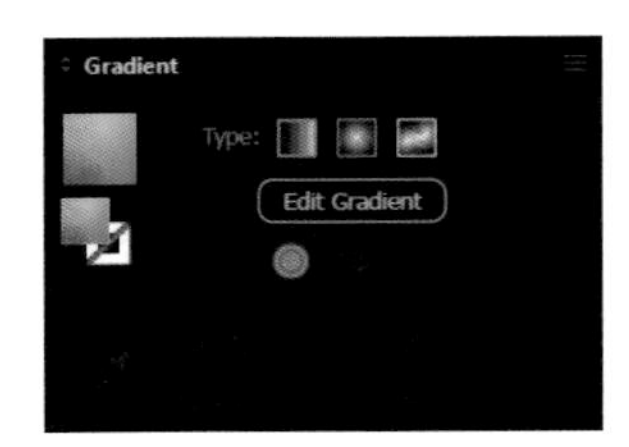

06 다른 오브젝트의 그러데이션도 만들기

같은 방법으로 핑크 오브젝트에 34와 같이 그러데이션 라인을 만듭니다. 포인트마다 색상을 왼쪽 아래에서 [M:100] 35, [C:50 M:100] 36, [C:100 M:30] 37, [C:100] 38으로 설정합니다. 3개 오브젝트의 색의 혼합 상태와 흐름을 생각하며 색을 적용하는 것이 좋습니다.

같은 방법으로 파란색 오브젝트는 39와 같이 그러데이션 라인을 만듭니다. 포인트마다 색상을 위에서부터 [C:100] 40, [C:90 Y:60] 41, [C:60 Y:90] 42, [C:50 Y:100] 43으로 설정합니다.

로고 전체에 그러데이션이 적용됐습니다 44.

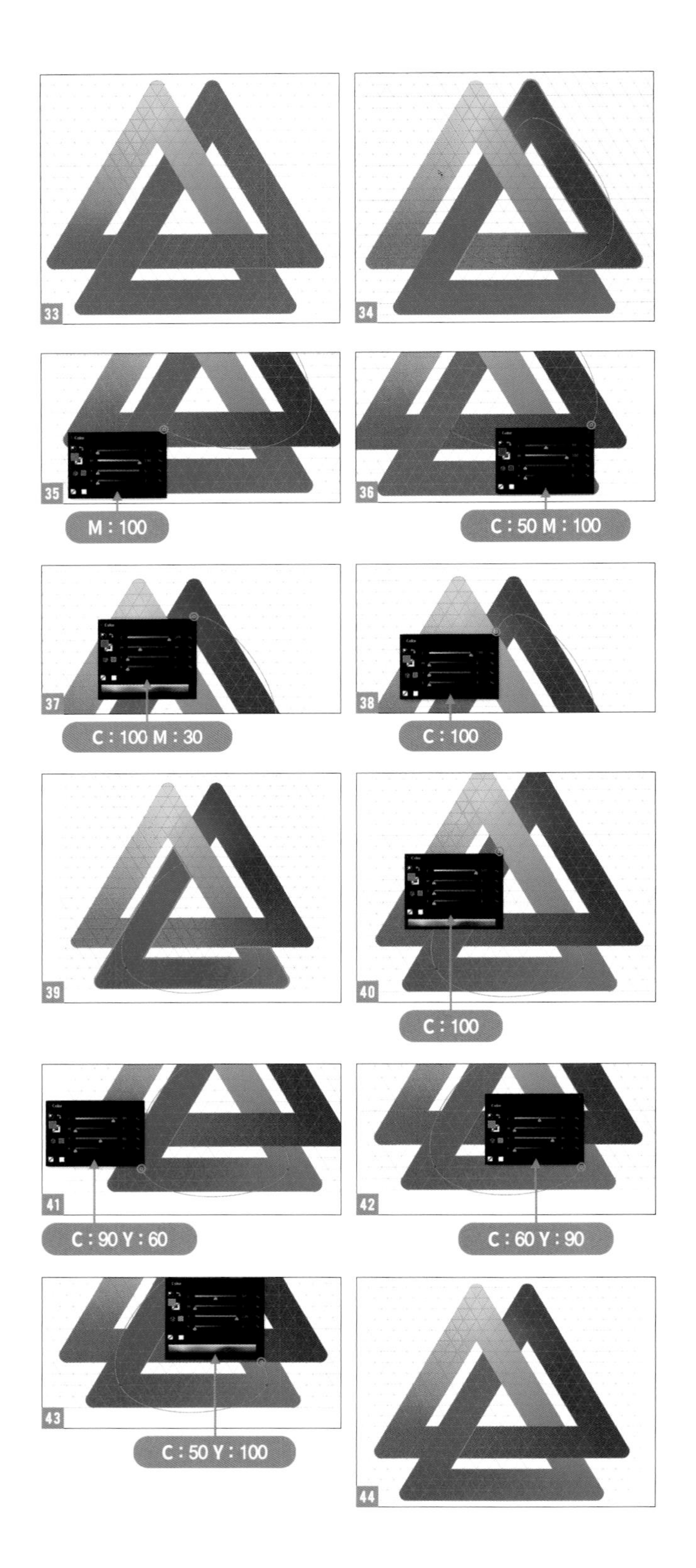

07 음영 넣기

로고가 서로 겹쳐진 부분을 강하게 하기 위해 마지막으로 음영을 추가합니다.
[Layer] 패널에서 [그림자] 레이어를 선택합니다.
[Pen Tool]로 가이드를 따라 45의 검정색 도형을 만듭니다.
[가이드] 레이어를 숨기고, 만든 검정색 오브젝트를 모두 선택해 색상을 [K:30]으로 설정합니다 46 47. [Window]→[Transparency]을 선택하고 48 [Blending mode:Multiply]로 설정합니다 49. 로고에 음영이 만들어졌습니다 50.

45

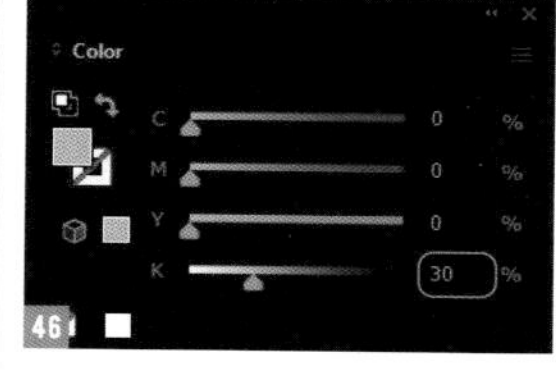

46

47

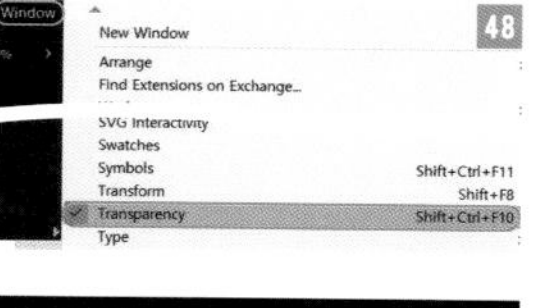

48

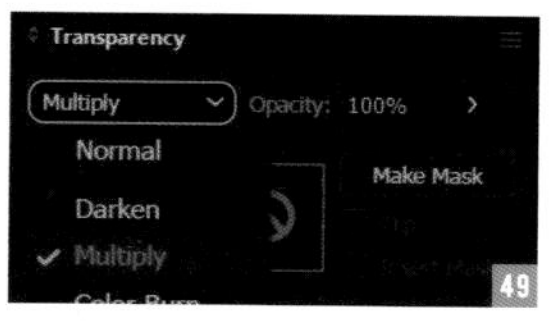

49

50

08 오브젝트 회전하기

작업한 모든 오브젝트를 선택하고 [Object]→[Transform]→[Rotate]를 선택합니다 51.
[Angle:–90°]로 설정해 동영상의 플레이 버튼처럼 보이게 합니다 52.
마지막으로 [Object]→[Group]을 선택해 완성합니다 53 54.
예제에서는 컬러풀함이 돋보이도록 검은 배경에 배치하고 서비스 이름과 조합해 디자인했습니다.

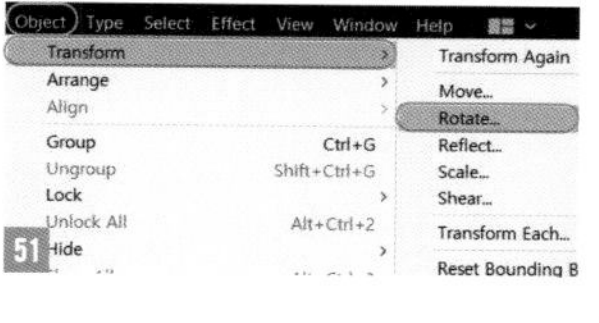

51

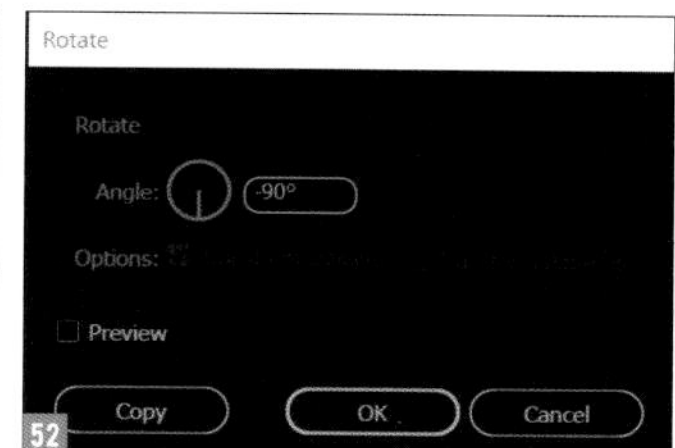

52

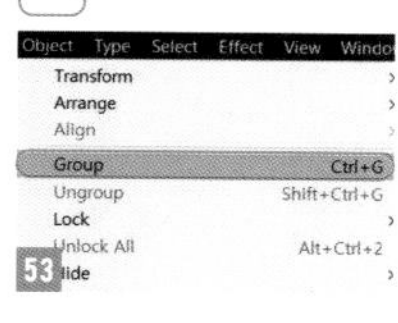

53

54

Recipe

084

사진에서 선화 일러스트 만들기

사진을 트레이스한 선화를 바탕으로 간소화하여 발랄한 느낌의 일러스트를 만들어 봅니다.

Design methods

01 사진을 트레이스 하기

[소재.psd] 이미지를 트레이스한 선화를 바탕으로 일러스트를 만듭니다.
일러스트레이터를 열고, [레이아웃.ai] 파일을 불러옵니다 01. 미리 트레이스한 사진을 배치했습니다.
[Layer] 패널에서 [일러스트] 레이어를 선택하고 [Tool] 패널에서 [Pen Tool]을 선택합니다.
[Stroke] 패널에서 [Weight:0.5pt] [Caps:Round Cap] [Corner:Round join] [Align Strokes:Align Stroke to Center]로 설정합니다 02.
이 상태에서 사진을 바탕으로 [Pen Tool]로 드래그해 그립니다. 머리카락이나 우산, 옷의 세세한 부분은 생략하고 윤곽을 그립니다 03 04 05 06.
[원본이미지] 레이어의 눈 아이콘을 클릭해 숨깁니다 07. 대략적인 트레이스가 만들어집니다 08.

01

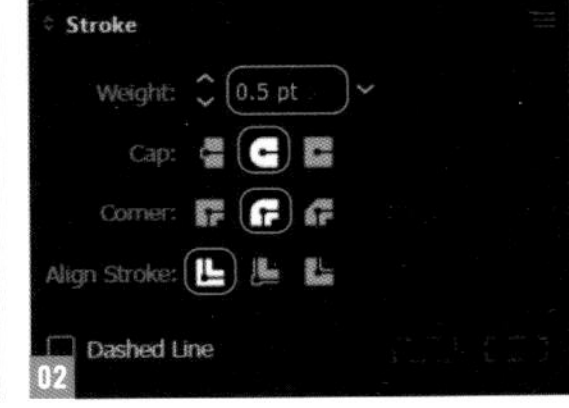

02

03

04

05

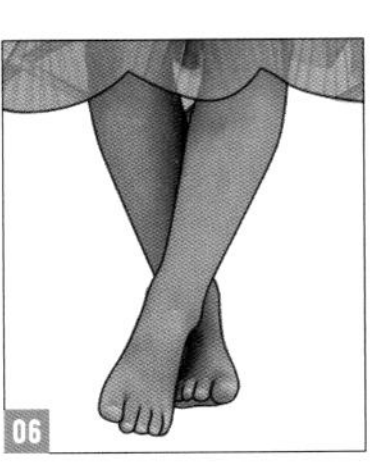
06

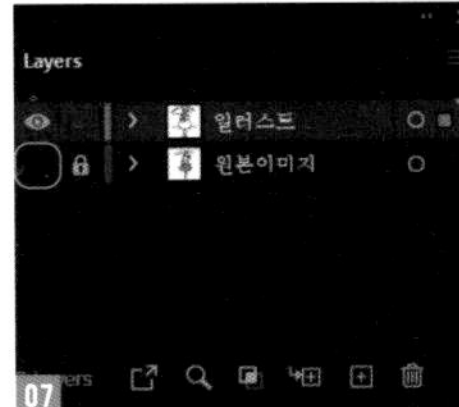

07

08

02 트레이스한 선을 조정하기①

일러스트의 선을 모두 선택하고 선의 굵기를 [Weight:2.5pt]로 설정합니다 09 10.

선을 굵게 했을 때 11 의 빨간색 동그라미 부분처럼 얼굴이나 손, 다리 등이 뭉개져 디테일하게 알기 어려운 부분이 나타납니다.

선을 간략화하기 위해 뭉개진 선을 정리합니다. 12→13 에서는 손가락 사이의 디테일한 선을 정리해 윤곽만 남겼습니다. 14→15 도 마찬가지입니다.

손을 조정하는 것만으로도 16 처럼 상당히 깔끔한 느낌이 듭니다. 발가락도 손가락과 마찬가지로 간략하게 정리합니다. 17→18.

머리도 정리합니다 19→20. 얼굴도 얼굴형에 맞게 정리합니다 21→22.

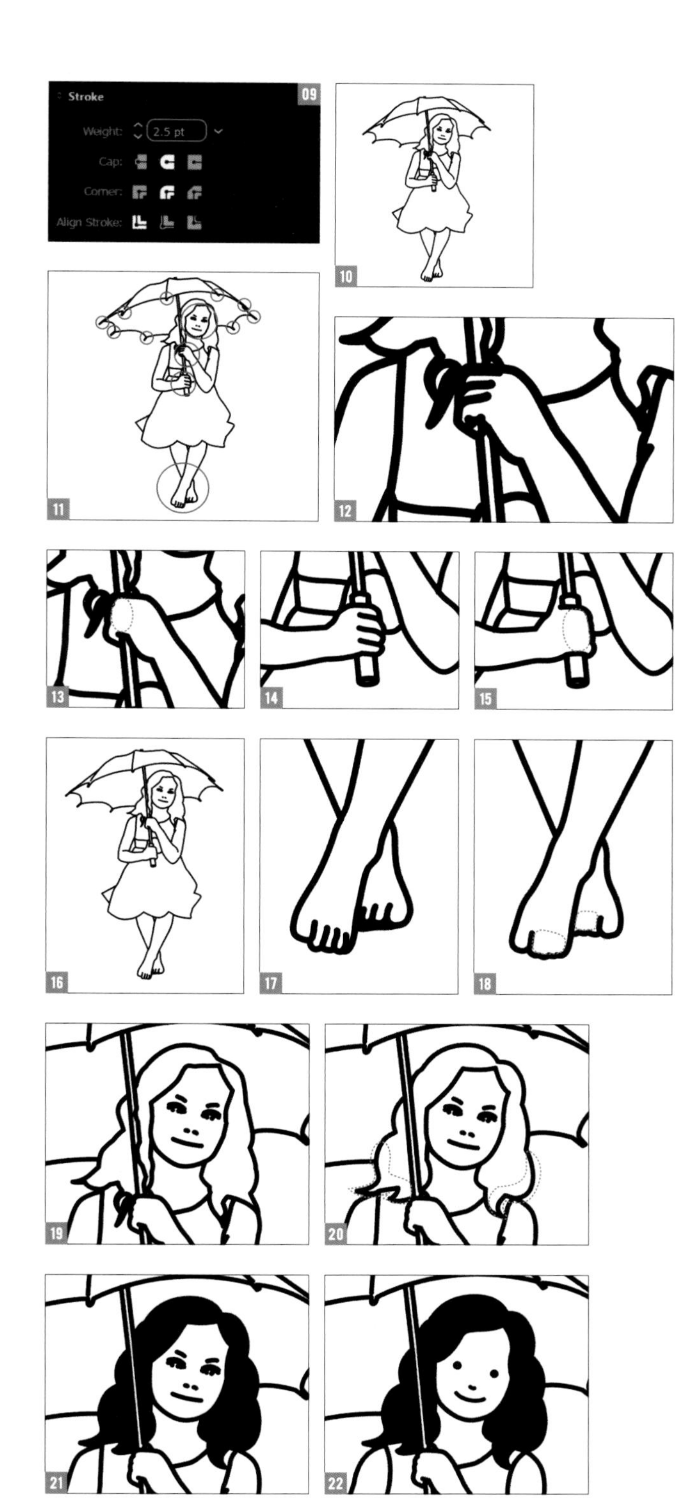

03 트레이스 한 선을 조정하기②

몸의 라인, 실루엣을 조정해 갑니다.
어린아이의 일러스트로서는 23의 부분이 각이 저 보이므로 [Pen Tool] [Add Anchor Point Tool] [Direct Selection Tool] 등으로 매끄럽게 조정해 어린아이다운 실루엣으로 부드럽게 만들어갑니다24.
25의 다리 굴곡의 강약도 약하기 때문에 강조하고, 다리의 굵기도 조정합니다26.
옷의 라인도 전체적인 톤에 맞게 심플하게 잡아 줍니다27 28.
우산은 불규칙한 부분이나 부품을 정돈합니다 29 30.
앉아있는 모습을 알 수 있도록 라인을 넣어줍니다31. 전체적으로 톤이 정리된 일러스트가 완성됐습니다.

04 잘린 곳을 넣어 발랄한 느낌으로 표현하기

32의 빨간색 동그라미 라인 중 겹치는 부분을 모두 분리해 잘린 틈새를 만듭니다. 잘린 곳을 만들어 가벼운 분위기가 표현됐습니다33.
또 34와 같이 긴 라인에도 잘린 곳을 만들어 줍니다. 이번에는 35와 같이 잘린 곳을 만들었습니다. 일러스트가 완성됐습니다.
예제에서는 노란색 바탕을 넣었습니다.

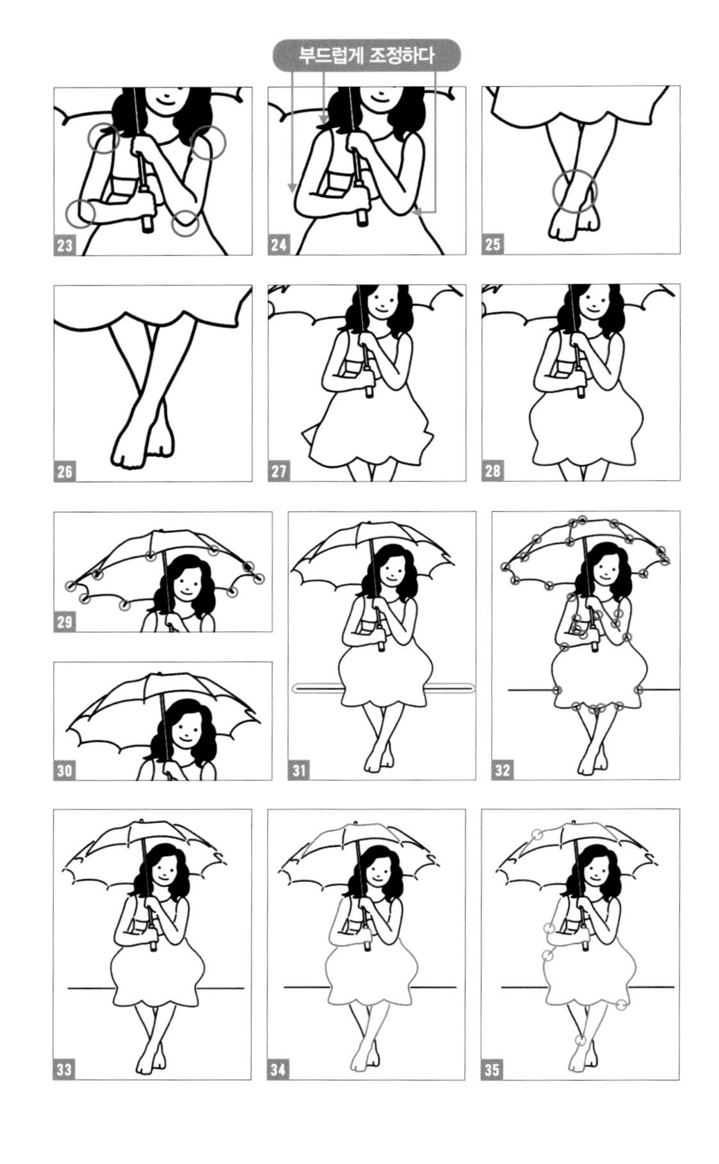

Column

분리하는 포인트

분리하는 부분은 일러스트가 산산조각이 나지 않도록 주의해서 선택합니다.
분리하는 장소를 너무 많이 하면 오른쪽 그림과 같이 일러스트 전체보다 잘린 틈새 쪽으로 시선이 향하기 때문에 뿔뿔이 흩어지는 인상이 됩니다.
또한 긴 라인에 잘린 곳을 만들 때는 라인의 흐름을 막지 않도록 커브의 정점에 잘린 곳을 만들지 않는 것이 좋습니다.

Recipe

085

사진에서 강약이 있는 선화 일러스트 만들기

앞 Recipe에서 사진을 트레이스하여 만든 선화를 바탕으로 강약이 있는 일러스트를 만들어 갑니다.

Design methods

01 변화주기

일러스트레이터를 열고, [소재.ai] 파일을 불러옵니다.

이 소재는 앞의 Recipe에서 사진을 트레이스하여 만든 선화 이미지와 동일합니다. 이번에는 강약을 주어 변화를 주는 작업을 합니다.

01의 빨간색 동그라미 부분에 틈을 만듭니다02. [Tool] 패널에서 [Width Tool]을 선택합니다03.

Point

[Width Tool]은 임의의 부분을 [클릭]→[드래그]해 패스의 선폭을 바꾸어 강약을 표현할 수 있습니다.

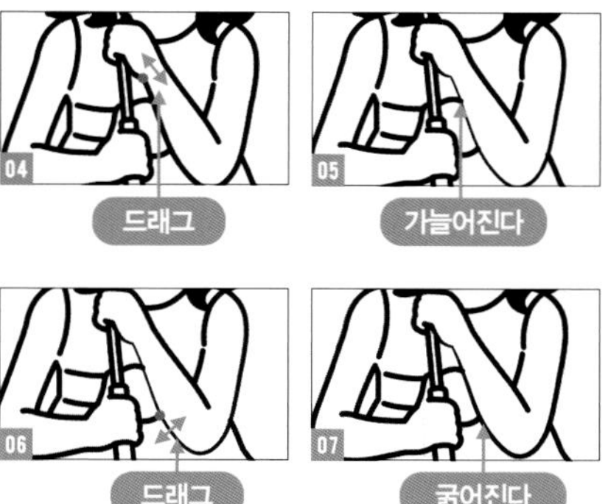

04의 빨간색 동그라미가 있는 곳을 [클릭]→[드래그]해 손의 마디가 선명하게 보이도록 선폭을 가늘게 합니다05. 팔이 가늘게 보이므로 06의 빨간색 동그라미를 [클릭]→[드래그]해 선폭을 굵게 합니다07.

계속해서 팔꿈치 부위를 조금 더 굵게 하고 08 09, 팔뚝 부위를 조금 가늘게 합니다 10 11.
나머지 왼손의 선폭도 동일하게 강약을 표현합니다.
이번에는 12와 같이 정리했습니다.

Point

마디가 되는 부분은 가늘게 하고, 곡선의 산으로 되어 있는 부분을 굵게 하면 강약을 표현하기 쉽습니다.

02 전체에 강약 표현하기

마찬가지로 전체에 강약을 표현합니다 13 14 15 16.
얼굴 톤이 전체적으로 떠 보여 눈에 속눈썹을 그려 조정했습니다 17.
일러스트가 완성됐습니다 18.
이번에는 [레이아웃.ai] 파일과 같이 만들어진 일러스트에 전체적인 채색과 복사를 모두 합하여 제작했습니다.

Chapter 07

—

디자인의 실전

지금까지 배운 것을 실전에서 디자인으로 제작할 때, 어떠한 진행 방식으로 전개되는지 설명합니다.
먼저 아이디어를 창출하는 방법을 배우고, 그다음 의뢰부터 디자인이 완성되기까지의 실제 과정을 확인해 봅니다.

The Practice of Design

Recipe

086 디자이너에게 필요한 인풋과 아웃풋

디자이너에게 꼭 필요한 것이 디자인의 인풋(Input)과 아웃풋(Output)입니다. 마음가짐이나 요령, 추천 도구 등을 확보해 둡시다.

Design methods

01 책을 활용한 인풋

디자인을 인풋하는 데 가장 빠른 길은 '책'입니다. 지금은 인터넷을 통한 학습 방법도 많이 있지만, 역시 책을 통한 인풋만큼 효율이 좋은 도구는 없다고 생각합니다. 책은 많은 사람이 관여하며 형식도 고려하기 때문입니다. 디자인은 물론, 내용에도 상당한 돈과 시간을 들여서 제작하고 있습니다. 작가가 지금까지 시간을 들여 얻은 경험과 기술들을 아낌없이 제공한 내용을 편집자가 읽기 쉽게 편집하여 만든 것이 책입니다. 게다가 1권에 10,000원~20,000원, 전문 서적도 30,000원 전후로 비교적 저렴하게 살 수 있어서 가성비가 매우 좋습니다.
장르를 막론하고 다양한 책을 읽으면 전문적인 지식을 얻을 수 있습니다. 또한 잘 팔리는 책이나 잡지를 읽으면 트렌드와 디자인의 경향 등을 추적할 수 있습니다. 요즘은 킨들(Kindle) 등의 전자 서적으로 책을 읽는 사람도 많아졌지만, 개인적으로는 종이책을 추천합니다. 책에 선을 그으면서 읽다 보면 기억에 오래 남기 때문입니다.
디자인 참고서 등의 책도 정기적으로 사 보세요. 특히 작품 등이 많이 실려 있는 책을 몇 권 가지고 있으면 디자인의 착상을 얻을 수 있어서 디자인을 생각할 때 유용합니다.

여러 가지 디자인을 인풋 할 수 있는 책이 있다.

02 인터넷을 활용한 인풋

책을 활용한 인풋을 아날로그라고 한다면 인터넷을 활용한 인풋은 디지털이라고 할 수 있습니다. 인터넷에서 정보를 제공하는 다양한 매체들이 있지만 큐레이션 앱이나 RSS 리더는 필요한 정보를 한 번에 볼 수 있어서 매우 편리합니다.
특히 제가 이용하고 있는 도구는 RSS 리더의 Feedly입니다. 마음에 드는 사이트를 북마크 해 두면 갱신한 타이밍에 한꺼번에 표시해 줍니다. 다양한 디바이스에서 사용할 수 있으니 꼭 활용해 보기 바랍니다.
또한 사전에 단어를 등록한 뉴스나 기사를 수집하여 정기적으로 메일로 알려 주는 구글 알리미도 추천합니다. 매번 스스로 사이트를 찾아가지 말고 편리한 도구를 사용해 시간을 절약해 나갑시다.
SNS를 통한 정보 수집은 즉시 효과가 있어 편리하지만, 인풋하는 것에 중점을 두었을 때, 좋든 나쁘든 계산된 정보 수집력에 의지하게 됩니다.
개인적으로는 SNS를 인풋에 활용하기보다는 교류와 아웃풋을 위한 도구로 분리하는 것이 좋다고 생각합니다.

Feedly…https://feedly.com/

구글 알리미
https://www.google.com/alerts

03 SNS를 활용한 아웃풋

SNS가 보급되지 않았던 시절에는 자신이 만든 작품을 세상에 알리려면 광고 매체에 게재해 보여줄 기회를 늘리는 방법밖에 없었습니다.
그러나 지금은 쉽게, 누구나 무료로, 정보를 발신할 수 있게 됐습니다. SNS를 통해 작품을 더 쉽게 전달할 수 있게 된 것입니다. SNS를 안 할 수는 없습니다. 꼭, 사용하면 좋을 것입니다.
SNS에는 트위터나 인스타그램, 틱톡, 페이스북 등 다양한 서비스와 애플리케이션이 있습니다. 아웃풋하는 대상에 따라 SNS의 성격은 다릅니다. 자신의 디자인이 어떤 SNS와 성격이 잘 맞을지 생각하고 이용하면 좋습니다.
그리고 SNS에는 정기적으로 아웃풋을 함으로써 보고 있는 사람과의 접촉 빈도를 높이는 것이 중요합니다. 몇 번이고 보면서 팬이 되기도 하고, 기억하는 계기가 되기도 합니다. 즉, 아웃풋을 계속해 가는 환경을 갖추는 것이 중요합니다. 시간이나 기간을 정해 정기적으로 임하거나 완벽을 목표로 하는 것이 아니라 아웃풋 하는 횟수에 주목해 봅시다. 자신이 할 수 있는 범위에서 의식적으로 계속해 나가는 것이 중요합니다.

SNS 아웃풋은 처음에는 반응이 적지만 매일 꾸준히 하면 꼭 보는 사람(응원해주는 사람)이 나타나 동기부여를 할 수 있습니다(왼쪽: 트위터, 오른쪽: 인스타그램).

04 사람과 만나는 아웃풋, 누군가에게 알려주는 아웃풋

인풋으로 얻은 지식을 노트에 적거나, 메모를 하거나, 앞서 말한 것처럼 SNS를 통해 전달하는 것만으로도 충분히 공부가 됩니다.
그러나 한층 더 깊게 이해할 수 있는 방법은 인풋으로 얻은 '지식이나 배움을 누군가에게 전하는 것'입니다. 이것이 제일 좋은 아웃풋이 될 것 같습니다. 즉, 누군가에게 알려주는 행위 자체가 가장 효과 있는 아웃풋 방법이라고 할 수 있습니다.
실제로 사람과 만나서 이야기하거나, 온라인에서 이야기하거나, 세미나에 참석해 교류하거나, 기회가 된다면 세미나의 주최자로서 발표하는 것도 좋습니다. 다양한 경험을 하면 아웃풋의 질이 현저히 향상돼 갑니다.
저도 이 점을 의식하여 2019년에는 세미나나 이벤트에 다수 등단하고, 스스로 기획한 세미나나 이벤트도 주최했습니다.
세미나나 이벤트에서 무언가를 전달하거나 가르치기 위해서는 자료를 정리하거나, 전달하기 쉽게 편집해 보거나, 말하는 연습을 해보는 등 일이 많습니다. 이 중에서 아주 큰 것을 얻을 수 있습니다.
디자이너는 많은 것에 흥미를 가지며 호기심을 갖고 디자인을 제안해 나가는 일입니다. 적극적으로 아웃풋 해 나가는 자세는 앞으로도 중요하다고 생각합니다.

패럴렐 워커의 일의 기술, 비즈니스인도 모르는 일의 노하우(2020).

Password

Password : DESIGN 1
상기 패스워드는 이 책의 도서 페이지에서 샘플 데이터를 내려받을 때 필요한 정보입니다.
자세한 내용은 이 책의 P.11를 확인해 주세요.

Recipe

087 아이디어 창출 방법

'아이디어'란 무엇일까요? 도움이 되는 아이디어를 찾는 방법, 수집할 도구, 형태로 만드는 방법을 소개합니다.

Design methods

01 아이디어를 이해하고 정보에 눈을 돌리는 것부터 시작하기

'아이디어 생산법[1]'이라는 도서에서는 '아이디어란 기존 요소의 새로운 조합 이외에 아무 것도 아니다'라고 정의돼 있습니다.

아이디어는 기존 요소의 조합이기 때문에 요소 하나하나의 수가 많을수록 조합의 수도 많아집니다. 즉, 요소를 많이 나타낼 수 있도록 알아 두는 것이 중요합니다.

그러기 위해서는 앞의 Recipe에서 소개했듯이 평소에 책이나 잡지, 뉴스 등을 보고 인풋을 해 둡니다. 요즘 화제가 되는 트렌드 등 다양한 정보에 눈을 돌려 아이디어의 씨앗을 모으는 버릇을 들일 수 있다면 우선은 준비가 된 것입니다.

02 생각난 아이디어는 곧바로 메모하기

그럼 종이와 연필, 스마트폰을 준비해 아이디어를 생각해 봅시다. 주의할 점은 생각해 낸 아이디어는 바로 메모하는 것입니다. 유감스럽게도 인간은 금방 잊어버리는 동물입니다. 기껏 생각해 낸 아이디어를 그대로 두면 잊어버리고 맙니다.

포스트잇이나 노트, 스마트폰의 메모 앱 등 무엇이든 머릿속에 있는 아이디어를 밖으로 끄집어내 봅시다. 디지털과 아날로그의 양쪽 모두를 구사하여 하이브리드 사용법으로 실시하는 것을 추천합니다.

최종적으로는 일원화해서 정리하면 되므로 어떤 형태라도 신경 쓰지 말고 자꾸자꾸 아이디어를 메모로 남겨둡시다.

Column

컬러 배스에서 아이디어 수집하기

컬러 배스는 '고구(카토 쇼지 저)'에서 아이디어 발상 기법의 하나로 소개돼 있습니다. 컬러 배스(Color Bath) 효과는 영어로 쓰면 'color(색)'을 'bath(뒤집어쓰다)'라는 의미로 '어떤 특정한 것을 의식함으로써 그에 관한 정보가 자연스럽게 눈에 띄기 쉬워지는 심리 효과'를 말합니다.

예를 들어, 오늘의 컬러를 빨간색이라고 결정하고 주위를 보면 평상시보다 빨간색이 눈에 띄기 쉬워지고, 서로 관계가 없는 정보가 랜덤으로 모이는 특징이 있습니다.

이렇게 어떤 특정한 것을 의식하고 아이디어를 수집해 봅니다. 또한 컬러 배스는 어떤 장소에서도 부담 없이 할 수 있으므로 특히 목욕탕 안이나 산책 등 편안한 상황에서 하면 효과적입니다.

1 아이디어 생산법, 제임스 웹 영 저, 이지연 역, 윌북(willbook), 2018년 9월

03 디지털 도구를 사용해 아이디어를 저장하기

수집한 아이디어는 이미지로 저장해 두면 좀 더 기억에 남기 쉬워집니다. 특히 디자이너라면 이미지로 남겨두면 나중에 봤을 때 어떤 아이디어였는지 기억하기가 쉬울 것입니다.
이미지의 수집이나 저장에는 디지털 도구가 좋습니다. 여기에서는 '핀터레스트' 와 'd매거진' 을 소개합니다.

• 핀터레스트(Pinterest)
핀터레스트는 인터넷에서 자신이 좋아하는 사진이나 이미지를 자신의 전용 코르크 보드에 핀을 꽂아 모으거나 이를 공유할 수 있는 서비스입니다. 핀으로 지정한 이미지는 폴더를 나누어 정리해 둘 수도 있습니다. 간단하게 이미지를 저장할 수 있어 편리합니다.

• d매거진
d매거진은 주간지나 무크지 등 500권 이상을 무제한으로 읽을 수 있는 유료 서비스입니다. 브라우저나 앱을 이용해서 디바이스를 신경 쓰지 않고 읽을 수 있습니다.
서점에서 책을 찾을 때는 자신이 좋아하는 장르의 책만 보는 경우가 많은데, d매거진의 읽기 무제한 서비스와 디지털로 전체를 조감할 수 있는 장점을 조합하면 평상시에는 관심을 두지 않던 장르의 책이나 잡지도 쉽게 접할 수 있습니다. 새로운 착상을 얻기 쉽다는 점에서 굉장히 편리합니다.
d매거진은 장르를 불문하고 많이 게재되고 있으며 또한 발간일에 갱신되고 있습니다. 실시간으로 현재 진행형 디자인을 볼 수 있다는 점에서도 앞서 말씀드린 트렌드를 따르는 데 활용할 수 있어 추천합니다.

04 마인드맵을 사용해 아이디어 전개하기

하나의 주제를 전개하는 방법으로 저는 마인드맵을 사용하고 있습니다.
마인드맵을 만들려면 우선 종이(흰색의 큰 백지가 좋다) 1장을 준비하고 한가운데에 주제를 크게 씁니다. 그 주제로부터 생각나는 것이나 관련 있는 요소 등을 주제의 주변에 생각나는 대로 써봅니다.
주제 주변에 쓴 단어를 동그라미나 네모를 둘러서 알기 쉽게 하고, 가운데에 쓴 주제와 선으로 연결합니다. 이것을 반복해 방사선 형태로 단어를 넓혀 갑니다.
이 시점에서는 앞뒤 생각은 하지 않고 제한 없이 써나가는 것이 중요합니다. 쓰는 도중에 비어있는 곳에 메모하거나, 생각난 단어를 마구 써도 괜찮습니다.
쓰다 보면 머릿속이 정리되고, 마음이 쓰이는 단어에 마킹을 하거나 단어끼리 연결해보거나 대비를 시키거나 다양한 관계성을 찾아서 아이디어로 연결해보기 바랍니다.
또한 손으로 쓰는 것도 좋지만 마인드맵에 활용할 수 있는 디지털 도구도 갖춰져 있습니다. 디지털 도구를 사용하면 화면을 보면서 위치를 움직일 수 있어서 편리합니다.
개인적으로 추천하는 도구는 마인드마이스터(MindMeister) 서비스입니다. 온라인으로 마인드맵을 만들고, 다른 사용자와도 공유할 수 있는 도구입니다. 마인드마이스터는 설치하지 않고 브라우저에서 바로 사용할 수 있으며 다양한 단말기에서 접속할 수 있습니다. 경쾌한 조작으로 마인드맵을 만들 수 있으며, 데이터는 클라우드에 자동으로 저장되므로 스트레스 없이 조작할 수 있습니다. 구글 크롬 웹 스토어에서 확장 플러그인으로 추가해 사용할 수도 있습니다.

Pinterest … www.pinterest.co.kr

d 매거진 … https://magazine.dmkt-sp.jp/

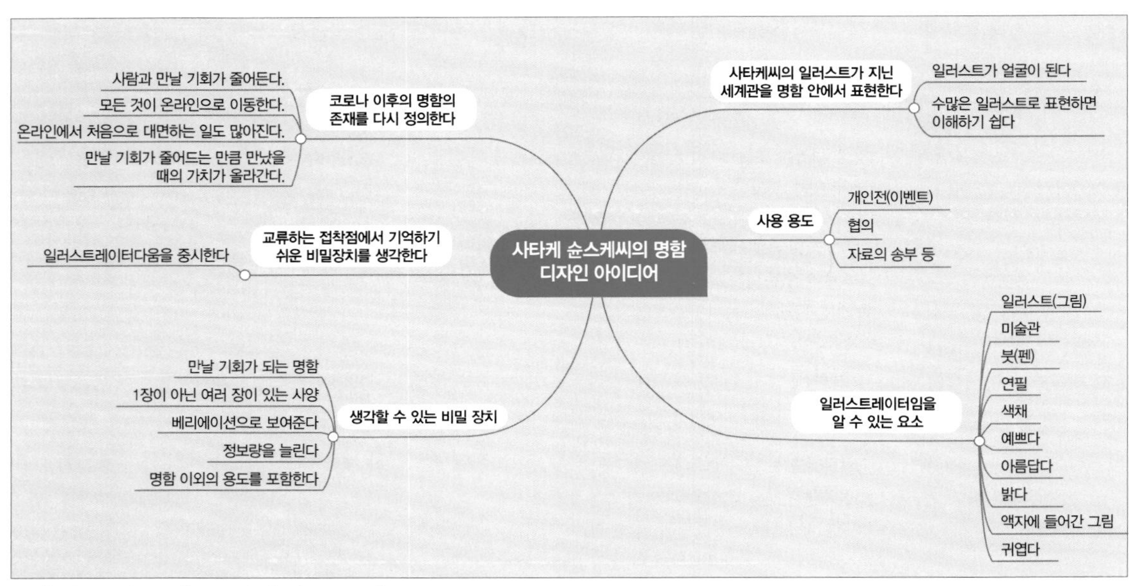

MindMeister … https://www.mindmeister.com/ja

05 전개된 정보를 아이디어 스케치로 정리하기

전개된 아이디어는 최종적으로 취합해 다듬는 작업을 합니다. PC를 사용해 디지털로 정리해 나가는 것도 하나의 방법이지만, 저는 손으로 정리하면 좀 더 사고가 정리되기 때문에 종이를 추천합니다.

쓰는 방식에 규칙 같은 건 없습니다. 다소 엉성해도 좋으니까 쓰면서 정리해 나간다는 생각으로 머릿속에서 생각을 짜내면서 아이디어를 가다듬어갑니다.

종이는 노트든 복사 용지든 상관없지만, A4 크기의 가로형, 모눈종이 타입이 편리합니다. A4 크기는 비즈니스에서 가장 많이 사용되는 규격이며, 동시에 데이터를 스캔할 때도 사용할 수 있어 범용성이 높고 다루기 쉽기 때문입니다.

모눈종이 타입으로 하면 선이나 도형을 그리기 쉽고, 문자도 선을 따라 쓸 수 있습니다. 나중에 다시 봤을 때 정갈하고 깔끔해 보입니다.

그린 아이디어 스케치를 '이런 느낌으로 생각하고 있습니다'라고 그대로 상대방에게 보여 주는 것도 좋습니다. 그것을 보면서 PC에 디자인으로 입력해 가는 것도 좋습니다. 최종적인 아이디어가 정리돼 있기 때문에 다양하게 사용할 수 있습니다.

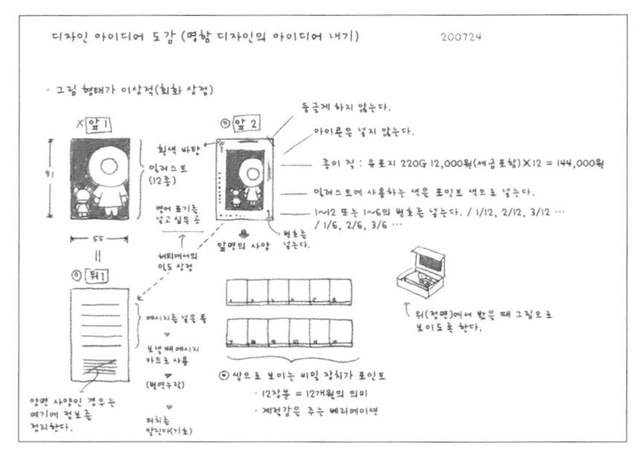

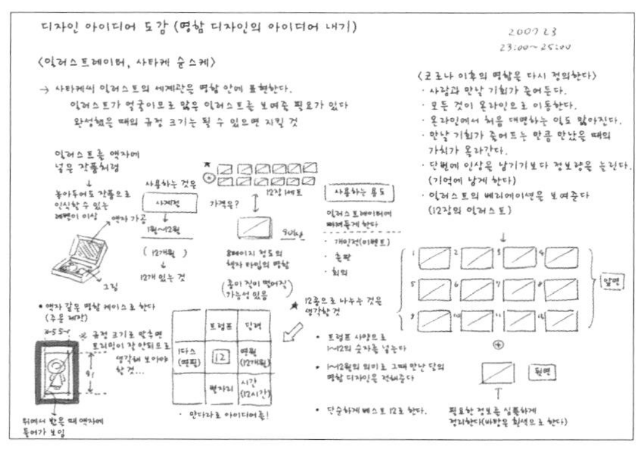

Column

SNS를 활용한 정보 전달

제작 과정을 블로그나 노트 기사로 정리한 다음 SNS를 활용해 게시하면 많은 사람이 볼 수 있습니다. 이는 자신을 알릴 수 있는 계기가 되기도 합니다.
또, 일에 대한 생각이나 디자인과 마주하는 방법 등을 날마다 SNS 등으로 전달하면 신뢰나 신용도 얻을 수 있습니다.
동시에 제작 과정을 SNS에 알리면서 진행하는 것도 하나의 방법입니다. 기본적으로 기업 안건의 제작 과정을 공개로 진행하기는 어렵지만, 자신의 제작물(웹 사이트나 명함 등)이나 과제, 사전에 클라이언트의 승낙을 구했다면 그 자체가 프로모션이 될 수 있으므로 적극적으로 전달해 나갑니다.
또한 클라이언트가 발주할 때 불안하다고 느끼기 쉬운 성과물의 질이나 제작할 때의 과정, 비용 등도 가능한 한 개방함으로써 클라이언트가 발주할 때의 의문이나 불안을 해소할 수 있고, 이를 통해 업무 수주로 연결되기도 쉬워집니다. SNS를 셀프 브랜딩이나 비즈니스로 활용하는 것을 추천합니다.

그렇다고는 해도 온라인에서의 정보 전달에만 치우치지 말고, 오프라인(리얼)에서의 정보 전달이나 교류에도 균형을 맞추면서 능숙하게 운용해 나가는 것이 무엇보다 중요하다고 생각합니다.

https://note.com/niguridesign/m/m80774965c809

Column

한계가 있는 예산과의 대면 방식

디자인 제작에 있어서는 단지 상대방이 요구하는 것을 디자인하면 되는 것이 아닙니다. 제작에 쓸 수 있는 예산과의 균형도 생각하면서 추진해 나가야 합니다.
클라이언트가 예산이 없는 상태에서 프로젝트를 진행하는 경우는 거의 없기 때문에 클라이언트가 머릿속에 그리고 있는 예산을 미리 듣고 시작합니다. 제작을 시작하는 첫 단계에서 돈 이야기를 꺼내는 것이 꽤 어려울지도 모르지만 예산에 따라 제작을 진행하면서 선택할 수 있는 매체나 종이, 크기 등의 사양이 크게 달라집니다. 그 판단을 하기 위해서라도 클라이언트에게 사전에 예산을 물어보는 것이 매우 중요합니다.
또한 예산이 적은(예산에 한계가 있는) 경우에도 클라이언트로부터 [해주셨으면 좋겠다]는 고마운 요청을 받기도 하므로 그렇게 됐을 때 임기응변으로 대응할 수 있도록 준비해 둡니다. 한정된 예산(비용) 안에서 제작을 진행해야 하는 경우에는 공수나 교정 횟수를 줄이거나 디자인, 기획의 제안 수를 줄이거나 납기를 연장하는 등의 조정을 한 후 가격과의 균형을 보면서 진행합니다. 들인 비용만큼의 가치를 제공한다는 개념이 아니라 예산 안에서 최고의 퍼포먼스를 발휘할 수 있도록 열심히 노력한다는 생각을 갖는 것이 디자이너에게 중요한 사항이라고 생각합니다.

Recipe

088

실제 흐름 ①

히어링 방법

지금부터는 실제 제작 과정을 예로 들어 설명합니다. 일러스트레이터 사타케 슌스케씨의 명함디자인을 만들어갑니다.

Design methods

01 히어링의 중요 포인트

여기에서는 실제로 클라이언트에게 히어링하며 디자인을 만들어가는 흐름을 소개하겠습니다. 히어링을 실시하는 데 중요한 점은 크게 다음의 2가지입니다.

첫 번째는 **'문제점이나 과제를 분명히 하는 것'**입니다.
'디자인=문제해결'이므로 우선은 무엇을 위해서 이 디자인을 제작하느냐는 근본적인 문제점이나 과제를 밝혀내 정리해 나가야 합니다.

두 번째는 **'디자인의 방향성을 정해나가는 것'**입니다.
정리된 문제점이나 과제에 대해 클라이언트의 머릿속에 있는 이미지나 생각을 언어화하거나 때로는 비주얼화하면서 디자인의 방향성을 정해나갑니다.
이처럼 문제점이나 과제를 해결하기 위해서는 어떤 방법으로, 어떻게 접근하여, 어떤 도구를 이용하면 적절한지를 클라이언트와 대략 결정합니다.
이러한 대화를 정중하게 하면서 서로의 생각을 조율하여 '서로의 이미지를 공유해 나가는 작업'이 히어링이라고 생각하면 이해하기 쉬울 것입니다.

02 히어링 시트로 클라이언트와 정보 공유하기

우선은 클라이언트의 머릿속에 있는 생각이나 과제를 볼 수 있게 (언어화)하는 것부터 시작합니다. 사전에 클라이언트에게 히어링 할 항목을 엑셀(혹은 스프레드시트※ 등)로 정리해 두고 공유하면 편리합니다.
클라이언트에게 이 시트를 보내 사전에 작성을 부탁하거나 온라인에서의 협의 자료로 활용하면 협의를 원활하게 진행할 수 있습니다.

▼이번에 디자인을 발주하는 클라이언트

사타케 슌스케 Shunsuke Satake

프리랜서 일러스트레이터. 고베 거주. 데포르메 한 동물의 그림을 그리는 것이 특기.
2020년에 작품집 ≪PRESENT≫를 출판.

https://naturalpermanent.com/

※ 스프레드시트… 구글에서 제공하는 표 계산 소프트웨어. 구글 스프레드시트. 리스트 등에도 사용 가능. 온라인에서 쌍방향으로 수정할 수도 있어 편리하게 사용할 수 있다.

03 히어링의 10개 항목

저는 아래 10개의 히어링 항목을 이용해 협의에 임했습니다. 아래의 히어링 항목은 클라이언트에게 최소한의 요청(정보)을 도출할 수 있는 항목을 정리한 리스트입니다. 이 책에서는 명함 디자인의 실례로 설명하고 있지만, 다른 디자인 매체에도 사용할 수 있는 범용성이 높은 내용입니다. '명함' 부분을 다른 이름으로 바꿔서 조정해 사용하세요. 만약 히어링에서 모르는 부분이 나와도 최종적으로 협의 중에 채워가면 되므로 문제없습니다.

히어링 항목

- **01.** 명함을 사용하는 목적(goal) ······ 명함의 본래 목적은 기억시키기. 그 전에 목적을 명확하게 하고 접근한다.
- **02.** 명함을 건네는 상황(건네는 방법) ······ 명함을 건네는 상황을 이미지화해서 받는 사람의 마음이 되어 디자인을 생각한다.
- **03.** 넣고 싶은 정보 ······ 명함의 지면에 넣고 싶은 정보를 듣고, 클라이언트의 요청을 바탕으로 한 디자인을 생각한다.
- **04.** 사용하고 싶은 색상 ······ 명함에 사용하고 싶은 색을 물어보고 이미지에 맞는 색 조합을 생각해 본다.
- **05.** 명함 크기 ······ 명함 크기를 규정 사이즈(91×55mm)로 맞출지 여부(규격 외 사이즈라도 문제없는지)를 확인한다.
- **06.** 명함의 형태 ······ 명함 본체의 형태를 물어보고 형태나 접는 방법, 구멍 뚫기 등의 장치와 아이디어를 생각한다.
- **07.** 명함의 종이 질 ······ 명함에서 사용하고 싶은 종이 질을 물어보고 디자인 이미지에 맞는 종이 질을 고른다(최소한 광택지인지 매트지인지는 묻는다).
- **08.** 사용하고 싶은 서체(폰트) ······ 명함으로 사용하고 싶은 서체(폰트)를 물어보고 디자인 이미지에 맞는 서체를 고른다.
- **09.** 디자인의 분위기 ······ 명함에 넣고 싶은 인상이나 상상하는 이미지를 묻는다. 이미지 사진 등이 있으면 이해하기 쉽다.
- **10.** 구체적인 이미지 ······ 사전에 명함의 비전을 생각하고 있다면 러프한 이미지나 사진 등 구체적인 것이 있으면 이해하기 쉽다.

04 히어링 할 때의 주의점

때로는 클라이언트가 생각하는 이미지가 내가 생각하는 이미지와 맞지 않을 때가 있지만 기본적으로는 클라이언트의 의견이나 희망을 존중하는 자세가 중요합니다.

클라이언트가 전달하고자 하는 의도이거나 왜 그런 생각을 하게 됐는지를 다시 한번 들은 후에 다른 표현 방법은 없는지 살펴보도록 합니다.

또, 디자인의 이미지를 공유할 때는 참고 이미지를 이용해 비주얼에 접합한 것을 추천합니다. 문자만으로는 이미지가 전해지기 어렵기 때문에 비주얼을 이용해 공유해 두면 일이 부드럽게 진행됩니다.

클라이언트마다 스탠스도 다르므로 연락 방법이나 도구를 맞추거나 회의도 오프라인으로 하는지 온라인으로 하는지 등 임기응변으로 대응합시다.

번호	항목	내용	사타케 씨의 회답
01	명함을 사용하는 목적	명함을 상대방에게 줌으로써 어떤 결과를 얻고 싶은가?	이름과 그림을 세트로 하여 기억하기 쉬우면 좋겠습니다.
02	명함을 건네는 상황(건네는 방법)	통상 사용, 이벤트에서의 배포 목적(이벤트 참석자) 등	미팅, 전람회, 이벤트, 자료 및 서류 송부 시
03	넣고 싶은 정보	직함, 이름, 주소, 전화번호, 메일 주소, 얼굴 사진, SNS나 홈페이지 안내 등	세세한 주소는 필요 없음(효고현 고베시까지로 충분합니다), SNS, 홈페이지, 메일 주소는 필요합니다.
04	사용하고 싶은 색상	산뜻한 계열, 따뜻한 계열, 차가운 계열, 파스텔 계열 등	계열은 맡기지만 그림과 같이 색의 수는 적은 것이 좋겠습니다.
05	명함의 크기	일반적인 크기는 91×55mm(특수 사이즈도 가능)	보통 크기로 부탁합니다.
06	명함의 형태	세로형, 가로형, 원형, 잘라내는 형태, 2단접이, 3단접이 등	디자인에 맞게 필요하다면 부탁드립니다
07	명함의 종이 질	광택지, 매트지, 상질지, 특수지 등	매트 계열 혹은 머메이드지 등 감촉이 있는 종이를 좋아합니다.
08	사용하고 싶은 서체(폰트)	고딕계, 명조계, 해서체계, 행서체계, 팝계, 둥근 고딕계 등	고딕계로 생각합니다.
09	디자인 분위기	쿨, 멋짐, 귀여움, 팝, 내추럴, 심플, 시크 등	팝, 심플한가요?
10	구체적인 이미지	QR코드를 넣고 싶다, 두 번 접은 명함으로 하고 싶다, 정보를 많이 넣고 싶다 등	작품이 들어가도 좋다고는 생각하지만, 좋은 쪽으로 부탁드립니다.

가장 오른쪽 줄이 사타케 슌스케 씨가 써준 내용입니다. 이렇게 클라이언트가 생각하는 이미지를 볼 수 있게 (언어화)하는 것으로, 아무것도 없는 것에서 시작할 수 있는 상태로 만드는 것이 첫 번째 공정으로서 중요합니다.

Recipe

089 실제 흐름 ②

아이디어의 정리

히어링으로 얻은 내용을 바탕으로 정보를 정리하고 디자인의 아이디어로 연결해 나가는 작업을 소개합니다.

Design methods

01 목적 확인하기

앞 페이지의 10가지 항목 중에서도 특히 중요한 것이 '01.명함을 사용하는 목적(goal)'입니다.
명함은 '자기소개를 위한 것'이지만 그 전에 목적을 더욱 명확하게 하고 명함의 디자인을 할 필요가 있습니다.
만약 '목적(goal)'을 명확하게 하지 않고 디자인을 만들면 명함의 방향성이 흔들리고, 상대방이 기억할 기회를 놓쳐버리는 명함이 될 수도 있습니다. 제대로 목적(goal)을 정하고 디자인을 진행해 나갑니다. 이번에는 일러스트레이터인 사타케 슌스케 씨의 명함 디자인의 목적을 확인합니다.

02 목적이나 사용 예를 상상하여 더욱 좋은 디자인 만들기

사전에 온라인으로 협의했는데, 명함을 사용하는 목적은 이름과 그림을 세트로 기억하기 쉽게 하는 것. 명함을 건네는 상황은 회의, 전람회, 이벤트, 자료나 서류를 보낼 때라고 들었습니다.
일러스트레이터의 명함을 디자인할 때는 일의 얼굴이 되는 일러스트의 세계관을 망가뜨리지 않게 디자인하는 것이 중요합니다.
이를 고려하다 보니 사타케 슌스케씨가 자랑으로 여기는 일러스트를 명함 안에서 가능한 한 변화를 주어 표현함으로써 명함을 사용하는 목적이기도 한 '이름과 그림을 세트로 기억하기 쉽게'하는 것을 실현할 수 있지 않을까라고 생각했습니다.

일러스트레이터/사타케 슌스케

- 사타케씨 일러스트의 세계관을 명함 안에서 표현하는 것.
- 일러스트가 얼굴이기 때문에 가능한 한 많은 일러스트로 표현하면 이해하기 쉽다.

⊙ 사용 용도가 개인전(이벤트), 협의 자료 송부

일러스트레이터다움

교류하는 접촉점에서 기억하기 쉬운 비밀 장치를 만들어 세계관과 연결시킨다.

〈일러스트레이터라면 알 수 있는 요소 · 키워드〉

- 일러스트(그림). 미술관. 붓. 펜. 색채
액자에 들어간 그림. 예쁘다. 아름답다. 귀엽다. 밝다

〈코로나 이후의 명함의 존재를 다시 정의하고 싶다〉

⊙ 사람과 만날 기회가 줄어든다.(명함을 사용하지 않는다!?)

- 모든 것이 온라인으로 이동한다.
- 온라인에서 처음 대면하는 일도 많아진다.
- 만날 기회가 줄어드는 만큼 만났을 때의 가치가 올라간다.

⊙ 만날 수 있는 계기가 되는 명함으로 만든다.

- 1장이 아니라 여러 장이 있는 비밀 장치
- 베리에이션으로 매료시킨다(정보량을 늘린다).

⊙ 명함 외의 사용 용도를 포함시킨다(기능성).

아이디어 스케치로 정리한 아이디어 메모① 목적을 이루기 위해 온갖 생각을 다 하고 있습니다.

03 아이디어 창출 방법

여기서 추출할 수 있었던 항목과 애매한 아이디어를 형태로 할 수 있도록 우선은 종이나 노트와 펜을 준비하고, 머리에 있는 이미지를 그저 종이에 써봅니다.

이 단계에서는 글자뿐만 아니라 간단한 도해를 넣어가면서 쓰다 보면 머릿속을 정리하기 쉽습니다. 예쁘게 쓰는 것이 중요한 것이 아니라 단순히 지금 머릿속에 그려져 있는 것들을 밖으로 꺼내기 위한 것이기 때문에 겉모양은 신경 쓰지 말고 아이디어를 마음대로 종이나 노트에 쓰면 됩니다.

또, 도형이나 도해 등에 색을 넣어 강조하면 전체적으로 보기 쉬워지므로 추천합니다. 색을 여러 색으로 넣어 눈에 띄게 하는 것이 아니라 나중에 종이나 노트를 다시 봤을 때 누가 봐도 인식하기 쉽도록 적은 색(1~2색)으로 정리해 두면 보기 쉬워집니다.

Point

종이 질이 좋으면 필기하기도 좋고 뒷면에 찍힘도 적기 때문에 아이디어 스케치를 하는 동기부여에도 좋습니다. 큰맘 먹고 고급 노트나 스케치북을 사는 것도 방법입니다!

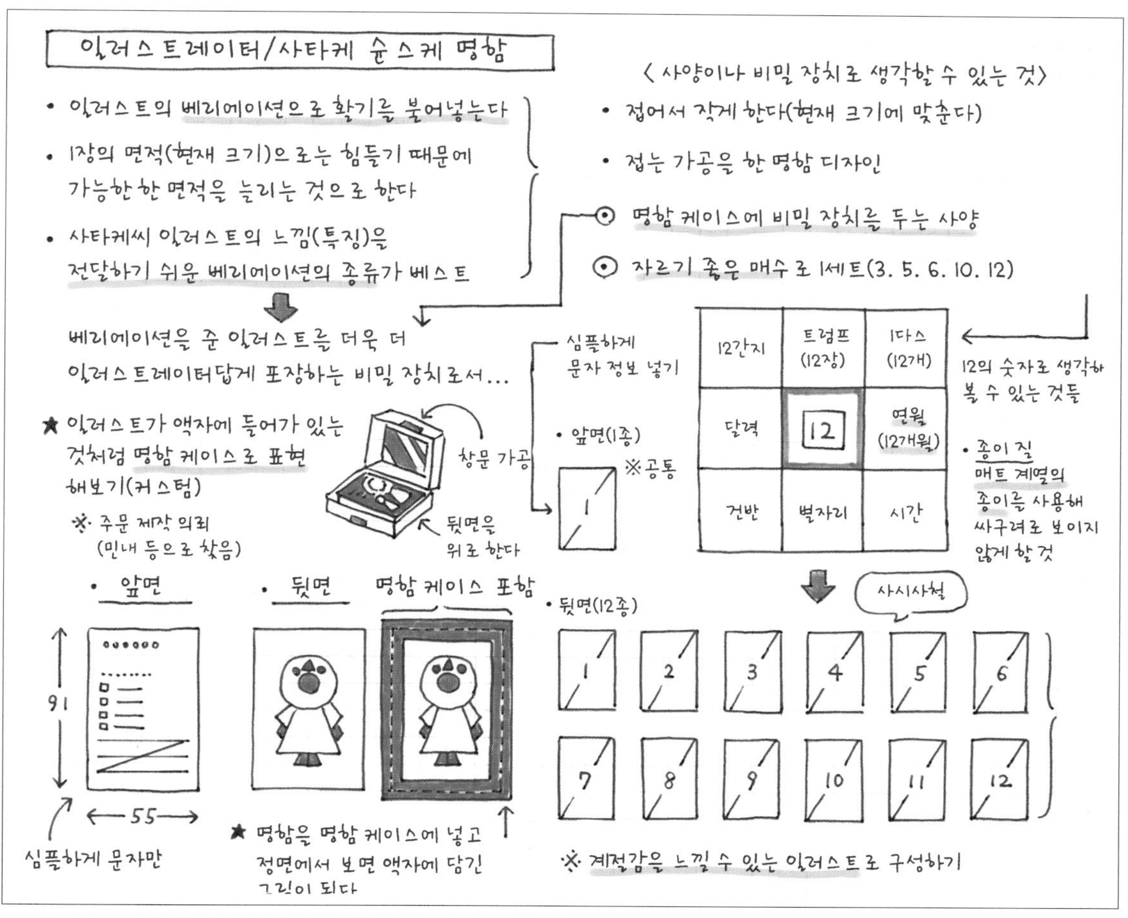

아이디어 스케치로 정리한 아이디어 메모② 정리한 정보에서 아이디어를 창출합니다. 여기에서는 계절감을 느낄 수 있게 12종류의 명함과 명함 케이스에 담아 보여줌으로써 존재감을 드러내는 아이디어를 도출했습니다.

Recipe

090

실제 흐름 ③

디자인에 몰두하기

종이나 노트에 적은 아이디어나 이미지를 바탕으로 디자인을 만들어 '디자인 제안서'로 만듭니다.

Design methods

01 디자인 콘셉트를 언어화하기

일러스트레이터 사타케 슌스케씨의 세계관을 알기 쉽고 심플하게 전하는 명함 디자인을 목표로 했습니다.

코로나로 사람과 만날 기회가 줄어들고 있는 상황에서 명함의 역할을 다시 정의하며 범용성 높은 도구로서 다음 세 가지를 고집한 명함 디자인을 생각했습니다.

① **메시지**

② **인테리어**

③ **퍼포먼스**

제안서의 디자인을 제작할 때 포인트

- 폰트는 같은 폰트 패밀리를 사용해 통일감을 느끼게 한다.
- 폰트의 색은 검은색 한 가지 색으로 통일하고 아주 조금 연하게 (K8595%) 한다.
- 문자나 작품(제작물)의 라인을 맞춰 레이아웃한다.
- 불필요한 것은 넣지 않고, 여백을 넉넉하게 해 심플한 디자인으로 한다.
- 폰트를 눈에 띄지 않는 크기로 하고, 작품(제작물)이 눈에 띄는 레이아웃으로 한다.

Column

제안서의 사양

디자인 제안서는 어디까지나 비주얼을 중심으로 한 형태로 합니다. 문자는 너무 돋보이지 않도록 색상이나 크기, 서체 선택에도 신경을 쓰면서 디자인합니다.

또, 출력하기 쉬운 A4 크기의 가로형으로 작성하는 것도 하나의 방법이지만, 왼쪽 아래의 그림과 같이 16:9의 비율도 좋습니다. 16:9 비율은 화면에서 확인할 때 보기 쉽고, 그대로 슬라이드로도 사용할 수 있습니다.

그리고 16:9의 비율을 종이로 출력하면 상하에 여백이 생기지만 여백에 메모하거나 수정 지시를 내리거나 할 때 편리하므로 추천합니다.

16:9 (와이드)

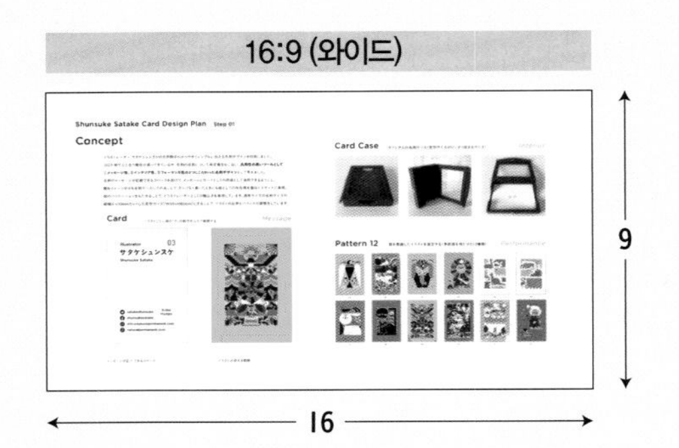

A4 가로

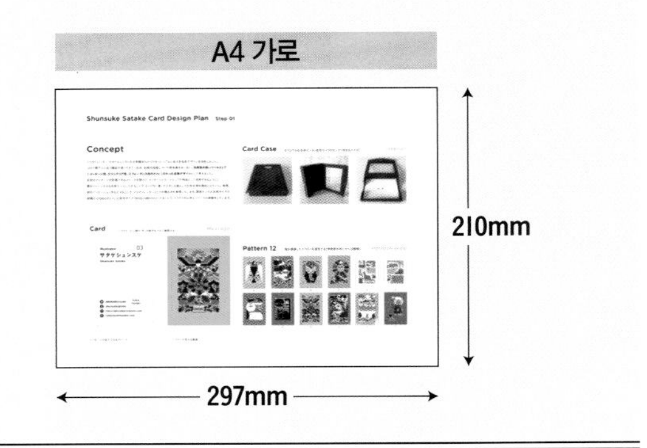

명함에 메시지를 기재할 수 있는 공간을 마련하고, 메시지 카드로 활용할 수 있게 했습니다. 이마를 연상시키는 명함 케이스(맞춤)에 넣는 것으로, 자연스럽게 놓았을 때도 그림으로서의 존재감을 줄 수 있게 재미있고 스마트하게 표현했습니다.

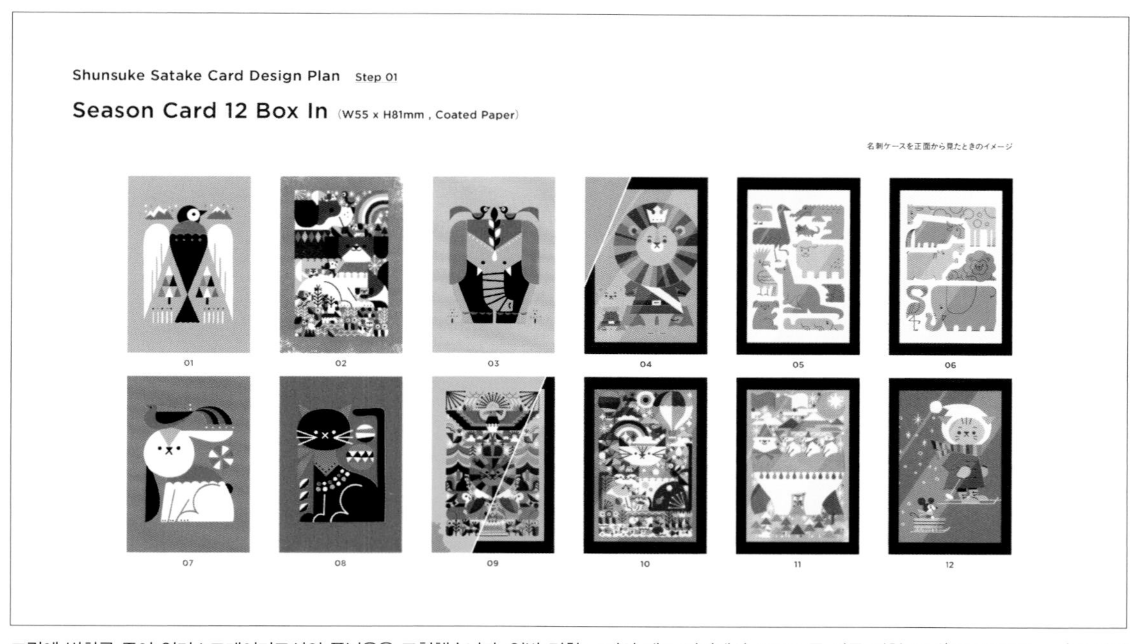

그림에 변화를 주어 일러스트레이터로서의 폭넓음을 표현했습니다. 일반 명함 크기의 세로 길이에서 10mm를 자른 변형 크기(W55×H81mm)로 하여 일러스트의 비율과 밸런스를 조정했습니다.

Recipe

091

실제 흐름 ④

브러시업과 교정 완료

클라이언트의 요청에 맞춰서 디자인 및 문자를 수정하고 조정해 나갑니다.

Design methods

01 클라이언트의 요청을 확인하고 브러시업 하기

별도 메시지로 전 페이지의 12장이 1쌍인 제안 외에 추가로 일러스트의 균형 등도 고려해 좀 더 페이지를 줄인 제안(5~6장 1쌍)도 전달했습니다.

12개월 12패턴의 계절감을 느끼게 하는 제안은 클라이언트인 사타케 슌스케씨 쪽에서 명함에 사용할 수 있는 일러스트 12장이 갖춰지지 않은 문제가 있었습니다. 최종적으로는 사타케 슌스케씨 쪽에서 자신의 취향을 표현하기 쉬운 일러스트를 5장으로 좁혀, 이를 기초로 재차 제안서를 작성했습니다.

아래의 제안서가 최종입니다. 이 디자인으로 교정을 마치고 완성했습니다.

Point

디자인을 브러시업 할 때는 클라이언트의 수정 의도를 제대로 헤아리는 것이 중요합니다. 경험상 '여기를 이렇게 해 주었으면 좋겠다'라고 명확하게 이야기하는 클라이언트는 적고, 클라이언트의 추상적인 말이나 의견, 희망 등을 파악해 디자인으로 반영해야 할 때가 많았습니다.

그때는 구두로의 교환은 최대한 지양하고 메일 등으로 기록을 남겨 실수가 없도록 합시다.

또한 수정하는 횟수도 디자인에 착수하기 전(견적 단계)에 설정해 클라이언트에게 제안하는 것을 권장합니다.

제안서 1페이지의 콘셉트 사타케씨에게 제안을 보여 주고 검토한 결과, '사용할 수 있는 일러스트의 범위 내에서 계절감을 갖게 한 일러스트를 전개하는 것이 어려울지도 모른다'라는 이유로 재차 교환했습니다.

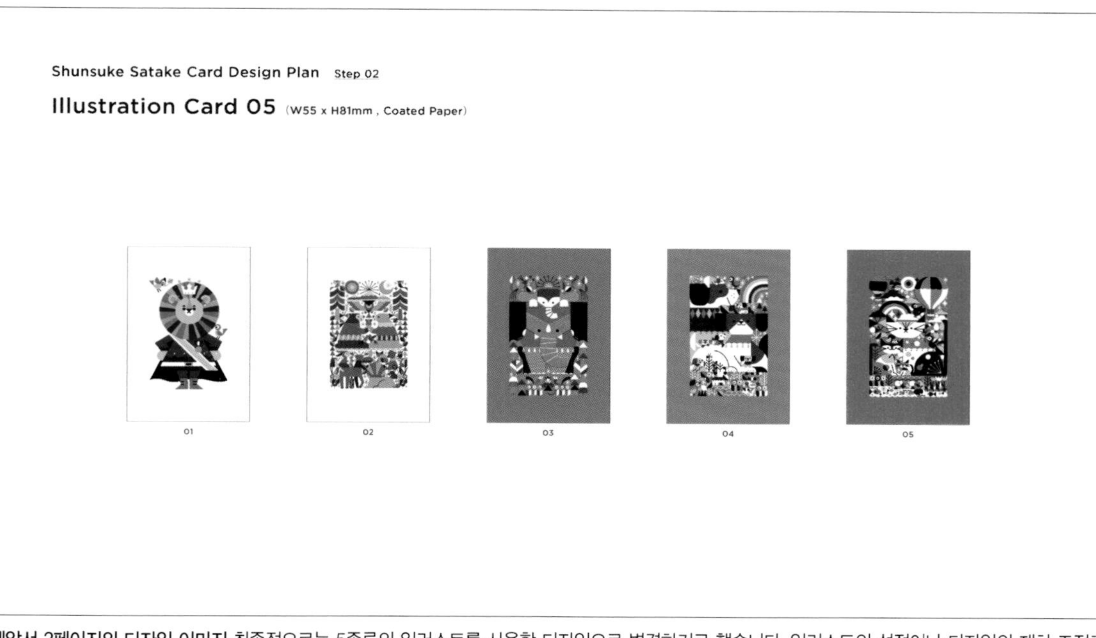

제안서 2페이지의 디자인 이미지 최종적으로는 5종류의 일러스트를 사용한 디자인으로 변경하기로 했습니다. 일러스트의 선정이나 디자인의 재차 조정해 사타케 씨의 일러스트의 특징을 이해하기 쉬운 상기의 5개의 일러스트로 좁혔습니다.

제안서 3페이지의 명함 케이스에 넣은 이미지 일러스트의 크기도 명함 케이스에 맞춰 재차 조정해 명함 케이스에 넣었을 때 1장의 그림으로 보이도록 궁리했습니다.

Recipe

092 완성 후 촬영해 포트폴리오에 남기기

디자인이 완성된 후에는 포트폴리오로 남깁니다. 모든 매체에 사용할 수 있도록 성과물을 촬영해 사진으로 만드는 것을 추천합니다.

Design methods

01 포트폴리오란

포트폴리오란 '실적을 나타내기 위한 작품집'이라고 생각합니다. 지금까지 자기 자신이 다뤄온 작품이나 프로덕트, 서비스 등의 실적을 나타내기 위한 중요한 보관소입니다.

포트폴리오는 아날로그와 디지털로 나누어 정돈하는 것이 좋습니다. 아날로그란 종이나 인쇄물(책자)을 가리키고, 디지털이란 웹 사이트나 SNS를 가리킵니다.

제삼자에게 소개하면서 빠른 대응이 요구될 때는 디지털인 어프로치를, 면접이나 협의 등 직접 만나 이야기를 할 수 있는 상황이라면 작품을 보면서 천천히 이야기할 수 있는 아날로그인 어프로치를 선택하면 좋습니다.

02 포트폴리오의 사진 발주 방법

이번은 사타케 슌스케씨의 SNS의 프로필이나 출판된 서적의 표지에도 사용되고 있는 라이언 일러스트를 이미지 할 수 있도록 배경을 밝은 오렌지색으로 했습니다.

콘셉트를 전하기 쉽도록 추구한 다음, 카메라맨이 사진을 촬영했습니다. 회의 때도 명함에 사용하는 일러스트의 세계관이나 명함 케이스의 비밀 장치(명함이 이마의 그림처럼 보이는 장치)를 알기 쉽게 표현하고 싶다는 의도를 확실히 전했습니다.

Point

계약상 포트폴리오에 게재할 수 있는 디자인과 할 수 없는 디자인이 있기 때문에 게재할 때 반드시 게재 여부를 클라이언트에게 확인합시다.
디자인을 만드는 것이 끝이 아니라 가능하면 만든 디자인을 오픈하여 실적으로 소개할 수 있으면 다음 일로 이어지기 쉬워집니다. 포트폴리오는 자신을 알릴 수 있는 계기도 되기 때문에 가능한 한 작성하는 것을 추천합니다.

Point

완성되는 과정이나 생각 등이 표현된 포트폴리오라면 읽는 사람의 인상에 깊게 남습니다.
클라이언트 측에서도 발주할 때 참고가 되기 때문에 SNS나 블로그, 노트 등을 통해서 성과물의 프로세스나 문맥을 제작자의 생각에 실어 발신하는 것을 추천합니다.

명함 사진▶
사타케씨의 일러스트 세계관에 딱 맞는 밝고 즐거운 인상을 주는 오렌지색을 배경으로 하고, 입체감을 주도록 촬영했습니다.

- 왼쪽 위 : 비스듬히 놓은 상태
- 오른쪽 위 : 정면에 놓은 상태
- 중앙 : 랜덤하게 놓은 상태
- 왼쪽 아래 · 오른쪽 아래 : 명함 케이스에 넣은 상태

촬영 : 쿠로카와 류토

Illustrator
サタケシュンスケ
Shunsuke Satake
Kobe
Hyogo
satakeshunsuke
shunsukesatake
info@naturalpermanent.com
naturalpermanent.com

● 저자 프로필

조우시 니시구치

아트디렉터/그래픽 디자이너. 1979년 오사카부 출생. 다카라즈카 조형예술대학 졸업 후 백화점, 상사(商社) 인하우스 디자이너를 거쳐 2019년부터 프리랜서로 독립. 판촉 도구 기획 및 제작, 그래픽, 패키지, 홍보 광고, 프로모션에서 브랜딩까지, 폭넓은 크리에이이티브를 다루다. 상사가 없는 크리에이터를 향한 온라인 커뮤니티 'ONLINE 상사(上司)'도 주재하고 있다.

본명은 니시구치 아키노리(西口 明典).

・WEB : https://joshi.jp/

・Twitter : https://twitter.com/joshinishiguchi

(Recipe 010, 012, 013, 015, 053, 056, 057, 086, 087, 088, 090, 091, 092 담당)

나가이 야스유키(長井 康行)

아트디렉터/그래픽디자이너/일러스트레이터.

광고 제작 회사에 10년 이상 근무. 자동차, 항공, 주택 종합, 음료, 게임, 서적 등의 캠페인 그래픽을 다수 제작. 명함 크기의 소형 그래픽에서 역 간판 등의 대형 그래픽, 웹 사이트, 웹 배너, 패키지 등의 입체 그래픽까지 다양하게 다룬다.

(Recipe 001, 002, 003, 004, 005, 006, 007, 008, 009, 011, 016, 017, 018, 019, 020, 026, 034, 035, 038, 044, 049, 050, 051, 054, 058, 059, 066, 068, 069, 070, 071, 072, 073, 074, 078, 083, 084, 085 담당)

쿠스다 사토시(楠田 諭史)

디지털 아트 작가로 국내외에서 개인전을 열고, 그래픽 디자이너로 종이 매체나 WEB, 텔레비전 CM, 전철 · 버스의 래핑 디자인 등 폭넓게 다룬다.

주식회사 URBAN RESEARCH, 주식회사 도시바, 타카하시 주조 주식회사 등 다양한 기업의 그래픽 제작과 HKT48의 DVD · BD 패키지 디자인, 다수의 아티스트의 CD 재킷을 다룬다.

그래픽 작품의 직소퍼즐을 주식회사 에폭사에서 발매중.

대학, 전문학교, 문화학교 등에서 강사 활동도 하고 있다.

(Recipe 027,028, 029, 030, 031, 032, 033, 036, 037, 039, 040, 041, 042, 043, 045, 046, 047, 048, 052, 060, 061, 062, 075, 076 담당)

모리 카즈키(森 一機)

인쇄회사의 DTP 오퍼레이터로서 캐리어를 스타트시키고, 그 후 디지털 세계로 옮김.

주식회사 LIG를 포함한 web제작회사 여러 곳에서 디자이너 / 아트디렉터를 거쳐, 2020년부터 프리랜서로 활동. 그래픽 / web / UIUX 디자인 스킬을 활용하여 기업 로고 / 기타 홍보 도구 디자인. 사업회사의 코퍼레이트 / 미디어 /서비스 사이트와 앱 디자인을 다룬다.

그 외 문화학교에서 강사로도 활동.

(Recipe 021, 022, 023, 024, 025, 055, 063, 064, 065, 067, 077, 079, 080, 081, 082 담당)

● **제작 협력**

사타케 슌스케 (Chapter7 일러스트)
쿠로카와 류토 (Chapter7 촬영)
기무라 유코 (Chapter2, 3 작품 제공)

● **촬영**

마츠모토 마미
시가 마사토

● **촬영협력**

시마다 준이치(시마다 준이치 디자인 사무소)

● **모델**

기무라 유코
Ema

● **일러스트 협력**

나메키 미호

● **샘플 제공**

Pixabay... https://pixabay.com/
쿠스다 사토시 (2020)『Photoshop 리터치 · 가공 아이디어 도감』SB 크리에이티브

- **이 책의 지원 페이지**

이 책 안에서 소개한 데이터는, 아래의 URL에서 다운로드 가능합니다. 예제 파일을 내려받는 데 필요한 패스워드는 이 책의 P.295 하단, [Password]에 기재돼 있습니다.

URL **https://wikibook.co.kr/designideas92/**

일러스트레이터 & 포토샵 디자인 아이디어 실전 테크닉 92
현역 프로 디자이너가 알려주는

지은이 조우시 니시구치, 나가이 야스유키, 쿠스다 사토시, 모리 카즈키
펴낸이 박찬규 | 교정 윤가희 | 디자인 도설아 | 표지디자인 Arowa & Arowana

펴낸곳 위키북스 | 주소 경기도 파주시 문발로 115, 311호 (파주출판도시, 세종출판벤처타운)
전화 031-955-3658, 3659 | 팩스 031-955-3660

가격 28,000 | 페이지 312 | 책규격 188 x 258mm

초판발행 2022년 08월 24일
ISBN 979-11-5839-355-7 (13000)

등록번호 제406-2006-000036호 | 등록일자 2006년 05월 19일
홈페이지 wikibook.co.kr | 전자우편 wikibook@wikibook.co.kr